Gontscharow · Ein Monat Mai in Petersburg

Iwan Alexandrowitsch
Gontscharow

Ein Monat Mai in Petersburg

Erzählungen und Erinnerungen
1875–1891

1988
Gustav Kiepenheuer Verlag
Leipzig und Weimar

Die Übersetzung der Erzählungen
Рождественская ёлка, Литературный вечер, Слуги старого века, По восточной Сибири, Май месяц ь Петербурге, Превратность судьбы, Уха und Воспоминания
erfolgte nach: И. А. Гончаров, Собрание сочинений, т. 7, Москва 1952

Aus dem Russischen übertragen von Beate Petras, Ute Baum, Evelyn Beitz und Bogdan Kovtyk

ISBN 3-378-00192-5

Erste Auflage
Lizenz Nr. 396/265/5/88 LSV 7211
Gesamtherstellung: Grafische Werke Zwickau III/29/1
Schrift: Garamond-Antiqua
Gestaltung: Lothar Gabler
Printed in the German Democratic Republic
Bestell-Nr. 812 207 4
01180

Das Weihnachtsfest

Die Feiertage stehen vor der Tür. Die Zeitungen müssen ihre Leser natürlich darauf hinweisen, obgleich diese das selbst ganz gut wissen, die einen das Fest kaum erwarten können, während die anderen denken: ›Ach, wenn es doch bloß ausfiele!‹

Überhaupt nicht daran zu erinnern geht nun wirklich nicht; es muß einfach sein! So hielten's unsere Väter und Großväter, die ›Nördliche Biene‹, der ›Sohn des Vaterlandes‹ und der ›Wohlwollende‹ – und so werden es auch ihre Kinder halten: die nachfolgenden ›Bienen‹, die ›Enkel des Vaterlandes‹ und die ›Mißgünstigen‹.

Überhaupt gibt es von dem, was ›einfach sein muß‹, mehr auf dieser Welt, als die Menschen und die Zeitungen meinen, ja als sie eigentlich wünschen!

So ist es denn auch mit diesem Fest – wie ›brauchen‹ wir es und was bringt es nicht alles mit sich!

Es hat, wie jedes Ding, zwei Seiten.

Auf der einen Seite – wieviel Angenehmes, Frohes, Gutes und ... wieviel Notwendiges erst!

Schon lange vor dem eigentlichen Fest – jetzt um diese Zeit etwa –, wie überschlagen sich förmlich alle, welch ein Durcheinander setzt ein, nachgerade, wie der Dichter es ausdrückt, ein ›Mäusehuschen‹.

Die Menschenmenge auf den Straßen ist doppelt so groß geworden; aus der Provinz sind Besucher angekommen, die hier ansässigen Stubenhocker verlassen ebenfalls öfter ihr warmes Plätzchen, um geschäftig herumzulaufen, zum Fest ihre kleinen Besorgungen zu erledigen, Bestellungen aufzugeben und Einkäufe zu tätigen – also all das zu tun, was ›sein muß‹!

In den Läden und auf den Märkten herrscht gleichfalls äußerste Geschäftigkeit. In den Schaufenstern und Regalen sieht man massenweise ganze Berge von Neuheiten, Spielzeug und all der übrigen ›notwendigen‹ Dinge. Auch alter, unverkäuflicher Kram prangt hier. Schlitten bringen Hammel und Schweine auf die Märkte – man lädt zu Tisch!

Schmale Theaterprogramme verwandeln sich in dickleibige Hefte, Zeitungen in Broschüren – gefüllt mit Annoncen für die ›notwendigen‹ Dinge und Waren.

Jeder hat nur noch das festtäglich bunte Kaleidoskop im Sinn – die Besuche, Schmäuse, Diners, Tanzabende, Theatervorstellungen, das üppige Essen und Trinken, den Putz – und die Jugend denkt ans Flirten, dieses von keinerlei Fortschritt auszumerzende, ›allernotwendigste‹ Spiel der Liebe, das dem eigentlichen Ziel vorausgeht und ihr ständiger Begleiter ist.

Für die Alten gibt es die Diners und die Spielkarten – jetzt sogar ohne daß sie Sitzungen, Ausschüsse und Komitees vorschieben müssen.

Frohsinn, nichts als Frohsinn! Was ist allein der Weihnachtsbaum wert! Er ist das ›Allernotwendigste‹! Der Stadtwald und die Wälder der Umgebung stöhnen und zittern schon unter den Äxten!

Bei der fröhlichen Feier am Heiligen Abend oder an den Weihnachtstagen nicht dabeizusein ist so, als müßte man bei einem Hochzeitsmahl auf das Glas Sekt verzichten!

Wer von den Erwachsenen hat nicht schon den Augenblick genossen, wenn die Kinderschar durch die lang verschlossene Tür zum hell erstrahlenden und mit Früchten überladenen Baum drängt? Wer ihre Freude nicht mitempfunden hat, ist wohl auch unfähig, sich über irgend etwas anderes richtig zu freuen.

Wie strahlen diese erstaunten, glücklichen Augen! Wie die Wangen gerötet sind, wie absolut, ungetrübt und unerschütterlich ist dieses Glück!

Erwachsene haben nie solche Gesichter. Auch wenn man eine ganze Schar von ihnen zusammenriefe und sie plötzlich erfreuen würde – es käme nur dummes Zeug, am Ende gar etwas Häßliches dabei heraus.

Dumme und widerwärtige, das heißt häßliche Kinder gibt es nicht. Es gibt zwar kranke Kinder, doch die sind bedauernswert und nicht häßlich.

Alle Kinder sind schön – wie die Kindheit selbst das Alter der bedingungslosen Schönheit ist. Was für Faxen ein Kind auch macht, was für Grimassen es auch schneidet – immer sieht es lieb und hübsch aus. Diese bedingungslose Schönheit der Kindheit hat ihr Ende, wenn die ersten Anzeichen von Bewußtsein, und damit wohl auch der Verderbtheit, einsetzen.

Wir haben also Kinder im Alter von fünf, sechs, sieben Jahren im Sinn. Nicht umsonst sagt der Volksmund, daß ein Kind bis zu sieben Jahren ein Engel, von sieben bis zehn Jahren aber ein Bengel sei.

Und später – ein Holzklotz!

Letzteres übrigens sagt nicht der Volksmund, sondern irgendein Herr Sobakewitsch. Wir indes meinen, daß man sehr wohl auch zwischen zehn und sechzehn Jahren ein gesitteter und guterzogener, kurz, ein anständiger Junge sein kann.

Und darum ist es für die Erwachsenen nicht nur eine Pflicht, sondern auch ein Vergnügen, den Kindern eine Freude zu bereiten und sie mit ihnen zu teilen. Das ist die ›allernotwendigste‹ Sache!

Es lebe denn das Weihnachtsfest!

Um so mehr, als sich inzwischen auch die Erwachsenen aus begreiflichen Gründen mit ihm angefreundet haben! ›Was wird mir wohl mein Bräutigam, mein Cousin oder ‚er' schenken?‹ denkt sie.

›Womit wird mich bloß mein Mann überraschen?‹ sinnt die Gattin (der Gatte denkt an etwas anderes – davon weiter unten, auf der Kehrseite der Medaille sozusagen). Die Neffen erhoffen etwas von ihren reichen Onkeln und Tanten, die armen Onkel und Tanten etwas von ihren reichen Verwandten usw. usf.

Und sie alle umringen unterm Weihnachtsbaum wie eine Wand die Kinderschar und spähen hinterm Rücken der Papas, Gouvernanten und Kinderfrauen nach dem, was für sie selbst gedacht ist ...

Und dann kommt Neujahr, die wirkliche, große, allernotwendigste Bescherung für die Erwachsenen: Beförderungen, Dekorierungen, Ernennungen, wiederum Geschenke von der Familie und von anderen Leuten! Es ist einfach ein Füllhorn, aus dem das Schicksal über die betrübte Menschheit das Glück ergießt – in Form diverser Auszeichnungen, fröhlicher Zusammenkünfte und Vergnügungen, kurz – alles ›Notwendigen‹!

Doch was ist die Kehrseite der Medaille?

›Das Fest steht vor der Tür!‹ ächzt der Gatte und Vater. ›Dieses verfluchte Weihnachten!‹ Und von Anfang Dezember an überrechnet oder berechnet er in Gedanken, wieviel er vom Armband für seine Frau und den Ohrringen für seine Tochter wohl abzwacken, wie er seinem Sohn in die Brieftasche, die unter den Baum kommt, einiges weniger stecken könne und wo er die Spielsachen für die Kleinen etwas billiger erstehen könne.

Und seine Frau lädt zu Weihnachten noch dazu Bekannte ein – und die wiederum bringen Kinder mit, denen man ja auch was schenken muß!

Und die Gouvernanten und den Erzieher gibt es auch noch!

›Wie ich mich auch drehe und wende – unter anderthalbtausend komme ich nicht weg!‹ stöhnt er mit der gleichen heimlichen Bosheit, mit der er in das secret de polichinelle der weiblichen Familie, die ihm eine Überraschung bereitet, eindringt – es wird ein gesticktes Kissen sein oder ein Ofenschirm, und wenn nicht das, dann ein höchst elegantes Album mit einer Einlegearbeit aus Malachit oder Perlmutt, das die Porträts der ›herzlieben‹ Familienangehörigen enthält.

»Freu dich nur!« sagen sie. »Väterchen!«

›Das brauche ich wirklich sehr dringend – als ob ich all diese Visagen noch nie gesehen hätte! Dafür nun anderthalbtausend!‹ knirscht er im stillen mit den Zähnen und nimmt mit dürren Küssen sein Geschenk in Empfang. Und ohne seinen Sohn anzusehen, klopft er ihm für ein hübsches Zigarrenetui auf die Schulter – dies der Ausgleich für eine Brieftasche mit drei oder vier Hundertern!

Der Beamte ist bei seinen Berechnungen noch knausriger: Wieviel geht drauf für ein Kleid für seine Frau, wieviel für ein ausgenommenes Schwein oder die Weihnachtsgans, wieviel für Spielzeug für Mascha und Wasja – und wieviel für Gelee und Nüsse, für Feigen und all den anderen Baumbehang?!

Außerdem hat er der Kinderfrau ein Tuch und der Köchin ein Kleid versprochen!

Und diese Sucht nach einem Weihnachtsbaum – was ist das doch für eine Unsitte! Ihm fällt ein, daß in seinem Ministerium schon lange ein Briefwechsel mit zwei anderen Ministerien über Maßnahmen zur Erhaltung der Wälder geführt wird und daß auch der Heilige Synod auf die Verfügung, zu Himmelfahrt und Pfingsten keine Birken zu schlagen, positiv reagiert hat.

Die Tannen zu Weihnachten zu verbieten wäre gar nicht so schlecht. Denn die Weihnachtsbäume sind ein so sinnloser Waldverlust! Angenommen, in Petersburg gibt es zwanzigtausend Häuser; rechnen wir auf jedes Haus zwei Bäume – so sind das vierzigtausend Bäume! In den Häusern sind aber zehn, ja zwanzig Wohnungen – mein Gott! Wieviel zukünftige Häuser, Schiffe, Wagen, Schlitten, Geschirr und anderes wird so für nichts und wieder nichts vernichtet! Ihm geht durch den Kopf, was für ein plumper, deutscher, geistloser Einfall das doch ist – sich einen nassen, schmutzigen Baum aus dem Wald zu holen, Lichtstümpfe draufzustecken, Walnüsse an Fäden aufzuhängen und ringsherum Geschenke zu drapieren! Das hat doch etwas Unnatürliches, selbst den Kindern muß es häßlich vorkommen – den Erwachsenen aber müßte es einfach unerträglich sein! Blakende Kerzen, Hitze, Schmutz und – im Handumdrehen geht womöglich noch ein Vorhang in Flammen auf!

In Wirklichkeit können es die doch kaum erwarten, daß der Weihnachtsbaum endlich wieder hinausgetragen und die Spieltische aufgestellt werden.

Man müßte sich etwas Geistreicheres einfallen lassen: vielleicht eine Glücksgöttin in Gestalt der Fortuna selbst oder in anderer Gestalt, zum Beispiel in Form eines chinesischen Schattenspiels, die den Kindern ihre Gaben bringt! Man sähe da ein ganz beschneites Alterchen, den Nordwind etwa, in einem Seemannsheim oder in einer Karawanserei, mit einem Papierbaum, über und über behängt mit den verschiedensten Dingen. Das wäre doch weit besser als eine Tanne!

Doch plötzlich fällt ihm ein, daß so ein Weihnachtsbaum ja nur drei Zwanzigkopekenstücke kostet – wie teuer hingegen würde so ein Alterchen sein!

›Trotzdem wird's durch einen Weihnachtsbaum nicht besser!‹ Aber da ist nichts zu machen, und so kommt er zu dem Schluß: ›Es muß halt sein!‹

Doch im Vergleich zu Neujahr ist Weihnachten – nichts!

Welch anderen Sinn hat an diesem Tag das Notwendige bekommen; so meint man, wenn man auf die Straße schaut.

Was für Equipagen, Pferde und Kutscher – und erst was für Insassen jagen in Frostwolken gehüllt dahin!

Alle sind mit ihren Angelegenheiten beschäftigt, nervös klirrt das Gelächter – die Portiers schaffen es kaum, den jeweiligen Wagenschlag zu öffnen, die Lakaien springen wie besessen herzu, und noch besessener springen die Herren heraus, stürzen hinein durchs Portal und schon wieder heraus – weiter geht's!

Jedermann hastet in furchtbarer Eile hin und her; bloß die Hunde wissen nicht, wie sie sich verhalten sollen. Immer aufs neue losstürzen und bellen – das schaffen sie gar nicht. Und so ziehen sie die Schwänze ein und drücken sich vor dem wilden Durcheinander dicht an die Wand.

Da reitet ein Offizier auf einem rassigen Traber vorbei, da fährt ein General in einer Kutsche dahin, seinen Helm auf die Knie gepreßt, hier fährt ein solider Zivilbeamter in einem Zweispänner vorüber. Und dort, zwischen den rassigen Trabern der Offiziere und den schweren Pferden der Generalskutsche, hoppelt auf einem scheckigen Droschkenpferdchen ein kleiner Gymnasiast dahin, dem seine fürsorgliche Mutter Ohrenschützer umgebunden hat und der seinen Onkel, Taufpaten und Wohltäter zum neuen Jahr beglückwünschen will. Zwei lang aufgeschossene Kadetten mit frostgeröteten Wangen und Ohren fahren in leichten Havelocks zur Obrigkeit, um sich zu präsentieren. Dort geht ein Beamter von der Wyborger Seite oder von der Wassili-Insel in seiner Uniform, den Dreispitz unterm Rockschoß verborgen, ins Marineamt zum Direktor, das heißt also, um sich beim Portier ›einzuschreiben‹.

All diese jungen Männer und Beamten – was gäben sie nicht für einige Stunden der Erholung und für einige Zehnkopekenstücke! Aber: ›Es muß halt sein‹!

Diejenigen jedoch, die auf ihren Trabern und in den eleganten Equipagen dahinjagen, in die Runde stolz blicken – die sind natürlich froh! Wie mögen sie sich fühlen?

Nun, wohl so: Wenn sie sich in den Pförtnerlogen drängen und einander das Visitenbuch reichen, so schauen sie nach Möglichkeit niemandem in die Augen – am allerwenigsten dem Pförtner und der Dienerschar mit den wie Schöpfkellen ausgestreckten Händen! Sie wollen sich eintragen und weiterfahren, weiter – bis es endlich Zeit zum Mittagessen ist.

Was soll man machen – das Ganze ist zwar peinlich, aber ›es muß sein‹!

»Aber«, ruft da ein anderer Philosoph aus, der dieses Treiben beobachtet, »was, wenn man zu Neujahr oder in der Karwoche nun einfach bei niemandem vorspräche?«

Oder der aufsässige Vater sagte vor Weihnachten wirklich einmal: »Was, wenn wir in diesem Jahr keinen Baum kauften?«

Das gäbe einen Aufstand unter ebenden Leuten, die jetzt über Weihnachten die Nase rümpfen und die Neujahrsvorbereitungen verfluchen!

Mehr als alle anderen freut sich über Weihnachten das Volk – das auf seine Art Kind geblieben ist, all diese unsere ›geringsten Brüder‹;

und seine Freude ist so groß, daß es stets ›bis zum Morgengrauen‹ betrunken ist!

Auch hier gab es den traditionellen Baum, unter dem sich dieses Kind einst vergnügte; der Baum ist inzwischen verschwunden, die Lustigkeit jedoch ist geblieben, sie hat nicht ab-, sondern eher noch zugenommen. Das leibeigene Volk trank aus Kummer, das befreite Volk trinkt auch, und zwar aus Freude …

Es trinkt ›Fusel‹ und denkt: Die schwere Zeit, da wir ›Rekruten‹ waren, ist vorbei, man kann frei arbeiten; es gibt jetzt die ›billigen Schankstuben‹ und die ›Teestuben‹ anstelle von (das Volk rümpft die Nase) Wein und Schlägereien in den Wirtshäusern. Wozu raufen und schimpfen – schimpf nur, aber sieh dich vor! Zu Neujahr, hörst du, müssen wir alle ohne Ausnahme (es rümpft die Nase und schüttelt den Kopf) lesen und schreiben können …

»Pässe werden wir ja wohl keine kriegen: denn der Paß hält den Bauern so an der Leine der Gesellschaft, wie der Strick den Bären am Pfosten. Und so dürfen wir gar nicht frei arbeiten, und feiern sollen wir auch nicht!«

»Komisch sind sie, das stimmt! Was sie sich nicht alles einfallen lassen! Immer unterdrücken sie einen! Es wird noch, Gott behüte, dahin kommen, daß der Bauer sich nicht einmal mehr ordentlich betrinken kann!«

Und in tiefes Sinnen versunken, trinkt das Volk.

Nein, das wäre doch gelacht: soweit lassen wir es nicht kommen!

Denn zum Fest berauscht zu sein – das ist doch das ›Allerwichtigste‹!

Der Literaturabend

Der Schwan strebt zu den Wolken hinauf,
der Krebs kriecht rückwärts,
und den Hecht zieht's ins tiefe Wasser!
Krylow

ERSTER TEIL

Die Lesung

An der Auffahrt eines Hauses auf dem Konnogwardejski-Boulevard fuhren im Mai gegen acht Uhr abends einige Equipagen vor – eine nach der anderen hielt, setzte die Herrschaften ab und fuhr dann die Straße hinunter wieder davon. Punkt acht Uhr bekam der Pförtner die Weisung, niemanden mehr vorzulassen.

Etwa dreißig Gäste beiderlei Geschlechts hatten sich an diesem Abend bei Grigori Petrowitsch Uranow versammelt, um der Lesung eines neuen Romans beizuwohnen.

Der Autor dieses Romans war als Schriftsteller nur wenigen bekannt. Er hatte anonym einige Artikel über Probleme der Finanzen und der Politökonomie veröffentlicht, die nur von Fachleuten recht bemerkt und gewürdigt worden waren. Außerdem hatte er Erinnerungen an seine Diplomatenzeit verfaßt und sie in sehr geringer Auflage – nur für wenige Leser – drucken lassen. Er hatte einst im Süden Europas einen diplomatischen Posten innegehabt und seine besten Jahre im Ausland verbracht. Jetzt war er ebenso wie der Herr des Hauses, in dem die Lesung stattfinden sollte, Mitglied irgendeines Ausschusses und saß außerdem einer Kommission für diverse Reformen vor. In der vornehmen Gesellschaft war er seines großen Reichtums, seiner herzlichen Gastfreundschaft und seiner liebenswürdigen Umgangsformen wegen sehr gern gesehen; die ihm Nahestehenden aber schätzten ihn um seines Verstandes und Charakters willen.

Die Nachricht von dem Roman jedoch verbreitete sich in seinem gesellschaftlichen Kreis. Auf entsprechende Fragen hin bestritt der Autor nicht, einen Roman zu schreiben, doch gab er keine weitere

Auskunft über den Inhalt. Man wußte, daß er zu Hause verschiedenen Freunden aus seinem Manuskript vorlas, doch diese Personen bewahrten treues Schweigen.

Ein enger Freund und Kollege des Autors war Grigori Petrowitsch Uranow, aber auch er wurde nicht in das Geheimnis des Romans eingeweiht. Vergeblich bemühte er sich, vom Autor Antwort auf seine Fragen zu erhalten – er erfuhr nichts.

»Du liest doch sowieso keine Romane«, sagte der Autor zu ihm, »wozu willst du also wissen, was ich geschrieben habe? Deswegen habe ich dich ja auch nicht in meinen häuslichen Zirkel eingeladen.«

»Und hast mich damit gekränkt!« rief Uranow aus. »Wenn du glaubst, daß mir Romane und überhaupt die Literatur gleichgültig sind, so bedeutet das doch nicht, daß ich dir und deinem Werk gegenüber gleichgültig wäre.«

Dieser Vorwurf ging dem Autor nahe, und er versprach also, in Uranows Haus aus seinem Werk zu lesen. Grigori Petrowitsch sandte ihm die Liste der eingeladenen Personen, die zumeist ihrem gemeinsamen Freundes- und Bekanntenkreis angehörten. Der Autor schickte die Liste mit seinem Einverständnis zurück und fügte nur die Bitte hinzu, die Gräfin Sinjawskaja mit ihrer Tochter einzuladen, die ebenfalls eine gemeinsame Bekannte von ihnen war, und außerdem noch zwei Kollegen. Uranow triumphierte.

Ebendiese Gesellschaft hatte sich nun an dem erwähnten Abend in Uranows großem, prächtigem Haus versammelt und in einem geräumigen Zimmer Platz genommen, das zwischen dem Arbeitskabinett und dem Speisezimmer lag und dessen Fenster auf den Hof hinausgingen, denn die Lesung sollte nicht durch das Rollen der Equipagen gestört werden.

Grigori Petrowitsch Uranow war an dem Roman eigentlich wenig interessiert, was ihm der Autor berechtigterweise vorgeworfen hatte und was er auch selbst zugab. Doch das Gerücht von diesem Roman hatte in der vornehmen Gesellschaft so etwas wie eine Sensation hervorgerufen, war Tagesgespräch und damit auch für ihn zu einem Ereignis geworden. Für gewöhnlich war Uranow von morgens bis abends unter Menschen, er kannte keine Einsamkeit und vermochte sie auch nicht zu ertragen. Alles, was sich in der Gesellschaft ereignete, betraf mehr oder weniger auch ihn. Als Witwer empfing er übrigens häufiger Herren als Damen bei sich.

Auch den Ausschuß, in dem er tätig war, schätzte er deswegen, weil er dort drei Vormittage in der Woche verbrachte. Uranow nannte ihn seinen Vormittagsklub – im Unterschied zum Englischen Klub, in dem er seine Abende verbrachte. An seinen freien Vormittagen machte er entweder selbst Visiten oder empfing Besuch; dann aß er bei Bekannten zu Mittag, oder aber seine Bekannten speisten bei ihm. Er prahlte mit seinen auserlesenen Diners, zu denen er die Feinschmecker unter seinen Freunden bat. Seine Abende verbrachte er ebenfalls in Gesellschaft oder zu Hause, meist jedoch im Klub beim Kartenspiel.

So vergingen unmerklich acht Monate im Jahr für ihn. Im Mai aber begann stets eine schwere Zeit, eine Zeit der Stagnation und der Flaute. Alle Welt verreiste: Der eine fuhr aufs Dorf, der andere ins Ausland, und viele gingen in die Sommerfrische – jeder unternahm etwas. Auch Uranow siedelte notgedrungen irgendwohin um, meist auf die Inseln, um sich nicht allzu weit von der Stadt zu entfernen. Der relativ kleine Kreis der ihm nun verbliebenen Bekannten aber konnte ihn schwerlich zufriedenstellen. Er hatte jetzt beschäftigungslose Abende – und was waren das schon für Abende in einem Petersburg ohne Dunkelheit, ohne künstliches Licht! Er brauchte eben alle, er brauchte die ganze Stadt, und wußte nun nicht, was er mit sich anfangen sollte. Mürrisch empfing er den ›strahlenden Phöbus‹, wenn der bald nach Mitternacht wieder am Horizont erglänzte und durchs Fenster schien, noch bevor Uranow eingeschlafen war.

Überhaupt konnte er diese sogenannte Natur, die Wälder, Berge, Seen und all das andere nicht ertragen.

»Da hat man ja eine Rarität entdeckt – frische Luft! Nächstens wird man sie noch als Medizin verschreiben!« knurrte er ärgerlich und atmete die Luft in den Alleen des Jelaginski-Parks ein. »Als wäre die Luft im Klub oder in unserem Ausschuß schlecht – man darf sich nur eben nicht neben Pjotr Fomitsch oder Semjon Jakowlewitsch setzen ...«

So begann er sich auch dieses Jahr im Mai wieder zu langweilen, vermißte bald einen Nachbarn bei Tisch, im Ausschuß oder im Klub, bald einen Partner beim Whist – und stand jeden Morgen mit der bangen Frage auf: ›Wer von meinen Bekannten reist heute wohl ab? Wessen Empfangstage sind nun vorüber? Wo soll ich den Vormittag verbringen, mit wem zu Mittag essen und was am Abend tun?‹

Und nun war ihm dieser glückliche Gedanke gekommen: Er würde sich Gäste zur Lesung eines Romans einladen!

Ob der Roman gut oder schlecht war, ob die Zuhörer mit dem Autor und der Autor mit den Zuhörern zufrieden sein würde – das interessierte ihn nicht. Wohl aber war für ihn von Interesse, daß er nun eine ganze Woche lang beschäftigt war: Er mußte herumfahren und Einladungen aussprechen, bis dann endlich der ersehnte Abend kommen würde, der auf winterliche Weise bis weit nach Mitternacht gehen und mit einem bis in den frühen Morgen reichenden Souper schließen sollte! Und außerdem würde noch lange davon gesprochen werden, daß der Autor erstmals bei ihm, bei Uranow, und also beinahe in der Öffentlichkeit gelesen hatte!

Während er sich nun vor allem und besonders um die Speisenfolge des Soupers Gedanken machte, sorgte er sich doch auch – denn man muß seiner Lebenskenntnis Gerechtigkeit widerfahren lassen – darum, ob der Zuhörerkreis auch Autoritäten der literarischen Welt aufzuweisen habe. So bat er denn vor allem einen bekannten Philologieprofessor, welcher zahlreiche literaturwissenschaftliche Bücher verfaßt hatte, zu kommen, sodann einen Greis namens Krasnoperow, einen Kollegen und Freund, in dem er einen Literaturkenner vermutete, da der Betreffende einst ein Freund von Gretsch und Bulgarin gewesen war; endlich lud er noch einen bejahrten Romancier ein, den er vom Klub her kannte.

Außerdem beauftragte Grigori Petrowitsch seinen Neffen – einen in seinem Hause lebenden Studenten, den er, der Kinderlose, wie einen Sohn liebte –, ihm dabei zu helfen, den Abend interessant zu gestalten, und einen von den jüngeren Literaten mitzubringen. Der Neffe versprach, den Redakteur eines bekannten Journals sowie den für Belletristik zuständigen Kritiker irgendeiner Zeitung einzuführen.

Der Autor erschien fünf Minuten vor acht Uhr und begrüßte emphatisch und herzlich vor allem die auf seinen Wunsch hin eingeladene Gräfin Sinjawskaja, danach hieß er seine übrigen Bekannten willkommen und machte sich dann flüchtig mit den ihm fremden Zuhörern bekannt, die ihm der Hausherr, sie jeweils beim Namen nennend, vorstellte. Der Autor begrüßte den einen mit einem Händedruck, den anderen mit einer Verbeugung oder leichten Verneigung und richtete an einen dritten kurz einige Worte.

Dann trat er an den Tisch, ergriff die Mappe, die ein Kollege, der mit ihm zusammen gekommen war, ihm reichte, öffnete sie, nahm einige eng und schön beschriebene Heftchen heraus und sagte, die Versammelten mit einem flüchtigen Blick musternd, freundlich: »Ich bin bereit, wünschen Sie, daß ich beginne?«

Man verbeugte sich und nahm eilig Platz. Der Autor schob vorsichtig ein Tablett mit Selters, Zuckerwasser, Limonade, Mandelmilch und ähnlichen Dingen beiseite, die man in einem solchen Fall dem Lesenden gewöhnlich vor die Nase stellt, die aber fast nie getrunken werden und nur Platz auf dem Tisch beanspruchen. Darauf begann er mit angenehmer, volltönender Baritonstimme zu lesen.

Wollen wir, bevor wir ihm lauschen, zuerst einen Blick auf die Gäste werfen.

Sie saßen in drei Reihen auf Sesseln, Dos-à-dos und den bequemen Möbelstücken, die fast die Form eines Halbkreises haben.

Vorn saßen die Damen. Eine von ihnen war die Fürstin Tezkaja mit ihrer Tochter. Die Fürstin trug ein dunkles Kleid aus Moiré antique, hatte ihre Samtmantille über die Stuhllehne gelegt und holte nun aus einem schönen Saffianbeutel eine Strickarbeit mit weißen Hornstricknadeln heraus, an der sie zu arbeiten begann. Übrigens geschah das wohl mehr zum Schein, denn nur jeweils eine Masche von fünf gelang, wie es sich gehört. Sie ließ ihre Hände mit der Strickarbeit oft in den Schoß sinken und zuckte fortwährend zusammen – ob vor Schreck oder jähem Schmerz, war nicht auszumachen – wobei sie heftig zwinkerte. Manchmal entfuhr ihr sogar ein »Ach!« oder »Och!«, das wiederum von Zusammenzucken begleitet war. Doch achtete kaum jemand darauf; man wußte, daß die Fürstin es mit den ›Nerven‹ hatte, und war daran gewöhnt.

Das Gesicht und der gesamte Habitus ihrer Tochter, der Komtesse, hingegen drückten unerschütterliche Ruhe aus; ihr Gesicht spiegelte weder Zufriedenheit noch Langeweile. Man hätte es für das einer Marmorstatue halten können, hätte es nicht mitunter plötzlich den Ausdruck nichts begreifender Unschuld angenommen – immer dann nämlich, wenn im Roman von Liebe die Rede war.

Die Komtesse saß etwas weiter vorn als die übrigen. Das Lampenlicht beleuchtete von der Seite her hell ihren Kopf, ihre Büste und ihre Hände. Sie trug ein rosafarbenes Kleid mit weißem Schimmer und hielt einen Schildpattfächer in der Hand; auf ihrem Schoß lag nachlässig ein Spitzentaschentuch. Die Mutter musterte des öfteren die Toilette ihrer Tochter: Hatte sich nicht vielleicht eine Locke selbständig gemacht, lag die Kette noch ordentlich um den Hals und das Brillantenkreuz auf der Brust, war die Schleife am Saum des Kleides noch richtig drapiert? Die Spitze eines rosa Miniaturstiefelchens schaute kokett unter ihrem Kleid hervor und blieb während der ganzen Lesung sichtbar.

Neben ihnen, doch etwas weiter zurück, saß eine füllige, rundliche, nicht sehr große Dame von etwa dreißig Jahren mit himmelblauen Kinderaugen, einem blauen Kleid und blauem Kopfputz. Die Wangen ihres großen, schönen, an die Frische einer Amme erinnernden Gesichts leuchteten in kräftigem Rot. Ein kindliches Lächeln wich nicht von ihren Lippen – mit diesem Lächeln war sie hereingekommen, mit ihm hatte sie alle Anwesenden begrüßt, nun lauschte sie lächelnd der Lesung, und sie würde auch wieder fortgehen mit diesem stereotypen Lächeln, das aller Welt genauso bekannt war wie das Zusammenzucken und die ›Achs‹ der Fürstin Tezkaja und der Ausdruck des Nichtverstehens bei Anspielungen auf die Liebe im Gesicht der Komtesse. Die Dame erschien überall mit diesem Lächeln, selbst bei Beerdigungen – und jetzt schmolz sie vor Zufriedenheit dahin, noch bevor die Lesung überhaupt begonnen hatte. »Ça doit être joli!« flüsterte sie ihren Nachbarn zu. Es war die in der vornehmen Gesellschaft wohlbekannte Witwe Lilina, eine stets mit allen zufriedene, alle liebende und von allen geliebte und verwöhnte Dame – eine leidenschaftliche Liebhaberin von häuslichen Theateraufführungen, jederlei Lesungen und Konzerten.

Ganz in der Nähe des Autors saß der alte Graf Pestow, eine Art vornehme Versteinerung der Gestalt Tugouchowskis. Er blickte schon seit zehn Jahren mit leblosem Blick vor sich hin und begriff nicht immer alles, was vorging. Immer wieder vergaß er, wovon er sprach, manchmal sogar, mit wem, und zeitweise erkannte er nicht einmal seine eigenen Enkel. Dafür erinnerte er sich, wie das oft bei sehr alten Leuten der Fall ist, noch gut an die geringsten Kleinigkeiten von früher, vom Anfang dieses Jahrhunderts an, und war sozusagen ein lebendes Lexikon für Fragen aller Art; er hatte noch all seine Zeitgenossen, die großen Ereignisse und den geringfügigsten Klatsch im Kopf, wußte die ganze Chronologie und sämtliche Anekdoten auswendig, ja sogar, bei wem man sich wann zu treffen pflegte, wessen Koch der beste war und dergleichen mehr. Man nahm ihn ebenso wie Tugouchowski überallhin mit, unter anderem auch deshalb, weil er Angst hatte, allein zu Hause zu bleiben und inzwischen vielleicht zu sterben. Er wurde also mitgebracht, in einen ruhigen Sessel gesetzt und der Reihe nach von den einzelnen Gästen unterhalten, dann ließ man ihn in Ruhe. Er saß da, mümmelte vor sich hin, flüsterte etwas und nickte schließlich ein.

Jetzt lauschte er, die eine Hand hinterm Ohr, aufmerksam der Lesung.

Weiter weg, im Schatten des Lampenschirms, saß auf einem kleinen Sessel die Gräfin Sinjawskaja, jene Dame, die der Autor extra hatte einladen lassen; an sie schmiegte sich eine wunderschöne siebzehnjährige Brünette. Es war ihre Tochter; sie trug ein einfaches rosafarbenes Barègekleid und um den Hals einen durchsichtigen Schal, sie war ohne Fächer, ja sie hatte sogar ihre Handschuhe, kaum daß sie saß, ausgezogen und neben sich auf ein Tischchen gelegt. Anders als bei vielen jungen Menschen waren ihre Hände noch so schön wie die eines Kindes. Ihre hellbraunen Augen sprühten und strahlten unverhohlen und naiv vor Freude an allem, was sie hier sah und hörte. Aus den Augenwinkeln warf sie zaghafte und doch wieder neugierige Blicke auf jedermann: auf den Autor, den schwerhörigen Grafen Pestow, auf die nervös zusammenfahrende Fürstin Tezkaja und auf die Toiletten der Komtesse und der Lilina. Dann sah sie ihre Mutter an, als wollte sie fragen, ob sie sich denn auch comme il faut benehme.

Die Gräfin beantwortete diesen Blick mit einem Lächeln, wie es nur Mütter haben. Es war ganz offensichtlich, daß ihre Tochter erst seit kurzem ausgeführt wurde und daß ihr noch alles neu war.

Die Gräfin Sinjawskaja selbst besaß ein schönes Profil, ihr Gesicht war von matter Blässe, ihre dunkelgrauen Augen blickten klug, und ihr feines Lächeln gab Rätsel auf, denn es ließ nicht erkennen, ob sie damit etwas ablehnte oder guthieß, ob sie sich freute oder sich heimlich mokierte.

Um dieser klugen Augen und des rätselhaften Lächelns willen nannte man sie die Sphinx. Sie war noch jung, ja sie wirkte noch so jugendlich, daß sie eher die ältere Schwester denn die Mutter ihrer Tochter zu sein schien.

Zuerst hatte sie flüchtig die anderen Zuhörer betrachtet, dann aber ließ sie kein Auge mehr von dem Autor, sah nur manchmal ihre Tochter an, richtete lächelnd leise zwei Worte an sie und lauschte dann wieder der Lesung.

Wenn der Autor den Blick von seinem Manuskript hob, so richtete er ihn jedesmal zuerst auf die Gräfin und vergewisserte sich offenbar ihrer Meinung, dann schaute er den in ihrer Nähe sitzenden alten Tscheschnjow an, den übrigen schenkte er nur hin und wieder einen allgemeinen und unbestimmten Blick.

Der alte Tscheschnjow saß mit gekreuzten Armen und übereinandergeschlagenen Beinen auf einem Stuhl. Er hatte spärliches, graues, weiches Haar, einen gutmütigen, fast weiblichen Gesichtsausdruck und kluge, durchdringende Augen, die er manchmal zusammenkniff und die sehr versonnen blicken konnten. Den Kopf mit der hohen, freien Stirn ein wenig zurückgelegt, lauschte er so aufmerksam der Lesung, als gäbe es ringsum nichts und niemanden.

Hinter ihm in der zweiten Reihe saßen der Philologieprofessor und jener Gast, den der Hausherr als Literaturexperten eingeladen hatte, weil er mit Gretsch und Bulgarin bekannt gewesen war, außerdem der bejahrte Romancier Skudelnikow.

Der Professor hörte mit strenger, offizieller Miene zu, wobei er seinen Kopf ein wenig zur Seite neigte und eine den Umständen angemessene Miene machte.

Der Freund von Gretsch und Bulgarin ließ beim Zuhören sein Kinn in das breite Jabot seines Vorhemdes sinken, schüttelte manchmal den Kopf oder gähnte hinter vorgehaltener Hand und betrachtete zerstreut die an den Wänden hängenden Bilder.

Daneben saß der Romancier Skudelnikow regungslos in seinem Sessel, als wäre er angewachsen oder eingeschlafen. Mitunter hob er apathisch den Blick, sah den Autor an und schaute dann wieder nach unten. Offenbar war ihm sowohl diese Lesung als auch die Literatur, ja überhaupt alles um ihn herum völlig gleichgültig.

Grigori Petrowitsch Uranow hatte ihn in seinem Schlupfwinkel aufgestöbert und ihm einen guten Roman, gute Gesellschaft, hübsche, ja schöne Damen und ein gutes Abendessen versprochen. Also war er gekommen.

Es folgte der von dem studierenden Neffen auf Wunsch seines Onkels eingeladene Zeitungsredakteur, ein mittelgroßer, blonder, ziemlich fülliger und recht gut aussehender Mann mittleren Alters im Frack und mit einem weißen Halstuch, der seinen Chapeau claque in der Hand hielt und mit einem Ausdruck höflicher Gleichgültigkeit im Gesicht zuhörte.

Dann kamen zwei, drei Zuhörer von der Art, die, wenn man sie zu einer Lesung einlädt, die Sache immer und unbedingt sehr gut finden. Hinter ihnen hatten diejenigen Platz genommen, die in einem solchen Fall umgekehrt stets der Meinung sind, daß es partout höchst langweilig werden wird.

Unter den letzteren fiel besonders ein älterer, dicker, schnaufender Herr namens Iwan Iljitsch Suchow auf, den man eingeladen hatte, weil er ein enger Freund und lieber Tischgenosse des Hausherrn – sowohl im Ausschuß als auch im Englischen Klub – war. Er gab während der Lesung ständig Zeichen von Ungeduld von sich: Er schnaufte hörbar, und zwar mal durch den Mund, mal durch die Nase, mitunter gähnte er verstohlen hinter der Hand und außerdem versuchte er die ganze Zeit, sich mit seinen Nachbarn zu unterhalten, vor allem mit dem General. Dieser war ein kräftiger, gesunder Mann, noch nicht alt, rüstig und mit einfachem, doch energischem Gesichtsausdruck, den man als vorzüglichen, schneidigen General und zugleich als guten Administrator auf militärischem Gebiet kannte. Er pflegte die Literatur unter ein bißchen militärischen Gesichtspunkten zu betrachten und las, was ihm in die Hände fiel, zur Entspannung, meist aber las er nichts. Mit dem Hausherrn, mit Suchow und dem Autor stand er sowohl dienstlich als auch gesellschaftlich in ständiger Verbindung, und sie bildeten ihren eigenen engen Kreis.

Auf einem einfachen Korbstuhl in seiner Nähe saß einer der extra eingeladenen Kollegen des Autors, ein Mann um die Fünfzig, der die gleiche Kleidung trug wie der Journalist, nämlich Frack und Halstuch. Er machte ein ernstes Gesicht und hörte so angespannt und aufmerksam zu, daß sich auf seiner Stirn eine tiefe Falte bildete. Kerzengerade saß er da und hielt seinen Hut auf den Knien. Anscheinend hatte er Mühe, sich auf das Gelesene zu konzentrieren, oder aber tat es nur ungern, denn er betrachtete bald neugierig den Autor, bald den einen oder anderen der Zuhörer.

Das war Iwan Iwanowitsch Kaljanow, Kollege und einer der wichtigsten Mitarbeiter des Autors sowohl in der Reformkommission als auch bei anderen Angelegenheiten, die ihm in diesem Zusammenhang übertragen wurden. Kaljanow galt als Stütze der Verwaltung und als die rechte Hand seines Vorgesetzten. Einen so zuverlässigen, pünktlichen und kompetenten Mitarbeiter auf seinem Gebiet, wie es Iwan Iwanowitsch war, konnte nicht einmal ein Minister aufweisen. Niemals ersann oder schlug er selbst etwas Neues vor, sondern nahm nur das ihm vorgelegte Material – sei es ein Gesetzesentwurf oder irgendeine neue Maßnahme – und stellte, bewaffnet mit Reglements, Verordnungen, dem Gesetzeskodex, Erlassen und Instruktionen, diese Idee dann begründet dar, machte sie überhaupt erst existenzfähig. Er bewunderte die produktive Kopfarbeit seines Chefs, seine Erfindungsgabe und seinen scharfen Verstand, während jener genau wußte, daß ohne einen solchen technischen Organisator wie Iwan Iwanowitsch seine Ideen und Pläne, Anweisungen und Wünsche ihr Ziel nie erreichen würden. Sie waren eng miteinander verbunden, wenn auch nicht durch Freundschaft, so doch durch den Dienst, und schätzten sich gegenseitig.

Außerhalb der Kommission hatten sie nichts Gemeinsames, ihr Geschmack, ihre Neigungen und Zerstreuungen waren völlig entgegengesetzt. Der eine lebte in der vornehmen Welt und hatte einen großen Bekanntenkreis, während der andere zu Hause hinter seinen Akten saß und sich abends mit zwei, drei Freunden – einer partie fixe – beim Kartenspiel vergnügte.

Wie war ein solcher Mensch hierhergeraten? Er konnte sich selbst nicht genug darüber wundern. Und es war auch ganz unverhofft gekommen.

Als er eines Tages mit seinen Akten unterm Arm in das Arbeitszimmer des Kommissionsvorsitzenden hereingekommen war und sah, daß jener eifrig schrieb, wollte Kaljanow auf den Zehenspitzen wieder hinausgehen. Doch die Tür knarrte, sein Vorgesetzter bemerkte ihn und rief ihn zurück.

»Sie sind's, Iwan Iwanowitsch – warum kommen Sie denn nicht herein?« fragte er.

»Mir schien, daß Sie sehr beschäftigt sind.«

»Das, was Sie mir bringen, ist stets wichtiger als das, was ich tue, und besonders in diesem Moment!« sagte sein Vorgesetzter lächelnd und liebenswürdig, schob seine Schreiberei beiseite und bat ihn, sich zu setzen. »Was bringen Sie mir denn?«

Kaljanow übergab ihm zwei Blätter und irgendwelche Zeichnungen und fügte eine lange mündliche Erklärung hinzu.

»Das hier ist der Plan, das der Kostenanschlag und das die Auskunftsbescheinigung«, sagte er, auf ein anderes Blatt weisend, »sowie die Zeichnungen und das Gutachten. Wenn Sie einverstanden sind, werde ich den Bericht anfertigen lassen, denn alle Mitglieder haben ihre Zustimmung gegeben.«

»Ich weiß, ich weiß! Gut, lassen Sie's hier. Ich sehe es mir dann an und werde Ihnen morgen meine Entscheidung sagen. War sonst noch etwas?«

»Ja, aber das hat bis zur nächsten Sitzung Zeit, das hier jedoch müßten wir möglichst bald fertig haben. Man wartet darauf.« Kaljanow erhob sich.

»Wohin wollen Sie denn? Gleich kommt der Tee, rauchen Sie inzwischen eine Zigarre!« hielt ihn Lew Iwanytsch Bebikow – so hieß der Vorsitzende – zurück.

»Vielen Dank, aber ich werde zu Hause erwartet, und außerdem haben Sie zu tun!«

»Wissen Sie, womit ich beschäftigt bin?« fragte Lew Iwanytsch und zog das Heft, in dem er vorhin geschrieben hatte, zu sich heran.

Kaljanow schwieg.

»Ich schreibe einen Roman.«

Kaljanow fuhr fort zu schweigen und zog nur die Augenbrauen leicht in die Höhe.

»Sie glauben mir nicht?« fragte Bebikow lächelnd.

Kaljanow antwortete ebenfalls mit einem Lächeln, warf einen Blick auf das Heft und sagte dann: »Der Roman wird sicher gut werden. Die Kanzlei wird vermutlich mit ihm ein halbes Jahr Arbeit haben, und der Schriftführer, das heißt Ihr gehorsamer Diener, wird wohl wieder nachts kein Auge zutun können!«

Lew Iwanowitsch lachte: »Haben Sie keine Angst! Ihnen droht nur eine Gefahr: sich ihn anzuhören und Ihre Meinung dazu zu sagen.«

»Wußte ich's doch, daß es wieder Arbeit gibt! Aber gestatten Sie die Frage, wovon handelt denn dieser Roman? Etwa von der Einführung vorbereitender Maßnahmen in der Art eines Experiments? Meine Meinung dazu kennen Sie bereits ...«

»Nein, nein!« rief Bebikow lachend aus. »Es ist ein Roman, ein richtiger Roman! Warum glauben Sie mir nicht?«

»Sie werden sich doch nicht mit solchem ...?«

»Unsinn befassen, ja? Sprechen Sie ruhig offen!«

Kaljanow hüllte sich in höfliches Schweigen.

»Was sind Sie doch für ein Barbar, Iwan Iwanowitsch! Wissen Sie nicht, daß die Zeitungen und der Roman heutzutage sehr ernst genommen werden? Die Zeitung fungiert nicht nur als lebendige Chronik der modernen Geschichte, sondern bildet auch den Hebel des Archimedes, der in Europa die Welt der Politik und die gesellschaftliche Entwicklung in Gang bringt; und der Roman dient jetzt nicht mehr der Zerstreuung: durch ihn lernt man das Leben kennen! Er ist zum Leitfaden beim Studium der gegenseitigen Beziehungen, der Leidenschaften, Sympathien und Antipathien – mit einem Wort: zur Schule des Lebens geworden!«

Kaljanow blickte geringschätzig beiseite.

›Ich weiß schon, was der Chef da redet!‹ dachte er. ›Er will mich ja nur in die Irre führen. Und noch dazu mit einem Roman! Ja was denn noch alles! So ein Reicher – und fängt an zu schreiben!‹

»Jetzt haben sich alle auf den Roman gestürzt«, fuhr Bebikow fort, »die einen schreiben, die anderen lesen. Staatsbeamte, Politiker, Frauen, ja sogar Geistliche haben Romane geschrieben, und alle dringen in die feinen Gesetze des individuellen, gesellschaftlichen, politischen, sozialen und sonstigen Lebens ein – und zwar mit Hilfe der Romane!«

›Trotzdem ist das Unsinn!‹ mußte Kaljanow denken, konnte sich aber nicht entschließen, es laut zu sagen. ›Was aber, wenn er tatsächlich diesen … Unsinn schreibt! Wie peinlich! Doch nein, das kann nicht sein!‹

Er schüttelte verneinend den Kopf.

»Sie glauben mir nicht?« sagte Bebikow. »Sie werden mir glauben, wenn ich Sie zum Zuhören einlade! Sie lehnen doch nicht ab?«

»Nein, ich höre immer alles an, was Sie vorzulesen geruhen …«, sagte Kaljanow gehorsam.

»Und widerlegen mich oft, doch immer mit Erfolg und zum Nutzen für die jeweilige Angelegenheit.«

»Handelt es sich also doch um eine dienstliche Angelegenheit?« entschlüpfte es plötzlich Kaljanow.

Beide mußten lachen.

»Sie haben sich nur des einen Wortes ›Unsinn‹ erinnert«, sagte der Vorsitzende, »aber meine Ausführungen über die Bedeutung des Romans …«

»Habe ich zur Kenntnis genommen«, soufflierte Kaljanow.

»Dann setzen Sie das doch auch in die Tat um!« fügte Lew Iwanowitsch hinzu. »Und wenn ich Sie zum Zuhören einlade, dann sagen Sie mir anschließend Ihre Meinung, ja?«

Kaljanow verbeugte sich, blickte seinen Vorgesetzten noch einmal mißtrauisch an, schielte auf das Heft – und ging hinaus, wobei er fortwährend darüber nachdachte, wieviel Arbeit ihm und der ganzen Kommission bevorstand.

›Und der erzählt mir was von einem Roman!‹ lautete sein Urteil.

Der Vorsitzende hätte sich sonst wohl kaum für Iwan Iwanowitschs Meinung zu dem Roman interessiert, doch er hatte ihn eingeladen, weil es sich gerade so ergab und weil er seinem Mitarbeiter eine Liebenswürdigkeit erweisen wollte. Kaljanow vergaß dieses Gespräch umgehend.

Wie groß war daher sein Erstaunen, als einen Monat später, eben im Mai, Lew Iwanowitsch ihm eines Tages im Anschluß an eine Berichterstattung mitteilte, Grigori Petrowitsch Uranow werde ihn, Kaljanow, aufsuchen, um ihn zur Lesung des Romans einzuladen.

»Was für eines Romans?« fragte Kaljanow rasch und erinnerte sich erst dann wieder an das zurückliegende Gespräch.

»Sie haben es versprochen!« mahnte ihn sein Vorgesetzter.

»Ist das wirklich … keine Mystifikation?« fragte er unsicher.

»Hier haben Sie Ihre Mystifikation – überzeugen Sie sich!« Bebikow zeigte ihm einen Stapel von engbeschriebenen Heften.

»Sehen Sie selbst – ich erwarte Ihre Kritik!« fügte er hinzu.

Kaljanow entfernte sich nachdenklich; er glaubte es immer noch nicht so recht und vermutete irgendeine Überraschung.

›Vielleicht hat er zu guter Letzt die ganze Kommission zu einem Abend bei Uranow eingeladen, um irgendein Projekt oder eine seiner Ideen vorzutragen … Ihm kann man alles zutrauen! Na, diese Ideen, die kenne ich!‹

An dem besagten Abend jedoch zog er seinen Frack an, band ein weißes Halstuch um und fuhr zu Uranow.

»Frauen sind auch da: Sollte es sich etwa tatsächlich – um einen Roman handeln?« murmelte er vor sich hin und ließ sich schüchtern in der dritten Reihe der Zuhörer nieder.

Der andere Kollege des Autors, Fertow, nahm hingegen überhaupt nicht Platz. Er flatterte wie ein Zephir unter den Gästen herum, machte vor diesem und jenem, besonders aber vor den Damen seinen Bückling und ließ einige begeisterte Lobesworte über den Roman, den er bereits kannte, fallen.

Er war ein großer, schöner und sehr gut gekleideter Herr von etwa vierzig Jahren, behende, blond, mit hellen Augen, Mittelscheitel und einem Backenbart, der breit auf seine Schultern niederfiel, außerdem hatte er ausgezeichnete Manieren – mit einem Wort: eine repräsentable Salonfigur.

Fertow war dem Autor ebenfalls unentbehrlich, sowohl im Dienst als auch in vielen anderen Dingen, doch in ganz anderer Weise als Kaljanow. Er verschaffte ihm im voraus wichtige Auskünfte in dienstlichen Angelegenheiten, zog Erkundigungen ein und sondierte das Terrain bei den verschiedenen Behörden – und zwar nicht auf schriftlichem Wege, sondern durch persönliche Kontakte: Er schloß Kompromisse, ebnete die Wege, beseitigte durch sein wendiges, angenehmes Wesen Meinungsverschiedenheiten und dergleichen mehr. Er war das beste Echo für Stadtgespräche und Neuigkeiten, besonders solche aus den besseren Kreisen.

Hinter allen anderen, in der Ecke am Kamin, hatte der Zeitungskritiker Krjakow Platz genommen, den der Neffe des Hausherrn wie versprochen mitgebracht hatte. Er war ein mittelgroßer Mann, dessen dichter, dunkelbrauner Bart den unteren Teil seines Gesichts und teilweise sogar die Nase verdeckte. Krjakow trug ein kurzes Jackett und helle Sommerhosen und hielt einen weichen, grauen Hut in der Hand. Offensichtlich wußte er nicht, was er mit sich anfangen sollte. Er verbarg sich in der dunkelsten Ecke, wohin ihn der Student geführt hatte, nachdem er ihn zuvor dem Onkel vorgestellt hatte. »Setz dich hierher, ich komme gleich. Ich helfe nur noch meinem Onkel, die Gäste zu empfangen«, sagte der Neffe.

»Führ mich bloß nicht hinters Licht, sonst reiße ich aus!« antwortete Krjakow.

Dann betrachtete er der Reihe nach jeden Gast, den Hausherrn, den Autor sowie alle übrigen Anwesenden, geriet mit seinem Fuß an eine Zange, die laut an das Kamingitter schlug und wollte anscheinend mehrmals aufstehen und wirklich fortgehen. Doch bald wurde alles still, die Lesung begann – und er setzte sich bequem hin.

Eine Viertelstunde nach Beginn der Lesung erschienen noch drei Zuhörer, zwei junge Offiziere und ein Herr in Zivil. Die beiden ersten trugen, um keinen Lärm zu machen, ihre Säbel vorsichtig in der Hand – und alle drei stahlen sich mit unhörbaren Schritten in den Kreis, holten sich drei Stühle, stellten sie lautlos hinter dem Autor auf den Teppich und ließen sich leise auf ihnen nieder.

Niemand beachtete sie, nur der Hausherr drohte ihnen freundlich mit dem Finger, und die Komtesse Tezkaja warf einen raschen Blick auf den Herrn in Zivil. Er begrüßte sie mit den Augen, doch sie erwiderte seinen Blick nicht.

Der Roman begann mit der Beschreibung eines glänzenden Balles, auf dem die zwei Hauptpersonen erscheinen, das heißt also der Held und die Heldin. Er ist ein Graf, sie eine Fürstin. Sie ist ein strahlender Stern der großen Welt, schön, elegant und klug, er ein gewandter, gutaussehender und ebenfalls strahlender junger Mann, Offizier in einem der ersten Garderegimenter.

Hinter der Maske strenger Schicklichkeit vermag er kaum seine heftige Leidenschaft für sie zu zügeln: Er sucht ihren Blick, will ihr ein Wort sagen; sie jedoch tut, als ob sie ihn nicht bemerke, und von ihr gehen, wie von Onegins Tatjana, Kälte und Unnahbarkeit aus. Er ist verzweifelt – woher diese Veränderung. Noch unlängst, vor drei Tagen, hat ihr Blick voller Wohlwollen auf ihm geruht und die stille Sprache zärtlicher Neigung gesprochen – jetzt aber sieht sie ihn nicht einmal mehr an! Was war geschehen!? Er folgte der Fürstin von einem Saal in den anderen: Endlich gelang es ihm, sie einen Augenblick allein zu treffen. Er mußte in Erfahrung bringen, was diese Veränderung bedeutete und weshalb sich auf ihrem Gesicht Unruhe und verhaltener Kummer spiegelten.

»Ich habe Sie eine ganze Ewigkeit lang nicht gesehen – und nun begegnen Sie mir so!« warf er ihr leise vor, während er sich ihr näherte.

»Ich aber habe Sie gestern gesehen«, antwortete sie trocken und ohne ihn anzublicken.

»Wo? Wann?«

»Ich fuhr über die Brücke auf der Fontanka und sah von weitem, wie Sie am Quai spazierengingen. Und zwar mit einer Dame, nicht wahr?«

»Ja ... das stimmt«, sagte er stockend.

»Wer ist diese Dame? Oder ist das ein Geheimnis?« fragte sie wie nebenbei und fächelte sich mit ihrem Fächer Kühlung zu.

Er antwortete nicht sogleich, er mochte auch gar nicht antworten, doch es war nichts zu machen.

»Das ist ... das war ... Madame Armand ... eine französische Schauspielerin ...«

»Ah!« sagte sie kalt und schaute ihn durchdringend an.

»Ich begegnete ihr ganz unverhofft und ging ein wenig mit ihr spazieren ...«

»Ich verlange keine Erklärungen und keine Details!« unterbrach sie ihn trocken und ließ ihn stehen.

Er beobachtete, wie sie mit dem und jenem sprach, dann an die junge Lidia N. herantrat und sich neben sie setzte.

»Ich wollte Sie gestern besuchen, chère Lydie, so gegen drei, doch Sie waren nicht zu Hause; wo waren Sie denn?« fragte sie.

»Ja, maman hat es mir erzählt; ich habe es sehr bedauert ... Ich mußte ausfahren«, antwortete Lidia, sagte jedoch nicht, wohin.

»Mir war, als hätte ich Sie auf der Straße gesehen, und ich fuhr zu Ihnen, um zu erfahren, ob ich mich nicht geirrt hätte.«

Sie sah Lidia an und bemerkte, daß diese in Verwirrung geriet. Auch das Gesicht der Fürstin nahm einen anderen Ausdruck an.

›Mon dieu!‹ rief jede von ihnen im stillen aus.

›Sollte sie tatsächlich etwas bemerkt haben?‹ grübelte Lidia.

›Sie war es!‹ dachte die Fürstin.

Der Ball ging zu Ende, die Fürstin erhob sich von ihrem Platz und begab sich zum Ausgang; der Graf kam ihr zuvor und bot ihr seinen Arm.

»A demain ... N'est-ce pas? Puis-je vous suivre?« murmelte er.

Sie nahm seinen Arm nicht.

»Vous croyer vous adresser à Lydie N., peut-être?« sagte sie. »Vous vous trompez; la voilà!« Sie wies mit ihrem Fächer dorthin, wo Lidia saß. »Restez auprès d'elle. – Général! Donnez moi votre bras!« wandte sie sich an einen vorübergehenden General und ging an seinem Arm die Treppe hinunter, ohne unseren Helden noch eines Blickes zu würdigen.

Er blieb wie angewurzelt stehen, dann kehrte er langsam in den Saal zurück. Er betrachtete Lidia, eine schöne, junge Blondine in der Blüte ihrer Jahre. Sie hatte kluge Augen, war schlank, graziös und schlicht und geschmackvoll gekleidet.

Er wandte sich mit irgendeiner banalen Phrase an sie und sah ihr aufmerksam in die Augen, denn er hoffte, sie würde ihm vielleicht die Anspielung der Fürstin erklären können.

Ihre Augen drückten tatsächlich etwas Besonderes aus. Ihr Blick irrte zerstreut umher und blieb nirgendwo haften; offensichtlich war sie in Gedanken weit fort. Sie stand merklich unter dem Einfluß des flüchtigen Gesprächs mit der Fürstin und war nun nachdenklich, fast traurig. Der Graf hatte aber dieses Gespräch nicht gehört, und selbst wenn er es gehört hätte, so wäre ihm doch dadurch die Anspielung der Fürstin nicht verständlicher geworden.

Wohl eine Minute verweilte er so bei Lidia N., dann ging er hinaus. Auf der Treppe stieß er mit einem Adjutanten zusammen, dem Baron W., der die Abschiedsszene zwischen ihm und der Fürstin beobachtet hatte: wie sie den Arm des Grafen nicht genommen, sondern sich von einem General hatte begleiten lassen. Der Baron war ihr nachgestürzt, hatte sie zusammen mit dem General zu ihrem Wagen gebracht und sich dann auf den Ball zurückbegeben. Er sah den Grafen ironisch an. Die Fürstin war ihm keineswegs gleichgültig, deswegen verabscheute er den Grafen, seinen bevorzugten Nebenbuhler. Der Graf hatte Verständnis für seine Lage und sah großmütig darüber hinweg, das heißt, der Haß seines Gegners war ihm gleichgültig; jener aber suchte wie Shakespeares Jago eine Gelegenheit, sich an ihm zu rächen.

Inzwischen schrieb der von der Kälte der Fürstin gequälte Graf ihr einen Brief, in dem er erklärte, daß er Madame Armand am Vortag des Balles getroffen hätte, als diese ein Haus verließ und ihren Wagen vermißte. Er sei aus seinem Schlitten gestiegen und mit ihr vom Fontanka-Quai bis zum Newski-Prospekt gegangen, wo sie sich verabschiedeten. Er hatte ihr seinen Schlitten angeboten, und sie war darin fortgefahren. Der Graf fügte hinzu, daß diese Madame Armand der gesamten Jeunesse dorée von Petersburg bekannt sei, dß sie in enger Beziehung zu einer bekannten Persönlichkeit stehe, daß die ganze Stadt dies wisse und daß ihn zu verdächtigen unter der Würde der Fürstin sei, übrigens auch unter der seines eigenen Charakters, und so weiter.

Doch er fügte nicht hinzu, wie fröhlich er mit der Französin geschwatzt, sich zu ihr geneigt, gescherzt, gelacht und lebhaft geflirtet hatte.

Die Fürstin aber hatte das gesehen. Nachdem sie die Brücke passiert hatte, befahl sie dem Kutscher zu halten und beobachtete den Spaziergang der beiden aufmerksam. Sie sah sie nur von hinten und konnte das Gesicht der Dame nicht erkennen; doch in Figur und Größe glich jene vollkommen Lidia, vor allem die zwei langen Lokken waren haargenau dieselben, sowohl in der Farbe als auch in der Art, wie sie unter dem Hut hervor auf ihre Schultern fielen. Die übrigen Kennzeichen soufflierte ihr die Phantasie, das heißt die Eifersucht. Die Fürstin fand auch, daß die Dame denselben Gang hatte und denselben Zobelpelz trug wie Lidia.

An dieser Stelle erging sich der Autor des Romans in einer feinsinnigen, psychologischen Beschreibung der Eifersucht: wie die letztere alle, auch die kleinsten Anzeichen beobachte, viele auch erfinde, sie kombiniere und so in der Seele ihres Opfers eine Hölle erzeuge.

Die Fürstin folgte ihnen lange mit den Augen, dann ließ sie sich zu Lidia N. fahren, um in Erfahrung zu bringen, ob diese zu Hause sei oder nicht. Sie traf sie nicht an. Das war der Grund für ihre Erkundigung bei Lidia, wo sie denn gewesen sei. Lidias Verwirrung bestätigte ihre Vermutung, und ihre blinde Eifersucht verwandelte sich nun in feste Gewißheit. Sie verscheuchte rettende Zweifel, die ihr in den Sinn kamen und etwa so aussahen: ›Wie wird denn Lidia, ein junges Mädchen der guten Gesellschaft, deren Eltern Menschen mit guter Position und Verbindungen in der großen Welt sind, plötzlich ihren guten Ruf aufs Spiel setzen, allein zu geheimen Rendezvous fahren und öffentlich mit einem jungen Mann, den jedermann kennt, spazierengehen?‹ Die Fürstin verjagte diese Fragen wie lästige Fliegen – so drückte sich der Autor aus –, denn die Eifersucht nährt sich, hat sie erst einmal ihr Hauptregulativ, nämlich den gesunden Menschenverstand, eingebüßt, wie jedes Fieber, das heißt wie jede Leidenschaft, von Halluzinationen, womit sie sich selbst vielfältige Qualen bereitet. Da erinnerte sich die Fürstin auch daran, daß Lidia bereits zwanzig Jahre alt war, daß ihr Vater völlig in seiner Arbeit aufging, daß ihre Mutter eine kranke Frau war und darum nicht mit ihr ausfahren konnte; daß sie meist von einer Gesellschafterin begleitet wurde, oft aber auch allein ausfuhr; daß ihr bereits ausgedehnte häusliche Pflichten oblagen und daß sie recht selbständig war – nicht gerade das beste Beispiel für viele andere junge Mädchen. All das war in der Öffentlichkeit bekannt, doch es wäre nie jemandem in den Sinn gekommen, etwas Geheimnisvolles oder Verschlagenes in

Lidias Verhalten zu vermuten: das hätte ihrem Charakter, ihrer Erziehung sowie den Sitten und dem Stil ihres gesamten Hauses und ihrer von allen geachteten Familie gänzlich widersprochen.

Doch die Fürstin hörte nicht auf die Stimme der Vernunft. Vor ihren Augen flackerten rote Flämmchen, in ihrem Innern brannte die Eifersucht.

›Weshalb wurde sie denn verlegen, als ich ihr zu verstehen gab, daß ich sie gesehen hätte? Weshalb hat sie nicht gesagt, wo sie gewesen ist?‹ quälte sich die Fürstin. ›Ja, sie war es! Und Paul sagt ... Nein, was denn für ein Paul: C'est un traître de la plus pire éspèce!‹ rügte sie ihn. »Er meint, er könne mir weismachen, daß das Madame Armand war! Mit der wäre er ja nicht spazierengegangen – er verachtet solche ...« Sie sprach das Epitheton nicht aus.

Sie war ärgerlich auf sich, weil sie dem Paar nicht nachgelaufen war, den Grafen nicht aufgehalten und sich die Frau nicht aus der Nähe angesehen hatte, sondern statt dessen zu Lidia nach Hause gefahren war. ›Denn anders würde ich jetzt alles wissen!‹

Sie dachte nicht, ja sie glaubte nicht einmal, daß die Rendezvous des Grafen mit Lidia zu weit gegangen wären, daß sich dahinter etwas Ähnliches verbergen könnte wie das, was zwischen ihr selbst und dem Grafen war. Nein, aber sie sah in dieser Neigung des Grafen für Lidia die Morgenröte – nicht einer heftigen Leidenschaft, sondern einer jungen, frischen und sozusagen berechtigten Liebe, einer Liebe, die den ganzen Menschen ergreift und sein gesamtes Dasein mit Wärme erfüllt. Und sie selbst muß zurücktreten, wo sie doch eben erst diesen Ritter an Ehre, männlicher Schönheit, seelischer Kraft und Charakter erobert hat – und ihn der andern, kaum Erblühten, die ihre ersten Schritte ins Leben tut, abtreten!

›Sie hat‹, überlegte sie, ›ihr ganzes Leben noch vor sich – ihr Anteil an Glück wartet ja auf sie! Aber sie nimmt ihn mir weg; zerstört meine Leidenschaft und zusammen mit dieser auch mich selbst, weil mir nun nichts mehr bleibt auf dieser Welt ... Nein, nein! Und er! Mir mit einem solchen Verrat für all das zu zahlen – welche Niedertracht! Welche Niedertracht!‹

Sie warf sich in ihrem Bett herum, fuhr immer wieder auf und schlief erst gegen Morgen ein.

Am Nachmittag wurde ihr gemeldet, daß der Adjutant Baron W. gekommen sei. Sie war ihm, da sie seine Blicke längst hatte deuten können und also um seine Gefühle wußte, bisher ausgewichen und hatte ihn nur selten und ungern empfangen. Jetzt aber ließ sie ihn zu sich bitten.

Sie war entsetzt, als sie sich im Spiegel erblickte, und versuchte, mit Puder und sogar mit ein wenig Rouge die Spuren der schlaflosen, qualvollen Nacht zu verbergen.

Der Baron kam nicht von ungefähr. Er hatte am Abend zuvor gewisse Symptome eines Zwistes zwischen der Fürstin und dem Grafen bemerkt und ihre Abschiedsszene beobachtet, dann hatte er sich nach der Abfahrt der Fürstin bei Lidia N. geschickt erkundigt, worüber die Fürstin denn mit ihr gesprochen habe. Diese hatte naiv geantwortet, daß die Fürstin dächte, sie auf der Straße gesehen zu haben, und zu ihr gefahren sei, um sich zu erkundigen, ob sie sich nicht geirrt habe. Das sei alles gewesen. Der Baron hatte das zur Kenntnis genommen und kam nun zur Fürstin, um in Erfahrung zu bringen, was es damit auf sich habe. In ihm regte sich bereits der Gedanke an die Möglichkeit eines Bruches zwischen dem Grafen und der Fürstin: Man müßte dem nachhelfen, es ganz zu einem solchen kommen lassen – und ... und ... Mit einem Wort, es schoß ihm vieles durch den Kopf.

Es kostete ihn keine Mühe zu erfahren, worum es ging. Im Anschluß an die üblichen nichtssagenden Sätze über den gestrigen Ball fragte ihn die Fürstin selbst, ob er Madame Armand kenne. Er bejahte und meinte, er kenne sie so wie viele andere, das heißt der gesamte Kreis der Jeunesse dorée; manchmal besuche er sie, denn sie sei eine sehr lebhafte, kluge und liebenswürdige Frau. Schließlich erkundigte er sich seinerseits, warum sie sich denn für Madame Armand interessiere.

»Ja!« sagte die Fürstin. »Ich sah sie auf der Straße, fragte, wer sie sei, und man nannte mir ihren Namen ... Das ist alles.«

Der Baron erwiderte nichts. Jetzt hatte er einen Faden in der Hand – er verabschiedete sich von der Fürstin und fuhr geradewegs zu Madame Armand, um dort auf den Busch zu klopfen, die Geschichte aufzuklären und dann darauf seinen Handlungsplan aufzubauen.

Von Madame Armand erfuhr er mühelos, daß sie kürzlich den Grafen getroffen habe, mit ihm am Quai der Fontanka spazierengegangen sei und dann in seinem Schlitten nach Hause gefahren wäre.

Dem Baron war nun alles klar. Was er der Französin im weiteren sagte, blieb unbekannt; doch als dann die Fürstin vorsichtig, hintenherum, über ihr ergebene Leute und aus dritter Hand etwas über diesen Spaziergang mit dem Grafen erfahren wollte, da schwor Madame Armand ses grands dieux, daß sie dem Grafen nicht begegnet sei und nicht mit ihm spazierengegangen wäre.

Hier nun nimmt die komplizierte und dramatische Verwicklung des Romans ihren Anfang. Vor allem wurden jetzt die bisher nur vermuteten Beziehungen zwischen der Fürstin und dem Grafen allgemein bekannt. Dann kursierte verstohlen das Gerücht – von dem man nicht wußte, wer es in die Welt gesetzt hatte (natürlich der Baron) – über einen einsamen Spaziergang des Grafen mit Lidia N. Man begann Lidia mit merkwürdiger Neugier zu betrachten, die sie selbst aber keineswegs auf einen Spaziergang mit dem Grafen bezog, von dem sie ja nichts ahnte, sondern darauf, daß man, wie sie annahm, von ihrem Geheimnis erfahren hatte.

Dieses aber bestand in folgendem: Sie besaß vom Institut her eine Freundin, Lisa F., ihre beste Freundin in allem, was den Verstand sowie die Sympathien von Herz und Seele anbelangte. Sie waren zusammen aufgewachsen, hatten zusammen das Institut besucht und waren zusammen in die Gesellschaft eingeführt worden. Lisa F. lebte nach Beendigung des Instituts im Hause von Lidias Eltern, denn sie besaß keinerlei Vermögen. Ihre Mutter, eine Witwe, lebte auf dem Lande bei ihrer Schwester und überließ der Tochter ihre Pension von zwölfhundert Rubel. Beide konnten sie mit diesen Mitteln in Petersburg nicht standesgemäß leben, und Lisa fand in der Familie von Lidia N., ihrer besten Freundin, Obdach wie eine Schwester.

So betrachtete man sie auch in der Gesellschaft; zwei Wintersaisons hindurch erschienen die beiden überall nur gemeinsam. In der dritten Saison jedoch kam Lidia plötzlich allein. Lisa F. war im Sommer zu ihrer Mutter aufs Land gereist und kehrte von dort nicht zurück.

Dies ließ man alle Bekannten wissen – und mehr nicht. Weder Lidia noch ihre Eltern gaben nähere Auskünfte. Das rief einige Zweifel wach; man begann Erkundigungen einzuziehen und erfuhr, daß Lisa auf dem Lande bei ihrer Tante einen Roman erlebt hatte, der mit solchen Folgen endete, daß die Tante sie nicht länger bei sich behalten wollte. Lisa war also nach Petersburg zurückgekehrt und lebte mit ihrer Mutter irgendwo in einer kleinen Wohnung, in trauriger Einsamkeit und großem Elend.

Dies erfuhren nun alle, und Lisa wurde unnachsichtig und unerbittlich verurteilt. In der Gesellschaft wurde sie nicht mehr erwähnt; auch in Lidias Haus nannte nie mehr jemand ihren Namen. Man war gewissermaßen übereingekommen, sie zu vergessen – und vergaß sie am Ende auch. Nur Lidia konnte ihre beste und einzige Freundin nicht vergessen. Sie hielt sich nicht für berechtigt, ihr Richter zu sein, und bewahrte ihr nicht nur ihre Zuneigung, sondern verdoppelte sie sogar und umgab sie mit Fürsorge, Trost und Hilfe – mit allem, was die arme, von der Liebe betrogene und aus dem privilegierten Milieu verstoßene Frau jetzt so sehr benötigte. Die Freundschaft war kein leerer Wahn. Lidia erklärte ihren Eltern, daß sie ihre Freundin in Unglück und Elend, wenn diese sie am meisten brauche, nicht verlassen werde.

Der Vater umarmte sie, die Mutter weinte. Beide stellten ihr anheim zu tun, was ihr das Herz gebiete; sie liebten und bedauerten diese Lisa selbst, doch beschworen sie Lidia, sie nur im geheimen zu besuchen, sich vorzusehen und die ungeschriebenen Gesetze der Gesellschaft nicht zu verletzen.

Lidia widmete einmal in der Woche einen freien Abend oder Morgen, manchmal auch einen ganzen Tag ihrer Freundin; sie fuhr in einer Mietsdroschke – abends in Begleitung eines treuen und bescheidenen Stubenmädchens, tagsüber allein – in die abgelegene Straße zu der kleinen Wohnung, in der die ihr liebe und teure Lisa F. lebte.

Am Tag vor dem Ball hatte sie dort den Vormittag verbracht; deshalb war sie so in Verwirrung geraten, als die Fürstin sagte, sie hätte sie auf der Straße gesehen.

Die beleidigte Fürstin weigerte sich, den Grafen zu empfangen und seine Briefe zu beantworten. Nur auf einen von ihnen, den sie ungeöffnet zurückschickte, schrieb sie mit Bleistift: ›Vous avez menti. Adieu!‹ Der Graf war verzweifelt. Das Urteil der Gesellschaft verschonte die Fürstin nicht, und als das Gerede ihr zu Ohren kam, fuhr sie mit Frühlingsbeginn auf ihr Stammgut, ließ sich mit ihrer Gesellschafterin im Schloß nieder und lebte völlig zurückgezogen.

Auch Lidia hielt die schiefen Blicke, das anzügliche Lächeln und Flüstern nicht aus, sie ertrug es nicht. Ihre verzweifelten Eltern schickten sie endlich mit einer alten Tante ins Ausland. Ihr wahres Geheimnis erfuhr man nicht, man knüpfte nur den Namen des Grafen an den ihren ›wie ein Blättchen an ihre Schleife‹ – so drückte der Autor sich aus –, denn Genaueres wußte man bis dato noch nicht.

Der Graf vermochte seine Verzweiflung ebenfalls nicht zu ertragen. Er entschloß sich zu einem mutigen Schritt: Er nahm Urlaub, trug von nun an Zivil, begab sich heimlich zum Gut der Fürstin, ließ sich dort im Dorf nieder und schlenderte jeden Tag in der Dämmerung mit einem Jagdgewehr über der Schulter am Park der Fürstin entlang. Endlich sah er sie einmal sehr nachdenklich auf einer Bank unter einer Ulme sitzen; neben ihr im Gras lag ein Buch. Er schlich sich durch die Büsche von hinten an sie heran, da bellte ihn plötzlich ihr Hündchen an. Dann aber erkannte es ihn und begann freudig zu winseln und mit ihm zu spielen.

»Wer ist da?« fragte die Fürstin erschrocken.

»Ich!« sagte er, sank vor ihr ins Gras und preßte ihre Hände an seine Lippen. »Verzeihen Sie mir!«

»Sie ... du ... Sie!« stieß die Fürstin verwirrt hervor und brach in Tränen aus. Weshalb? Vor Entrüstung, aus beleidigtem Stolz? Nein, vor Freude, vor Glück!

»Ich habe auf dich gewartet, ich wußte, daß du kommen würdest!« flüsterte sie, seine Küsse erwidernd. »Wärst du nicht gekommen, ich hätte dir nicht verziehen ...«

»O Paradies! O Himmel!« wiederholte er ständig, usw. usw.

Sie verbrachten in dieser Waldeseinsamkeit nun einen Sommer, wie ihn – nach den Worten des Autors – weder er noch sie je erlebt hatten. Sie wollte keinerlei Erklärungen über den Spaziergang mit Madame Armand von ihm hören und hielt ihm mit der Hand den Mund zu, wenn er davon anfing.

»Ich bin hier in der Einsamkeit selbst zur Erkenntnis der Wahrheit gelangt, und nur weibliches Schamgefühl hielt mich davon ab, dir zu schreiben. Ich wußte, daß du kommen würdest!«

Sagte sie das, so sank er auf den Teppich oder ins Gras nieder und tollte zusammen mit dem Hündchen zu ihren Füßen herum.

Er kehrte nach Petersburg zurück, wo er wissen ließ, daß er inzwischen verschiedenes auf seinem Gut zu regeln gehabt hätte, und begab sich dann ins Ausland; die Fürstin aber lebte wieder völlig zurückgezogen auf ihrem Schloß.

In dem Roman spielten außer dem Helden, der Heldin und der jungen Lidia auch Lidias Vater, ein kluger Administrator, dann ein pensionierter General mit festem, gradlinigem und etwas galligem Charakter und endlich der gemeinsame Freund der beiden letzteren, ein bejahrter Fürst, der Gescheiteste des ganzen Kreises, eine große Rolle. Sämtliche Vertreter der alten Generation waren in dem Roman geradezu die Verkörperung von Lebensklugheit, hohen Ehrbegriffen und ritterlichem Adel.

In der jungen, ihnen nahestehenden Generation ihrer Kinder und Neffen, sämtlich junge Offiziere, spiegelten sich merklich die Charakterzüge der Älteren, ihre Denkweise und ihre traditionsgebundenen Ansichten wider. Beide Generationen bildeten zwei parallel laufende Linien in der sogenannten guten Gesellschaft.

Das vorherrschende Element im Roman war das Militär. Zivile Personen kamen erst an zweiter Stelle. Unter anderem war ein ganzes Kapitel der Beschreibung von Manövern in Gatschino, Krasnoje Selo und Pawlowsk gewidmet. Die Lebensweise, die Sitten und Bräuche der Offiziere aus der besseren Gesellschaft waren hier ausführlich dargestellt.

Der weibliche Personenkreis war ebenfalls recht zahlreich. Im Vordergrund standen außer den jungen Heldinnen – der Fürstin und Lidia – einige vornehme Matronen, zwei Fürstinnen, die eine hochmütig und tugendhaft, die andere geschäftig und geschwätzig, dann die Mutter des jungen Mädchens, die Mutter des Helden und andere.

Unter den handelnden Personen kam fast niemand aus niederen Schichten vor; nur auf dem Lande tauchte plötzlich als Verehrer der Fürstin ein Bezirksarzt auf. Als er ihre ›Melancholie‹, wie er es nannte, bemerkte, suchte er sie davon zu überzeugen, daß diese zu einer ernsten Krankheit führen könne; ihm aber sei es vom Schicksal bestimmt, sein ganzes Leben der Bewahrung ›ihrer kostbaren Tage‹ zu widmen. Doch als mit der Ankunft des Grafen ihre ›Melancholie‹ plötzlich verschwand, empfing die Fürstin den Arzt nicht mehr, woraufhin nun die Reihe an ihm war, wie der Graf mit einem Jagdgewehr am Park entlangzuschlendern – natürlich vollkommen erfolglos.

Vertreter noch einfacherer Stände kamen im Roman überhaupt nicht vor. Der Autor hielt sich stets auf der Höhe der besseren Kreise und der vornehmen Erziehung.

Die Fürstin begab sich nun inkognito ebenfalls ins Ausland, wo sie in einer abgelegenen Gegend mit dem Grafen zusammentraf.

Im Ausland spielte die Handlung zum Teil in den deutschen Bädern, zum Teil in Südfrankreich und Italien. Zahlreich waren die Naturschilderungen, die anmutigen und keuschen Liebesszenen, feinsinnigen Bemerkungen über Kunstwerke der Museen und dgl.

Jetzt, da die Leidenschaft gestillt war, begannen Held und Heldin endlich dunkel das Unschickliche ihrer Situation zu spüren. Außerdem bemerkte die Fürstin an ihrem Freund zuerst eine gewisse Müdigkeit, später dann, nachdem er Lidia und ihrer Tante in Paris und in der Schweiz zufällig begegnet war, stellte sie eine zunehmende Sympathie für Lidia fest.

Der Graf hatte inzwischen längst seinen Urlaub überzogen und war vom Dienst suspendiert worden. Völlig in seiner Leidenschaft für die Fürstin aufgehend, hatte er nicht einmal die üblichen Formalitäten erledigt, ja nicht einmal um Verlängerung gebeten. Er wollte dies auch nicht tun, denn legitime Gründe besaß er ja nicht – er war gesund, nichts hielt ihn im Ausland zurück, und Lügen oder Vorwände widersprachen seinem Charakter. Er hatte nur einen Grund zum Bleiben, und zwar den triftigsten nach den Gesetzen der Ehre: Das war die Pflicht, alles jener Frau zum Opfer zu bringen, die alles ihm geopfert hatte. Und diesem Gesetz ordnete er sich zur höchsten Verzweiflung seiner Mutter und der Offiziere gros bonnets seines Kreises unter.

Doch als nach vielen zu zweit verbrachten Monaten sich die nun gestillte Leidenschaft beruhigte, sich dann abschwächte und endlich ganz abkühlte – da verließ unsere Heldin heimlich ihren Helden und gab ihm seine Freiheit zurück.

Obgleich sich der Graf und Lidia bisher noch nicht nähergekommen waren, wurden doch schon die ersten Anzeichen einer Annäherung spürbar. Da sie sich in einsamer Stille inmitten der üppigen Natur nun häufiger begegneten, begannen sie einander mit erhöhter Aufmerksamkeit zu betrachten, woraus sich auf die ›Morgenröte‹ einer Liebe schließen ließ, wie es die Fürstin während ihrer Eifersuchtsanwandlungen vorausgeahnt hatte.

Damit endete der Roman einstweilen. Weiter hatte der Autor, wie er sagte, noch nichts notiert.

Nachdem er die ersten Kapitel gelesen hatte, stand der Autor auf und bat um eine Pause. Die Zuhörer erhoben sich schweigend von ihren Plätzen, sie machten ganz den Eindruck, als müßten sie überlegen, was sie zu diesen ersten Kapiteln sagen sollten – also sagten sie nichts. Der eine gähnte, der andere vertrat sich die Beine, nur Lilina wiederholte mit strahlendem Lächeln fortwährend ihr »très joli«, und die junge Gräfin Sinjawskaja drückte fest die Hand ihrer Mutter, schaute ihr mit feuchtem Blick in die Augen und stand zusammen mit ihr vom Sofa auf.

Der Autor und die Gräfin gingen im Zimmer auf und ab.

»Gräfin, Sie sagen mir natürlich jetzt noch nichts?« fragte er.

»Und ich werde auch nachher nichts sagen – wozu?«

»Wissen Sie denn nicht, wie sehr ich Ihre Meinung schätze?«

»Ich habe gar keine Meinung, ich habe nur einen Eindruck.«

»So sagen Sie mir den.«

»Das kann ich nicht, den müssen Sie erraten.«

»Das Rätsel in den Augen der Sphinx ist schwer zu lösen, vielleicht hilft mir Ihr Lächeln – es ist gütiger als Ihre Augen ...«

»Ich hoffe, nicht gütiger als das Lächeln der Lilina; sehen Sie nur, wie sie strahlt, wie sie vor Ungeduld brennt, Ihnen ihren Eindruck mitzuteilen!«

Er zuckte die Schultern und trat an Tscheschnjow heran.

»Was sagen Sie, Dmitri Iwanowitsch?« fragte er den Greis, der nachdenklich den Kopf gesenkt hielt.

»Nichts – ich höre immer noch zu!« antwortete der kurz.

Die grüppchenweise zusammenstehenden Zuhörer unterhielten sich über ganz andere Dinge. Mancher der Gäste begab sich zum Buffet, um sich zu ›erfrischen‹; der eine nahm Selterswasser mit Champagner, der andere einfach Champagner pur; und von den übrigen ging mancher ins Arbeitszimmer des Hausherrn hinüber, um dort eine Zigarette zu rauchen.

Der zu spät gekommene junge Mann in Zivil trat an die Fürstin Tezkaja heran und küßte ihr die Hand mit den Worten: »Ma tante!«

»Ai!« rief diese und zuckte zusammen.

Er lächelte der Komtesse bedeutsam zu.

»Eh bien?« fragte sie kaum hörbar.

»C'est fait, ma cousine!«

»Où donc?«

»Dort, in der Pförtnerloge, in Ihrem Mantel.«

»Merci!«

Währenddem wurden Tee, Eis und Konfekt gereicht. Grigori Petrowitsch bot dem Autor Mandelmilch und Limonade an, fragte ihn, ob er nicht Champagner mit Selterswasser wolle, und brachte schließlich eine Dose mit Erfrischungsplätzchen, die er in einem englischen Geschäft gekauft hatte.

»Im Londoner Parlament hat jeder Redner unbedingt eine solche Dose in der Tasche!« erläuterte er. »Ich werde sie auch mit in den Ausschuß nehmen!«

»Du hast also vor, dort Reden zu halten wie im englischen Parlament?« fragte sein Freund, der dicke Suchow, woraufhin beide in Gelächter ausbrachen.

»Nimm sie lieber am Sonnabend in den Klub mit, um dich nach der Fleischpastete zu erfrischen!« fügte er hinzu.

Uranow beruhigte sich erst, als der Autor seinen mit Wasser verdünnten Wein ausgetrunken hatte und vorschlug weiterzulesen, wobei er hinzusetzte: »Wenn es Sie nicht langweilt!«

»Laß mich hinaus, oder gehen wir lieber zu dir nach oben!« flüsterte der Zeitungskritiker Krjakow dem Neffen des Hausherrn zu und schielte nach den Ordenssternen der anderen Männer. »Denn du wirst dich bestimmt noch verplappern – und die da werden dich dann ins Unglück stürzen!« Er wies auf die ehrwürdigen Greise.

Der Student mußte lachen.

»Was für ein Unsinn!« sagte er. »Gehen wir lieber ans Buffet.«

Jedermann nahm nun wieder Platz. Die Lakaien räumten die leeren Tassen und Eisschalen weg. Grigori Petrowitsch stellte Kristallschalen mit Konfekt auf die Tischchen bei den Damen, und es gelang ihm auch, die Dose mit den Erfrischungsplätzchen vor dem Autor zu plazieren.

Fertow flog wieder von einem Gast zum anderen.

»Comme c'est beau! On se croirait transporté à l'époque d'Homère!« sagte er bald zu diesem, bald zu jenem.

»C'est joli!« stimmte ihm Lilina zu.

»C'est peu dire joli – c'est sublime!« antwortete er ihr mit einem Kopfnicken. Gerade wollte er sich zu dem Grafen Pestow neigen, um auch ihm etwas Ähnliches zu sagen, da warf ihm der Autor einen so durchdringenden Blick zu, daß er sich beschied und schwieg.

Außer Tscheschnjow waren nur noch zwei Gäste auf ihren Plätzen geblieben, nämlich der bejahrte Literat, der wohl aus Faulheit nur seine Beine etwas ausgestreckt hatte, als wollte er sich recken, sowie Iwan Iwanowitsch Kaljanow, der Mitarbeiter des Autors, welcher in seiner Pose geradezu erstarrt war. Hingegen war sogar der dicke Suchow sich ›erfrischen‹ gegangen und hatte ein Glas Selterswasser mit Champagner getrunken – gegen die Atemnot, wie er sagte. Am Buffet machte der Hausherr auch Krjakow höflich den Vorschlag, sich doch zu ›erfrischen‹.

»Es kann ja nicht schaden!« sagte der und leerte ein Glas mit Champagner.

Kaljanow wußte einfach nicht, wie er sich verhalten sollte. Seine Hoffnung, es möchte sich um eine Art List handeln, hatte sich zerschlagen, das sah er nur zu deutlich. Denn in dem Roman kamen weder Projektrevisionen noch Ergänzungsetats, weder Voranschläge noch sonst etwas in der Art vor; das aber, was darin vorkam, war ihm fremd und sogar zuwider – es schien ihm so etwas wie eine Kinderbelustigung zu sein.

Kaljanow hatte einst, als er sich an der Fakultät für Staatswissenschaft bewarb, die Aufnahmeprüfung für die Universität auch im Fach Philologie abgelegt, so daß er sich noch ganz gut der Namen von Walter Scott, Balzac und der Russen Sagoskin und Lashetschnikow entsann. Später begegneten ihm in Zeitschriften die Namen von George Sand und Victor Hugo, und er wußte auch noch, welches Aufsehen die ›Hauptmannstochter‹ von Puschkin und dann die Romane von Lashetschnikow, Lermontow und Gogol erregt hatten. Doch mit der Zeit und unter dem pragmatischen Gesichtspunkt seiner dienstlichen Obliegenheiten hörte er auf zu lesen – und betrachtete den Roman als … Ehrlich gesagt, er betrachtete ihn gar nicht. Er hielt das für eine Frauenbeschäftigung oder, wie er sich ausdrückte, für eine Weibersache und beobachtete stirnrunzelnd, wie sich bei seiner Schwester, einer alten Jungfer, ein ganzer Stapel von russischen und französischen Romanen wie Brennholz auftürmte.

Und jetzt forderte man ihn plötzlich auf, sich einen Roman anzuhören – und verlangte noch dazu sein Urteil.

›Was soll ich ihm sagen?‹ überlegte er. ›Denn er wird mich ganz bestimmt fragen – er guckt mich ja schon immerzu an! Wenn ich einfach sage ‚Es taugt nichts', was meinerseits das Bequemste und Aufrichtigste wäre, so ist das ganz unmöglich, selbst wenn ich den Mut dazu hätte; denn dann müßte ich auch erklären, warum es nichts taugt. Sage ich aber ‚Sehr gut', so würde ich riskieren, daß er wissen will, was daran gut ist und warum. Und ob der Roman nun etwas taugt oder nicht – das mag der Teufel wissen! Nein, nicht nur der: dieser Journalist da, mein Nachbar, der weiß es auch; und der da, der wie ein Faulpelz aussieht, ebenfalls; und der alte Tscheschnjow sitzt dort, als wenn er einem Mitternachtsgottesdienst lauscht – und dem da sieht man an, daß er guter Laune ist!‹

Er betrachtete neidvoll den einen oder anderen der Gäste und bemühte sich, an ihrem Gesichtsausdruck zu erkennen, was ihnen gefiel und was nicht, um sich damit einen gewissen Vorrat an erborgten Eindrücken zuzulegen, während er weiterhin stumpf und angestrengt zuhörte.

Der Autor führte währenddessen eine Figur nach der anderen vor und entwarf eine Reihe wohldurchdachter Szenen und Landschaftsbilder; edle erhabene Gedanken strömten dahin, Funken von Esprit blitzten auf, zarte Empfindungen klangen an, und die Details waren gut beobachtet. All das fügte sich so kunstvoll zusammen wie eine Partitur und brachte gehorsam die Hauptanliegen und Thesen des Autors zum Ausdruck.

Seine Helden vertraten die Prinzipien der Ehre und Menschenwürde und standen auf einer hohen Stufe geistiger und moralischer Entwicklung – bis hin zum äußeren Habitus und dem Vermögen, bei jedem Schritt und mit jedem Wort Achtung vor sich und anderen zu bekunden, bis hin zu den eleganten, schlichten und ungekünstelten Manieren, zur Sprache und allen Formen des gesellschaftlichen Umgangs.

Das war die unberührte Sphäre der Gentlemen, das war der Salon eines Lebens, in dem Leid und Freude, Sorgen, Arbeit und Vergnügen, Denken, Wissen und Kunst, ja sogar die Leidenschaften sich den strengen, traditionellen Regeln unterordneten, die für die nur einer begrenzten Minderheit erreichbare Oberschicht der Gesellschaft in Europa galten.

Nichts Vulgäres, keine unfertige, ganz gewöhnliche Seite menschlichen Lebens hatte innerhalb dieses Rahmens Platz; hier war alles so geputzt, aufgeräumt, beleuchtet und geschmückt wie in den hellen und eleganten Sälen eines reichen Hauses. Die Vorzimmer, die

Küchen und Höfe mit ihrer ganzen Natürlichkeit wurden hier mit keinem Wort erwähnt; es strahlten einzig die lichten Höhen des Daseins wie die schneebedeckten Gipfel der Alpen.

Der Autor trug die nun folgenden Kapitel weitaus enthusiasmierter vor, und die Gäste hörten aufmerksamer zu. Alle waren jetzt stärker von den Ereignissen des sich innerhalb seiner Grenzen weiterentwickelnden Romans ergriffen.

Nur der Zeitungskritiker Krjakow wurde immer ärgerlicher, je weiter der Roman fortschritt, und auch der dicke Suchow stöhnte laut vor Ungeduld. Mitten in einer Szene, die sich irgendwo in Italien abspielte, sagte er sogar halblaut zu seinem Nachbarn, dem General: »Morgen wird es bestimmt Regen geben!«

»Wieso denn?« fragte der.

»Meine Hühneraugen schmerzen. Hast du auch Hühneraugen?«

Der General schüttelte verneinend den Kopf.

»Hühneraugen haben nur Lehrer und Briefträger«, setzte er fast beleidigt hinzu.

In diesem Moment sahen sowohl der Autor als auch der Hausherr zu ihnen hin; sie verstummten, und Suchow begann wieder laut zu schnaufen.

Die Fürstin Tezkaja zuckte zusammen, als das Wiedersehen der jungen Leute unter vier Augen geschildert wurde, und bei der Beschreibung eines Duelles rief sie ganz nervös: »Ah!« Die Komtesse hingegen setzte insgesamt sechsmal die Unschuldsmiene gänzlichen Nichtverstehens auf.

»Mais elle est prude, ta cousine, sie kann solch keusche Szenen nicht ertragen!« sagte einer der Offiziere leise zu dem jungen Mann in Zivil, nachdem er zweimal einen derartigen Ausdruck auf ihrem Gesicht bemerkt hatte.

»C'est vrai! Ce pour cela que je lui fournis les volumes de Zola; il y en a un – dans ce moment qui l'attend dans l'antichembre: ›La Curée‹. Elle le supporte parfaitement bien ...«

Sie gaben sich Mühe, ihr Lachen zu unterdrücken. Der Hausherr drohte ihnen von weitem mit dem Finger.

Der Autor blickte immer häufiger zur Gräfin Sinjawskaja hin, offensichtlich in dem Wunsch mitzubekommen, welchen Eindruck das Gelesene auf sie mache.

An den schwachen und in die Länge gezogenen Stellen betrachtete sie zerstreut die Wände, sah ihre Tochter an oder blickte auf den Teppich nieder. Oder aber sie nahm mechanisch ein Stück Konfekt aus der Schale und reichte es ihrer Tochter.

Bei den lebendig geschriebenen Stellen hingegen wandte sie kein Auge vom Autor, und wenn etwas Poetisches oder sorgfältig beobachtete Details auftauchten und in einer plötzlichen, kühnen Wendung ein Gedanke aufblitzte, dann wurde ihr Blick weich und um ihre Lippen spielte das ihr eigene, rätselhafte Lächeln. Der Autor las dann sicherer und lebhafter. Wenn dagegen ihre Brauen sich ein wenig senkten, ihre Augen den rätselhaften Ausdruck verloren und ihr Lächeln verschwand, dann nahm er einen Bleistift vom Tisch und setzte an den Rand des Manuskripts das Zeichen NB, was bedeutete: ›schlecht‹. Auch Tscheschnjow senkte an solchen Stellen den Kopf oder schlug ein Bein übers andere.

Der Autor nahm diese Anzeichen von Kritik wie nebenbei zur Kenntnis. Der bejahrte Literat strich sich an den schwachen Stellen über seinen kahlen Kopf, als ob er sich in seinem Innern zugestand, daß er selbst diese Stelle besser geschrieben hätte.

Der Autor beschrieb nun die Militärmanöver. Totenstille herrschte. Den stereotypen Kampfszenen des Heeres verlieh er Feuer, der geordneten, lebendigen Masse gab er eine Seele und verband das Ganze durch ein Gefühl und einen Gedanken organisch miteinander. Außerdem milderte er durch einige Details die Strenge und Eintönigkeit des Bildes.

Die Gräfin Sinjawskaja ließ kein Auge vom Autor. Tscheschnjow blickte ihn ebenfalls unverwandt und offensichtlich zustimmend an.

»C'est bien écrit, n'est ce pas?« sagte plötzlich, gleichsam erwachend und die Hand vom Ohr nehmend, Graf Pestow und sah sich suchend nach einem Gesprächspartner um.

»Très bien écrit! Oui, très bien, très bien!« fielen energisch zwei oder drei von denen ein, die stets jedwede Lesung, zu der sie eingeladen werden, vortrefflich finden.

»Pourquoi n'avez vous pas écrit cela en français?« wandte sich der Graf an den Autor und hielt die Hand hinters Ohr, um die Antwort zu hören.

»Und wie das alles stimmt!« bemerkte ein Offizier. »Denn er ist doch gar nicht beim Militär. Woher weiß er das alles?«

»Ah! C'est une grande capacité! Une tête, ce qu'on appelle!« sagte halblaut der Herr in Zivil. »Gehen wir dann von hier aus zu Borèl! Hoffentlich ist nicht schon geschlossen!« fügte er flüsternd hinzu.

»Bah! On nous ouvrira!« versicherte der Offizier überzeugt.

»Comme c'est joli!« sagte Lilina zur Komtesse Tezkaja.

»Oui, ch-ar-ma-nt«, antwortete die Fürstin gedehnt und spielte mit ihrem Fächer.

»C'est divin! C'est Homère, doublé de Tasse!« versetzte Fertow, der aufgesprungen war und sich jetzt zur Fürstin Tezkaja herabbeugte. »N'est ce pas, princesse?«

»Och!« machte die und zuckte zusammen.

Fertow fuhr zurück.

»Weiß der Teufel, was das soll, diese Manöver ... Eine Kaserne!« brummte Krjakow so laut in seiner Ecke, daß sich einige nach ihm umdrehten.

Der Student lachte leise vor sich hin. Der Zeitschriftenredakteur hielt sich zurück und äußerte weder Ablehnung noch Zustimmung. Der Professor aber nickte bestätigend mit dem Kopf. Der alte Krasnoperow hingegen, der ehemalige Freund von Gretsch und Bulgarin, hatte die Hände über seinem Bauch gefaltet und langweilte sich sichtlich.

In dem Maße, wie sich die Lesung ihrem Ende zuneigte, wurde Iwan Iwanowitsch Kaljanow ruhiger, ja sogar fröhlicher. Den Autor und die Anwesenden betrachtete er nun kühner und hörte bei den letzten Seiten des Romans kaum noch zu – es sah aus, als wäre er nun endlich zu einem kritischen Urteil gekommen.

Um halb zwölf beendete der Autor die Lesung. Er erhob sich und neigte leicht den Kopf, um sich für die Aufmerksamkeit zu bedanken.

Alle Anwesenden standen auf, schoben laut die Stühle zurück und applaudierten heftig, am heftigsten diejenigen, die am wenigsten zugehört hatten, wobei sich besonders der dicke Suchow hervortat – vor lauter Freude, daß die Lesung nun endlich zu Ende war.

»Mir sind die Beine eingeschlafen!« sagte er zu dem Freund von Gretsch und Bulgarin und rieb sich die Waden.

Der Hausherr wollte sich mit Dankesbezeigungen auf den Autor stürzen, der aber wich ihm mit einem Lächeln aus.

»Mesdames et messieurs!« sagte er, während er seine Hefte in die Mappe legte und sie Fertow reichte. »Ich bin recht spät unter die angehenden Autoren geraten, und ich suche keine Dichterlorbeeren, sondern wollte diesen Versuch meiner Feder, diese Frucht meiner Mußestunden einfach einem Freundeskreis vorstellen. Schon lange hatte ich vor, einige Ideen, Beobachtungen, Erfahrungen und Ansichten über unser Gesellschaftsleben, unsere Tätigkeiten, unsere Vergnügungen und selbst Leidenschaften (in dem Kreis, den Sie eben vor Augen sahen und dem anzugehören ich die Ehre habe) zum Ausdruck zu bringen, darunter auch meine Auffassung von der Kunst, der Literatur und dem Roman, so wie ich ihn verstehe. Den Roman wählte ich zudem als die Form, in der mir meine Thesen und Absichten am leichtesten formulierbar und für den Leser am ehesten erkennbar erschienen. Und ich wünschte, meine Zuhörer würden von diesem Standpunkt aus auf die Frucht meiner Mußestunden blicken! Ich danke nochmals für Ihre Aufmerksamkeit und Geduld!«

Der Applaus nahm zu. Alles umringte den Autor – die einen reichten ihm die Hand, andere verbeugten sich. Nur Krjakow sah ihn und die Gäste aus seiner Ecke verärgert an.

»Merci!« sagte Graf Pestow zum Autor. »C'est bien écrit!«

»Très bien écrit! Tout à fait bien!« fielen die Schmeichler ein.

»Vous me donnerez un exemplaire; je le mettre à côté de J.J. Rousseau.«

»Oui, mon prince, je vous apporterai ...«

Der Autor bemühte sich, zu der Gräfin zu gelangen, die mit ihrer Tochter neben ihrem Platz stand und sich zum Gehen anschickte. Das junge Mädchen betrachtete ihn mit naivem Staunen wie einen Helden. Ihre Wangen leuchteten rosarot, und vor Aufregung preßte sie heftig beide Hände ihrer Mutter. Diese sah den Autor lächelnd an. Ihre Augen lachten ebenfalls und offenbar voller Wohlwollen, denn der Autor antwortete ihr mit einem Lächeln bescheidenen Triumphes. Sie reichte ihm schweigend die Hand, und er erwiderte schweigend ihren Händedruck.

»Gestatten Sie, daß ich Sie zu Ihrem Wagen begleite«, sagte er.

»Merci, gleich; sie soll sich nur erst noch etwas abkühlen«, antwortete die Gräfin und wies auf ihre Tochter. »Sehen Sie, wie aufgeregt sie ist! Da haben Sie einen lebendigen und ungeheuchelten Eindruck! Sind Sie zufrieden?«

»Was aber sagen Sie selbst?«

Sie lächelte auf ihre eigentümliche Weise.

»Übrigens, nein, sagen Sie nichts, es ist nicht nötig – ich kenne Ihre Meinung bereits«, fügte er hinzu, »ich habe sie ›gesehen‹!«

»Notieren Sie diesen Ausdruck ja für Ihren Roman«, bemerkte sie, »›ich sah ihre Meinung‹ ... Er ist so bezeichnend wie der ganze Roman!«

Die Gäste standen in Gruppen beieinander. Der Hausherr war irgendwohin verschwunden. Die Offiziere und der junge Mann in Zivil entwischten zu Borél, doch konnte der letztere seine Kusine noch daran erinnern, sie möge ja nicht ›La Curée‹ von Zola in der Pförtnerloge vergessen, das Buch, das er ihr in den Mantel gesteckt hatte.

Iwan Iwanowitsch Kaljanow schlich sich vorsichtig zum Ausgang – noch ein Schritt, und er wäre auf der Treppe. Da faßte ihn plötzlich jemand mit sanfter Hand bei der Schulter. Er zuckte zusammen wie die Fürstin Tezkaja und sah sich um. Es war der Autor.

»Sie gehen fort, ohne ein Wort gesagt zu haben! Nein, Sie werden sich nicht drücken«, sagte er, »warten Sie einen Augenblick, da ruft mich gerade die Fürstin, ich bin gleich wieder da.«

Er trat auf die Fürstin zu.

»Charmant, charmant!« sagte sie zusammenfahrend und zwinkernd. »Ich bin sehr zufrieden, und Katja hat es auch gefallen ... Catherine, n'est ce pas?«

Die Tochter antwortete mit einem nichtssagenden Lächeln.

»Es ist nur schade, daß der junge Mann«, fuhr die Fürstin nach einer Pause fort, »seinen Dienst aufgibt; er macht ja seine ganze Karriere zunichte und betrübt seine Mutter.«

»Das pflegt vorzukommen«, bemerkte der Autor leichthin.

»Das ist ja genauso wie bei dem jungen Stupizyn! Wozu denn etwas Schlechtes beschreiben! Das muß man doch verborgen halten!«

Sie fuhr zusammen, der Autor aber zuckte mit den Schultern.

»Er hätte sich besser um die andere beworben ... wie heißt sie – Lidia?« sagte sie. »Comme elle est gentille, cette Lydie; n'est ce pas, Catherine?«

»Oui, maman, elle est très bien!«

»Er heiratet sie aber doch später?« fragte die Fürstin.

»Vielleicht ..: wahrscheinlich ...«

»Aber die Fürstin – was tut sie denn? Sie ist da auf dem Lande ganz allein mit dem Grafen ... Das ist entsetzlich. Wozu haben Sie eine Fürstin dargestellt, eine einfache Person wäre besser gewesen!« Sie zuckte heftig. Der Autor begann sich zu verabschieden. »Attendez donc, ich wollte noch etwas fragen. Wie kann denn diese Lidia allein zu dieser ... gefallenen Lisa fahren ...« fragte sie im Flüsterton, denn ihre Tochter sollte das nicht hören. »Supprimez cela!«

Sie ächzte und zuckte zusammen. Der Autor begab sich wieder zu Kaljanow.

»Nun, was ist Ihre Meinung – sind Sie zufrieden oder nicht?« fragte er.

»Herrlich!« antwortete jener. »Was für eine Feder!« Er wußte nicht, welches Epitheton er hinzufügen sollte. »Nur ...«

»Nur – was? Bitte zieren Sie sich nicht! Ist's nicht der Dienst, so ist's doch die Freundschaft, die Sie zur Aufrichtigkeit verpflichtet. Was haben Sie also bemerkt?«

»Sie sagen da«, versetzte Kaljanow mutig, »daß der Ostwind dunkle Wolken zusammentreibe und Regen bringe ... Ich wohne aber zur Sommerfrische auf der Wyborger Seite, sozusagen direkt unterm Ostwind, und habe immer bemerkt, daß gerade dieser das schöne Wetter bringt. Bei schlechtem Wetter wartet man auf ihn manchmal wie auf einen Segen ...«

Der Autor lachte.

»Wann sind Sie denn in der Sommerfrische?« fragte er.

»Dieser Tage ziehe ich hinaus, diese Woche noch, sobald der Ostwind weht!« sagte Kaljanow und lachte ebenfalls.

»Und Sie bleiben dort bis ...«

»Bis Mitte September, wenn Sie gestatten.«

»Nein, ich werde Ihnen schriftlich die Anweisung geben, wegen dienstlicher Verpflichtungen dort bis zum Januar auszuharren«, sagte Bebikow, »und zu beobachten, was für Wetter der Ostwind im Herbst bringt!«

Er blickte Kaljanow lächelnd an, der sich nachdenklich zu erinnern suchte, wie das Wetter unter solchen Bedingungen zu sein pflegte.

»Doch ich bin Ihnen sehr dankbar«, setzte der Autor hinzu, »daß Sie sogar auf die Kleinigkeiten geachtet haben.«

»Dafür ist aber alles übrige tadellos!« rief Kaljanow dem Fortgehenden unklugerweise nach, denn wie eine Bombe traf ihn der Satz:

»Wir werden noch darüber sprechen!«

›Da haben wir's!‹ dachte Kaljanow, während er die Treppe hinabstieg. ›Und ich dachte, ich wäre drum herumgekommen! Halt, halt!‹ fiel ihm da ein. ›Mir waren doch noch zwei Dinge aufgefallen. Das eine – war ein Verstoß gegen das Zivilrecht, und das andere ... was war das doch gleich?‹ Und er ging höchst zufrieden nach Hause.

Im Saal analysierten die Zuhörer halblaut den Roman und waren bemüht, kritisches Feingefühl voreinander zu demonstrieren. Der Autor ging wieder mit der Gräfin auf und ab; sie warteten auf den Hausherrn, um sich zu verabschieden und zu gehen. Die Fürstin traf ebenfalls Anstalten zum Aufbruch und steckte ihre Handarbeit in den Beutel. Die Komtesse legte ihr die Mantille um die Schultern.

»Et où est Woldemar?« fragte plötzlich die Fürstin und sah sich um.

»Il est parti, maman.«

Die Fürstin zuckte zusammen.

»Und er hat uns nicht begleitet?!« sagte sie. »Morgen muß ich ihm den Kopf waschen: Er ist genauso unartig wie dieser Offizier, von dem gelesen wurde. N'est ce pas?«

»Oui, maman!«

Der alte Tscheschnjow trat auf den Autor zu.

»Nun, was ist Ihre Meinung, Dmitri Iwanowitsch?« fragte der.

»Ich meine, daß Sie eine große Tat vollbracht haben. Wollte ich sagen, auf welche Art und Weise Sie es taten, so müßten wir lange reden und sicher auch über einiges streiten. Doch daß es eine große Tat ist, all das auszusprechen und kühn gegen den Strom zu schwimmen, das steht außer Zweifel! Sie treten für die Prinzipien der guten Gesellschaft ein, für die Religion, die Sitten, den Anstand und für unverfälschte ästhetische Normen; seien Sie also tapfer und führen Sie Ihre Großtat zu Ende!«

»Amen!« sagte die Gräfin.

»Ihrerseits war es eine Großtat, mir zuzuhören!« meinte lächelnd der schlagfertige Autor. »Wenn Ihre Geduld dazu ausreichte, so schöpfe ich meinerseits daraus die Kraft, meine Sache zu Ende zu bringen.«

Während der Autor diese Reden anhörte, machte Krjakow Anstalten zu gehen, der Student aber ließ ihn nicht fort. Lilina wirbelte ständig um den Autor herum, um ihm zum zehntenmal ihr ›très joli‹ zu sagen. Den Grafen Pestow führten Fertow und ein anderer Gast untergehakt zum Ausgang.

»Dites lui, qu'il écrive cela en français!« sagte der Graf zu seinen Begleitern.

»Oui, mon prince«, entgegneten sie.

Einige Gäste gähnten verstohlen und schickten sich ebenfalls an zu gehen.

»Wo ist denn Grigori Petrowitsch?« erkundigte sich jemand laut.

»Er hat uns verlassen und will sich nicht einmal verabschieden!«

Unterdessen öffnete sich die Speisezimmertür, und es erschien Grigori Petrowitsch mit dem Maître d'hôtel, welcher durch den ganzen Saal verkündete:

»Messieurs et mesdames, sont servis!«

Alles stockte für einen Moment. Im Speisezimmer erblickte man eine lange, gedeckte, von Kandelabern erleuchtete Tafel und eine zahlreiche Dienerschaft.

»Ich lasse bitten! Mesdames, messieurs! Was ist denn – Sie wollen gehen! Wie ist das möglich – ohne Abendessen!«

Er stürzte sich auf die Gäste, auf die Damen, suchte sie durch Bitten zu bewegen, nahm den Herren die Hüte ab. Doch alle Damen außer Lilina lehnten ab. Auch der Autor weigerte sich, länger zu bleiben, und schützte Müdigkeit vor. Er reichte der Gräfin Sinjawskaja den Arm und führte sie und ihre Tochter zur Kutsche.

Der Hausherr war den Tränen nahe; er bestürmte alle, doch ja zu bleiben, und schob die Eigensinnigen fast mit Gewalt ins Speisezimmer, darunter auch Krjakow.

»Nehmen Sie mir nicht das Vergnügen, mit Ihnen zu Abend zu speisen!« bat er ihn höflich.

»Schön, schön«, antwortete Krjakow, »das kommt mir gerade recht, ich bin ziemlich hungrig.«

Er hätte dem gastfreundlichen Hausherrn keine größere Freude machen können.

»Wunderbar!« sagte er und drückte ihm die Hand. »Ich freue mich sehr. Mitja! Geleite unseren Gast und gib dir Mühe, ihn gut zu unterhalten, damit er sich bei uns nicht langweilt!«

Mitja lachte und geleitete Krjakow ins Eßzimmer, wohin ihnen Arm in Arm mit Lilina Tscheschnjow folgte, dann kamen der Journalist, der Professor, Krasnoperow und die übrigen. Der dicke Suchow und der Armeegeneral befanden sich bereits dort und taten sich an den Vorspeisen gütlich.

ZWEITER TEIL

Das Abendessen

»Meine Herrschaften!« sagte der Hausherr, als alle Platz genommen hatten. »Jetzt bin ich an der Reihe, denn ich bin der Autor dieses abendlichen Menüs. Der Koch hat einfach blindlings meine Anweisungen ausgeführt. Ich bitte Sie, auch mein Werk mit derselben Aufmerksamkeit zu beehren, die Sie der heutigen Lesung gewidmet haben. Lies die Speisekarte vor«, wandte er sich an Suchow, »sie liegt da neben dir. Denn meine Gäste sollen doch wissen, worauf sie ihren Appetit richten können.«

Suchow griff in die Tasche und wollte seine Brille hervorholen, fand sie aber nicht.

»Potage – nids d'hirondelle«, las er also aufs Geratewohl, »filets d'éléphant und pattes de crocodile à la tortus; légumes jonc d'Espagne au jus de scorpions ...«

Alles lachte.

»Was für Abgeschmacktheiten!« sagte Uranow. »Du verdirbst einem ja den Appetit.« Und er las selbst die Speisekarte vor.

Anstelle von Krokodil und Elefant gab es also: Wildziege, Sterlet, Wachteln und allerlei Sorten von Obst und Gemüse.

Nach den ersten beiden Gängen begann man über den soeben gehörten Roman zu reden. Als erste äußerte sich Lilina.

»Comme c'est joli, n'est ce pas? Ich stehe noch immer unter dem Eindruck dieser Lesung! Ich werde sie wohl nie vergessen! Charmant, charmant!« wiederholte sie mit dem kindlichen Lächeln eines kleinen Mädchens, dem man eine neue Puppe geschenkt hat.

»Ihnen hat es also gefallen?« wandte sich Krjakow spöttisch an sie. »Ich gratuliere Ihnen: da haben Sie ja einen feinen Geschmack!«

Lilina geriet in Verwirrung und blickte die anderen an.

»Lassen Sie sich nicht verwirren!« fuhr Krjakow fort, während er mit großem Appetit weiteraß.

»Weshalb sollte ich mich denn verwirren lassen? Ich glaube, die anderen sind auch meiner Meinung?!« sagte sie.

»Das ist leichte Kost, Konfekt ist das!« erwiderte Krjakow und goß sich Rotwein ein. »›C'est joli, très joli‹, lobten Sie – das ist für den Autor ein würdiges Lob aus Ihrem Munde!«

Alles sah ihn an und lächelte, er aber trank sein Weinglas aus und nahm das Lächeln offenbar nicht zur Kenntnis.

»Sie haben da übrigens einen sehr guten Wein!« meinte er, an den Hausherrn gewandt. »Und einen vorzüglichen, fetten Sterlet!«

»Ich bin hocherfreut, daß meine bescheidene Bewirtung Ihnen zusagt!« versetzte Uranow. »Wollen Sie nicht noch ein bißchen davon nehmen? Diener, bring die Schüssel!«

»Keine Umstände, ich bediene mich schon.«

Und er nahm sich eine zweite Portion. Alles schaute ihn neugierig an.

»Der Roman ist aber trotzdem sehr hübsch!« sagte der Hausherr.

»Und wie gut der Autor liest; was für eine angenehme Stimme und welch vornehme Manieren er hat. Seine Sprache ist auch sehr kultiviert!« lobte der Professor.

»Ja ... Es ist ein in mancher Hinsicht bemerkenswertes Werk!« bemerkte der Zeitschriftenredakteur mit Zurückhaltung.

»Gut, sehr gut! Ich habe mit Vergnügen zugehört!« lobte der General. »Heute schreibt man nicht mehr so!«

»Was meinen Sie damit?« fragte Uranow.

»So angenehm, so flüssig und in einem Russisch, das jeder versteht! Jetzt ist es doch so: Man nimmt ein Buch oder eine Zeitung zur Hand – und weiß nicht, ob man das Russische oder eine Fremdsprache vor sich hat! Objektiv, subjektiv, Exploitation, Inspiration, Konkurrenz, Intelligenz – so jagt ein Fremdwort das andere! Statt Pförtner sagt man Portier, statt Herrin oder Gönnerin jetzt – Patronin! Und dann hat man sich noch das Wort ›ignorieren‹ ausgedacht!«

»Ja, russisch schreibt man jetzt Gott weiß wie!« mischte sich seufzend der alte Krasnoperow, der Freund von Gretsch und Bulgarin, ein. »Da hat man beispielsweise das Wort ›undenkbar‹ erfunden, so als ob ›unvorstellbar‹ schlecht gewesen wäre! Aber nein, Sie sehen, es ist alt, also fort mit ihm! Oder man sagte und schrieb früher: ›Der oder die wandte sich an den oder jenen beziehungsweise der eine sich an den anderen‹ – das gefällt ihnen nicht mehr, flugs haben sie es geändert: ›Der tritt an den oder jenen heran‹. Ist das nun etwa besser, frage ich Sie?«

Er wandte sich an den Zeitschriftenredakteur.

»Das eine stört das andere nicht«, antwortete der herablassend,

»›undenkbar‹ und ›unvorstellbar‹ sind keineswegs dasselbe, ebensowenig wie die Worte ›sich an jemanden wenden‹ oder ›an jemanden herantreten‹.

»Vollkommen richtig«, bestätigte der Professor, »das sind nicht einmal Synonyme. Wozu die Freiheit der Sprache beschränken? Soll sie doch ruhig auf dem Wege des gedruckten Wortes reicher werden! Die dem Geist der Sprache fremden Neologismen werden sowieso niemals in ihren Grundbestand eingehen. Je mehr Wörter wir haben, desto besser!«

»Iwan Petrowitsch, leg dich nicht mit ihnen an«, sagte Suchow leise zu Krasnoperow, »sie werden dich zur Strecke bringen. Es ist Gelehrtenvolk!«

Iwan Petrowitsch war beleidigt.

»Ich bitte dich! Sie werden mich nicht zur Strecke bringen!« widersprach er. »Nikolai Iwanowitsch und Faddej Wenediktowitsch würden zwar nicht in die heutige Welt passen, doch auch sie haben meine Ansichten geachtet. Es ist wahr, daß die Sprache allmählich reicher wird, wie Sie zu bemerken geruhten«, wandte er sich an den Professor, »nur gestatten Sie mir den Hinweis, daß diese Bereicherung einzig durch Schriftsteller von Bedeutung erfolgt. Nikolai Michailowitsch Karamsin beispielsweise hat das Wort Industrie in unsere Sprache eingeführt, und alle haben es von ihm übernommen. Wassili Andrejewitsch Shukowski hat den russischen Wortschatz ebenfalls wesentlich bereichert und die Sprache des einfachen Volkes veredelt; vor ihm tat das Iwan Iwanowitsch Dmitrijew. Was waren das aber auch für Männer! Der eine Historiker, der andere Minister und der dritte der Erzieher der Zarenkinder! Dann trat Alexander Sergejewitsch Puschkin in ihre Fußstapfen. Diese Männer waren es, die unserer Sprache eine feste Grundlage gegeben haben. Und Nikolai Iwanowitsch Gretsch und Faddej Wenediktowitsch Bulgarin schützten und hüteten sorgsam die Korrektheit und Unantastbarkeit des Stils. Sie sind gestorben – und flugs traten die neuen Wortschöpfer auf den Plan! Wer wird denn auf sie hören? Woher sind sie gekommen?«

»Von ebendort, woher auch Karamsin und Shukowski und Dmitrijew gekommen sind, und Sie und ich ebenfalls – wir haben alle den gleichen Ursprung!« sagte Krjakow.

Alles lächelte. Die Lilina errötete.

»Was wahr ist, muß auch wahr bleiben! Darüber läßt sich nicht streiten!« bekräftigte auch Suchow.

»Damals hätte keiner gewagt, so widerspenstig zu sein!« fuhr Krasnoperow fort, ohne ihn zu beachten. »Manchmal mußten auch die Schriftsteller strammstehen, und nur diejenigen, die durch ihre Schule gegangen waren, wurden überhaupt bekannt. Wie viele von ihnen kamen manchmal untertänigst bittend zu Nikolai Iwanowitsch, hörten seine weisen Ratschläge an und befolgten sie!«

»Wie alt sind Sie eigentlich?« wandte sich Krjakow plötzlich an Krasnoperow.

Seine Frage rief allgemeines Gelächter hervor. Krasnoperow schwieg verärgert.

»Nun?« fragte Suchow, dem offensichtlich der Elan des Gegners gefiel.

»Ja, man kann sich vorzüglich auf die gute alte Zeit herausreden!« meinte Krjakow ungeniert. »Sie wurden doch sicherlich unterm ›alten und neuen Stil‹ geboren?«

»Was denn, war es denn etwa schlecht damals zu Alexander Semjonowitsch Schischkows Zeiten?« widersprach Krasnoperow ärgerlich. »Damals wurde noch auf die Älteren gehört – und es herrschte Ordnung. Von Gretsch und Bulgarin ist auch Alexander Sergejewitsch Puschkin oftmals gerügt worden, als er jung und widerborstig war! Die übrigen aber verhielten sich sowieso lammfromm!«

»Kein Wunder, wenn man sie auspeitschte und Bulgarin und Gretsch dazu Reden schwangen!« erklärte plötzlich Krjakow unter allgemeinem Gelächter.

»So muß es auch sein! Das wäre auch jetzt nicht von Übel!« brummte Krasnoperow böse seinen nächsten Nachbarn, Uranow, Suchow und dem General, zu. »Denn jetzt ist doch alles aus den Fugen geraten! Ich würde alle Schriftsteller bei der Polizei registrieren lassen und ihnen gelbe Aufenthaltsbescheinigungen geben.«

Ringsum lachte alles.

»Weshalb denn so ungnädig?« fragte der Professor mit gutmütigem Lachen. »Denn das hat es doch alles früher gegeben; wenn auch keine gelben Bescheinigungen, so doch wohl ein besonderes Buch, in das die Literaten eingetragen wurden ... Aber auch das hat nicht geholfen; Sie sagen ja selbst, die Schriftsteller hätten sich der wachsamen Aufsicht entzogen ...«

»Weshalb hat man sie aus dieser entlassen? Die Regierung ist schwach geworden, es herrscht keine Strenge mehr!« ereiferte sich Krasnoperow. »Also herrscht auch keine Ordnung! Furcht müßten wir haben, Furcht! Das brauchen wir, aber keine Pressefreiheit! Ich würde denen schon Freiheit geben, ha! Wieviel Böses ist daraus schon entstanden! Mein Gott, wieviel Böses!«

»Was denn für Böses? Und ist denn alles, was daraus entstand, immer und unbedingt böse?« fragte der Journalist und lachte ebenfalls.

»Was für Böses – da fragen Sie noch! Sehen Sie es etwa nicht! Alles schwankt und bricht auseinander, niemandem ist mehr etwas heilig!«

»Daran ist aber doch nicht die Presse schuld, ich bitte Sie!« sagte der Journalist.

»Überall Wirrnis und Zwietracht ...« wiederholte Krasnoperow, ohne ihn zu beachten.

»Sintfluten, Feiglinge, der Bruder bespitzelt den Bruder«, soufflierte Suchow. »Ja, ja; Iwan Petrowitsch, du bist ein wackerer Kerl! Gib's ihnen tüchtig! Auf deine Gesundheit! – Bei dir geht's aber heute lustig zu, Grigori Petrowitsch!« fügte er an Uranow gewandt hinzu.

»Ja, lacht nur, lacht! Ihr selbst duldet ja all dies Neue!« ereiferte sich Krasnoperow noch heftiger. »Soll man sich da etwa wundern, wenn die Kinder fast ihre Eltern erstechen ...«

»Und die Eltern ihre Kinder!« soufflierte Suchow ihm wieder. »Richtig!«

»Ja! Richtig! Dir wird das Lachen schon noch vergehen, wenn nur erst diese Neunmalklugen (er deutete mit einem Kopfnicken auf Krjakow, und der nickte als Antwort zurück) zu dir kommen und dir erklären, dein Haus in der Bolschaja Konjuschennaja wäre nun nicht mehr deins, sondern ihres; überhaupt würde von nun an alles allen gehören ... Dich aber jagt man hinaus! Das wird erst ›lustig‹ werden!«

»Um Gottes willen! Wie kannst du mich am späten Abend so erschrecken!« sagte Suchow. »Hören Sie doch, was er sagt!« wandte er sich an Uranow und den General. »Hab keine Angst, mein Freund«, setzte er beruhigend hinzu, »all diese Neinsager und Zerstörer werden sich, wenn nicht wegen etwas anderem, so zumindest wegen des Eigentums, gegenseitig die Köpfe einschlagen!«

»Ich bin älter als ihr alle hier – und darf deshalb so reden ...« beharrte Krasnoperow auf seiner Meinung.

»Du sprichst wohl aus Erfahrung?«

»Bisher hat mich der Herr verschont; wenn ihr aber weiterhin alle Einfälle und Ideen dieser Grünschnäbel, die sich als die neue Generation bezeichnen, so gleichgültig anseht und nichts dagegen unternehmt, dann werdet ihr es wohl noch erleben, daß man auch bei uns die Kommune einführt! Merkt ihr denn nicht, was sich jetzt tut? Die Alten sind gestorben, sie sind nicht mehr da, um ihnen Vernunft beizubringen. Wenn sie doch nur aus dem Grab auferstehen würden ...«

»Dann würde man sie jetzt ins Raritätenkabinett bringen, und Sie gleich dazu!« sagte Krjakow.

Krasnoperow ärgerte sich, vor allem, weil diese Bemerkung selbst bei seinen Nachbarn Gelächter hervorrief.

»Jedoch Sie, gnädiger Herr, und alle Schriftsteller, die Ihnen gleichen und so urteilen wie Sie, die würde ich, verzeihen Sie, nicht dorthin bringen!« bemerkte er hitzig in belehrendem Ton.

»Man wird uns einsperren, beruhigen Sie sich, Herr Famussow, denn Ihre Gattung ist noch nicht ganz ausgestorben in Rußland!«

Alles lachte angesichts des Feuereifers der Gegner.

»Ach, was ist das heute lustig hier!« wiederholte Suchow.

»Sei nicht gekränkt, Iwan Petrowitsch!« flüsterte der Hausherr dem Greis zu. »Hören wir besser bloß zu! Ich bin neugierig, wozu er sich noch versteigen wird.«

Doch Krasnoperow hörte nicht auf ihn.

»Was lacht ihr!« sagte er aufbrausend zu den älteren Gästen. »Euer Lachen kommt ihnen eben recht und stellt die neue Generation zufrieden; ja, ihr erniedrigt euch vor ihr und geniert euch, als zurückgeblieben zu gelten! Was? Stimmt das etwa nicht?«

»Was hast du!« sagte der Hausherr eindringlich. »Wieso sollten wir denn den Wunsch haben, sie zufriedenzustellen, wir sind doch keine Kinder; weshalb sollten wir denn der jungen Generation schmeicheln? Wir fürchten sie nicht und erwarten auch nichts Böses von ihr. – Der da (er wies auf seinen Neffen) gehört auch zur neuen Generation, taugt er etwa auch nichts, wie? In der Mehrzahl sind sie doch alle so, und geb's Gott, daß sie's sind.«

»Verneig dich und bedank dich!« sagte Krjakow und strich dem Studenten über den Kopf.

»Was hätten wir denn für einen Grund, solch schrecklichen Dingen gegenüber, von denen du erzählst, Nachsicht walten zu lassen?« fuhr Uranow fort.

»Was für einen Grund? ... Bitte, ich werde es euch sagen.«

»Sag's.«

»Weil ihr selbst alle Nihilisten seid, deshalb!« platzte Krasnoperow heraus.

Alles sah ihn erheitert an und lachte.

»C'est trop forte!« bemerkte jemand am anderen Ende des Tisches.

»Wie denn das! Gott behüte!« sagte Uranow. »Erkläre uns das doch bitte!«

»Jawohl! Ihr seid alle selbst im Bunde mit diesen Grünschnäbeln! Der eine mehr, der andere weniger ... jedoch ihr alle, alle! Zum Beispiel glauben manche von euch – und ich weiß auch wer – auf ihre eigene Weise an Gott, nicht aber so, wie es die rechtgläubige Kirche festgelegt hat; man geht einmal im Jahr zur Beichte, um ›ein Beispiel zu geben‹, wie man sagt; andere wiederum bekennen sich zu dem herrschenden Regierungssystem entgegengesetzten Anschauungen und erörtern diese heimlich mit ihren Freunden, die Söhnchen aber hören genau zu und schreiben sich das alles hinter die Ohren! Wie soll es da wundernehmen, wenn sie nichts und niemanden mehr anerkennen und achten!«

Alles sah ihn neugierig an und hörte lächelnd zu.

»Gestatten Sie«, sagte der Journalist, »Sie wollten doch von der Presse sprechen!«

»Aber die Presse unterstützt das ja und wiegelt alle auf!« entgegnete Krasnoperow.

»Können Sie beweisen, wie und wo!?«

»Überall doch! Wie soll ich mich jetzt daran erinnern? Es lohnt nicht, sich dessen zu erinnern!«

Krasnoperow war sichtlich in Verlegenheit.

»Was ist denn hier zu beweisen, das führt doch zu überhaupt nichts!« brummte er. »Nikolai Iwanowitsch und Faddej Wenediktowitsch, ja die hätten's gleich bewiesen, die waren nicht um ein Wort verlegen! Ich bin kein Zensor – was soll das!«

Er wußte nicht, was er sagen sollte. Da meldete sich unerwartet ein neuer Gesprächspartner zu Wort. Es war ein schon leicht angegrauter, magerer Herr mit Backenbart und glattrasiertem Kinn, der eine blaue Brille trug und comme il faut gekleidet war. Er hatte die ganze Zeit geschwiegen und eifrig zugehört, während er demütig auf seinen Teller niederblickte und nur manchmal unter seiner Brille hervor den einen oder anderen der Redenden fixierte.

»Sie geruhen, sich nach der Bestätigung dessen zu erkundigen, was Iwan Petrowitsch eben betreffs der Verbreitung umstürzlerischer Ideen durch die Presse darlegte ...« sagte er einschmeichelnd zu dem Journalisten.

»Ja! Wollen Sie sich denn die Mühe machen zu beweisen, womit sich das in der Presse bestätigen ließe?«

»Nein, nein ... Es läßt sich nicht positiv bestätigen, das ist richtig ...«

»Da sehen Sie es!« sagte der Journalist zu Krasnoperow.

»Etwas gegen die Religion Gerichtetes«, fuhr der neue Gesprächspartner fort, »findet man in der Presse nicht, das stimmt. Und zwar aus verständlichen Gründen: Es ist ja nicht gestattet. Doch andererseits gibt es kein einziges Journal, das für die Religion in die Schranken tritt ...«

»Weshalb denn auch, wenn Sie selbst sagen, daß kein Blatt sie angreift?«

»Die Religion wird nicht angegriffen, das stimmt«, fuhr die blaue Brille fort, »der Verfall der religiösen Werte in der Gesellschaft ist zwar spürbar, und doch erhalten sie von keiner Seite Unterstützung ... Zum Beispiel wird in den Journalen – auch in dem Ihrigen, verzeihen Sie – auf drei-, vierhundert Seiten nirgendwo der Name Gottes erwähnt. Das ist doch sehr bezeichnend ...«

Alles sah ihn und den Journalisten neugierig an.

»Dieu-dieu-dieu-dieu«, wiederholte jemand am anderen Ende des Tisches.

»Na, habe ich nicht die Wahrheit gesagt?« bekräftigte Krasnoperow.

»Ich bin nicht der einzige, auch andere kommen zu dem Schluß ...«

»Ich komme zu keinerlei Schlüssen, ich wollte diese Frage nur aus Interesse klären«, beeilte sich der Gast mit der blauen Brille hinzuzufügen.

»Wer ist denn das?« erkundigte sich der General bei Suchow halblaut.

»Das weiß ich nicht«, antwortete der, »da müssen wir Grigori Petrowitsch fragen.«

»Ein Sykophant, seht ihr das denn nicht?« platzte plötzlich Krjakow heraus, der die Frage des Generals gehört hatte. Tscheschnjow fuhr sogar ein wenig zusammen.

»Was ist denn das, sein Familienname oder was?« fragte der General und geriet etwas in Verwirrung, als einige lachten und selbst Tscheschnjow schmunzelte.

»Nein! Dieser Name wurde ihm bei der Taufe gegeben!« fügte Krjakow hinzu.

Jedermann war bemüht, sich das Lachen zu verbeißen.

Der Gast mit der blauen Brille hatte anscheinend nichts gehört.

Uranow erklärte leise, sein Name sei Truchin.

»Er arbeitet bei Alexej Petrowitsch«, setzte er hinzu. »Der hat ihn auch an seiner Stelle zu unserer Lesung geschickt; er sagte mir, dieser Herr lese alles, was gedruckt wird; kein Wort lasse er aus, kenne alles und berichte ihm immer ausführlich darüber, so daß er selbst weder Zeitungen noch Journale zu lesen brauche.«

»Was hat es denn Ihrer Ansicht nach für eine Bedeutung, daß der Name Gottes in den Journalen nicht unnötig genannt wird?« erkundigte sich der Journalist bei Truchin. »Das beweist doch eher, daß man die Religion ehrt.«

»Ta-ta-ta, versuchen Sie nicht, uns zu überlisten, gnädiger Herr!« bremste ihn Krasnoperow. »Nicht aus übergroßer Ehrfurcht laßt ihr Gottes Namen unerwähnt, sondern deshalb, weil ihr keinen Glauben habt! Beziehungsweise so einen Glauben habt wie Renan: Der Erlöser hat eine wunderbare Lehre verkündet und war auch selbst ein guter Mensch, ein Gott aber war er nicht! Denn das habt ihr doch im Sinn?«

Alles lachte.

»Woher wollen Sie denn das wissen?« fragte der Journalist und lächelte ebenfalls.

»Wie sollte ich das nicht wissen! Alle wissen es doch! Jetzt macht man ja keinen Hehl mehr daraus, so weit ist es schon gekommen! Man prahlt sogar damit: Seht nur, wie klug wir sind! Wie wäre es sonst möglich, den Verfall der Religion mit Schweigen zu übergehen und ihr keine Unterstützung zu gewähren? Ihr aber schreibt nur vom Fallen der Wechselkurse und widersetzt euch der Regierung!«

»Dafür gibt es doch spezielle geistliche Zeitschriften«, bemerkte der Journalist, »dort wird auch über derartige Gegenstände geschrieben.«

»Sie haben doch selbst gesagt, daß man die Popen nicht anrühren darf; rührt man sie an, so drohen Sie, den Autor irgendwo einzusperren!« sagte Krjakow zu Krasnoperow.

»Sie sind ja ein ganz Schlauer!« entgegnete der. »Sie werden immer mit heiler Haut davonkommen! Geistliche Personen anzurühren ist deshalb verboten, weil ihr sie Kleriker schimpft und euch immer gleich über sie lustig macht!«

»Richtig ... das kommt vor ...« bestätigte Truchin.

»Dafür erweist aber die Presse sowohl der Regierung als auch der Gesellschaft einen nicht geringen Dienst. Stimmen Sie dem zu?« widersprach der Journalist.

»O natürlich, natürlich, einen großen Dienst!« pflichtete ihm Truchin bei. »Die Presse verfolgt eifrig Diebstahl, Mord und jeglichen Skandal. Wenn der Opferstock einer Kirche zerschlagen oder die Kasse einer Bank ausgeraubt wird – gleich gibt die gesamte Presse einmütig und lauthals sowohl den Diebstahl als auch den Dieb öffentlich bekannt; alle öffentlichen Mißstände, auch die Nachlässigkeiten der Administratoren, besonders der höheren, entlarvt sie ebenfalls unbedingt und zerpflückt sie bis in alle Einzelheiten.«

»Selbst wenn bloß ein Betrunkener von einem Kahn ins Wasser fällt und wieder herauskriecht – nicht einmal so etwas wird ausgelassen!« fügte Suchow hinzu.

»Was wollen Sie denn noch?«

»Die Presse läßt aber auch oft sehr wichtige Dinge unbeachtet, und das hat mich manchmal erstaunt, wie ich zugeben muß – tut sie das aus Unachtsamkeit oder gibt es dafür einen anderen Grund? Dazu würde ich gern Sie um Aufklärung bitten«, fuhr die blaue Brille fort.

»Was für Dinge zum Beispiel?« fragte der Journalist.

»Zum Beispiel im vorigen Jahr die Krawalle unter der Jugend; als sie Tische und Stühle umstießen und die Professoren davonjagten ...«

»Wieso denn, die Presse hat dazu doch nicht geschwiegen! Alle Journale waren voll davon.«

»Sie hat es gemeldet, einstimmig gemeldet – das stimmt, jawohl! Und wie zuverlässig, genau und eindeutig ...«

»Was wollen Sie also?«

»Ich hätte nur gern gewußt«, fuhr die blaue Brille unterwürfig fort, »weshalb die Presse sich auf eine so zurückhaltende Erörterung dieses Ereignisses beschränkte und von sich aus kein einziges Wort hinzufügte? Sie verzichtete auf jede Zurechtweisung und kommentierte die Vorfälle überhaupt nicht. Das hat doch wohl auf junge Gemüter nicht gerade segensreich wirken können, glaube ich ...«

»Wäre aber das Gegenteil geschehen, dann hätte die Presse nicht geschwiegen!« bemerkte Krasnoperow.

»Das heißt, wenn ein Professor sich gegen seine Studenten auflehnte, dann würde die Presse prompt über ihn herfallen! So meinen Sie es doch?« fragte Krjakow unter allgemeinem Gelächter.

»So ist es, jawohl! Lachen Sie nicht!« sagte Krasnoperow. »Sowie nur irgendwo ein Lehrer einen Schüler beim Schopf zieht, wie's von alters her bei uns üblich ist, oder ein Direktor einen Faulpelz von der Schule jagt und der sich aus Dummheit ertränkt – gleich erhebt die Presse ihr Klagegeschrei: ›Ach, was ist der Direktor für ein Bösewicht!‹«

»Wenn Ihrer Ansicht nach die einen Journale das, wovon Sie sprechen, mit Schweigen übergehen und ihre eigenen Aufgaben verfolgen«, entgegnete der Journalist dem Gast mit der blauen Brille, »so treten doch die anderen zur Verteidigung der eben erwähnten Angelegenheiten an.«

»Was sind denn die heutigen Journale schon wert! Ja, Nikolai Iwanowitsch und Faddej Wenediktowitsch – die wußten für die Ordnung einzustehen!« sagte Krasnoperow. »Das war die Zeit, als ...«

»Als noch die Gorillas gediehen, aus denen die heutigen Sykophanten hervorgegangen sind!« setzte Krjakow fort und blickte dabei zu der blauen Brille hinüber.

Rings um ihn lachte man los, am lautesten von allen der Student.

»Was ist das für ein Wirrwarr, jawohl! Könnten denn nicht alle in Freundschaft und Eintracht einen gemeinsamen Weg gehen, Hand in Hand!« schwärmte der General zu Suchow gewandt.

»Und im Gleichschritt wie beim Militär!« vollendete Suchow. »Warum gehst du denn in deinem Komitee nicht Hand in Hand und im Gleichschritt mit Kurakow und Petrischtschew, sondern zankst dich immer mit ihnen?«

Der General schüttelte sich augenblicks vor Widerwillen.

»Mit diesen ...« begann er.

»Sykophanten, oder was?« soufflierte Suchow, und beide brachen in lautes Gelächter aus.

»Nun, bei den Schriftstellern ist es das gleiche!« fügte Suchow hinzu.

»Der Geist des Jahrhunderts setzt sich eben durch, General!« sagte der Professor. »Die Arbeit ist in vollem Gange, es vollzieht sich der große Kampf der Ideen, Begriffe und Interessen – dessen Ausgang wir natürlich nicht mehr erleben werden. Die Macht der Dinge wird alles zu dem gehörigen Ende führen. Geduld ist nötig ... Wenn nicht wir, so werden doch unsere Kinder jene Ordnung erblicken, die aus diesem Chaos hervorgehen wird!«

»Das nenn ich mir einen Professor – gleich hat er des Rätsels Lösung gefunden und beschlossen, wie es sein wird und was zu tun ist, und auch gleich ein ganz einfaches Mittel verschrieben: Geduld! Jetzt sind wir alle beruhigt! Wir danken ergebenst!« sagte Krjakow und verbeugte sich vor dem Professor.

»Furcht müssen wir haben, Furcht! Das ist es, was uns fehlt!« wiederholte Krasnoperow seine Sentenz.

»Gestatten Sie, daß wir uns wieder der heutigen Lesung zuwenden«, sagte der Hausherr. »Ich habe einen Vorschlag zu machen. Der Wert des neuen Werkes ist, soviel ich bemerkt habe, von allen hier Versammelten anerkannt worden ...«

Krjakow rutschte auf seinem Stuhl herum und wollte etwas sagen, wurde aber von dem Studenten daran gehindert.

»Ich möchte dem Autor für das uns allen gewährte Vergnügen unsere Dankbarkeit ausdrücken«, fuhr der Hausherr fort. »Ich besitze einen alten Pokal, eine Arbeit von Benvenuto Cellini – mein Großvater brachte ihn aus Venedig mit. Er steht in jenem Schrank dort. Holen Sie ihn her!« wandte er sich an den Haushofmeister. Der ging den Schlüssel holen.

»Wie wäre es, wenn wir alle unsere Namen darin eingravieren ließen und ihn dem Autor zur Erinnerung an die heutige Lesung überreichten? Was meinen Sie dazu?«

»Außer meinem Namen – ich möchte das nicht«, unterbrach ihn Krjakow.

Alles sah ihn erstaunt an.

»Nun gut«, bemerkte der Hausherr nach einem Moment des Schweigens mit höflicher Zurückhaltung, »wir werden Sie auslassen. Sie aber sind einverstanden?« fragte er und ließ seine Augen über die Versammelten gleiten.

»Natürlich! Natürlich! Was für ein wunderbarer Gedanke! Wir bitten ergebenst darum!« ertönte es von allen Seiten.

»Und vergessen Sie ja nicht mich!« bat die Lilina mit sanfter Stimme.

Der Haushofmeister brachte den Pokal, und man ließ ihn von Hand zu Hand gehen.

»Weshalb wollen Sie sich uns denn nicht anschließen?« wandte sich der alte Tscheschnjow in sanftem Ton an Krjakow. »Sie haben wohl Ihre besonderen Gründe dafür?«

»Ja, die habe ich.«

»Oder finden Sie, daß der Roman diese Aufmerksamkeit nicht verdient?«

»Ja, ich finde, der Roman taugt überhaupt nichts!« sagte Krjakow sehr entschieden.

»Selbst wenn das so wäre, möchte doch unser Kreis, unabhängig von jeder Kritik, dem Autor für seine Absicht, uns ein Vergnügen zu bereiten, danken ...«

»Danken Sie ihm – ich werde es nicht tun!«

Tscheschnjow seufzte bekümmert. »Weshalb denn nicht?« fragte er.

»Wozu hat er diesen Roman überhaupt geschrieben?« ereiferte sich Krjakow vorwurfsvoll.

»Wieso wozu? Sie haben doch gehört, wie er seine Motive darlegte. Es war der Wunsch, in Form eines Romans einige Ideen, Beobachtungen und Erfahrungen auszudrücken. Und es ist ihm gelungen, nicht nur hinsichtlich des Inhalts, sondern auch der Form, ein geistreiches belletristisches Werk zu schaffen ...«

»Aber das ist doch blanker Unsinn, diese vorsintflutlichen Ideen zu proklamieren und uns um hundert Jahre zurückzuversetzen! Das ist doch alles längst überholt! Hätte er den Roman nur zu seinem Vergnügen geschrieben, dann hätte er ihn leise dem schwerhörigen Grafen, der neben ihm saß, und dem Herrn Krasnoperow vorlesen sollen; die können sich von mir aus daran ergötzen! Er hat jedoch so viele Leute versammelt, daß man wohl schon von Öffentlichkeit sprechen muß, das heißt, er hatte nicht nur sein Vergnügen im Sinn, sondern eine Belehrung, verfolgte einen Zweck! Am Ende will er gar noch bei der Presse damit ankommen! Er soll sich dort nur blicken lassen, ich werde ihm schon Bescheid geben!«

Der Student lachte.

»Diesem Kritiker ist wohl tatsächlich etwas in die falsche Kehle geraten!« flüsterte einer der Gäste seinem Nachbarn zu – einer von denen, die jede Lesung, zu der sie eingeladen werden, wunderbar finden.

Alles schwieg. Krjakow schwieg jetzt ebenfalls, kaute ärgerlich, ließ seinen Blick über die übrigen Gäste gleiten und erwartete Widerspruch. Der alte Tscheschnjow fühlte sich sozusagen persönlich beleidigt. Sehr empfänglich für Eindrücke, war er äußerst feinfühlig, und weil er folglich Angenehmes und Unangenehmes empfand wie heiß und kalt, konnte er sich nicht enthalten, dieser Empfindung mit einem Wort oder einer Geste, manchmal auch mit einer ganzen Rede, Ausdruck zu verleihen.

»Selbst wenn das so wäre, selbst wenn dieser Roman nichts taugte und man ihn nicht hätte schreiben und vorlesen sollen«, sagte er halblaut und langsam, ja fast singend zu seinem Nachbarn, »so merkt doch dieser in den intimen Kreis der Freunde des Autors eingeladene Herr offenbar nicht, wie unpassend sein Protest ist!«

Er seufzte und senkte den Kopf.

»Sprechen Sie von mir?« wandte sich Krjakow mit einiger Schärfe an ihn, denn er hatte etwas mitbekommen.

Tscheschnjow sah ihn gleichsam mitleidig an und erwiderte nichts.

Uranow wurde unruhig und blickte bald Krjakow, bald seinen Neffen bedenklich an. Es war, als wolle er letzteren fragen: ›Wen hast du mir da angebracht?‹ Doch der Student wich den Blicken seines Onkels beharrlich aus.

»Sie verlangen, daß ich etwas lobe, was ich schlecht finde – das verstößt gegen meine Prinzipien!« schloß Krjakow.

»Hörst du: ›Prinzipien‹ – das bedeutet ›Ignorierung‹«, bemerkte der General leise zu Suchow.

»Sie haben dem einen Prinzip den Vorrang gegeben und dabei die anderen vergessen, die man doch hier auch beachten muß«, sagte Tscheschnjow nachlässig und sah beiseite.

»Wollen Sie mir Anstandsunterricht erteilen? Ich danke recht sehr! Aber ich werde mich nicht danach richten; Ihnen zu Gefallen oder dem Hausherrn zum Dank für sein Abendessen werde ich mich nicht für etwas begeistern, das nichts taugt. Denn so handeln können nur Hasenfüße!«

»Oho!« bemerkte jemand am anderen Ende des Tisches.

»Das ist doch gar nicht nötig, das verlangt doch niemand!« bemerkte Uranow höflich. »Zumal der Roman ja nicht gedruckt werden soll, sondern uns im Vertrauen und in der Hoffnung auf Nachsicht vorgelesen wurde.«

»Nanu, was für ein Pensionatsfräulein ist euer Autor bloß – er braucht Nachsicht! Weshalb schreibt er denn überhaupt, wenn sich's so verhält?«

»Gestatten Sie – man darf nicht alles in dem Roman ablehnen; natürlich hat er Mängel, jedoch auch viele Vorzüge«, verteidigte der Professor das Manuskript.

»Er hat überhaupt nur Mängel! Ich finde nichts anderes in ihm«, entschied Krjakow.

»Erlauben Sie, wenn aber die ganze Gesellschaft ...« fielen einige ein.

»Und was ist denn das für ein Roman? Ist es überhaupt einer?« widersprach Krjakow mit erhobener Stimme.

»Was würden Sie denn als Roman bezeichnen?« fragte Tscheschnjow.

»Ich gebe keinen Ästhetikunterricht, fragen Sie doch den Professor!« antwortete Krjakow, ja er schlug regelrecht um sich. Doch fügte er dann noch hinzu: »Der Roman ist oder soll ja ein Kunstwerk sein ... Nicht wahr, Herr Professor?«

»Sicher, warum fragen Sie?«

»Finden Sie etwas Künstlerisches in dem, was uns heute vorgelesen wurde?«

»Gestatten Sie, daß ich Sie frage«, hob demütig die blaue Brille an, »haben Sie vielleicht den Roman der französischen Schriftsteller Erckmann-Chatrian ›Histoire d'un paysan‹ gelesen? Zu welcher Art von Werken, zu den künstlerischen oder den nichtkünstlerischen, würden Sie ihn rechnen?«

»Zu denen von großem künstlerischem Wert!« fiel ihm Krjakow, der ihn trübe angesehen hatte, ins Wort.

»So!« sagte jener und senkte den Kopf.

»Aber gestatten Sie«, hob Krjakow ebenfalls mit demütiger

Stimme, die blaue Brille nachäffend, an, »daß ich mich meinerseits erkundige, weshalb Sie mich gerade nach diesem Roman fragen?«

»Was den künstlerischen Wert betrifft, gestehen ihm die Franzosen den nämlich nicht zu«, erwiderte der Gast, wobei er auf seinen Teller starrte.

»Hast du diesen Roman gelesen?« erkundigte sich Uranow bei Suchow.

»Nein! Ich lese auch die neueren russischen Autoren nicht«, wehrte Suchow ab. »Ich hab's versucht, aber dann ließ ich's sein.«

»Wieso das?«

»Ich begann nachts zu schreien!«

»Aber was wird denn da beschrieben?« fragte Uranow weiter.

»Die Revolution!« machte Krjakow sich zu erklären anheischig, doch fragte er zuvor flüsternd den Studenten: »Schwindle ich auch nicht? Ich hab's vergessen! Nicht wahr, dort wird doch die Revolution gepriesen?«

»Ich hab's auch vergessen; aber das macht nichts, es kommt aufs selbe raus!« antwortete der Student und lachte.

»Dort werden die Helden der ersten französischen Revolution mit den alten Römern verglichen!« sagte Krjakow mutig und laut zu Uranow. »Ihre Gäste, der Herr Krasnoperow und der Herr ... (er sah die blaue Brille an) Blaubrill treffen anscheinend schon Anstalten, mich dafür, daß ich diesen Roman lobe, auszupeitschen. Habe ich recht?« fügte er hinzu und sah beide an.

»Ja, jetzt werden Marat, Robespierre und Danton fast zu Heiligen erhoben; das tun die Neuen immer ... mit ihrem Fortschritt!« meinte Krasnoperow.

»Nun, und was sagst du, Iwan Petrowitsch«, wandte sich Uranow an Krasnoperow, »zu dem Roman unseres Autors? Da streitest du nun die ganze Zeit gegen die jungen Literaten, zu diesem Roman aber hast du dich noch nicht geäußert!«

»Ich billige ihn nicht!« urteilte Iwan Petrowitsch.

»Wieso denn nicht? In diesem Buch wird doch die Religion über alles andere gestellt; und die Pflicht und die Offiziersehre und der Patriotismus – alles ist da!«

»Das ist schon recht ... Doch darüber muß man nicht einen Roman schreiben – denn das ist nicht der Ort dafür! –, sondern es in einem religiösen Werk darlegen! So in einem Roman – das ist unsolide! Und außerdem: Was ist das schon für ein Roman ... Sie«, er wies auf Krjakow, »haben die Wahrheit gesagt.«

»Hörst du das, Mitja! Ich bin ein braver Knabe geworden, Papa Famussow hat mich gelobt!« setzte Krjakow schmunzelnd hinzu.

»In diesem Roman kommt nichts Besonderes, nichts Ungewöhnliches vor«, fügte Krasnoperow hinzu.

»Was meinst du damit?«

»Ja! Das, was jeden Tag überall geschieht, zu beschreiben – was ist das schon für eine Kunst!«

»Das heißt, das Leben wird dargestellt, wie es ist, es wird gewissermaßen abkonterfeit«, bemerkte herablassend der Professor. »Wozu denn darstellen, was ich jeden Tag sowieso sehe!«

Alles lachte.

»Was willst du also?« fragte Suchow. »Daß die Leute auf dem Kopf gehen oder einander verspeisen, wie?«

»Ja, meinetwegen; wenn so etwas vorkommt – beschreib's!«

»Wo haben Sie studiert?« fragte ihn Krjakow plötzlich.

»Wozu wollen Sie das wissen?« entgegnete der Greis ärgerlich.

»Ich würde es sehr gern wissen!« sagte jener. »Ich werde meine Kinder dorthin schicken!«

Allgemeines Gelächter erhob sich.

»Aber auch Gogol hat doch all das beschrieben, was jeden Tag passiert«, bemerkte der Student.

»Um so schlimmer!« entschied Krasnoperow kaltblütig. »Nicht umsonst konnte Faddej Wenediktowitsch ihn nicht leiden! Und Nikolai Iwanowitsch mochte ihn ebenfalls nicht. Da hat man mir seine ›Toten Seelen‹ gegeben; nach der Überschrift schloß ich, es ginge tatsächlich um etwas Besonderes, Romanhaftes; statt dessen aber sammelt irgend so ein Schelm die Namen der nach der Revision verstorbenen Bauern, um diese zu verpfänden! Was ist denn daran interessant? Und euer heutiger Autor beschreibt, wie sich ein junger Mann in eine Frau verliebt, wie beide heimlich aufs Land fahren und dort zärtlich miteinander tun! Was für eine Seltenheit! Ich glaube, mit jedem Zug fahren Dutzende solcher verliebten Paare davon – soll man etwa über die alle schreiben!«

Alles lauschte mit belustigtem Lächeln dieser Kritik.

»Welche Romane halten Sie denn für reizvoll?« fragte Tscheschnjow.

»Heutige kenne ich nicht, aber früher hat es gute Romane gegeben!« sagte er.

»Zum Beispiel?«

»Zum Beispiel ... Nehmen wir ›Die schwarze Frau‹ von Nikolai Iwanowitsch Gretsch sowie den ›Unsterblichen Koschtschej‹ und ›Wyshigin‹, dann ›Eveline de Vallierol‹ von Nestor Wassiljewitsch Kukolnik und ›Die Herberge‹ von Stepanow. Außerdem gab es, ich erinnere mich, den englischen Roman ›Melmoth der Wanderer‹. Und dann das ›Eishaus‹ von Iwan Iwanowitsch Lashetschnikow ... Das ist ein Roman! Wie sie aus Eis ein Häuschen machen, dort Hochzeit spielen, einen Diener erfrieren lassen ...«

»Das ist mal ein Kritiker, jawohl! Wackerer Iwan Petrowitsch! Er steht ein für seine Ansicht!« sagte Suchow. »Wie lustig es heute bei dir zugeht, Grigori Petrowitsch!« fügte er an Uranow gewandt hinzu und sah Krjakow und Krasnoperow an.

»Da sehen Sie, was für unterschiedliche Ansichten über den Roman bestehen!« bemerkte Tscheschnjow lachend. »Sagt man ›Roman‹, so meint man offenbar ›Schreib, was du willst!‹. Hier (er wies auf Iwan Petrowitsch) verlangt man Wunder und Unerhörtes; und dort nennt man die ›Histoire d'un paysan‹; ein Buch, das übrigens wenig mit Ihrer Definition des Romans zu tun hat ...« Er wandte sich an Krjakow.

»Meinetwegen. Es ist eben kein Roman im üblichen Sinne«, sagte der, »doch es ist ein großes Werk des Verstandes!«

»Möge es – Ihrer Ansicht nach – ein Werk des Verstandes sein, aber doch keines der Kunst!« bemerkte der Professor.

»Es wäre Zeit, mit diesen Schulbegriffen aufzuräumen!« knurrte Krjakow und blickte finster.

»Aber haben Sie nicht eben selbst auf Dmitri Iwanowitschs Frage hin gesagt, daß der Roman ein künstlerisches Werk sein soll ...«

»Ich weiß, ich weiß! Müssen Sie mir mit meinen eigenen Worten den Hals umdrehen!« unterbrach ihn Krjakow.

Alles lachte.

»Ah, sapristi, quel langage!« bemerkte jemand halblaut am anderen Ende des Tisches.

»Und dieses Ihr ›sapristi‹ – was ist denn das für eine ›Langasche‹, wohl eine elegante, was?« wandte sich Krjakow plötzlich an den, der das gesagt hatte.

Wieder lachte alles.

»Wie lustig!« meinte Suchow.

»Ich habe übrigens diese Definition des Romans aus Ihren Vorlesungen!« sagte Krjakow zu dem Professor.

»Sie wenden sie aber nur auf ein einziges Werk an; warum nicht auch auf andere? Gestatten Sie, daß ich mich dem heute verlesenen Manuskript wieder zuwende und erläutere, zu welcher Romankategorie es gehört; erst dann kann man auch seinen Wert bestimmen«, sagte der Professor.

»Die Vorlesung beginnt, hören Sie gut zu!« knurrte Krjakow.

Der Professor vernahm diese Worte.

»Ich habe nicht die Absicht, eine Vorlesung zu halten«, sagte er bescheiden, »ich wollte nur meine Meinung äußern. Ebenso wie die anderen, nicht mehr, nicht weniger ... Wenn der Hausherr gestattet ...«

»Tun Sie uns den Gefallen! Seien Sie so gut! Fahren Sie fort! Wir bitten Sie!« erklang es von allen Seiten. Der Hausherr warf einen unzufriedenen Blick auf Krjakow und seinen Neffen.

»Die Definition, daß der Roman ein künstlerisches Werk sein soll, ist zutreffend«, begann der Professor, »so steht es auch in den Lehrbüchern. Sie haben also ganz recht (er wandte sich an Krjakow). Es kommt nun auf den Grad des Künstlerischen, das heißt auf den Grad des Talentes an. Den einen geht es vor allem um ihre Idee, das heißt um das innere Problem, sie mühen sich also um das Was; für sie ist die Kunst ein Mittel, aber nicht das Ziel. Andere wiederum begeistern sich für die Form und mühen sich um das Wie; und die erstklassigen Talente endlich vereinen glücklich Inhalt und Form miteinander. Zahlreich sind diese Talente nicht! Ein Dickens, Thackeray, Balzac, Puschkin, Lermontow und Gogol werden nicht alle Tage geboren ...«

»Was für Neuigkeiten Sie uns da erzählen«, unterbrach ihn Krjakow, »sind wir denn Pensionatsfräulein!«

Alles lächelte.

»Erlauben Sie, erlauben Sie, der Professor hat das Wort!« bemerkte Uranow höflich.

»Unser Autor gehört zweifellos zur ersten Kategorie«, fuhr der Professor fort. »Wie er uns selbst erklärt hat, machte er es sich zur Aufgabe, in Form eines Romans seine Ideen, Beobachtungen, vielleicht auch persönliche Erfahrungen und überhaupt den Gang des Lebens in all seinen Spielarten wiederzugeben, und zwar in dem Gesellschaftskreis, in dem er geboren ist, erzogen wurde und heranwuchs. Er beleuchtete ihn mit dem Licht seines Verstandes, seiner Phantasie und Beobachtungsgabe, doch die Vorherrschaft des Verstandes ...«

»Très bien!« sagte laut ein Gast.

»Einen solchen Roman zu schreiben ist schon an und für sich nicht klug, und Sie finden sogar noch Phantasie darin!« bemerkte Krjakow.

»Der Autor«, fuhr der Professor fort, ohne innezuhalten, »ist bemüht, seine Ansichten über Erziehung, Moral, das Tun und die Leidenschaften seiner Helden einem allgemeinen Ideal anzunähern, einer Norm ...«

»Hörst du«, sagte der General und stieß Suchow sacht mit dem Ellenbogen an, »der Professor sagt auch ›Norm‹ ...«

»Oder einem Ideal der Pflicht, der Ehre, überhaupt der Menschenwürde, vorrangig der des Soldaten. Diesem Berufsstand – soweit man das bisher beurteilen kann – widmet der Autor vor allem seine Arbeit. Und sein Buch wird zweifellos eine erzieherische Bedeutung haben ...«

»Ja, er hat einen Télémaque geschrieben, dieser neue Fénelon!« unterbrach ihn Krjakow.

»Bitte unterbrechen Sie den Professor nicht!« wurde er abermals zurechtgewiesen.

»Doch hat der Autor, seinem besonderen, speziellen Ziel zustrebend«, sprach der Professor weiter, »keineswegs die Bedingungen der Kunst vergessen. Er befriedigte in bedeutendem Maße die Anforderungen, die ein Roman stellt; es gibt in seinem Werk – wie wir uns alle erinnern werden – zahlreiche Landschaftsschilderungen, die offensichtlich mit Liebe und direkt nach der Natur geschrieben sind; auch Sittengemälde kommen häufig vor, und wir finden viele liebliche, anmutige Liebesszenen, treffende Beobachtungen und Geistesblitze ... Was wollen Sie also mehr?«

»Aber wir haben es doch selbst gehört und wissen, was er geschrieben hat! Nun! Predigen Sie weiter!« sagte Krjakow, der einfach nicht an sich halten konnte.

»Il parle très bien!« wiederholte man zustimmend am anderen Ende des Tisches.

»Tatsache! Tatsache! Genau so ist es! Sie sprechen uns aus dem Herzen!« sagte Uranow.

»C'est très beau ce qu'il dit!« meinte auch Lilina.

»Wenn Sie so wollen«, fuhr der Professor fort, »gehört sein Roman strenggenommen zu jener Kategorie von Werken, die man als tendenziös bezeichnet und aus denen in neuerer Zeit eine ganze Literaturrichtung entstanden ist. Ich bin kein Verehrer des Utilitarismus in der Kunst ...«

»Tendenziös, Utilitarismus«, flüsterte der General mit einem Achselzucken.

»Was verehren Sie denn? Etwa ›der Dichtkunst Hauch‹ oder ›Preisgebet und Wonnesang‹, wie?« unterbrach ihn Krjakow.

»Aber so lassen Sie doch den Professor ausreden!« bedeutete der Hausherr Krjakow.

»Ja, unter anderem verehre ich auch diese«, bestätigte der Professor, »doch vor allem fordere ich Freiheit für die Kunst. In neuerer Zeit aber will man ihr Fesseln anlegen; das wird sie nicht zulassen! Ein großes Talent läßt in seinem Gemälde natürlich auch Leid, Unglück, Böses, die Bürden und Nöte der Menschen nicht aus, doch übergeht sein Pinsel dabei nicht die lichten Seiten des Lebens; denn nur, wenn sowohl das eine als auch das andere gleichermaßen dargestellt werden, so wie es auch im Leben selbst der Fall ist, ist künstlerische Wahrheit möglich. Die neue Schule aber hat sich darauf spezialisiert, es sozusagen zu ihrem Handwerk gemacht, nur utilitaristischen Zielen zu dienen und die Kunst zu zwingen, nur Schlechtes darzustellen, und das unter dem Vorwand von Nächstenliebe und Mitleid mit den Menschen ...«

»Ihnen selbst aber steht das Privileg der Nächstenliebe zu, was? Wo kommt sie denn bei Ihnen, unseren ›strengen Kritikern und Richtern‹ zum Ausdruck?« fragte Krjakow scharf. »Wir lenken immerhin durch Ablehnung und Entlarvung auf die Nächstenliebe hin, womit aber tun Sie das?«

»Diese Entlarvungen sollte man verbieten!« sagte Krasnoperow.

»Das schreibt man doch nur der Regierung zum Trotz, wenn man sagt: ›Seht mal, sie guckt nicht hin und kümmert sich nicht darum!‹ Als ob es Sache der Regierung wäre, ihre Nase in die Gefängnisse und Krankenhäuser zu stecken – dafür sind doch die entsprechenden Komitees da!«

»Der Öffentlichkeit die Augen für unsere gesellschaftlichen Leiden und Nöte zu öffnen ist natürlich ein achtbares Ziel«, fuhr der Professor, der solange geschwiegen hatte, fort, »und die Kunst ist durchaus verpflichtet, ihr Scherflein dazu beizutragen. Das tut sie auch schon seit langem. Unsere Eiferer aber haben hier des Guten entschieden zuviel getan, sie umgehen nämlich vorsätzlich die lichten Seiten des Lebens, verfallen in Übertreibung und Einseitigkeit und haben folglich aufgehört, der Wahrheit zu dienen!«

»Was reden Sie bloß für einen Unsinn zusammen! Weshalb?« fragte da plötzlich Krjakow.

Für einen Augenblick erstarrte alles, um dann in ein dröhnendes Gelächter auszubrechen. Krjakow war so deutlich übers Ziel hinausgeschossen, daß man einfach nicht beleidigt sein konnte. Es waren auch weder der Redner noch der Hausherr gekränkt. Nur Tscheschnjow seufzte traurig und ließ den Kopf auf die Brust sinken.

»Ich rede diesen Unsinn deshalb zusammen«, sagte, sich auf das Wort Unsinn beziehend, der von der allgemeinen Sympathie ermutigte Professor, »weil ich deutlich machen will, daß in manchen Romanen, zum Beispiel im ›Copperfield‹ und in den ›Pickwickiern‹ von Dickens, im ›Vater Goriot‹ und in ›Eugenie Grandet‹ von Balzac, in der ›Hauptmannstochter‹ und im ›Helden unserer Zeit‹, die künstlerische Aufgabe sowohl das Ziel ist als auch das Mittel; in vielen anderen Romanen aber, auch in dem heute zu Gehör gebrachten, eine Idee des Autors vorherrscht, für deren Umsetzung er dann die Kunst zu Hilfe ruft ...«

»Sie kam aber nicht, würde man kurz und bündig sagen. Weshalb denn eine Vorlesung halten?« setzte Krjakow hinzu.

»Nein, das meine ich nicht«, widersprach der Professor.

»Niemand ist hier dieser Ansicht!« sagte der Hausherr.

»Niemand!« wiederholten auch andere.

»Da es sich hier um ein Werk mit einer Tendenz handelt«, bemerkte der Journalist, »bedeutet das, daß Sie auch Tendenzromane zulassen.«

»Ich lasse alles zu, was von Geist oder Talent zeugt«, erwiderte der Professor.

»Wir danken untertänigst! Wie gütig Sie sind!« sagte Krjakow ironisch. »Warum mußte man also über den Roman ›Die Geschichte eines Bauern‹ herfallen?« Und er nickte in die Richtung, wo der Herr mit der blauen Brille saß.

»Folglich ist auch der Tendenzroman notwendig und hat sa raison d'être«, fuhr der Journalist fort.

»Wenn einem das russische Pulver ausgeht, dann fällt man flugs ins Französische!« bemerkte leise der General.

»Denn es gibt historische Augenblicke, in denen sich ein jäher Umschwung vollzieht«, sprach der Journalist weiter, »Ideen, Begriffe und Ereignisse verändern sich plötzlich, und dies verlangt die verstärkte gemeinsame Beteiligung aller sittlichen Kräfte, über die die Gesellschaft und unter anderem auch die Kunst verfügt. Stimmen Sie mir darin zu, daß unsere Zeit, historisch gesehen, diesen erregenden und großartigen Momenten zuzurechnen ist ...«

»Sie haben vollkommen recht!« bestätigte der Professor. »Und die Kunst hat einen Teil dieser allgemeinen Arbeit auf sich genommen; in ihr herrscht allerdings heute die Ablehnung vor. Die derzeitige Literatur sündigt nur dadurch, daß sie dies mißbraucht, der Kunst Gewalt antut, nur die entlarvende Richtung anerkennt und alles andere negiert, als wäre es nicht notwendig ...«

»Was denn, ist ein Lamartine etwa notwendig? Weshalb ist er denn dann ganz aus der Mode gekommen, Victor Hugo aber lebendig geblieben?« unterbrach Krjakow. »Oder Heine – wurde er nicht zum Repräsentanten der lyrischen Poesie in Deutschland, weil er – um in Ihrem schönrednerischen Stil zu sprechen – den heiligen Zorn verkörpert, einfacher gesagt, den Geist, den boshaften Verstand und das Talent? Gehen Sie mir mit Ihrem ›Preisgebet und Wonnesang‹! Was ist süßer als Lamartine und wo gibt es mehr Gebete als bei ihm, und doch ist er vergessen; das gibt doch zu denken!«

»Nein, er ist nicht vergessen und wird nicht vergessen werden«, bemerkte der Professor. »Er war ein Dichter seiner Zeit und behält seinen Platz in der Literaturgeschichte; weder Hugo noch Heine übertreffen ihn im Pathos des Gefühls und in der Erhabenheit des Gedankens. Doch er lebte in seiner Zeit und verging mit dieser, so wie ihrerseits auch die anderen vergehen werden. Außer seinen Versen hinterließ er übrigens noch seine Spur als Historiker: seine ›Geschichte der Girondisten‹.«

»Das soll eine Geschichte sein! Das ist ein schlechter, sentimentaler Roman!« sagte Krjakow.

»Nein, nein, dem möchte ich denn doch nicht zustimmen!« bemerkte Tscheschnjow. »Auch die Franzosen sind da nicht Ihrer Meinung.«

»Das ist kein Argument! Auch in Frankreich gibt es nicht wenige Geiferer!« äußerte sich Krjakow.

»Ce ›auch‹ est impayable! Oh, l'enfant terrible!« bemerkte jemand am anderen Ende des Tisches.

Krjakow schielte dorthin, als wollte er den Schuldigen ermitteln.

»So erweist es sich Ihrer Ansicht nach«, sagte der Journalist zum Professor, »daß der Roman im engeren Sinne, als eine Darstellung des Lebens, eine künstlerische Schöpfung sein muß; doch kann man niemandem verbieten, ihn auch als ein Werk des Verstandes zu bezeichnen, allerdings unter der einen Bedingung, daß er nicht langweilig ist ...«

»Conditio sine qua non«, bekräftigte der Professor.

»Wieder hat das russische Pulver nicht gereicht!« sagte der General zu Suchow.

»Aber das ist doch ein gelehrtes Gespräch, da kommt man ohne Latein nicht aus! Ach du – Skalosub!« sagte Suchow und schlug ihm mit der Hand aufs Knie.

»Wissen Sie nicht noch etwas zum Thema Roman? Oder haben Sie schon all ihr Pulver verschossen?« fragte Krjakow spöttisch.

»Ja, ich hätte noch etwas zu sagen, doch ich weiß nicht, ob ich noch sprechen soll ... Ich habe anscheinend die Aufmerksamkeit meiner Gesprächspartner schon über Gebühr beansprucht ...«

»Ja, offensichtlich«, warf Krjakow ein.

»Diese dumme Angewohnheit, viel zu reden ...«

»Und sehr gut zu reden!« setzte Uranow hinzu.

»Die Angewohnheit habe ich mir auf dem Katheder im Hörsaal erworben. Doch verzeihen Sie, ich höre auf; ich sehe deutliche Zeichen von Ungeduld. Der Herr Krjakow da kann es kaum erwarten ...« Er blickte Krjakow lächelnd an.

»Das macht nichts, fahren Sie nur ruhig fort! Ein an der Treppe bereitgestelltes Pferd wiehert und stampft mit dem Huf vor Ungeduld – doch niemand achtet darauf!« sagte plötzlich kühn der General.

Ein allgemeines, lautes Gelächter belohnte seinen Satz.

»Bien dit!« sagte ein Gast.

»Ja, treffend! Er hat den Nagel auf den Kopf getroffen!« bemerkte Krjakow zur allgemeinen Verwunderung gutmütig und lachte ebenfalls, wobei er die Nase in seinem Bart versteckte. »Bravo, General, das ist Kriegerart!« fügte er hinzu. »Auf Ihr Wohl!« Und er leerte sein Weinglas.

»Il fait bonne mine à mauvais jeu, il n'est pas sot!« sagte wieder jener Gast.

Krjakow blickte ihn ärgerlich an.

»Schimpfen Sie, soviel Sie wollen, doch um Ihr Lob hat Sie niemand gebeten!« fiel er ihm ins Wort. »Predigen Sie uns also nun den Rest!« wandte er sich an den Professor.

»Ich wollte nur bemerken, daß die neuen Schriftsteller dem Realismus allzuviel Raum geben. Doch darüber ist schon so viel gesagt worden, daß es langweilig zu werden beginnt. Sie lehnen alle Grundlagen der Kunst ab, sie haben es bis zum Absurden getrieben.«

»Hörst du – ›das Absurde‹, was für ein Wort! Ob er etwa auch vom Katheder herab so lehrt?« bemerkte der General zu Suchow.

»Wenn man die Realisten hört«, fuhr der Professor fort, »so haben einzig sie die Wahrheit in die Kunst gebracht, und zwar dadurch, daß sie die Phantasie, die ›Ausschmückung‹, das heißt also die Poesie beseitigten! Was kann aber wahrhaftiger sein als zum Beispiel Puschkin? Bei ihm war aber die Wahrheit weder der Phantasie noch der Poesie noch dem Humor im Wege ...«

»Genug mit den Huldigungen an diesen Sänger des Herrenstandes, der ›festlichen Langeweile‹ und des ›träumerischen Wohllebens‹!« widersprach Krjakow. »Sie haben eben selbst an den Zeitgeist erinnert; dieser Zeitgeist hat den guten Puschkin schon bald von seinem Piedestal heruntergeholt. Die Alten haben sich früher an seinen Gedichten berauscht – wer aber liest sie denn heute! Auch er selbst hat sich an seinem Ruhm berauscht und verkündet: ›Ein Denkmal baut ich mir, wie Hände keins erheben. Des Volkes Pfad zu ihm wächst niemals zu ...‹ Das Volk ahnt aber nichts von diesem ›Pfad‹, seine Anhänger haben ihn längst vergessen, und sein Grabmal ist, wie es heißt, gänzlich eingefallen! Es gibt nicht einmal mehr jemanden, der es einem zeigen könnte! Da sieht man, auf wessen Seite die Wahrheit ist! Lesen Sie doch zum Beispiel ›Ein Engel steht, ein Glanzgebilde, an Edens Tor –‹ ist das vielleicht wahrheitsgetreu?«

»Gestatten Sie, es vorzutragen, Sie werden dann selbst sehen, daß es wahrheitsgetreu ist; Sie haben das Richtige getroffen.«

Der Professor nahm den Vorschlag des Kritikers wörtlich und trug das Gedicht auswendig vor. Alles applaudierte – wem? Natürlich Puschkin.

»Was für ein Unsinn!« sagte Krjakow und verzog das Gesicht.

Der Student bog sich vor Lachen und versteckte sich hinter Krjakows Rücken.

»Wenn Sie«, hob Tscheschnjow mit trauriger Stimme an und wandte sich dabei an Krjakow, »nicht dieses lebendige Bild vor Augen haben: den strahlenden Engel am Tor des Paradieses und den über dem Abgrund fliegenden Dämon; wenn Sie die tiefe Idee, die in diesem Bilde steckt, nicht empfinden, dann muß wohl Dantes Devise für Sie gelten: ›Laßt, die ihr eingeht, alle Hoffnung fahren! …‹«

»Aber nicht die auf die Wahrheit! Und sie allein ist Poesie!« unterbrach ihn Krjakow. »Wer hat eben gesagt, daß die Kunst das Leben darstellen soll? Woher hat denn Puschkin diesen Teufel über dem Abgrund – etwa aus dem Leben? Oder hat er vielleicht diesen Engel gesehen?«

»Er sah ihn«, sagte der Professor, »in seiner Phantasie, und wir alle sehen ihn …«

»Na, dann glauben Sie sicher auch an den Teufel: was soll ich da noch mit Ihnen reden! Laß los, ich gehe!« sagte Krjakow und bemühte sich, seine Rockschöße aus den Händen des Studenten zu reißen.

Er ging dann aber doch nicht.

»Mein Gott!« klagte Tscheschnjow. »Was für eine Lüge, was für eine Entstellung der menschlichen Natur! Ohne Ideal zu leben heißt ohne Ziel zu leben! Der Phantasie entsagen bedeutet, alle Blumen abzureißen und die Sonnenstrahlen auszulöschen … ein Zurückfallen in völlige Finsternis …«

»Wieso denn? Man soll nur nicht lügen! Soll man doch von der Sonne sprechen, man darf sie aber nicht als den ›Phöbus mit den goldenen Fingern‹ bezeichnen oder als ähnlichen Unsinn! Sie nennen ein hochtrabendes, kränkliches Träumen Ideal, der Mensch hat aber nur ein Ideal – die Wahrheit! Wahrheit in der Wissenschaft. Wahrheit im Leben, Wahrheit in der Kunst. Und man muß sie zeigen, wie sie ist, ohne Beschönigung und ohne Ihre Strahlen.«

»Ausgezeichnet! Ausgezeichnet! Bravo, Krjakow!« applaudierte ihm der Student, so daß der ärgerliche Uranow ihm verstohlen mit dem Finger drohte.

»Misch dich nicht ein!« wies ihn auch Krjakow streng zurecht.

»Aber eine solche Wahrheit gibt es nicht, niemand kennt sie und niemand wird sie je kennenlernen!« sagte Tscheschnjow.

»Ich möchte noch etwas zur Objektivität bemerken«, sagte der Professor, »die neuen Schriftsteller fassen diesen Begriff allzu weit. Der Künstler soll sich natürlich nicht mit seiner Person in das entworfene Bild drängen und es mit seinem Ich erfüllen – da gebe ich Ihnen recht. Doch sein Geist, seine Phantasie, sein Denken und Empfinden müssen in sein Werk einfließen, damit der lebendige Geist aus ihm spricht und es nicht bloß die naturgetreue Wiedergabe eines Leichnams, die Schöpfung eines seelenlosen Zauberers ist! Die lebendige Verbindung zwischen Künstler und Werk muß für den Betrachter oder Leser spürbar sein; sie genießen sozusagen über die Empfindungen des Autors das Bild, so wie es beispielsweise für uns in diesem Zimmer hier warm, ruhig und behaglich ist ... Wenn aber plötzlich unser gastfreundlicher Hausherr irgendwohin verschwände, dann würde dem Zimmer auf einmal die Wärme der Gastfreundschaft fehlen, und wir säßen hier wie in einem Wirtshaus ...«

»Bravo! Bravo!« erklang es von allen Seiten, man applaudierte dem Versuch, dem Ganzen eine Wendung ins Humoristische zu geben.

»Dieu! Comme il parle bien!« sagte jemand am anderen Ende des Tisches. »Auf die Gesundheit des Professors!«

Alles stieß mit ihm an.

»Hören Sie, Herr Professor: Dieses Abendessen ist so vornehm und kostspielig«, sagte Krjakow, »das können Sie mit Ihrer Schönrederei sowieso nicht entgelten!«

Der Student prustete vor Lachen.

»Was reden Sie da«, bemerkte mit höflicher Strenge der Hausherr, »was hat denn das Abendessen damit zu tun! Schämen Sie sich denn nicht, einem freundschaftlichen Gespräch eine solche Wendung zu geben?«

»Bestreiten Sie's lieber nicht«, widersprach Krjakow, »weder der Professor noch ich kommen häufig in die Lage, so zu Abend zu essen; und wir selbst können Sie auch nicht zu einem solchen Souper einladen. Man will sich aber doch für die Gastfreundschaft erkenntlich zeigen! Das ist eine, wenn auch nicht poetische, so doch irdische Wahrheit! Habe ich recht, Herr Professor?«

Der Professor indes hüllte sich in würdevolles Schweigen.

»Man liebt die Wahrheit weder in der Kunst noch im Leben!« seufzte Krjakow. »Anscheinend bin ich der einzige aufrichtige Mensch hier. Was meinst du, Mitja?« wandte er sich an den Studenten und schlug ihm mit der Hand kräftig auf die Schulter.

»Jetzt fängt er auch noch an zu raufen!« flüsterte der alte Krasnoperow und sah empört zu ihm hinüber.

Einige der Gäste am anderen Ende des Tisches verzogen angewidert das Gesicht. Alles schwieg. Uranow spürte das Peinliche der Situation. Vorwurfsvoll sah er seinen Neffen an, doch der wich seinem Blick beharrlich aus.

»Warum schreiben aber diese Neuen so?« fragte der General.

»Wieso warum! Wonach sie fragen, darüber schreiben sie auch! Sie eröffnen neue Wege ... Hast du davon noch nichts gehört?« erklärte Suchow. »Bei euch marschiert man doch auch nicht mehr im Stechschritt und richtet die Augen nur nach einer Seite, man hat ja ebenfalls den Laufschritt und lockere Verbände eingeführt, jawohl! Den Soldaten wird das Lesen und Schreiben beigebracht und sonst noch allerhand Neues!«

»Und zwar ganz vergeblich!« sagte Krasnoperow, der ihr Gespräch mit angehört hatte, seufzend. »Sie werden schon sehen, was dabei herauskommt, nichts als Unglück nämlich! Wie man hört, hat man bei euch jetzt sogar die Stöcke abgeschafft – es wird noch so weit kommen, daß man die Delinquenten hätschelt!«

»Sie möchten gern wissen, warum die Neuen so schreiben?« wandte sich der Professor an den General. »Darum, weil es so leichter ist. Schöpfertum ist nicht jedem gegeben, doch der Realismus und die Technik, das sind zwei Türen, die sich jedem auftun, der anklopft. Sogar eine eigene Schule haben sie erfunden. Schulen aber werden nicht erfunden, sie werden von genialen Talenten geschaffen. Die aber gibt es jetzt nirgends! Dickens, Puschkin und Gogol ahnten nicht, daß sie eine Schule ins Leben rufen würden, und doch entstand eine solche durch sie. Diese Herren jetzt aber melden ihre Schule selber an!«

»›Realismus‹ und ›Technik‹ hat er erklärt, da ist nichts zu sagen!« flüsterte der General Suchow zu.

»All das ist vollkommen richtig«, sagte Tscheschnjow, »und ich war, nachdem ich dieses kritische Turnier eröffnet hatte, sehr froh, daß Sie mir die Lanze aus der Hand genommen haben und siegreicher gestritten haben als ich. Alles von Ihnen Gesagte dient uns, wie sie sehr richtig bemerkten, als Norm für den Wert eines Romans. Sie haben sehr treffend bemerkt, daß unser Autor strenggenommen kein Kunstschaffender ist ...«

»Jedoch mit Ansätzen zum Schöpferischen!« fügte der Professor hinzu.

»Er lieferte uns eine hinreißende Schilderung«, fuhr Tscheschnjow fort, »in den weitgesteckten Grenzen des Lebens, in dessen Sphäre er zu Hause ist. Und wir alle hier – für die Abwesenden verbürgen wir uns ebenfalls – müssen diesen Roman anerkennen als ...«

»Sehr wertvoll!« bekräftigte der Professor.

»Ja, es ist ein bemerkenswertes Werk«, setzte der Journalist gleichgültig hinzu.

Krjakow rutschte bei diesem Lob auf seinem Stuhl hin und her. »Hören Sie doch auf!« bemerkte er ärgerlich.

Doch er erhielt keine Antwort.

»Folglich hat der Autor das Ziel, das er anstrebte, vollkommen erreicht, und wir können, wenn Sie gestatten«, setzte Tscheschnjow an den Hausherrn gewandt hinzu, »auf sein Wohl trinken und ihm für das Vergnügen danken, das er uns bereitet hat.«

Alle stießen miteinander an und tranken auf das Wohl des Autors.

»Wenn das so ist, dann trinke ich auch!« bemerkte Krjakow und trank, stieß aber mit niemandem an.

»Und was für eine präzise, ausgefeilte Sprache!« sagte der Professor.

»Ja, er schreibt wunderbar!« bekräftigte der General. »Es ist nur schade, daß auch bei ihm diese gelehrten Fremdwörter vorkommen, zum Beispiel Koalition, Elemente und andere ...«

»Bei der Korrektur wird das sicher alles verbessert werden«, meinte der Journalist. »Es wäre gut, wenn seine Sprache noch etwas mehr Mannigfaltigkeit aufwiese, ein bißchen lässiger wäre, das hätte, was man Nonchalance nennt. Denn es ist doch alles etwas allzu glatt, wirkt zurechtgestutzt und stilisiert.«

»Sie würden den Roman natürlich gern«, wandte sich Tscheschnjow an den Journalisten, »in Ihrer Zeitschrift abdrucken?«

Der Journalist dachte nach und antwortete nicht sogleich.

»Ich weiß nicht ... Ich müßte mir das überlegen ... und mit meinem Mitarbeiter für den literarischen Teil sprechen ...« antwortete er ausweichend.

»Aber Sie finden den Roman doch wertvoll?«

»Oh, natürlich; bloß das will nicht viel besagen. Meine Zeitschrift vertritt eine ganz bestimmte Richtung – folglich muß alles, was darin erscheint, entweder dieser Richtung entsprechen oder ihr wenigstens nicht allzusehr widersprechen.«

»Ich dachte immer, der Autor eines selbständigen Einzelwerkes steht für sich selbst ein«, bemerkte Tscheschnjow, »und die Zeitschrift, die dieses Werk auf ihren Seiten unterbringt, spielt hierbei nur so etwas wie die Rolle eines Händlers, der die Dinge zum Verkauf entgegennimmt.«

»Nein, so ist das nicht!« sagte der Journalist lachend. »Dann wäre es keine Zeitschrift mehr, sondern ein Sammelband, ein Almanach ...«

»Wer hat denn auch Lust, die Langeweile in seiner Zeitschrift zu vermehren?« bemerkte Krjakow, der sich flüsternd mit dem Studenten unterhalten und nur die letzten Worte vernommen hatte.

»Gestatten Sie – ich bin mit Ihrer Äußerung nicht einverstanden«, sagte der Hausherr mit Bestimmtheit, »der Roman ist nicht langweilig. Wir alle waren bei der Lesung zugegen – und wir alle sagen das Gegenteil.«

»Alle, jawohl!« ließen sich mehrere Stimmen vernehmen.

»Er ist langweilig! Und ermüdend!« beharrte Krjakow. »Ich vermochte kaum stillzusitzen.«

»Das ist noch kein Argument!« widersprach Tscheschnjow mit höflichem Lachen.

»Außerdem sind Sie ja bis zum Schluß sitzen geblieben!« bemerkte der Hausherr. »Und verzeihen Sie, ich habe sogar gesehen, wie beim Verlesen mancher Seiten Ihre Augen aufglänzten – es war also interessant für Sie.«

»Ich wollte fort, aber er ließ mich nicht gehen!« sagte Krjakow und wies auf den Studenten.

»C'est très joli! Charmant! Es war nicht langweilig! Als es zu

Ende war, lauschten noch alle und wollten eine Fortsetzung!« sagten verschiedene Gäste, darunter auch die Lilina.

»Auch die Langeweile ist eine Ansichtssache«, meinte Tscheschnjow. »Es gibt viele kluge, ehrenwerte Leute, denen Gogol und Shakespeare langweilig sind. Ich kenne selbst welche, die sogleich den Raum verlassen, wenn etwas von Mozart oder Beethoven gespielt wird, die aber mit Vergnügen den Liedchen aus der ›Schönen Helena‹ oder der ›Duchesse de Gérolstein‹ lauschen. Andere wiederum mögen die historische Schule in der Malerei nicht und lehnen Tizian und Rubens ab, während sie sich an Genrebildern nicht satt sehen können. Ja, für viele ist sogar jede Unterhaltung gebildeter Leute in einem Salon langweilig ...«

»C'est vrai! C'est vrai! Bien dit! Das ist richtig, das stimmt!« pflichtete man ihm vom anderen Ende des Tisches her bei.

Krjakow ließ seine Augen wie eine Bulldogge über die Anwesenden schweifen und suchte sich gewissermaßen denjenigen aus, auf den er sich nun stürzen konnte.

»Sie vergleichen also Ihren Autor mit solchen Künstlern wie Homer, Rubens und Tizian! Hahaha!« lachte er laut auf. »Dazu gratuliere ich Ihnen und trinke auf Ihr Wohl!«

Er verbeugte sich ironisch vor Tscheschnjow und leerte sein Glas.

»Ich trinke auf das Ihre und wünsche Ihnen«, sagte Tscheschnjow langsam und bedauernd, »daß auch auf Sie ein Strahl der menschlichen Wahrheit fallen möge!«

Und er trank.

»Lüge ich etwa?!« fragte Krjakow heftig.

Tscheschnjow verneinte würdevoll.

»O nein, Gott bewahre! Sie sind die Aufrichtigkeit selbst! Doch Sie befinden sich im Irrtum, und außerdem sind Sie verärgert – folglich haben Sie zweifach unrecht! Auch in diesem Augenblick sind Sie im Unrecht, denn Sie wissen sehr wohl, daß ich unseren Autor keineswegs mit Tizian oder Homer vergleiche. Außerdem sprechen Sie im Zorn. Der Herr möge Ihrer Seele Frieden geben!«

»Amen!« sagte Suchow unter allgemeinem Gelächter. »Laß nach dem Popen schicken«, wandte er sich leise an Uranow, »vielleicht wird er ihm die Leviten lesen! Höchst komisch, jawohl! Ich werde mich auf jeden Fall mit ihm bekannt machen, ihn besuchen und ihn zu mir zum Essen einladen.«

»Fahren wir doch gemeinsam, ich muß ihm meine Karte bringen!« sagte der Hausherr. »Und Mitja nehmen wir mit! Aber mich mit ihm bekannt machen – nein, Gott behüte! Was ist er doch für ein Sonderling!«

Währenddessen sah sich Krjakow zerstreut um und schlug mit seiner Gabel an den Tellerrand. Die allgemeine Aufmerksamkeit, die er erregte, ließ ihn sichtlich das, was man Contenance nennt, verlieren, oder aber ihm wurde das Peinliche seiner Lage zunehmend bewußt.

»Hilf mir, irgendwie unbemerkt zu verschwinden!« flüsterte er dem Studenten zu.

»Bleib noch ein bißchen sitzen, wir gehen dann zusammen! Inzwischen aber sag noch irgend etwas«, antwortete der Student.

»Sie haben da behauptet«, wandte sich Krjakow plötzlich ziemlich ruhig an den Professor, »daß der Roman das Leben darstellen soll – das heißt also die Wahrheit. Und Sie (er wandte sich an Tscheschnjow) fanden, daß der Autor sie richtig dargestellt hat! Ich frage Sie aber, wo ist denn bei ihm dieses Leben und wo seine Wahrheit? Worin besteht sie?«

»Was heißt das: Wo ist dieses Leben? Weite Kreise auf der ganzen Welt führen dieses Leben!« widersprach Tscheschnjow erstaunt.

»Aber was ist das für ein Leben? Lebt man denn so? Und was sind das für Kreise – höhere, wollten Sie wohl sagen?«

»Keine höheren und keine niederen, sondern einfach die Kreise wohlerzogener Menschen, solcher, die man bei den Engländern Gentlemen nennt und bei uns ordentliche Leute.«

»Weshalb entnimmt er dann diese ordentlichen Leute gräflichen und fürstlichen Familien beziehungsweise den höheren militärischen und administrativen Kreisen? Vermutet er denn in den anderen Gesellschaftsschichten keine Gentlemen? Ordentliche Leute gibt es überall, sie kommen auch im Bauernkittel vor!«

»Das ist richtig; doch unser Autor kennt niemanden im Bauernkittel. Er hat die Handlung und die Personen den ihm bekannten Kreisen entnommen. Und ist das nicht auch ganz gleich?«

»Nein, das ist nicht gleich! Weshalb hat er sie denn ausgerechnet diesen Kreisen entnommen? Weshalb mußte er allein sie darstellen?«

»Welches Recht haben Sie, dem Autor vorzuwerfen, was er unterlassen hat? Die Kritik sollte nur das beurteilen, was vorhanden ist. Calame malt den Sumpf und Claude Lorrain den gepflegten Wald und den klaren Bach. Und niemandem fiele es ein, von Calame zu verlangen, daß er Gärten malen solle, und Claude Lorrain zu verurteilen, weil er keine Sümpfe darstellt. Und in der Literatur ist es genau dasselbe!«

»Ihrer Ansicht nach ist also alles, was nicht den aristokratischen Kreisen angehört, Sumpf?« unterbrach ihn Krjakow.

»Dann könnte man ja«, fuhr Tscheschnjow fort, ohne ihn zu beachten, »auch jene Autoren vor Gericht zitieren, die nur die Sitten und Bräuche der Kaufleute und Kleinbürger beziehungsweise nur die der Bauern darstellen. Es hat auch welche gegeben, die nur die Lebensweise der Geistlichen beschrieben haben. Weshalb sollte also die Sphäre der – wie Sie sie nennen – höheren, der reichen, adligen und gebildeten Kreise unberücksichtigt bleiben?«

»Deshalb, weil es diese höheren Kreise gar nicht gibt, folglich gibt es in diesem Bild auch keine künstlerische Wahrheit, von der Sie und der Herr Professor eben in so hochtrabenden Worten gesprochen haben!«

Alles sah einander verständnislos an.

»Was soll denn das – es gibt sie nicht!« empörte sich der General und wandte sich an Suchow und den Hausherrn. »Alle deine heutigen Gäste – welchen Kreisen gehören die denn an?«

»Nimm dir das nicht zu Herzen, was er sagt!« gab Suchow leise zur Antwort. »Denn er ist so eine Art Teufel, aber nur ein sehr neugieriger, kleiner; könnte man ihn doch in unseren Klub mitnehmen!«

»Aber ja doch, es gibt sie nicht! Ordentliche Leute oder Gentlemen gibt es in jeder Klasse; in den oberen allerdings nur in geringerer Anzahl. Dort gibt es nur Herrschaften. Sind die etwa eine höhere Klasse? Wieso denn?«

Alles schwieg.

»Ergötzt euch nur daran – was für eine Denkweise!« sagte da plötzlich Krasnoperow, der während der Diskussion über die Kunst schon zweimal eingenickt war.

»Die Bemerkung, es gäbe an sich keine höhere Klasse, ist recht schwerwiegend und teilweise begründet«, bemerkte der Journalist.

»Warum denn das, können Sie es uns bitte erklären?« fragte der Hausherr neugierig. Die übrigen warteten ebenfalls auf die Antwort.

»Ein solch besonderes, in sich geschlossenes Leben gibt es tatsächlich nicht, denn es hat mit dem Leben, der Erziehung und den Sitten anderer Kreise viele Berührungspunkte; der Autor aber umgeht das und beschreibt ausschließlich die höheren Kreise ...«

»Andere wiederum beschreiben ausschließlich die niederen Kreise und kommen ohne die höheren aus, wie ich eben bemerkte!« widersprach Tscheschnjow.

»Ja, das stimmt; nur kommen die niederen Kreise tatsächlich ohne die höheren aus.«

»Meinen Sie?« fragte der General ironisch.

»Ich rede nur von der Seite des Lebens, die durch die Kunst darstellbar ist«, fügte der Redakteur eilig hinzu, »und lasse alles übrige beiseite. Die höheren Kreise haben keinen Anteil daran, das heißt, sie sind im alltäglichen Leben der unteren Schichten einfach nicht zugegen. Diese existieren für sich allein. Doch die höheren Kreise würden ohne die unteren keinen Tag lang bestehen können. Unser Autor aber umgeht absichtlich alle anderen, das heißt alle außerhalb seiner Sphäre existierenden Kreise, nimmt sie nicht zur Kenntnis, seinen eigenen Kreisen gegenüber aber ist er parteiisch. Nur auf diese Kreise sind seine Absichten, seine Ziele gerichtet – und das entspricht nicht der künstlerischen Wahrheit, wie Herr Krjakow eben bemerkte.«

»Hörst du, wie man dich zitiert?« sagte lachend der junge Uranow.

»Ich hab's ja gesagt: Ich bin der einzige aufrichtige Mensch hier!« versetzte Krjakow.

»Der Schriftsteller muß objektiv sein, also unparteiisch«, fuhr der Redakteur fort, »er muß, wie das beispielsweise Graf Tolstoi tut, jede Art von Dasein beschreiben, die ihm begegnet, denn das Leben der gesamten Gesellschaft ist aufs engste miteinander verflochten. Bei Tolstoi sind alle Schichten miteinander verwoben, so wie das auch in der Wirklichkeit der Fall ist. Neben einer Figur aus den höheren Kreisen beschreibt er auch einen Bauern, eine Beschließerin und sogar einen toll gewordenen Hund. Aus den Salons der Hauptstadt versetzt er den Leser in die Hütte eines Bauern, in eine Imkerei oder auf die Jagd und beschreibt mit der gleichen künstlerischen Leidenschaft sowohl Militärs als auch Zivilpersonen, Herren, Diener, Kutscher und Pferde, den Wald, das Gras, den Acker ... alles! Wie ein Vogelfänger mit seinem Netz bringt er das ganze Panorama des Daseins in die Literatur ein und beschreibt es – sine ira, wie der Professor zutreffend bemerkte. Würde er anders verfahren, so müßte er lügen, das Talent aber kann nicht lügen. Wenn er aber doch lügt, das heißt das eine herausstellt, das andere aber verbirgt, das eine mit der Liebe des Künstlers beschreibt, das andere vorsätzlich schlechtmacht, so hört er auf, ein Talent zu sein; es kommt dann etwas Blasses, Welkes, Lebloses oder Einseitiges und Unwahres dabei heraus ...«

Der Professor hatte seinen Kopf ein wenig zur Seite geneigt und Tscheschnjow sich zurückgelehnt, beide hörten sie aufmerksam zu und waren wohl teilweise mit dem Gesagten einverstanden. Suchow hielt sich die Hand vor den Mund und gähnte verstohlen, andere tranken zerstreut ihre Gläser aus, und jemand verspeiste sein Dessert. Der alte Literat Skudelnikow hob seine Augen für einen Moment zu dem Redakteur empor, überflog mit einem Blick die übrigen Gäste und sah dann wieder auf den Tisch nieder, wo direkt vor seiner Nase auf Dessertschüsseln Melone und Ananas lagen.

»Aber unser Autor«, sagte Tscheschnjow, »erwähnt die anderen Stände doch auch, zum Beispiel beschreibt er einen Pförtner, einen Diener ...«

»Ja«, unterbrach ihn Krjakow, »er beschreibt sie mit heimlicher Verachtung wie Hunde! Aus Spaß nennt er sie ›Sozialisten‹. Ja, und wie er sie erwähnt! Er macht sich lustig über die größte Idee unseres Jahrhunderts, über die Idee der Gleichheit!«

»In der Tat, er umgeht absichtlich und behutsam alles Vulgäre«, stimmte der Redakteur zu. »Das ist richtig!«

»Aber das paßt doch auch nicht hierher!« widersprach Tscheschnjow. »Das ist doch nicht der Ort für Vulgäres! Wenn sich die unteren Schichten im Privatleben nicht mit den höheren Kreisen vermischen, dann existieren folglich die höheren Kreise auch für sich. Wieviel moderne Schriftsteller weichen vorsätzlich der Erwähnung dieser höheren Kreise aus! Weshalb sollte umgekehrt zum Beispiel ein Maler, der dieses Eßzimmer und uns alle malen wollte, hier einen Bauern aus der Garküche postieren oder einen dieser Lakaien da, die uns bedienen, mit an unseren Tisch setzen?«

»Gestatten Sie, Sie haben da Extreme gewählt!« widersprach der Redakteur. »Zwischen den höheren Kreisen und den Lakaien und

Bauern gibt es doch noch eine Vielzahl von anderen Berufen und Positionen, von anderer Erziehung und anderen Sitten ...«

»Würde aber Ihr Autor eine Garküche beschreiben, dann können Sie sicher sein, daß irgendein vornehmer Herr dorthin geriete, und dann würde er nur den beschreiben, die Bauern aber weglassen!« sagte Krjakow.

»Er würde überhaupt keine Garküche beschreiben!« bestritt Tscheschnjow. »Er war nie dort und kennt deren Besucher nicht.«

»Und er will sie auch gar nicht kennen! Das ist es ja eben! Das russische Leben existiert aber nicht in den höheren Kreisen. Dort ist es nicht zu finden!«

Tscheschnjow zuckte die Achseln, die anderen lächelten.

»Sie meinen also, er sollte das russische Leben dort darstellen, wo es Schmutz, fleckige Tischtücher und ungefegte Fußböden gibt?«

Er seufzte.

»Weshalb wieder ins Extrem verfallen?« sagte versöhnlich der Journalist, wobei er sich sowohl an Tscheschnjow als auch an Krjakow wandte. »Es ist nicht notwendig, vorsätzlich nach Schmutz und Flecken zu suchen und damit zu prahlen; doch darf man auch das Gewöhnliche, alles, was nicht ständig vor Sauberkeit und Eleganz blitzt, nicht mit Bedacht beiseite lassen. Der Autor aber hat seine Personen und Gegenstände sehr sorgfältig ausgewählt; man gewinnt den Eindruck, daß er die Natur selbst putzen und in der Landschaft herumradieren will, daß ja kein Strohhalm oder Stäubchen dort zu finden sein möge. Das bedeutet jedoch, daß man auch das Leben herausradiert. Wenn man die Leute so putzen und zurechtmachen kann und aus der Natur alles Störende entfernt, dann wird das Ganze unnatürlich. Wenn man bei den darzustellenden Figuren alles Charakteristische, die typischen Besonderheiten und Details entfernt, so kommt etwas Unpersönliches und Lebloses dabei heraus.«

Nachdenklich und mit gesenktem Kopf hörte sich Tscheschnjow diese strenge, kritische Abhandlung an.

»Es liegt natürlich ein gewisses Quantum an Wahrheit in dem, was Sie sagen«, erwiderte er endlich und seufzte leise. »Der Autor ist ein Purist – nicht nur hinsichtlich der Sprache, sondern auch in bezug auf die Figuren und die Ausstattung seines Romans. Doch wenn man nicht allzu aufmerksam hinsieht, findet man auch in der Natur und im Menschen viel von dieser Ordnung und Schönheit; und der

Autor beschreibt eben, wie das, worauf sein Blick verweilt, ihm erscheint! Sie haben wohl das Stilisierte, das Förmliche in seinem Roman gar nicht bemerkt? Das Buch entspricht so nicht nur in höchstem Maße den geltenden Normen, es ist dazu auch noch einfach und natürlich ...«

»Den Normen mag es wohl entsprechen, doch natürlich – das kann man kaum sagen, und zwar ebendeshalb nicht, weil der Autor allzusehr bemüht ist, ja kein ›grob-flämisch übles Genrebild‹ – wie Puschkin sich ausdrückte –, das heißt also das alltägliche Leben in seine Salons geraten zu lassen«, sagte der Journalist.

»Das gehört auch nicht dorthin – geben Sie es zu!«

»Ich weiß es nicht; doch ohne die lebendigen Details bleiben Menschen und Natur leblos – ich wiederhole das. Im gegebenen Augenblick ein echtes Gefühl einzufangen und wiederzugeben oder das Aufblitzen eines Gedankens im Antlitz eines Menschen darzustellen – das ist wahrer, innerlicher Realismus; eine Szene mit realen, zutreffenden Details auszustatten – das ist äußerlicher Realismus, beides zusammen aber führt zur Wahrheit.«

»Geben Sie doch zu, daß die Künstler, Schriftsteller und Maler oft viele überflüssige Wahrheiten wiedergeben, solche, die man ganz gut weglassen könnte. Zum Beispiel ...«

»Zum Beispiel«, unterbrach hier Krjakow, »der Geruch, den Petruschka, Tschitschikows Diener, überall verbreitet; dieses Beispiel wollten Sie doch anführen, wie?«

Alles lachte, und die Lilina errötete.

»Ja ... dieses und noch viele andere, sämtlich überflüssige Merkmale.«

»Darüber ist vor langer Zeit bereits diskutiert worden. Belinski hat dem Streit dann ein Ende gemacht«, sagte Krjakow. »Lesen Sie die Seiten, auf denen er dieses pharisäerhafte Reinlichkeitsgetue ablehnt. Man darf nicht sagen ›er stinkt‹, man darf in Gegenwart der Damen« (Krjakow schielte zur Lilina hinüber) »das Wort ›Floh‹ nicht aussprechen und dergleichen mehr. Wenn man auf diese Krittler hört und die russische Sprache auf den sogenannten guten Ton reduziert, so kommt man am Ende dahin, daß man nicht mehr russisch spricht, sondern nur noch mit dem Finger in die Luft sticht! Wie kann es etwas Unnötiges geben! Alles, was im Leben vorkommt, ist notwendig!«

»Sie folgen anscheinend Hegels Spuren«, bemerkte der Professor lächelnd, »alles Existierende ist vernünftig! Doch nicht alles, was im Leben notwendig ist, ist notwendig auch in der Kunst, möchte ich, wenn Sie gestatten, Ihrem Aphorismus hinzusetzen!«

»Ganz im Gegenteil, das Unnötige spielt auch in der Kunst eine große Rolle«, sagte Krjakow, »es ist folglich, wie im Leben selbst, auch hier nötig.«

»Wie kann Unnötiges im Leben notwendig sein?« fragte Suchow ironisch. »Beispielsweise ein Schnupfen?«

Alles brach in lautes Gelächter aus. Krjakow winkte ab.

»Das ist nun wirklich allzu paradox – gestatten Sie!« sagte der Hausherr.

»Nein, das ist nicht paradox! Ich verstehe unter dem Unnötigen alles, was über das Notwendige hinausgeht. Und nur das Überflüssige gibt uns im Leben das, was wir Glück nennen; was jeder nun unter Glück versteht – das ist eine andere Frage.«

»Wieso denn das? Erlauben Sie, erlauben Sie!«

»Jawohl! Sehen Sie sich um«, sagte Krjakow. Und tatsächlich sah jeder sich um.

»Was steht denn da oben bei Ihnen auf dem Schrank?« fuhr er fort.

»Wieso?« versetzte der Hausherr verwundert. »Das sind Statuen ...«

»Und was befindet sich im Schrank?«

»Im Schrank ist altes Silber ... Sie sehen es!«

Tscheschnjow lächelte belustigt; der Redakteur, der Professor und einige der Gäste lächelten ebenfalls, denn sie merkten, worauf Krjakow mit seiner Rede abzielte. Andere betrachteten naiv die Gegenstände, die er nannte.

»Auch auf dem Tisch hier liegt Silber«, fuhr Krjakow fort, »und unter unseren Füßen ein Teppich; da stehen Bronzekandelaber – einer, zwei, drei, vier ... und es brennen dreißig, vierzig Kerzen anstelle von zweien oder dreien! Ist das alles etwa notwendig? Auch diese Wachteln, das teure Gemüse, das Dessert und die zwanzig Flaschen Wein? ...«

»Wie denn anders? Das ist doch überall so!« sagte der Hausherr. »Also ist es auch notwendig!«

»Nein, nicht überall – sehen Sie nur aus dem Fenster! All das Unnötige, all der Überfluß bilden Ihr Glück und dasjenige all Ihrer Gäste. Man kann ebensogut wie von Silber von Steinguttellern essen, man kann Wasser oder Kwas, nun ja, oder Bier trinken – Sie aber trinken und essen lauter Unnötiges, Überflüssiges ... Die Ausgaben für das nur Notwendige würden Ihnen nicht das geringste Vergnügen machen, zum Beispiel der Kauf von Brennholz oder von Rindfleisch für Ihr Mittagessen oder der Kauf von Hafer für Ihre Pferde. Es macht Ihnen aber Freude, all dies, all das Unnötige einzukaufen ... oder Karten zu spielen und das Geld zu verlieren.«

»Tiens, cela c'est vrai!« sagte ein Gast.

Uranow, der General, Suchow und Iwan Petrowitsch hörten gutmütig lächelnd zu und wußten nicht, was sie auf dieses Paradoxon erwidern sollten. Jedermann sah Krjakow neugierig an.

»Er spielt den Diogenes!« bemerkte jemand leise.

»Was sehen Sie mich alle so an?« fragte Krjakow. »Stimmt das etwa nicht, na?«

Alles lachte.

»Nein, es steckt tatsächlich Wahrheit darin!« versetzte Uranow.

»Nun, und in der Kunst ist es das gleiche: Stellen sie dort die Liebe ohne Attribute und ohne Szenerie dar ...«

»Attribute!« flüsterte der General.

»So kommt Unsinn dabei heraus! Irgendeine *Jungfrau auf dem Felsen* – was es gar nicht gibt!« fügte Krjakow hinzu.

»Doch Puschkin, als großer Realist und Klassiker, hat zu der *weißgewandeten Jungfrau über den Wellen den Sturm und den Schleier hinzugefügt, an dem der Wind reißt* – und so ist etwas Bildhaftes, Wahrheitsgetreues dabei herausgekommen, das heißt etwas Realistisches!« sagte der Professor. »Das ist eben Poesie!«

»Wohin hat ihn seine Spielerei geführt – auf einen Felsen!« lachte Krjakow. »Das ist nun völlig überflüssig!«

»Erlauben Sie, erlauben Sie!« fiel ihm der Professor ins Wort. »Sie widersprechen sich selbst: Gerade noch haben Sie das *Überflüssige* zum Gesetz erhoben, sowohl im Leben als auch in der Kunst ...«

»Das *Überflüssige* wohl, aber es muß doch *wahrhaftig* sein! Begreifen Sie doch: Ich meine das *Wahrscheinliche*! Aber die *Teufel fliegen nicht über Abgründen*, und es paradieren keine *Jungfrauen auf den Felsen*!« versetzte Krjakow bissig.

»Unser Autor ist ein Klassiker, er meidet den Realismus – das stimmt«, hob wieder der Professor an. »Er hält sich in allem streng an den klassischen Stil und ist dem Ideal näher als dem Typischen. Unter anderem auch deshalb vermeidet er die täglichen, irdischen Kleinigkeiten. Das entspricht seinem Geschmack, seiner Erziehung und seiner Natur – wenn Sie so wollen. Doch es gibt eben verschiedene Geschmacksrichtungen, so wie die Kunst selbst sich in Schulen differenziert. Der Unterschied zwischen den Schulen und Stilen ist unter anderem durch die unterschiedlichen Geschmacksrichtungen der einzelnen Künstler bedingt. Hier scheiden sich die Wege der Künstler, und jeder folgt seiner eigenen Natur ...«

»Nun, die Musik hat also angefangen!« schaltete sich Krjakow halblaut ein, doch man hörte es und lachte. Auch der Redner lachte.

»Der eine sucht zum Beispiel die Natur in der Tiefe eines dichten Waldes, in der Steppe oder auf wilden Felsen«, fuhr der Professor fort, »ein anderer aber sieht und liebt sie in den Parks, den Gärten und Blumenbeeten! Der eine malt Madonnen, biblische und mythologische Sujets; der andere stellt das bunte Alltagsleben dar. Die neuen Künstler nun wollen alles miteinander vermengen und es auf einen Nenner bringen ...«

»Verleumden Sie die neuen Künstler nicht; sie vermengen keinerlei Schulen und Stile miteinander, sondern wollen bloß nichts von ihnen wissen!« brauste Krjakow wieder auf. »Alle diese Jupiter und Venus, die Zeit Ihrer *Engel an Edens Tor* und der *Teufel über dem Abgrund* ist vorbei, sie haben den Künstlern nichts mehr zu sagen. Die neuen Künstler beschreiben, was sie im Leben und in der Natur sehen und kennen; und wenn sie sich der Geschichte zuwenden, so stellt man fest, daß sie auch die biblischen Vorgänge genauso darstellen, wie sie geschehen sind, und nicht so, wie irgendwelche Idealisten sie durch ihre tausendjährige Brille gerne sehen wollen.«

Hier trat eine Pause ein; Tscheschnjow senkte bekümmert den Kopf und flüsterte: »Mein Gott! Wird denn diese wilde Debatte nie ein Ende nehmen?«

»Sie sind also der Ansicht«, wandte er sich darauf an den Redakteur, ohne Krjakow eines Blickes zu würdigen, »daß die Gentlemen für sich, ihre Kreise, Sitten und Bräuche nicht Gegenstand eines Kunstwerkes sein können?«

»Was sind denn das für Gentlemen?« mischte sich wiederum Krjakow ein. »Diese frisierten, herausgeputzten Herren, die umeinander herumschleichen und Angst haben, sich zu nahe zu kommen, sich wie Schatten verbeugen und auch in Liebes- und Freundschaftsdingen nicht aufrichtig sind? Sie essen und trinken wie nach Vorschrift. Was ist denn das für ein Leben? Lebt man etwa so?«

»Selbstverständlich«, widersprach ihm Tscheschnjow unwillig, »wenn die Erziehung fehlt, so werden die Sitten entstellt ... das ist ganz normal und natürlich. Doch möge uns Gott manchmal vor solcherart Natur bewahren!«

»Anscheinend ist Herr Krjakow nicht damit einverstanden«, warf der Redakteur ein, »daß der Autor nur die Schokoladenseite des Lebens darstellt, nämlich das Leben in den Salons; er wahrt die Form der streng konventionellen, geregelten Beziehungen zwischen den Personen und gibt dem Denken, der Empfindung und den Leidenschaften wenig Raum und Freiheit. Das ist schon wahr! Die Geheimnisse der Seele werden von ihm nicht ergründet; deshalb erscheint auch alles so oberflächlich und konventionell.«

»Und das nennt er dann einen Roman!« fügte Krjakow höhnisch hinzu.

»Als was würden Sie es denn bezeichnen?« fragte Uranow.

»Als den Protest eines Aristokraten und Militärs gegen die Demokratie – so würde ich das nennen!« sagte Krjakow ärgerlich. »Es ist der Protest der privilegierten Stände mit ihrem Luxus und ihrem süßlichen Raffinement gegen ...«

»Gegen Grobheit, Zynismus, Unordnung, jegliche moralische und materielle Zügellosigkeit – das ist wahr!« setzte Tscheschnjow hinzu, der jetzt ebenfalls in Rage geriet.

Der General, Suchow und Uranow brachen in Gelächter aus.

»Bien dit!« erklang es vom anderen Ende des Tisches.

»Und das ist eine Heldentat des Autors!« fuhr Tscheschnjow fort. »Es war längst an der Zeit, das Schwert gegen den Ansturm auf alle Werte der Gesellschaft zu erheben.«

»Auf welche denn zum Beispiel?« fragte Krjakow fast grob.

»Zum Beispiel auf die Anstandsregeln, die Achtung der Menschenwürde, die Zurückhaltung, die Zügelung heftiger Leidenschaften – und natürlich auch auf die entsprechenden Formen des Zusammenlebens, auf die Vornehmheit der Sitten ebenso wie auf den guten Geschmack und eine gesunde Denkweise ... auch in den Künsten! Mit einem Wort, es ist ein Protest gegen jegliche Form der Auflösung und Wirrnis in der menschlichen Gesellschaft, gegen jegliche Form von Verwilderung! Darin besteht das Verdienst des Autors! Auf einem langen und schweren Weg hat die Menschheit diese Resultate erreicht, und nun erscheint plötzlich eine Generation, die all das in Jahrtausenden Erworbene hinwegfegen will ... Und was setzt sie an dessen Stelle? Gegen ebendiese Lüge und rohe Gewalt protestiert der Autor.«

»Nein«, hob Krjakow stürmisch an, »er protestiert gegen die Einfachheit der Sitten, die Natürlichkeit der Lebensweise, gegen die Forderung der Zeit, gegen die Menschenrechte, gegen die individuelle Freiheit und Gleichheit! Darin besteht die Heldentat Ihres Autors! Er will die Lebensweise seiner Helden in den höheren Kreisen verteidigen, ihre privilegierte Freiheit und ihren Luxus, ihre Abneigung gegen direkte, nützliche Arbeit!«

»Laß die Polizei holen«, sagte Suchow leise und sich das Lachen verbeißend zum Hausherrn.

»Still, störe nicht! Das ist interessant!« antwortete der.

»Arbeit!« wiederholte Tscheschnjow mit bitterem Lachen. »Ja, sind denn diese neuen Faulenzer etwa nicht von der Arbeit weg in ihre Schlupfwinkel gelaufen, wo sie nun die Aufteilung fremden Eigentums predigen?!«

Krjakow trank ein Glas Rotwein.

»Aber für die bescheidenen unteren Klassen der Gesellschaft hat euer aristokratischer Autor nur Verachtung übrig! Stimmt es etwa nicht, Mitja? Du hast es doch gehört«, wandte er sich an den Studenten, »das tut er doch?«

»Das weiß ich nicht mehr!« sagte der Student lachend. »Was berufst du dich auf mich? Sprich für dich selbst!«

»Wo denn?« fragte Tscheschnjow. »Die unteren Klassen werden ja in dem Roman nicht einmal erwähnt.«

»Und warum werden sie nicht erwähnt?« erwiderte Krjakow scharf.

»Aber ich bitte Sie!« sagte Tscheschnjow und begann zu lachen. »Darüber haben wir doch eben erst ausführlich gesprochen«, setzte er hinzu. »Wir sagten schon, daß der Autor keine anderen Klassen kennt ...«

»Und nicht kennen will! Das heißt, sie also verachtet! Und wie sollte er sie auch nicht verachten – alle seine Helden sind Muster an Eleganz und Feinheit in ihren Gedanken, Gefühlen und Worten.

Und allesamt tun sie nichts! Wie sollte er in ihren Kreis plötzlich einen arbeitenden Menschen einführen, von dem der Geruch nach Arbeitsschweiß ausgehen könnte ... verzeihen Sie ... nach Transpiration«, verbesserte er sich lächelnd und mit einer ironischen Verbeugung, »und der vielleicht sagt ›es stinkt nach Rauch‹ statt ›es riecht nach Rauch‹. Mir nichts dir nichts erscheint er noch dazu in einem abgetragenen Rock und ohne Handschuhe – so, wie ich gekommen bin: verzeihen Sie!« sagte er zum Hausherrn und wies seine bloßen Hände vor.

»Ich trage ebenfalls keine Handschuhe!« unterbrach ihn Tscheschnjow lachend.

»Und wenn plötzlich ein solcher Autor«, fuhr Krjakow fort, »einen Bauern, einen Kleinbürger, einen niederen Beamten, einen Arbeitsmann oder Handwerker porträtierte ... Wie denn das! Die Herrschaften würden ihn am Ende nicht mehr lesen wollen!«

»Ich und fast alle Damen, die ich kenne, lesen und kennen Gogol!« sagte plötzlich die Lilina.

Krjakow betrachtete sie finster.

»Sie?« widersprach er. »Das kann nicht sein!«

»Wieso?«

»Wenn Sie Gogol und die anderen Schriftsteller unseres Volkes gelesen hätten – dann würden Ihre Augen anders blicken und Sie würden nicht so glückselig lächeln.«

Die Lilina geriet in Verwirrung und blickte sich verständnislos um.

»Qu'est ce qu'il dit?« fragte sie ihren Nachbarn.

»Des sottises! Gardez-vous bien de le contredire!« antwortete der lächelnd.

»Ja, so ist es besser. Erklären Sie sich lieber in der Ihnen gemäßen Sprache«, fügte Krjakow hinzu, »und lassen Sie Gogol in Ruhe!«

»Dieu, dieu, dieu! Voilà un ours mal léché!« ertönte es vom anderen Ende des Tisches – und alles brach in Gelächter aus. Krjakow wollte innehalten, aber dann winkte er ab, lachte selbst und fuhr zu Tscheschnjow gewandt fort:

»Nein, alle diese Figuren des Romans sind ein Haufen müßiger Leute, die ganz vorzüglich leben und sich auf Kosten des Volkes vergnügen, selbst aber nichts tun! Da haben Sie Ihre höheren Kreise! Lohnt es sich denn, die zu beschreiben?«

»Mein Gott!« brachte Tscheschnjow fast stöhnend hervor. »Welche Bosheit und Verleumdung! Müßige Leute! Wer lenkt denn gemeinsam mit der Obrigkeit die Geschicke des Landes?« wandte er sich heftig an Krjakow. »Wer hat ihm denn zu internationalem Ansehen verholfen, und wer hält Gesetz, Ordnung und den Gang der Dinge im Innern aufrecht – wenn nicht die Personen eben der Kreise, denen der Autor seine Helden entnommen hat?«

»Nein! Durch die Arbeit, das Blut und den Geist des Volkes wird das alles aufrechterhalten!« brüllte Krjakow wie ein Löwe und mit blitzenden Augen.

Der Student stieß ihn verstohlen in die Seite.

»Ja, gehören wir alle denn etwa nicht zum Volk? Stammen diese Grafen, Fürsten und ihre Vorfahren etwa nicht aus dem Volk, sind sie nicht auch Volk?« stritt Tscheschnjow.

»Sie waren es! Jetzt aber wollen sie diese Haut abschütteln, um das Volk ja recht weit hinter sich zu lassen, um ihm um keinen Preis zu gleichen! Sie zerstören sogar das letzte Bindeglied – die Sprache; sie geben sich Mühe, von ihm nicht verstanden zu werden, sie reden französisch, englisch und alles mögliche, nur russisch darf es nicht sein!«

Tscheschnjow seufzte und senkte den Kopf angesichts dieser letzten, unbestreitbaren Wahrheit über die Sprache.

»Ja, und auch in ihrer eigenen Sprache verwenden sie viele Fremdwörter«, sagte halblaut der General, »was wahr ist, muß wahr bleiben!«

»Dem ist wirklich so«, bemerkte Tscheschnjow leicht betrübt, »und in diesem Sinne sind wir alle hier vielleicht längst nicht mehr Volk. Sie auch nicht: Sie sind nicht russisch gekleidet, und neben der russischen Sprache gebrauchen Sie wohl vieles andere, was nicht russisch ist. Selbst die Sprache, die Sie sprechen, ist nicht die, die das Volk spricht; es würde Sie nicht verstehen, und auch Sie können seine Sprache nicht mehr sprechen.«

»Aber doch deshalb, weil man es nicht lehrt, uns zu verstehen, und es absichtlich in Unwissenheit hält!«

»Doch wenn das Volk lernt, sich nichtrussisch zu kleiden und nichtrussisch zu sprechen, wenn es essen und trinken wird wie wir jetzt, dann hört es auf, das Volk zu sein, das Sie meinen. Dies war immer so und wird stets so bleiben; es ist ein ewiger Kreislauf. Offenbar sind Sie entrüstet, weil nicht alle sich oben befinden und nicht alle unten sind – das ist doch aber nicht möglich! Sie wollen nicht begreifen, daß das Volk nur einen Teil dessen darstellt, was man als Nation bezeichnet. Sagen Sie doch wenigstens, was Sie wollen! Was für eine Kinderei!«

»Nicht Kinderei, sondern Sozialismus nennt sich das! Klügere Köpfe als der Ihre und der meine entscheiden diese Frage, wir brauchen uns nicht darum zu streiten!«

Wiederum brach alles in lautes Gelächter aus. Diese Debatte fand jeder entschieden lustig. Tscheschnjow lachte auch. Der Held des Abends waren nicht der Autor und sein Roman, sondern Krjakow und die originelle Art seiner Polemik.

»Worüber freuen Sie sich denn?!« sagte Krjakow ärgerlich.

Das Gelächter nahm zu.

»Was ist denn das, dieser Sozialismus?« fragte der General.

»Das interessiert Sie?« wandte sich Krjakow an ihn. »Fragen Sie den Unteroffizier, den Skalosub dem Fürsten Grigori statt Herrn Voltaire schicken wollte, mir aber erlassen Sie die Antwort!«

»Das zielt ja auf uns ab!« bemerkte der General angesichts des allgemeinen Gelächters gutmütig.

»Die Volkstümlichkeit, oder sagen wir lieber die nationale Eigenart, kommt nicht allein in der Sprache zum Ausdruck«, sagte Tscheschnjow nach einigem Schweigen. »Sie ist die geistige Einheit aller Gedanken und Gefühle sowie aller sonstigen Kräfte des russischen Lebens. Mögen die Kosmopoliten von einer in weiter Zukunft liegenden Verschmelzung aller Stämme und Nationalitäten zu einer einzigen Menschheitsfamilie träumen, und möge dieser Traum sich auch einst erfüllen, bis jetzt aber und eben um dieses Zieles willen – wenn es denn tatsächlich das endgültige Ziel menschlichen Seins bilden sollte –, bis jetzt muß jedes Volk alle seine Lebenssäfte verarbeiten, muß aus ihnen die Kraft schöpfen und die Ideen und alle Werte und die Talente, mit denen es gesegnet ist, um diese nationalen Gaben dann der gesamten menschlichen Gesellschaft zur Verfügung zu stellen. Je kraftvoller ein Volk ist, um so größer wird dieser Beitrag sein und um so tiefer und eigenständiger wird es das Bild menschlicher Existenz auf der gesamten Erde prägen.«

Er senkte nachdenklich den Kopf.

»Comme c'est profond!« wurde an dem einen Ende des Tisches geflüstert.

»Das ... das ... wissen Sie«, begann Suchow, »das ist wahr!« Und darauf trank er ein Glas Wein.

»Der Romancier Skudelnikow blickte für einen Augenblick Tscheschnjow an und verfiel dann wieder in Apathie.

»Wie schön Sie das gesagt haben! Très joli, n'est-ce pas?« bemerkte die Lilina.

»Schlau, nichts dagegen zu sagen! Nun, und was jetzt?« fragte Krjakow. »Was meinen Sie denn damit?«

»Ich wollte sagen, daß das russische Volk diese seine große, sowohl nationale als auch allgemeinmenschliche Aufgabe erfüllt und daß alle Kräfte unseres großen Volkes, vom Zaren bis zum Ackersmann und Soldaten, gleichermaßen und gemeinschaftlich an ihr arbeiten! Wenn alles still und ruhig ist, dann leben und arbeiten alle wie die Ameisen, das heißt einzeln; sie denken und fühlen jeder für sich; sie sprechen sicherlich auch verschiedene Sprachen. Sobald aber eine Gewitterwolke am Horizont aufzieht und der Krieg zu grollen beginnt, sobald eine Epidemie oder eine Hungersnot Rußland erfaßt – sehen Sie nur, wie sich dann alle sittlichen und materiellen Kräfte zusammenschließen, wie sie alle in ein Gefühl, einen Gedanken, einen Willen münden und wie sich plötzlich alle, gewissermaßen inspiriert vom Heiligen Geist, augenblicklich verstehen und sich in einer einzigen Sprache und als eine einzige Kraft äußern! Herren, Bauern und Kaufleute – alle widmen sich nun einer gemeinsamen Sache, einem einzigen Ziel, einer einzigen Mühe, tragen Millionen und Kopeken zusammen ... und sterben, wenn es notwendig ist. Und wie sie sterben! Wir haben dann keine Grafen, Fürsten, Militärs oder Zivilpersonen, keine Kleinbürger oder Bauern mehr vor uns, sondern eine einzige große, gleichsam aus unzerstörbarem Kupfer gegossene Statue: Rußland!«

»Bravo! C'est sublime! Ausgezeichnet!« rief alles.

»Auf das Wohl von Dmitri Iwanowitsch! Diener, gieß Champagner ein!« befahl Uranow.

»Wieso denn! Sie alle denken und fühlen so!« sagte er und stieß ebenfalls mit an. »Das ist unser aller Antwort an unseren Gesprächspartner Herrn Krjakow!«

»Ja! Ja!« bekräftigten alle.

»Krjakow stand auf und wollte gehen, setzte sich dann aber plötzlich wieder hin.

»Bis jetzt hatte ich eine gute Meinung von Ihnen«, sagte er zu

Tscheschnjow gewandt, sprach aber nicht zu Ende: Allgemeines Gelächter übertönte ihn. Als es wieder still geworden war, platzte er heraus: »Aber Sie sind ja ganz einfach ein Chauvinist!«

Augenblicklich trat Stillschweigen ein. Der Professor schlug die Augen nieder, und der Journalist lächelte verwirrt. Skudelnikow blickte Krjakow und Tscheschnjow plötzlich offen an. Krasnoperow, Uranow, Suchow und der General wechselten verständnislose Blicke.

»Was soll denn das nun wieder?« erkundigte sich der General flüsternd bei Suchow. Der wandte sich mit derselben Frage an Uranow, und Uranow erkundigte sich bei Tscheschnjow. Die übrigen Gäste blickten mit zunehmender Neugier zu Tscheschnjow und Krjakow hin. Truchin putzte sogar seine Brille mit dem Taschentuch, während er auf die Antwort wartete. Tscheschnjow sah Krjakow beinahe mitleidig an, und der Student versteckte sich vor den unzufriedenen Blicken des Onkels hinter dem Rücken seines Nachbarn.

»Sie haben mich einen Chauvinisten genannt«, sagte Tscheschnjow leise und fast betrübt, »nein, ich bin nicht durch konventionelle Sentiments verblendet und unterwerfe mich nicht dem gängigen, billigen Patriotismus! Ich könnte Sie meinerseits und mit mehr Recht einen Pseudoliberalen nennen ...«

»Nur zu, nennen Sie mich ruhig so, ich bin nicht empfindlich!« erwiderte Krjakow ungezwungen.

»Nein, ich werde es nicht tun!« unterbrach ihn Tscheschnjow sanft. »Sie sind hier Gast, und Ihre persönliche Würde soll nicht angetastet werden.«

»Ah, bravo! Oui, c'est ça! Das ist eine Lektion! Leçon bien méritée!« wurde am Tisch leise gemurmelt. Krjakow blickte in die Runde und hörte sich dieses Gemurmel einigermaßen gelangweilt an.

»Geben Sie mir Ihre Hand!« setzte Tscheschnjow hinzu und streckte die seinige aus.

»Gestatten Sie!« sagte Krjakow und reichte ihm seine Hand.

»Doch ich kann – wenn wir die persönliche Würde einmal außer acht lassen – zum Pseudoliberalismus nicht schweigen, dessen Anklänge, verzeihen Sie, in Ihren Reden mitschwangen. Dieser Pseudoliberalismus geht an die Wurzeln des wahren Liberalismus, der allein zum Fortschritt führt. Er hat die Zerstörung der Zivilisation zu seiner Devise gemacht und schreckt vor keinem wie auch immer gearteten Mittel zurück – nicht einmal vor Brandstiftung und Mord.

Er weiß selbst nicht, was er will, und hastet ... wohin?« fragte Tscheschnjow nachdenklich sich selbst und senkte den Kopf.

»Jawohl – ja, das ist es! Habe ich das nicht eben erst gesagt?« verkündete da plötzlich Krasnoperow.

»Pst ...« bedeutete ihm Suchow. Krjakow lächelte.

»Sie haben darüber schon viel geredet und geschrieben«, sagte er, »aber wir können es nun einmal nicht lassen!«

»Er lacht noch, der Bursche!« flüsterte Krasnoperow seinem Nachbarn zu. »Als ob es ihn nichts anginge!« Dann setzte der Greis laut hinzu: »Nun, so antworten Sie doch, wohin hastet er denn, dieser Ihr Liberalismus?«

»Woher soll ich das wissen, wohin!« sagte Krjakow. »Das soll unser Weiser enträtseln!« Er wies auf Tscheschnjow.

»Woher soll ich wissen, wohin!« wiederholte Tscheschnjow. »Das stimmt! Das ist die einzig mögliche, aufrichtige Antwort des Pseudoliberalismus! Er eilt nämlich allmählich jenem Abgrund zu«, schloß er, »von dem sich Herzen sterbend abwandte und in den sich der wahnsinnige Bakunin verzweifelt stürzte, wobei er die Herde des Panurg mit sich riß ...«

»Bravo! Bravo!« riefen viele, und man klapperte mit den Tellern und klirrte mit den Gläsern.

»Nein, dorthin werde ich Sie nicht locken«, sagte Krjakow und lachte wieder.

Auch der Student lachte.

»Nicht wahr, Mitja? So einer bin ich doch nicht?« fügte Krjakow hinzu.

»Nun, wir haben heute sowohl neue als auch alte Weisheiten vernommen«, sagte Suchow zu seinen Nachbarn, »wie werden wir da bloß schlafen können? – Aber trotzdem ist es lustig, überaus lustig hier!« schloß er.

»Ja, lustig«, sagte Uranow leise, »aber ich – soll ich mich etwa zerreißen? Da ist Tscheschnjow, der ist aufgeregt; Iwan Petrowitsch ist gekränkt, die Lilina verwirrt, und alle sind bestürzt! Mitja scheint sich als einziger keine Gedanken zu machen; na, dem werde ich den Kopf waschen! Jetzt muß man aber irgendwie den schlechten Eindruck ausbügeln.«

Und er wandte sich an Tscheschnjow: »Sie wollten noch etwas über die heutige Lesung sagen, Dmitri Iwanowitsch?«

»Ich wollte daran erinnern«, erwiderte Tscheschnjow, »wie lebendig und plastisch unser Autor sowohl den Patriotismus als auch das Pflichtgefühl in einem einzigen Bild erfaßt hat.«

»Plastisch! Chauvinist! Was denn noch? Sykophant?« flüsterte der General. »Mir klingen schon die Ohren!«

»Ich spreche von der Beschreibung der Manöver«, fuhr Tscheschnjow fort. »Einerseits hat man sicher den Eindruck von Monotonie; doch der Autor stellt den Leser mitten in die Szene hinein und läßt ihn mit dem Strom dieser russischen Seelen und Herzen verschmelzen – Sie fühlen sich plötzlich eins mit der großen moralischen und physischen Kraft und sehen in jedem Soldaten, Offizier und General Ihren eigenen Bruder, Ihren Freund, ja sich selbst!«

»Ein majestätisches Bild!« bestätigte der Professor.

»Ja, ein effektvolles!« bemerkte der Redakteur. »Doch im Roman kommt es mir etwas formal vor ... etwas steif ...«

»Grandios ist es!« sagte Uranow. »Wie Sie wollen!«

»Eine grandiose Kaserne!« entschied Krjakow.

»C'est très joli, und wie ähnlich! Ich war oft dort ... so ähnlich ist es, so ähnlich!« bekräftigte die Lilina mit kindlicher Freude.

»Ja, mir ging es so«, mischte sich der General ein, »daß ich ganz vergaß, wo ich mich befand; es schien mir, als würde ich die Brigade anführen, und dann ertappte ich mich dabei, daß ich die Hand so hielt, als würde ich mit dem Säbel salutieren – bei Gott!«

»Salutieren! – Ich habe Sie erwischt: Was ist denn das für ein Wort – etwa ein russisches?« sagte Suchow.

»Das ist ein allgemein übliches Wort, man kann es also verwenden«, antwortete der General.

»Wenn man sich dem Anliegen des Romans zuwendet«, fuhr Tscheschnjow fort, »so kann man offenbar ohne weiteres konstatieren, daß das Hauptziel des Autors darin besteht, all das ins rechte Licht zu rücken, was viele so leichtsinnig beseitigen wollen.«

»Lassen Sie mich doch bitte wissen, was er noch zurechtrücken will? Wogegen er eigentlich kämpft?« fragte Krjakow.

»Und wenn es auch nur gegen die Verleumdung wäre, der die Vertreter militärischer Profession ausgesetzt sind ...«

»Der militärischen Berufe – c'est une vocation comme une autre!« schaltete sich der General ein.

»Was denn, bei dir hat wohl die russische Sprache auch nicht mehr gereicht?« hänselte ihn Suchow.

»Gegen den Soldatenstand hat ja niemand etwas!« meinte Krjakow bissig. »Denn er ist ja das ganze Volk.«

»Nein, man hat etwas gegen ihn gesagt und wird das auch weiter tun!« disputierte der General. »Wo man nur einen Offizier reizen, verspotten und Tinte gegen ihn verspritzen kann – da tut man es! Ich selbst habe so was oft gelesen und es von vielen Offizieren gehört – sie beklagen sich auch. Oder sie werden einfach totgeschwiegen, so als ob es gar kein Offizierskorps gäbe! Man übergeht sie in den Zeitungen, in den Novellen auf der Bühne – was bedeutet das denn? Es ist eine Schmähung! Es bedeutet nämlich: Wir wollen nichts von euch wissen!«

»Es ist Gleichgültigkeit, aber keine Schmähung«, besänftigte der Redakteur.

»Ja, Gleichgültigkeit, das ist es!« sagte Tscheschnjow. »Doch wissen Sie, daß Gleichgültigkeit die hinterlistigste Waffe ist? Man kann mit aller Kraft gegen etwas ankämpfen, doch wie soll man das Grabesschweigen eines unsichtbaren Feindes überwinden, diese Nichtanerkennung der Bedeutung und der Rechte der Offiziere!«

»Sie sprechen die ganze Zeit von den Offizieren, nicht wahr?« fragte Krjakow. »Ja, sie werden nicht erwähnt, das stimmt! Vor allem deswegen nicht, weil es verboten ist, sie zu kritisieren; es gibt jedoch keinen Grund, sie zu loben. Es wäre auch unwahr und einseitig, das ist jetzt die allgemeine Ansicht, wenn man sie nur lobte. Da schweigt man lieber – und tut gut daran! Was hat denn der Soldatenstand mit den Offizieren gemein?«

»Ba, ba, ba! Zu welcher Berufsgruppe gehören sie denn sonst? Worin besteht denn eigentlich ihre Schuld? Erlauben Sie, erlauben Sie, sehr verehrter Herr!« ereiferte sich der General. »Weswegen liebt man sie denn nicht und übergeht sie einfach?«

»Ja, man übergeht sie – und ich werde gleich sagen, warum«, antwortete Krjakow. »Es ist verboten, sie zu kritisieren. Und man liebt sie nicht, weil ... Wofür sollte man sie denn lieben? Von Jugend an spielen sie sich auf, kehren den Herrn heraus, prassen bei Borèl in der Gesellschaft von Kokotten, veranstalten Trabrennen und bedrücken das Volk ...«

»Wann? Und wo denn, wenn ich fragen darf?! Es ist da auf Verleumdung der Presse hin eine Geschichte in die Welt gesetzt worden, wonach irgendwelche Offiziere angeblich Rennen veranstalten und das Volk bedrücken – und dann stellte es sich als Verleumdung heraus!«

»Bedrückt nur, soviel ihr wollt, es wird immer eine Verleumdung sein; dafür ist ja dieser privilegierte Beruf auch da!« setzte Krjakow hinzu.

Der General und die übrigen lächelten ironisch.

»Nun gut, sie prassen bei Borèl … Und wodurch machen sie sich noch schuldig?« fragte der General.

»Aus ihnen werden dann Gouverneure, diverse Direktoren und Verwalter – wobei es nichts schadet, daß vielleicht in der Gesellschaft Geschichten über ihre netten Skandälchen umgehen.«

»Mein Gott, mein Gott!« stöhnte Tscheschnjow. »Was für eine bösartige Ungerechtigkeit! Und das sagt ein Russe von Russen, von seinen Brüdern!«

Die Gesellschaft geriet ernstlich in Bewegung.

»Sagen Sie, wieviel Skandale unter Zivilpersonen kommen auf einen Skandal unter Offizieren? Der ganze Unterschied besteht nur darin, daß die einen sich bei Dussot und Borél versammeln, während die anderen in irgendeiner Gastwirtschaft der Jugend ihren Tribut zollen. Sie selbst sagen ›vielleicht‹; denn seit damals haben sich die Sitten verändert, es gibt jetzt ein öffentliches Gericht und die Presse … Weshalb wollen Sie in uns die längst vergessenen bösen Erinnerungen wachrufen?« Er senkte den Kopf und seufzte.

»Die Offiziere sind eben junge Leute, genauso wie die Studenten, die Rechtsgelehrten und die Seminaristen«, fügte er hinzu, »für die haben Sie Verständnis, für die Offiziere aber nicht! Sehen Sie denn wirklich das edle Ziel des Autors nicht – diese Ungerechtigkeit zu korrigieren, uns an die Offiziere denken zu lassen, den Charakter dieses herrlichen gesellschaftlichen Kreises, der Ihnen allerdings unangenehm ist, darzustellen und damit jener Gruppe Gerechtigkeit widerfahren zu lassen, die in diesem Augenblick für Rußland kämpft und stirbt?« Applaus ertönte. Der General erhob sich mit seinem Glas in der Hand.

»Wenn ich auch ein Krieger bin, hätte ich doch nicht so mutig und überzeugend wie Sie für das Offizierskorps eintreten können. Gestatten Sie, daß ich auf Ihre Gesundheit trinke!« sagte er.

»Wir auch! Wir auch!« bekräftigten alle.

»Sie spielen sich auf ... sie kehren den Herrn heraus ... und prassen!« begann Tscheschnjow wieder, als alle verstummt waren. »Gibt es denn etwas, was so schwer und so von Taten und Entbehrungen gekennzeichnet wäre wie das Leben dieser kriegerischen Jugend? Sie zählen da irgendwelche uralten, verblichenen Flecken an ihren Uniformen auf und wollen die Flecken auf die ganze Korporation übertragen. Diese ist aber jetzt dabei, zu siegen oder ruhmreich unterzugehen!«

»Das tut das Volk, das Volk – immer nur das Volk!« beharrte Krjakow.

»Aber auch Minin ist ja nicht allein gegangen, sondern hat Posharski mitgenommen! Mein Gott! Ihrer Ansicht nach hört jeder, der einigermaßen gebildet ist, sich der europäischen Mode entsprechend kleidet und durch Verdienste vorwärtskommt, auf, zum Volk zu zählen! Mir scheint aber, daß eher der, der sich von der Religion seines Volkes, von dem durch das Volk einmütig und einträchtig gewollten Aufbau des Staates und der Gesellschaft lossagt – daß der sich vom Volk viel weiter entfernt als diejenigen, die Fremdsprachen erlernen und ihrem eigenen Geschmack und ihren eigenen Gewohnheiten folgen.«

»Bravo! Bravo! Admirable!« riefen alle.

»Na, jetzt gehe ich aber! Ich mache mich aus dem Staub! Ehe man sich's versieht, schicken sie noch nach der Polizei!« murrte Krjakow. Er tat es aber so laut, daß man ihn hörte und notgedrungen über ihn lachte.

»Regen Sie sich nicht auf, Sie sind hier in völliger Sicherheit!« sagte Uranow, der sich etwas gekränkt fühlte.

»Wir werden Sie nicht ausliefern, Sie sind ein Held!« setzte Suchow fröhlich hinzu.

»Warte noch einen Augenblick«, hielt ihn auch der Student zurück, »Herr Tscheschnjow will noch etwas sagen.«

»Sie sprechen von den Reichen, den Stutzern«, sagte Tscheschnjow, »die würden doch, auch wenn sie nicht beim Militär wären, ganz genauso leben, sogar noch großzügiger und luxuriöser. Im Kreise ihrer Kameraden hält sich das doch immerhin durch die dortigen Lebensumstände in Grenzen. Aber das sind einige wenige Ausnahmen. Und was ist mit denen, die nicht reich sind und von ihrem Sold in den Kasernen leben? Und mit denen, die in der Armee, verstreut in den Dörfern und Weilern, leben? Fragen Sie doch, wie die wohl prassen!«

»Um die geht es in dem Roman nicht«, sagte Krjakow mit bösem Lächeln.

»Na schön! Der Autor hat uns die Quintessenz des Soldatenstandes vorgeführt: die hohen, eindeutig bestimmten, typischen Begriffe von Ehre und Kriegerwürde – mit einem Wort: Er wählte das Höchste ...«

»Ja, ist denn etwa die Ehre ein militärisches Privileg, ein Privileg der Regimenter, so wie die Regimentskapelle? Ist sie denn nicht eine Eigenschaft aller ordentlichen Leute, ob in Uniform oder in Zivil? Er aber hat sie ausschließlich ihnen zugesprochen!«

»Das sagt er nirgends, er erwähnt nur einige ihrer Formen. Es gibt Grade und Schattierungen, eigentümliche Gewohnheiten und Bedingungen, die für die einen in jedem Falle existieren, für die anderen hingegen nicht.«

»In Sachen Ehre ist alles gleich! Alles!« beharrte Krjakow.

»Aber nein«, widersprach der General, »sein Departement im Stich lassen oder seinen militärischen Posten – das ist ein Unterschied!«

Hierauf trat eine Pause ein.

»Ja, der Roman ist bemerkenswert«, meinte der Journalist. »Wäre er vor vierzig Jahren erschienen, hätte er in der Gesellschaft eine gehörige Sensation hervorgerufen!«

»Und jetzt?«

»Jetzt, nach Gogol, sind alle so von negativen Tendenzen ergriffen, daß der positive Held in der Literatur eine Unmöglichkeit geworden ist. Außerdem kam der Realismus eben recht, er brachte neue Kunstformen hervor und errang einen unwiderruflichen Sieg über das Klassische.«

»Sie sind der Ansicht, daß das Klassische aus der Kunst verschwindet? Ist das denn möglich?« fragte Tscheschnjow.

»In der Weise, in der es früher vorherrschte, natürlich ... ja –«

»Das hängt vom Grade des Talents ab«, schaltete sich der Professor ein. »Das Genie kann wohl die eine oder andere Kunstrichtung restaurieren (bei dem Wort runzelte der General die Stirn). Sich aber von den Klassikern loszusagen, das hieße, sich von jeglichem Erbe unserer Vorfahren, von jeglicher traditionellen Bindung an die Vergangenheit loszusagen.«

»Na, hat das Vögelchen wieder angefangen zu singen!« brummte Krjakow seinen Nachbarn zu, die sich des Lachens nicht enthalten konnten.

»Wenn wir bei lebendigen Organismen von aufeinanderfolgenden Generationen«, fuhr der Professor fort, »eine ganz erstaunliche Vererbung der Unterscheidungsmerkmale, der moralischen und physischen Eigenschaften, die ein Geschlecht ans andere weitergibt, bemerken – wie können wir dann leugnen, daß intellektuelle, geistige oder ästhetische Werte auch weitergegeben werden? Das hieße die Zivilisation leugnen – und wieder bei Null anfangen. Wozu das aber?«

»Das ist vollkommen richtig«, bemerkte der Redakteur, »doch Sie legen es allzu weitgefaßt aus ...«

»Erlauben Sie, erlauben Sie!« unterbrach Krjakow. »Antworten Sie auf meine Frage, sagen Sie aber unbedingt die Wahrheit!«

Wieder erscholl allgemeines Gelächter.

»Oh, l'enfant terrible!« sagte man am anderen Ende des Tisches.

»Kennen Sie Ihre Klassiker schon lange und lesen Sie sie oft?« fragte Krjakow.

Alles verstummte jäh.

»Ich besitze Homer, Horaz, Virgil und alle Klassiker, sowohl die alten als auch die neuen – ich habe sie immer zur Hand!« sagte der Professor nach einem gewissen Schweigen.

»Ich frage nicht Sie, denn das ist Ihr Beruf. Sie brauchen die Klassiker wie der Beamte sein *Gesetzbuch*. Aber Sie? Und Sie?« wandte er sich an Tscheschnjow, den Redakteur und die übrigen Gäste.

»Ich schaue manchmal hinein ...« antwortete der Redakteur.

»Wegen einer Information für Ihre Zeitschrift, für den literarischen und den kritischen Teil?«

»Ich weiß noch vieles, als hätte ich es erst gestern gelesen«, sagte Tscheschnjow, »und vieles kann ich auswendig ...«

»Das ist das, was Sie in der Schule gelernt haben; aber jetzt?«

»Auch jetzt nehme ich sie, wenngleich selten, zur Hand. Was wollen Sie denn damit sagen?«

»Alle diese Herren da haben die Klassiker entweder gar nicht oder aber seit ihrer Schulzeit nicht mehr gelesen«, fuhr Krjakow fort und wies ohne Umstände auf die übrigen Gäste, »oder sie haben sie längst vergessen!«

»Als ich in froher Schulzeit Tagen
Noch im Lyzeumsgarten saß
Und Apulejus mit Behagen,
Doch Cicero nur ungern las ...«

zitierte Uranow lächelnd.

»Da sehen Sie es: Auch Ihr ›großer‹ Dichter hat mit dieser Ironie nur die Wahrheit bemäntelt. Niemand liest die Klassiker, und man behandelt sie in der Schule, ohne daß jemand wüßte, warum. So wie man lernt, daß die Welt in sechs Tagen erschaffen wurde, daß eine Wölfin Romulus und Remus säugte und dergleichen mehr. Niemand glaubt daran, es wird aber so gelehrt, und später vergißt man es wieder!«

»Wenn auch vielleicht Romulus und Remus nicht von einer Wölfin gesäugt worden sind, so ist es doch unumgänglich, diese Fabel zu lernen«, bemerkte Tscheschnjow. »Ohne dies alles würden Sie keinen Schritt im Leben tun können! Sicher, vergessen kann man's, doch kennenlernen muß man es. Diese Sagen verschmelzen mit der Geschichte. Sie lernen sicher nur selten das, was Ihnen später im Leben Nutzen bringt, doch alles Gelernte geht in den Grundbestand Ihrer sittlichen, intellektuellen und ästhetischen Bildung ein! Ohne diese Grundlage, die Kenntnis der Klassiker und ihrer Vorstellungen gehört dazu, kann man, möchte ich kühn behaupten, keinen Menschen als gebildet bezeichnen.«

»Aber warum soll man denn eine Lüge lernen? Warum kann man diesen Unsinn nicht ändern, statt mit ihm die Köpfe der Leute vollzustopfen?« schrie Krjakow ärgerlich.

»Sie haben recht«, sagte der Redakteur zu dem Professor, »die Klassik wird in der Wissenschaft, in der Kunst und im gesamten Leben sicher stets so etwas wie ein Fundament sein ... oder wie eine Wurzel, wenn Sie so wollen, die tief in der Erde verborgen ist. Die Menschheit aber schreitet voran und produziert und schafft stets etwas Neues; neue Geschlechter und neue Ansichten wachsen heran und bilden mit der Zeit ein neues Gebäude, das nun seinerseits klassisch wird. Denn von der alten ursprünglichen Klassik sind wir doch schon sehr weit entfernt! Und immer wieder werden neue, frische

Generationen heranwachsen ... Die Entwicklung läßt sich nicht aufhalten!«

»Gestatten Sie mir die Bemerkung«, sagte der Professor, »daß die Kunstwerke nicht an und für sich als Vorbilder aus der Mode gekommen sind und nicht nur die Schule und die Jugend sich an ihnen ergötzen. Natürlich sind wir verwöhnt durch neue und frische Triebe, das ist wahr; außerdem ist unser Geschmack teilweise abgestumpft und weniger empfänglich geworden für einfache und auch für erhabene ästhetische Nahrung. Doch was ich sagen wollte: Von Zeit zu Zeit gibt es eine Renaissance des Altertums, geniale Talente bewirken sie, in welcher Majestät erstehen dann die großen Toten wieder! Hat uns zum Beispiel Rahel nicht die alten, heroischen Frauen der Bibel wiederbelebt – wir betrachten sie wie etwas Lebendiges!«

»A la Racine hat sie das Altertum wiedererweckt! Das ist mir ein schönes Altertum!« bemerkte Krjakow. »Wenn Racine und Corneille die Klassiker sind, die Sie meinen, dann bleiben Sie mir damit vom Leibe! Die Leute, die sich nach den klassischen Mustern richteten, sind samt und sonders durchgefallen mit ihren Epopöen, Oden und Dithyramben; von denen ist nichts geblieben, es ist alles vergangen!«

»Aber doch deshalb, weil es eben nicht leicht ist, sie nachzuahmen; ja nicht einmal, sich ihnen zu nähern!« sagte der Professor.

»Nein, sondern weil es gar nicht nötig ist!« beharrte Krjakow. »Man soll das neue Leben studieren und beschreiben!«

»Ja«, setzte Tscheschnjow hinzu, »da hat die Statue der Venus von Milo nun zweitausend Jahre in der Erde gelegen, doch bis jetzt ist keiner von den Neuen ihr in seinen Werken auch nur nahegekommen! Oder auch nur unsere Vase von Kertsch ... ja, alles, was man auch findet: eine Hand, einen Torso, die Scherbe einer Vase – alles stellt sich als unnachahmlich heraus!«

»Jetzt beginnt man, so etwas in den Fabriken maschinell herzustellen«, sagte der Hausherr, »magnifique – et pas cher!«

»Ja, anscheinend läuft es wohl darauf hinaus ...« bemerkte Tscheschnjow seufzend.

»Jetzt sind Sie bei der Kunst der Plastik angelangt, wir haben doch aber von der Kunst der Worte gesprochen!« erinnerte Krjakow.

»Auch den Homer hat noch niemand wiederholen können!« bemerkte der Professor. »Sie haben es selbst gesagt.«

»Die alte Leier!« meinte Krjakow halblaut. »Und ich habe mich auf eine Diskussion eingelassen! Wer würde denn auch einen neuen Homer lesen! Unser neuer Homer – das ist Gogol!«

Die Alten brachen in Gelächter aus.

Wieder trat eine Pause ein.

»Sagen Sie, wie finden Sie denn die Frauen in dem Roman?« fragte Tscheschnjow den Redakteur.

»Es sind anmutige, sanfte Geschöpfe, zart wie ein Hauch«, lobte der Professor.

»Ja, zart wie ein Hauch!« wiederholte der Journalist mit leichter Ironie. »Sie sind so luftig und fein gezeichnet, daß sie gar nicht von Fleisch und Blut zu sein scheinen. Sie erinnern mehr an Schatten als an lebendige Menschen. Anders kann es übrigens auch gar nicht sein – wie ich bereits bemerkt habe, beschreibt der Autor die ganz konventionellen Seiten des Lebens und führt uns weder in psychologische Tiefen noch in das intime, reale Leben ein, daher bleiben die Szenen auch so blaß. Außerdem agieren die Frauen bei ihm – wie die Schauspielerinnen auf der Bühne – anscheinend frei aus sich heraus, doch bei jedem Wort und bei jeder Bewegung ist zu merken, daß Hunderte von Augen auf sie gerichtet sind. Sie haben wenig von dem, was man Ungezwungenheit nennt, überhaupt haben sie wenig Natürliches ...«

»Sie spielen auf die ›kleinen Erdbeeren‹ an!« sagte Krjakow geringschätzig. »Allein davon zu sprechen ist widerlich! Es gibt keinen Roman, in dem der Autor beim Anblick eines Rockes nicht in leidenschaftliche Erregung geriete und damit nicht auch den Leser vergiftete! Besteht denn in einer Gesellschaft reifer Leute der ganze Sinn des Lebens, sein ganzer Zweck wirklich allein darin? Gibt es denn keinen anderen Inhalt?!«

»Es gibt ihn, wie denn auch nicht! Da sind der Ausschuß, nicht wahr, der Dienst, da sind der Klub und die Karten. Doch wären die Frauen nicht, hätte das alles doch keinen Sinn!«

»Das ist die Hauptsache, das steht an erster Stelle; darum dreht sich alles!« rief plötzlich der Hausherr. »Ich schreibe weder Romane noch Dramen oder Komödien, ich weiß aber, daß man sich sowohl dort als auch im wirklichen Leben ohne die Frauen gleich ins Grab legen könnte! Ist es nicht so?«

»Jawohl, jawohl!« riefen alle. »Auf das Wohl der Frauen! Auf Ihr Wohl!«

Alles wandte sich der Lilina zu.

»Bravo!« piepste sie, und ihre Kinderaugen strahlten. »Ich nehme diesen Toast im Namen aller Frauen entgegen und danke Ihnen!« Kokett nippte sie an ihrem Glas.

»Ja, die Frauen sind alles!« setzte auch der Professor hinzu. »Sie sind das manchmal offensichtliche, manchmal verborgene Motiv jedweden menschlichen Tuns; ihre Gegenwart und – sozusagen – ihr Flair geben dem Leben Blüte und Frucht. Wir Männer sind nur die Waffe, die Arbeitskraft, auf uns lastet die Schmutzarbeit ... Mit einem Wort: Wir sind die Materie, die Frauen aber der Geist.«

»Hören Sie auf, das klingt ja abscheulich!« sagte Krjakow unter allgemeinem Gelächter. »Wir haben doch ein kultiviertes Jahrhundert und leben in einer kultivierten Gesellschaft ...«

»Ein kultiviertes Jahrhundert«, unterbrach ihn der General, »gestatten Sie die Frage, ob man Sie, wenn Sie so etwas sagen, auch in Ihrer Garküche versteht, in Ihrem Volk?«

Krjakow runzelte die Stirn und wehrte den General mit der Hand ab, als wolle er einen großen Hund verscheuchen.

»Wenn der Autor Liebesszenen darstellt«, bemerkte der Redakteur wieder ironisch, »dann hält er sich eher an die Theorie der ›überirdischen Gefühle‹, wie sie mitunter in Gedichten genannt werden. Bei ihm ist die Liebe mehr so etwas wie die religiöse Ekstase katholischer Nonnen, nicht aber ein lebendiges, leidenschaftliches, menschliches Gefühl.«

»Wie bei Zola zum Beispiel?« fragte Tscheschnjow. »Ja, man muß dem Kranz des Autors auch diese Blüte hinzufügen: Er hat seine Blätter mit keinem Flecken grober Sinnlichkeit entstellt. Das Licht und das Feuer des Gefühls scheinen und wärmen überall, glühende Kohlen aber kommen bei ihm nicht vor! Das ist eines seiner Verdienste.«

»Er geizt mit Küssen, das ist wahr«, sagte Suchow. »Nein, um das ... um so etwas ...« er blickte zur Lilina, als ob ihre Gegenwart ihn genierte, »also hinsichtlich ... wie zum Beispiel dort der Graf mit der Fürstin ... im Park, also ja, auf ihrem Dorf ... nun, eine heiße Szene hat ... wie es vorkommt ... beim Menschen!«

Alles lachte los.

»Das hast du also im Sinn – paß auf, Anna Andrejewna wird's erfahren«, sagte der Hausherr zu ihm.

»Ja, Sie haben recht; wenn man schon darüber schreibt, dann soll man realistisch schreiben«, meinte auch Krjakow. »Eine Erdbeere ist halt eine Erdbeere ... Stelle die Wahrheit dar! Beschönige nichts! Erzähle, wie diese Herren und Damen untereinander Liebschaften haben! Oder machen Grafen und Fürstinnen anders Liebe als Bauern? Entdecke uns die Geheimnisse ihrer Alkoven und Boudoirs, wenn du uns schon ihr Leben entdeckst! Denn sonst machen sie Liebe mit trügerischem, unschuldigem Gesicht, gleichsam als ob sie zu Papas Namenstag ein Stück aufführen.«

»Wer hat diese Geheimnisse denn aber gesehen?« fragte Tscheschnjow.

»Wer? Ich glaube, alle!« erwiderte Krjakow lachend.

»Und wen haben Sie denn gesehen? Sich selbst im Sinnesrausch der Liebe?« fuhr Tscheschnjow fort. »Und der Künstler soll den Mut haben, sich selbst mit der geliebten Frau zu beschreiben! Wissen Sie, welches Gefühl ein anständiger Mensch hat, wenn er unfreiwilliger Zeuge der bescheidensten Liebkosung zwischen Liebenden, ja sogar zwischen Ehegatten sein muß? Er ist unangenehm berührt! Sie aber fordern, daß der Künstler in der Kunst enthülle, worüber die Natur doch einen Schleier geworfen hat – schämen Sie sich!«

Krjakow lächelte.

»In was für einem eleganten Stil Sie das alles sagen«, bemerkte er.

»Ich würde Ihnen gern das gleiche Kompliment machen, doch kann ich es leider nicht ...«

Allgemeines Gelächter hinderte Tscheschnjow am Weitersprechen.

»Sehr komisch, wirklich!« bestätigte Suchow.

Auch der Hausherr war sehr erheitert.

»Ja, das verdanken wir Mitja«, sagte er.

»Den Autor werde ich aber herunterputzen, sobald sein Werk im Druck erscheint!« drohte Krjakow.

»Ja, wenn Sie all das veröffentlichen, was Sie hier bisher gesagt haben, so kann das Werk unseres Autors natürlich dieser Kritik nicht standhalten. Es wäre genau das gleiche, als wenn jetzt ein Gast hier hereinkäme und wir, statt unsere Stühle auseinanderzurücken, um ihm zwischen uns Platz zu machen und ihn freundlich und höflich zu empfangen, plötzlich allesamt mit Geschrei und Vorwürfen über ihn herfielen: Er sei nicht gut genug gekleidet, er sei nicht hübsch und nicht klug genug! Da haben Sie ein Beispiel der neuen Kritik! Und ein neuer Autor ist doch so etwas wie ein neuer Gast in der Literatur. Was sind das bloß für Sitten? Was ist das für eine Kritik?«

»Das nennt man heute critique militante – kämpferische Kritik!« bemerkte der Professor ironisch.

»Ja, richtig! Kritik ist Krieg!« sagte Tscheschnjow. »Doch die einen kämpfen wie die Ritter mit dem Schwert oder mit der Lanze ...«

»Eigentlich eher mit Pulver und Blei«, korrigierte der General.

»Die anderen hingegen ...«

»Mit der Faust! Ja, das kommt vor; und wenn es auch nicht so schmerzhaft ist wie Blei, so werden doch die Schnauzen bis aufs Blut zerschlagen!« fügte Krjakow hinzu und lachte, als die übrigen lachten. »Es kommt übrigens nur selten so weit; meist beschimpft man sich nur«, schloß er.

»Das sind ja auch nicht gerade reizende Aussichten!« sagte Suchow.

»Und Sie, Matwej Iwanowitsch«, rief plötzlich der Hausherr und wandte sich an Skudelnikow, »warum schweigen Sie die ganze Zeit? Warum sagen Sie nichts?«

»Ich wollte schon lange etwas sagen, bloß kam ich ja nicht dazu ...«

»Nun, so sagen Sie es; was ist es denn?«

»Hier hat man vergessen, die Melone und die Ananas aufzuschneiden«, sagte er.

Alles lachte.

»Tatsächlich! Sofort, sofort!« lachte auch der Hausherr. »Aber was reden Sie denn von der Melone – Sie haben ja noch gar nichts zu unserem Roman gesagt.«

»Ich habe mir alles angehört.«

»Nun, so sagen Sie etwas dazu.«

»Ich werde alles sagen.«

»Sprechen Sie – wir hören.«

»Nicht Ihnen, ich werde es dem Autor persönlich sagen.«

»Was werden Sie sagen?«

»Alles, was hier passiert ist und was über seinen Roman gesprochen wurde.«

»Das können Sie doch nicht tun – was wurde hier nicht alles geredet! Er wird gekränkt sein.«

»Sie kennen ihn nicht, und dabei sind Sie doch seine Freunde! Alles werde ich ihm erzählen, was hier passiert ist und gesagt wurde.«

»Alles?«

»Alles. Nicht einmal die Ananas und die Melone werde ich vergessen!«

»Sofort! Das werden wir sofort erledigen ...«

»Es wird keine Zeit mehr dazu sein, sehen Sie, draußen ist bereits heller Tag!«

Alles blickte zu den Fenstern. Der Maimorgen bezwang sogar durch die dichten Vorhänge hindurch den Kerzenschein.

Krjakow erhob sich plötzlich und trat zusammen mit dem Studenten an den Hausherrn heran.

»Leben Sie wohl, ich muß jetzt gehen!« sagte er. »Haben Sie Dank! Es war ein schöner Abend. Ich habe mich sehr gut unterhalten ... Das Essen war vorzüglich und der Wein ebenfalls!«

Alles blickte ihn lächelnd an. Der Hausherr, Suchow und der General waren ebenfalls aufgestanden, die übrigen Gäste saßen noch.

»Wollen Sie nicht noch ein kleines Gläschen zum Abschied trinken?« fragte der Hausherr.

»Mit Vergnügen – auch wenn es ein großes ist!«

Man reichte ihm ein Glas Wein.

»Auf Ihr Wohl! Ich danke Ihnen! Ich bin sehr von Ihnen angetan! Sehr!«

Alles lachte laut.

»Und wir erst von Ihnen!« sagte Suchow. Der Hausherr drückte Krjakow beide Hände.

»Wir haben Ihnen zu danken! Sie haben uns so viel Vergnügen bereitet«, sagte er.

»Tatsächlich? Nun, ich freue mich darüber! Leben auch Sie alle wohl«, sagte er zu seinen übrigen Gesprächspartnern, »ich bin Ihnen nicht böse, meine Herren!«

Allgemeines Gelächter antwortete ihm.

»Il ne manquait que ça! Est il drôle!« hörte man durch das Lachen hindurch vom anderen Ende des Tisches her.

»Wirklich, ich bin nicht böse! Auf niemanden! Nicht einmal auf Sie!« wandte er sich an Krasnoperow. »Und auf Euer Exzellenz ebenfalls nicht!« meinte er zu dem General. »Geben Sie mir Ihre Hand!«

»Sie sind sehr gütig!« sagte der General belustigt und schlug ein.

Krasnoperow schmollte. Wieder erdröhnte lautes Gelächter.

»Was lachen Sie denn?« verwahrte sich Krasnoperow. »Sagen Sie ihnen, daß das unhöflich ist!« wandte er sich an Tscheschnjow. »Sie haben mir eine Lektion in Höflichkeit erteilt – und was tun diese Herren! Sie sollen lachen, wenn ich fort bin!«

Daraufhin verstärkte sich das Gelächter noch.

»Dieu, dieu, dieu, dieu!« wiederholte ein Gast am anderen Ende des Tisches.

»Ich werde Ihnen persönlich meine Aufwartung machen und Ihnen für Ihren Besuch danken!« sagte der Hausherr.

»Sehr gut! Ich werde mich freuen! Ein vorzüglicher Gedanke! Ich erwarte Sie!« erwiderte Krjakow. »Aber weshalb denn Aufwartung und noch dazu mit Danksagung? Kommen Sie doch einfach einmal so zu Besuch! Tun Sie das unbedingt!«

Uranow schwieg und sah ihn verständnislos an.

»Gestatten Sie bitte, daß auch ich mich bald mit Ihnen bekannt mache und Sie um die Ehre Ihres Gegenbesuches bitte!« sagte Suchow. »Ich werde Sie dann zusammen mit Grigori Petrowitsch aufsuchen ...«

»Ich erwarte Sie; jawohl, ich freue mich! ... Und ich möchte Sie alle bitten – Sie sollen mir ganz nach Ihrem Belieben willkommen sein ...«

Alles lachte.

»Ich bin zur Zeit in Pawlowsk!« fügte er hinzu.

»In der Sommerfrische? Wo kann man Sie denn dort finden?« erkundigte sich Suchow lächelnd.

»Er weiß Bescheid!« antwortete Krjakow und wies auf den jungen Uranow. »Kommen Sie mit ihm zusammen! Am besten wäre der Donnerstag, an diesem Tag findet ein Konzert statt ... Tatsächlich!«

»Wo werden wir Sie denn bei dem Konzert finden können?« fragte Uranow lächelnd.

Die übrigen Gäste lächelten ebenfalls.

»Ja, kommen Sie wenigstens zu dem Konzert, und danach zu mir ...«

»Leben Sie wohl, leben Sie wohl, behalten Sie mich in guter Erinnerung!« wiederholte er und ging um den Tisch herum. Tscheschnjow gab er schweigend die Hand und drückte sie kräftig; der erwiderte den Händedruck und sah ihm mit einem gewissen Mitleid nach. »Jetzt sind solche Leute ja recht selten geworden«, bemerkte er leise zu seinem Nachbarn, »das ist einer der letzten Mohikaner!«

»Dieser Herr dort ist, glaube ich, auch einer«, erwiderte der Angeredete leise und wies mit den Augen auf Krasnoperow. Krjakow verabschiedete sich noch immer.

»Et vous, là-bas sans rancune!« sagte er plötzlich und trat an das andere Ende des Tisches, von wo die französischen Sätze gekommen waren.

»Tiens! Il parle correctement!« stellte man dort fest.

Dann blieb er neben der Lilina stehen.

»Leben Sie wohl, meine Dame!« sagte er. »Auch Ihnen bin ich nicht böse; sehen Sie, wie gütig ich bin!« Erneut erklang lautes Gelächter. »Erweisen auch Sie mir Ihre Güte: Geben Sie mir zum Abschied Ihre Hand! Haben Sie keine Angst, ich beiße nicht!«

Alles sah neugierig und lachend zu den beiden hinüber. Die Lilina legte ihre zarte Hand zaghaft und unentschlossen in die seine – jedoch erst, als sie sah, daß seine Hand gepflegt war und aus dem Ärmel Manschetten von tadellosem Weiß hervorlugten.

»Sie sind mir doch nicht böse, nein?« fragte er, während er ihre Hand festhielt.

»Nein, kein bißchen!« sagte sie und sah die Umsitzenden an. »Ich habe mich ebenfalls sehr gut unterhalten.«

»Das ist schön! Was haben Sie doch für eine wunderhübsche Hand: schlank, gleichmäßig und wunderschön ...«

Sie wollte ihre Hand wegziehen, besonders weil alle, ohne sich das Lachen verbeißen zu können, diese Szene beobachteten. Doch Krjakow hielt sie fest.

»Aber sehr weich und drall und verzärtelt ist sie! Ich kenne eine Hand, die hinter der Ihren nicht zurückstände, besonders dann nicht, wenn man ihr ein solches Schmuckstück anlegen würde!« Er wies auf ihr Armband, auf dem ein großer Smaragd von Brillanten eingefaßt war. »Doch jene Hand ist gröber; sie ist nicht verzärtelt, sondern arbeitet mit der Nadel, kocht auch einmal und plagt sich außerdem mit den Kindern!«

»Wem gehört denn diese glückliche Hand, die Ihre Aufmerksamkeit auf sich gezogen hat?« fragte die Lilina durchaus nicht mehr zaghaft, sondern mit koketter Ironie, und setzte hinzu: »Verzeihen Sie die indiskrete Frage!«

»Meiner Frau, jawohl! Es ist ein wunderbares Frauchen!« antwortete Krjakow. »Dennoch haben auch Sie eine wunderschöne Hand!«

Er gab ihr plötzlich einen Schmatz auf die Hand und lief rasch davon, gefolgt von freundlichem Gelächter und den Rufen aller Gäste. Der Student folgte ihm nach draußen, und der Hausherr ging als Begleiter hinterher. Dann ging die Tür wieder auf, und der Hausherr kehrte auf seinen Platz zurück.

»Das ist ja einer! Ah!« klang es von verschiedenen Seiten.

»Mais c'est une horreur! C'est une peste!«

»Erlauben Sie, er ist doch köstlich!« meinte Suchow.

»L'ours mal léché! Oh, quelle horreur!«

»Aber ich glaube, er ist ein gutmütiger Bursche, meinen Sie nicht auch?« sagte der General.

»Und wie klug und gebildet!« setzte der Redakteur hinzu.

»Ein räudiges Schaf!« sagte Krasnoperow. »Der verdirbt die ganze Herde!«

»Ein verirrtes Schaf!« verbesserte der Professor mitleidig.

»Und Sie, Dmitri Iwanowitsch, wie finden Sie ihn?«

»Für mich ist er … ein Rätsel!« erwiderte Tscheschnjow nachdenklich. »Sie kennen ihn ja wohl?« fragte er den Zeitschriftenredakteur.

»Nein, ich habe seinen Namen heute zum ersten Mal gehört«, antwortete der. »Es gibt jetzt so viele, die in den Zeitungen und Journalen schreiben!«

In diesem Augenblick kehrte der junge Uranow zurück und sah die Gäste belustigt an.

»Nun, hast du den Gast hinausbegleitet?« fragte ihn sein Onkel.

»Ja. Wie hat er Ihnen denn gefallen?«

Alle wiederholten ihm ihre Ausrufe.

»Und dann lädt er uns noch dazu zu sich ein?!« sagte Krasnoperow.

»Wer wird denn ein solches Scheusal in irgend so einem Schlupfwinkel auf dem Dachboden besuchen!«

»Ich würde hinfahren – mit ihm!« sagte der Hausherr und wies auf Suchow. »Wenn es in der Stadt wäre. Aber er hat uns ja auch gar nicht im Ernst eingeladen, noch dazu nach Pawlowsk! Mitja, bring ihm doch einfach unsere Visitenkarten.«

»Im Gegenteil, er hat Sie alle ganz ernstlich eingeladen«, sagte der Student mit verschmitztem Lachen. »Sogar Sie!« wandte er sich an Lilina. »Da ist auch die Einladung!«

Er reichte seinem Onkel ein Blatt. Alles spitzte die Ohren und verschlang den Hausherrn förmlich mit den Augen.

»Was ist denn das!« sagte der und las vor:

»Am Donnerstag, dem 12. Mai, wird im Theater von Pawlowsk ein Schauspiel zugunsten der Einwohner der Herzegowina gegeben unter Mitwirkung des Schauspielers der kaiserlichen Theater ...«

Er hatte kaum den Namen des Schauspielers ausgesprochen, als sämtliche Gäste sich von ihren Plätzen erhoben, im Chor »Ach!« riefen und dann in jähem Schweigen erstarrten.

»Das war er! Ist es denn möglich!« flüsterte jemand erschrocken.

»Diable! Diable! Nous sommes joliment attrapés!« murmelte ein anderer vor sich hin.

An diesem allgemeinen Bild ergötzte sich nur ein einziger Zuschauer – der junge Uranow.

Dann löste sich alles in einem allgemeinen, anhaltenden Gelächter auf. »Und wir – ach! Und ich – ach!« entfuhr es unter lautem Lachen bald dem einen, bald dem anderen. Tscheschnjow mußte wie ein Kind über sich selbst lachen. Nur der alte Krasnoperow schwieg mürrisch.

»Was hast du dir da bloß einfallen lassen, Mitja!« sagte Uranow und umarmte seinen Neffen.

»Sie hatten mich ja um Hilfe gebeten, Onkel, es sollte doch lustig werden!« antwortete der junge Uranow.

»Hab Dank! Ich werde mich unbedingt revanchieren!« schloß sein Onkel.

Noch waren die Gäste nicht wieder zur Besinnung gekommen, als ein Diener hereintrat und sagte, der Pförtner wäre heraufgekommen, um etwas Wichtiges zu melden. Der Pförtner lugte bereits durch die Tür in den Saal herein.

»Was ist denn geschehen? Was hast du?« fragte ihn Grigori Petrowitsch. »Komm rein!«

»Es ist wegen des Gastes; dieser, der eben weggegangen ist ...«

»Nun, und?«

Alles wartete mit gespannter Aufmerksamkeit auf die Antwort.

»Als er herunterkam, gab ich ihm seinen Mantel; er aber ging zum Spiegel, schielte nach mir hin und drehte mir so den Rücken zu ... ich hab aber im Spiegel alles gesehen ...«

»Was hast du denn gesehen?«

»Er greift nach seinem Schnurrbart – und in die Tasche mit ihm, greift nach seinem Backenbart – und in die Tasche mit ihm! Ich gucke hin – da ist es auf einmal ein ganz anderer Mensch! Und ohne sich umzusehen, rennt er weg, hin zum Droschkenkutscher und wie der Blitz auf und davon ...«

»Nun, und?«

»Ich bin also heraufgekommen, wollte das melden ... Ein unbekannter Herr, nicht wahr, zum ersten Mal war er hier ... Ich wollte sehen, ob noch alles so ist, wie es war ... und das Silber noch da ist ... Denn man könnte ihn noch kriegen ...«

Als Antwort erscholl ein allgemeines, homerisches Gelächter. Lachend verabschiedeten sich die Gäste von Uranow, lachend gingen sie die Treppe hinunter, lachend zogen sie ihre Mäntel an und lachend fuhren sie davon.

An dem auf diesen Abend folgenden Donnerstag brachte der Abendzug um sieben Uhr alle Gäste, die auf dem Literaturabend bei Uranow gewesen waren – außer Krasnoperow und dem Grafen Pestow –, sowie mehrere andere Personen desselben Kreises, hinaus nach Pawlowsk. Zwei Tage vor der Vorstellung waren bereits keine Plätze mehr zu haben gewesen; die Karten waren zu märchenhaften Preisen verkauft worden.

Wie immer wurde der Schauspieler bei seinem Erscheinen begeistert gefeiert. Er verneigte sich und machte eine besondere Verbeugung nach der Seite hin, wo Uranow, Suchow, der General, der Autor des Romans und die Damen, darunter die Gräfin Sinjawskaja mit ihrer Tochter, die Fürstin und die Komtesse Tezkaja, Lilina und mehrere andre saßen. Das Stück wurde glänzend gespielt, der Applaus nahm kein Ende, die Blumensträuße und Geschenke waren nicht zu zählen. Es gab auch Kränze, Necessaires und Etuis mit verschiedenen Dingen. Allgemeine Aufmerksamkeit rief ein großer, altertümlicher, silberner Pokal hervor, der aus einer Loge durch den Platzanweiser gebracht und überreicht wurde – eine elegante Arbeit.

Es war ebender Pokal, den Uranow bei dem Abendessen seinen Gästen gezeigt hatte.

Der Schauspieler nahm den Pokal in Empfang, erkannte ihn, blickte nach der Loge, von wo er gekommen war – und vermochte sich nicht einmal zu verneigen. Er legte nur seine Hand aufs Herz.

Auf dem Pokal waren die Namen aller bei dem Abendessen Anwesenden eingraviert.

›Dem wahren Helden des Abends am 7. Mai – seine dankbaren Gesprächspartner‹, so stand es auf einem Zettel, der in dem Pokal lag.

Ebendort befand sich auch ein Etui mit einem Armband, das ein großer Smaragd, umgeben von Brillanten, zierte.

›Von einer weiblichen Hand für eine andere, würdigere Hand, die der Gemahlin des berühmten Künstlers. Eine Frau‹, stand mit zierlicher Frauenschrift auf einem beiliegenden Blatt.

Und endlich holte der Schauspieler vom Boden des Pokals noch ein Päckchen regenbogenfarbener Papierrubel hervor. Er zählte sie – es waren fünfhundert. Er brachte sie zur Bank, ließ sich eine Quittung geben, die besagte, daß die oben genannten Personen diese Summe zugunsten ihrer slawischen Brüder gespendet hätten – und sandte die Quittung am nächsten Tag zusammen mit seiner Visitenkarte an Uranow.

Dienstboten vergangener Tage

(Aus meinem häuslichen Archiv)

Statt eines Vorworts: Oft habe ich den Vorwurf beziehungsweise die Frage zu hören bekommen, warum ich, der ich doch in meinen Werken Menschen aller Schichten schildere, mich niemals mit dem Bauern befasse. Warum ich ihn weder als künstlerischen Typ darzustellen noch mich in seine Sitten und Gebräuche sowie die ökonomischen Bedingungen, unter denen er lebt, zu versetzen suche. Man könnte daraus schlußfolgern – und hat das vielleicht auch getan –, daß ich mich absichtlich vom ›Volke‹ fernhielte, es nicht liebte, das heißt nicht ›bemitleidete‹, und nicht mit seinem Schicksal, seinen Mühen, Nöten und Kümmernissen mitfühlte, kurz – mich um das Volk einfach nicht kümmerte. Dies nun sei Widerwillen, Dünkel, Epikureertum und Liebe zum Wohlstand; so hat man jedenfalls meine scheinbare Gleichgültigkeit dem Volk gegenüber zu erklären versucht.

Ich könnte dem vielerlei entgegenhalten, gebe aber jetzt nur eine einzige Antwort, die alle übrigen überflüssig macht, und zwar diese: Ich kenne die Sitten und Bräuche der Bauern nicht, ich kenne das Landleben, die Landwirtschaft, die Details und Bedingungen der bäuerlichen Existenz nicht, und wenn ich etwas darüber weiß, so nur aus den Skizzen und Beschreibungen unserer Schriftsteller. Ich besaß keine Bauern, kein Dorf und kein Stück Land; ich habe nicht gesät und nicht geerntet, und nicht mal auf dem Lande gelebt. Als Kind von neun oder zehn Jahren habe ich einmal zwei Jahre auf dem Dorf verbracht, bin aber natürlich in keinerlei Beziehung zu den Bauern getreten.

Woher sollte ich die Bauern, ihr Leben, ihre Sitten und Bräuche, ihre Sorgen und Kümmernisse kennen, und wie sollte ich eine lebendige (also nicht bloß literarische), persönliche Liebe und Teilnahme für sie empfinden? Das Bewußtsein humanitärer Pflicht dem Nächsten gegenüber lebt zweifellos im Herzen jedes gebildeten Menschen – also auch in meinem –, um so mehr die Pflicht den ›geringsten der Brüder‹ gegenüber.

Von diesem Bewußtsein sage ich mich keineswegs los, sondern bestärke es in mir und beobachte bald mit Kummer, bald mit Freude den je nach den Umständen günstigen oder ungünstigen Gang des Volkslebens. Von diesem Bewußtsein ist es aber noch weit bis zu einer tatsächlichen Beteiligung an diesem Leben, besonders mit der Feder. Es können nur diejenigen die bäuerlichen Typen und Sitten beschreiben, ja künstlerisch darstellen, die unter den Bauern gelebt, sie unmittelbar aus der Nähe beobachtet und nach der Natur abkonterfeit haben: sollen diese also auch Bücher über sie schreiben. Ich habe mein Leben in den Städten zugebracht, vor allem in Moskau, wo ich studierte, dann in einer Gouvernementsstadt meiner Heimat, und lebe nun seit mehr als fünfzig Jahren in Petersburg, von wo ich öfter für einige Monate ins Ausland gehe; zwei Jahre lang habe ich die Welt umsegelt. In das Innere Rußlands bin ich nur selten und jeweils nur für kurze Zeit gekommen.

Das einfache Volk, also die Bauern und Landleute, habe ich nur im Vorüberfahren bei seiner Arbeit gesehen – sei es von einem Eisenbahnwaggon oder vom Deck eines Schiffes aus. Ich sah unsere Bauern schweißüberströmt hinter dem Pflug gehen, ohne Mütze, in Hemd und Bastschuhen; ich sah in Deutschland die Bauern mit einer kurzen Pfeife zwischen den Zähnen pflügen und die Bäuerinnen mit Strohhüten auf dem Kopf das Korn mähen; in Frankreich sah ich sie, in dunkelblaue Blusen gekleidet, auf den Feldern; in England sah ich sie in Plüschjacken säen, ernten und ihre Erzeugnisse in die Städte bringen. Auch sah ich Neger auf den Feldern arbeiten sowie Inder und Chinesen auf den Tee-, Kaffee- und Zuckerplantagen. Auf der Durchreise durch Sibirien habe ich unsere sibirischen Fremdstämmigen, die Jakuten, Burjaten und andere gesehen – all das aber aus der Ferne und nebenbei, während ich auf den Schienen dahineilte, zu Pferde saß oder mich an Bord eines Schiffes befand. Und ich trat in keinerlei Beziehung zu all diesen Menschen, denn ich hatte keine Gelegenheit dazu.

Würde ich die Bauern also darstellen oder beschreiben, so wäre das eine Anmaßung von mir, die augenblicklich meine Unkenntnis aufdecken würde. Warum sollte ich aber einen offenkundigen und unnötigen Mißerfolg heraufbeschwören? Manchmal erreichen mich Vorwürfe wie diese: ›Warum ist er nicht unters Volk gegangen, warum hat er keine Gelegenheit gesucht, sich ihm zu nähern, es kennenzulernen und zu studieren? Epikureertum, Prüderie und sein Hang zum Wohlstand haben ihn wohl daran gehindert ...‹

Was soll ich dazu sagen? Ich habe einige Narodniki gekannt, es waren Dichter und Schriftsteller, die sich dem Volk auch lieber von ferne näherten, während sie in ihrem Arbeitszimmer auf dem Lande saßen, suchten sie die Bauernhütten nur auf, um sich auszuruhen oder vor einem Unwetter in Sicherheit zu bringen, kurz – es waren Herrschaften, die jegliches Zubehör raffinierten Komforts mit sich führten, angesichts dessen sich mein bescheidenes ›Epikureertum‹ wie ein matter Abglanz ausnimmt.

Die Liedersammler, die unters Volk gingen, habe ich – vielleicht versündige ich mich, wenn ich das sage – immer eher eines Hanges zur Wanderschaft an sich verdächtigt. Sie sammelten und notierten, was ihnen über den Weg lief, und drangen manchmal tatsächlich tiefer ins Milieu ein. Natürlich ist das Sammeln von Liedern, Märchen und Sprichwörtern sehr nützlich, und viele haben damit die russische Literatur bereichert. Es sei ihnen dafür gedankt! Man muß aber für ein solches Unterfangen nicht nur Lust und eine gewisse Vorbildung besitzen, sondern auch entsprechende Fähigkeiten. Hat einer aber diese nicht, was soll er dann tun? Trotzdem losgehen?

Während man mir also meine Unkenntnis des Volkslebens und meine scheinbare Gleichgültigkeit dem Volk gegenüber zum Vorwurf macht, stellt man zugleich paradoxerweise fest, daß ich nicht wenig Mühe auf die Darstellung des Hofgesindes und der Dienerschaft verwende.

Das stimmt. Nun könnte ich daraufhin einwenden, daß ja die Dienerschaft, das Hofgesinde, vor allem die ehemaligen Leibeigenen, auch ›Volk‹ sind, daß sie auch zu den ›geringsten der Brüder‹ gehören. Also hätte ich mich eigentlich nur der Teilnahmslosigkeit gegenüber den Bauern, das heißt der Ackerbau und Kleinstproduktion betreibenden Dorfbevölkerung, schuldig gemacht. Das ist richtig, ich weiß überhaupt nichts über sie, wie ich schon sagte; deshalb mache ich mir das auch nicht zur Aufgabe, ich werde etwas, was ich nicht kenne, weder beschreiben noch darstellen.

Etwas anderes ist es mit der Dienerschaft und dem Hofgesinde – letzteres eine Erscheinung, die jetzt ebenso wie die Gutsbesitzer und die Gutshöfe mehr und mehr der Vergangenheit angehört.

Die Diener aber sind geblieben, offensichtlich wird es sie immer oder jedenfalls noch sehr lange geben. Die heutige Gesellschaft ist ohne sie nicht denkbar. Es heißt zwar, in den Vereinigten Staaten sei die dienende Klasse schon fast gänzlich verschwunden, die Demokratie bediene sich eben selbst – jeder sei sein eigener Diener. Doch wird es hier sicher auch zahlreiche Ausnahmen geben. Die Reichen haben Diener, und zwar viele, wie man aus den entsprechenden Beschreibungen ersehen kann. Auch die Handelseinrichtungen und derartiges sowie die diversen Klubs verfügen über Dienerschaft, ferner wimmeln die Restaurants und Hotels von Personal, denn sonst würde die Gesellschaftsmaschinerie nicht mehr funktionieren. Es gibt also auch dort Diener, nur kann einer, der gestern Kellner in einem Lokal war, morgen durch eine Drehung des Glücksrades ein reicher Mann sein, sich ein Haus und eine Equipage kaufen und Personal anstellen, während ein ruinierter Bankier, Fabrikant oder Besitzer großer Ländereien als Arbeiter auf eine Farm gehen muß oder Gehilfe bei einem wohlhabenden Kaufmann wird. Derartiges kam mitunter auch schon in Europa vor.

Bei uns aber gibt es bis jetzt noch Dienerschaft wie Sand am Meer, und zwar nicht nur in den reichen, großen Häusern, nicht nur in der Bourgeoisie und den Haushalten wohlhabender Familien – nein, sogar die Junggesellen und weniger begüterten Leute halten sich einen Diener, einen sogenannten Lakaien, oder wenigstens eine Aufwartefrau.

Ich bin noch zur Zeit der Leibeigenschaft geboren und wurde inmitten der Dienerschaft jener Zeit erzogen. Zu Hause in der Provinz hatten wir zahlreiches Gesinde, dann ging ich nach Petersburg und hatte wie alle meine Standesgenossen stets einen Diener. In den fünfzig Jahren, die ich jetzt hier lebe, bin ich nie ohne Diener ausgekommen, einer löste den anderen ab.

In den großen Häusern bilden die Diener, die Lakaien, la valetaille, eine Art Chor, dem einer von ihnen als Kapellmeister vorsteht. Er ist entweder der älteste von ihnen oder ein in Lohn stehender Haushofmeister. Manchmal ist er schlau und ausgepufft, doch dem Herrn gegenüber gewandt und diensteifrig – immer aber ist er der allmächtige Chef der Lakaienschar. Diese ist gesichtslos, die einzelnen Typen ragen nicht aus der Masse heraus. Der Chef entläßt sie und dingt neue, ganz nach seinem Gutdünken, und ist für alles verantwortlich.

Anders ist es in den kleineren, bescheideneren Haushalten und vor allem bei den Junggesellen. Hier hat man seine Diener ständig vor Augen, der Typ oder die Charaktereigenschaften eines jeden werden erkennbar, und er betätigt sich entweder als Freund oder als Feind des Hauses, je nach seinen Eigenheiten. Überhaupt ist er in gewisser Weise ein Mitglied der Familie und nimmt an den Angelegenheiten und Sorgen, an Freud und Leid des Hauses regen Anteil. Dem Junggesellen wird er sogar unfreiwillig zu einem Lebensgefährten, zum nächsten Zeugen all dessen, was sich bei ihm tut, zum Mitwisser seiner Geheimnisse, wenn er welche hat, und manchmal, wenn der Herr sorglos ist, auch zum Mitbenutzer seiner Geldbörse.

Ich habe hin und wieder auf losen Blättern die charakteristischen Züge, Sitten und Gewohnheiten der bemerkenswertesten meiner Diener notiert – und diese Blätter dann tief in meine Schublade, mein Hausarchiv, geschoben, denn ich hatte nicht die Absicht, etwas daraus zu machen, geschweige denn, sie literarisch auszubeuten. Kamen mir die Blätter unter die Finger, so überflog ich diese Porträts, rief mir die Gesichtszüge der Betreffenden ins Gedächtnis zurück und lachte – obgleich einige Originale dieser Kopien mir seinerzeit nicht wenig Kummer bereitet und mich in kritische, manchmal sogar, wie der Leser sehen wird, hoffnungslose Situationen gebracht haben.

Diese Blätter wuchsen allmählich zu einem ziemlich umfangreichen Packen an. Um ehrlich zu sein, so weiß ich noch nicht, was daraus werden soll; zuerst will ich versuchen, einiges meinen Freunden, ›kompetenten Leuten‹, vorzulesen, und wenn sie ein gewisses Maß an allgemein Interessierendem darin zu entdecken vermögen, so werde ich die charakteristischsten Skizzen auswählen und am Ende wohl drucken lassen, die übrigen aber ins Feuer werfen.

Eine Überarbeitung ist fast gar nicht nötig, weil ich als alter Stubenhocker stets in meinen kleinen Junggesellenwohnungen herumsaß, meine Diener ständig vor Augen hatte und sie also sozusagen direkt nach der Natur gezeichnet habe. Sie flossen fix und fertig aus meiner Feder. Ob diese Skizzen etwas taugen, ob sie jemandes Interesse wecken – das mögen die ›kompetenten Leute‹ entscheiden.

Übrigens geht in unserer literarisch nachsichtigen Zeit vielen vieles leicht von der Hand: vielleicht komme auch ich leichten Kaufs davon.

I
Valentin

Auf Empfehlung eines meiner Freunde stellte sich bei mir ein ziemlich kleiner, schon recht kahlköpfiger Mann mit spärlichem grauen Haar von etwa fünfzig Jahren vor, dessen Äußeres originell, ja komisch wirkte.

Seine kleine, ganz unscheinbare Nase hatte die Farbe und die Größe einer Kirsche, seine hellblauen Augen wiesen keinerlei andere Farbschattierung auf, ein leuchtendes Altmännerrot lag auf seinen Wangen. Meiner Beobachtung nach waren rein hellblaue Augen ein Zeichen für an Dummheit grenzende Naivität, meist eines von purer Dummheit.

Er kam herein, verbeugte sich, scharrte kokett mit einem Fuß, hob ihn dann sofort ein wenig an und preßte ihn an den anderen Fuß. Dann überreichte er mir seinen Paß und das Empfehlungsschreiben meines Freundes. Nachdem ich ihm seine Pflichten bei mir erklärt und den Lohn mit ihm ausgemacht hatte, zeigte ich ihm meine Wohnung, seine Stube, die Kleiderschränke, Wäschekommoden und alles übrige und schlug ihm vor, den Dienst möglichst bald anzutreten.

Bis zum Abend hatte er sich in meiner Wohnung häuslich niedergelassen, und vom nächsten Tag an ging alles seinen gewohnten Gang. Es stellte sich heraus, daß er ein sehr höflicher, ordentlicher und gut ausgebildeter Diener war. Seine rote Nase und die purpurnen Wangen hatten in mir einige Zweifel hinsichtlich seiner Enthaltsamkeit aufkommen lassen – doch meine Befürchtungen bestätigten sich glücklicherweise nicht.

Es vergingen Wochen und Monate, von Trunksucht keine Spur. Er versah seine Obliegenheiten sorgfältig und huschte wie ein Spatz durch meine Zimmer, wobei er mit dem einen Fuß leichter auftrat als mit dem anderen, so daß er damit kaum den Boden zu berühren schien. Ich glaubte erst, sein eines Bein sei kürzer als das andere, doch dann stellte ich fest, daß er das tat, um seinem Gang eine gewisse Grazie zu verleihen. Überhaupt war er eitel; er trug rosafarbene und hellblaue Halstücher, bestickte Vorhemden mit rosa Futter und kleine, bunte Kragen. Stets hatte er Kamm und Spiegel in der Tasche, und oft ertappte ich ihn dabei, wie er in den Spiegel sah und sich mühte, seine dünnen Haarbüschel von Nacken und Schläfen zusammenzukämmen. Ging er an den Spiegeln in meinen Zimmern vorbei, so sah er unbedingt hinein und lächelte manchmal. Im stillen amüsierte ich mich über diese unschuldige Eitelkeit, ließ es mir aber nicht anmerken. Ich unterstützte sie sogar, denn ich gab ihm meine fast noch nagelneuen Halstücher und Handschuhe und versprach ihm all meine abgelegten Kleidungsstücke, die ich übrigens auch schon vorher stets meinen Dienern gegeben hatte.

So gewöhnten wir uns immer mehr aneinander und waren schließlich völlig aufeinander eingespielt. Er verließ das Haus sehr selten, und fast niemals sah ich Besuch bei ihm. Nur zwei-, dreimal bemerkte ich bei meiner Rückkehr irgendwelche unansehnlichen Frauenzimmer, die dann immer rasch verschwanden. »Landsmänninnen«, sagte er, wenn ich ihnen zufällig begegnete.

Kurz, ich war sehr zufrieden mit ihm und dankte meinem Freund mehr als einmal für seine Empfehlung.

Etwas aber hätte ich nie vermutet: daß er nämlich einen Hang zur Literatur hatte. Wenn ich durch sein Zimmer ins Bad ging, so sah ich, daß bei ihm alte, halbzerfledderte Bücher standen, manche noch mit den Resten des Einbands, manche gänzlich ohne Einband, und manche waren überhaupt nur von Alter und Gebrauch vergilbte Blätter. Eines Tages nun erwachte meine Neugier, und ich wollte gerade die Hand ausstrecken, um mir eins der Bücher zu nehmen und anzusehen, als Valentin – so hieß mein Diener – sich rasch zwischen mich und seine Bücher stellte, sichtlich unzufrieden mit meiner Neugier. Ich gab mein Vorhaben auf.

»Was hast du denn da für Bücher auf dem Bord? Und was sind das für Hefte?« fragte ich. »Du dichtest doch nicht etwa?«

»Woher denn!« sagte er und trat beiseite. »Die Bücher habe ich von einem meiner Herren: Sie waren alt, er brauchte sie nicht mehr, da hat er sie mir gegeben.«

Damit schob er sie von mir weg in die Ecke, daß ich sie ja nicht anfaßte.

Ich dachte dann nicht mehr daran. Tagsüber hielt ich mich nicht zu Hause auf, ich kam erst abends zurück, setzte mich an meine Arbeit und so saß ich oft bis vier oder fünf Uhr morgens. Er schlief dann bereits. Ich wußte also nicht, wie er den Tag verbrachte, wen er traf, welche ›Landsmänninnen‹ ihn besuchten und was für Bücher er las.

Das Ganze klärte sich allmählich und rein zufällig auf.

Es gab Tage, an denen ich starken Tatendrang verspürte. An solchen aß ich entweder zu Hause oder in dem Klub gegenüber meiner Wohnung zu Mittag, schlief anschließend, um mich für die Nachtarbeit zu stärken, und schloß mich fast die ganze Nacht ein. Ich saß dann am Schreibtisch, ging zwischendurch in meinem Salon auf und ab und machte mich bald wieder ans Schreiben.

Im Salon konnte man in der nächtlichen Stille hören, was sich im Vorzimmer und hinter der hölzernen Wand, die es vom Dienerzimmer trennte, tat.

Eines Abends, es war noch nicht sehr spät, ging ich nach dem Teetrinken auf und ab und vernahm plötzlich Valentins Stimme. Er sagte irgend etwas. Zuerst achtete ich nicht darauf, ich dachte, er führe Selbstgespräche, was ja eine Gewohnheit mancher Menschen ist, oder er bete. Doch als der Teppich meine Schritte dämpfte, vernahm ich ein gemessenes, getragenes Lesen, fast ein Singen, das sich anhörte, als ob man Verse vortrüge. Ich blieb an der halbgeöffneten Tür stehen und lauschte.

»Es schaute jählings meine Seele,
Was Ewigkeiten nicht geschaut ...«

las er gedehnt, emphatisch und fast schluchzend.

Ich versuchte mich zu erinnern, wer diese Verse geschrieben hatte, und endlich fiel mir ein, daß es eine Romanze von Shukowski war, nur hatte ich ihren Anfang vergessen.

›Valentin liest Gedichte, er kennt Shukowski! Wahrscheinlich auch Puschkin und andere Dichter! Er ist ja ein kultivierter, gebildeter Mensch! Ob er etwa ein Inkognito wahrt?‹ schoß es mir durch den Kopf. Und ich wäre wohl bei der Vermutung geblieben, wären da nicht diese wasserhellen Augen, diese rote Nase, die rosafarbenen Halstücher und die graziösen Schrittchen mit erhobenem Fuß gewesen.

Ich ging vorsichtig ins Vorzimmer, öffnete lautlos die Tür zu seinem Zimmer und blieb stehen. Valentin saß mit dem Rücken zur Tür und hatte wegen seines lauten Sprechens gar nicht gehört, daß ich ins Zimmer gekommen war.

»Ein alter Gruß klang meiner Seele,
Ein Blick erglänzte ihr so traut ...«

deklamierte er gedehnt.

Dann kam wieder:

»Es schaute jählings meine Seele,
Was Ewigkeiten nicht geschaut ...«

Er zog die Worte in die Länge und betonte einige stark. Ich machte einen Schritt auf ihn zu, er sprang auf, geriet ganz durcheinander, nahm geschwind seine Brille ab und wollte das Buch aufs Bord werfen. Doch ich hielt ihn zurück und nahm das Buch in die Hand. Es war ein Bändchen mit Gedichten von Shukowski, bei dem am Anfang und am Schluß einige Seiten fehlten.

»Was hast du eben gelesen?« fragte ich.

»Nun, das da.« Er wies auf das Buch. »Die Werke des Herrn Shukowski.«

»Gefällt es dir?« fragte ich.

»Was sonst – wem gefällt so was nicht!«

»Lies doch bitte noch einmal das, was du zuletzt gelesen hast«, bat ich.

»Wozu denn – Sie wollen mich bloß auslachen!«

»Nein, wo denkst du hin! Im Gegenteil, ich bin sehr froh, daß du dich mit Lesen beschäftigst und nicht so bist wie die anderen ...«

Er wurde merklich zugänglicher, ihm gefiel und schmeichelte meine Bemerkung. Er nahm das Buch und setzte seine Brille auf. Sie hielt sich kaum auf seiner winzigen Nase. Er war ungeheuer komisch – und es kostete mich nicht wenig Mühe, ernst zu bleiben.

»Dasselbe oder von Anfang an?« fragte er.

»Von Anfang an, bitte.«

Und er begann:

»Verfloss'ner Tage holde Minne,
Weshalb« *(hier erhob er die Stimme, er schrie es fast)*
»erstand'st du wieder mir?
Wer« *(und wieder betonte er stark)* »weckte zärtliches
Erinnern

Und längst verstummte Träume hier!
Ein alter Gruß klang meiner Seele« *(an dieser Stelle*
bekam seine Stimme einen feinen, zärtlichen Klang),
»Ein Blick erglänzte ihr so traut,
Es schaute jählings meine Seele,
Was Ewigkeiten nicht geschaut.«

Die letzten Worte sprach er in einem gerührten Singsang und endete fast weinend; seine hellblauen Augen wurden feucht; seine Lippen lächelten süßlich.

Er sah mich an, was ich wohl dazu sagen würde! Ich spürte, wie mich das Lachen übermannen wollte, doch zwang ich mich, ernst zu bleiben.

»Du verstehst das alles?« fragte ich, weil ich wissen wollte, wie er sich Shukowskis abstrakte Begriffe erklärte.

»Verstehen Sie es denn?« fragte er da plötzlich rasch. Lebhaft nahm er seine Brille ab, legte das Buch weg und sah mich durchdringend an.

»Was sonst – natürlich verstehe ich's!« antwortete ich und stutzte.

Er lächelte argwöhnisch.

»Dann verstehen Sie wohl auch das?« fragte er spöttisch, nahm das Buch, setzte seine Brille auf, mühte sich erst mit den Seiten ab und begann dann zu lesen:

»Beständ'ger Gast der Erde ist das Leiden,
Dem unser strenges Schicksal uns geweiht;
Hier wird die Freude uns stets meiden ...«

Ich fuhr auswendig fort:

»Die flücht'ge Gäste sind im Erdenkleid,
Sie bringen Kund' nur im Vorüberschreiten
Vom Wohl, das uns die Ferne hält bereit.«

»Stimmt!« sagte Valentin, der den Text im Buch verfolgt hatte. »Na, verstehen Sie das etwa auch?« wiederholte er spöttisch.

»Natürlich. Was ist denn daran unverständlich?«

»Dann sagen Sie mir doch bitte, was das für ein ›beständ'ger Gast‹

ist und was hier ›streng‹ ist? Und was soll das für ein Wort sein: ›dem geweiht‹ – wem denn? Und dann kommt plötzlich eine ›Freude‹ und was zum ›Meiden‹? Und das wollen Sie alles verstehen? Na wissen Sie, Herr!«

»Ja, verstehst du es denn nicht?« stutzte ich. »Wozu liest du es dann?«

Er wurde einen Augenblick verlegen und zögerte.

»Wenn man alles versteht – dann braucht man's ja nicht zu lesen! Dann ist ja nichts Interessantes dabei!« meinte er. »Manche Wörter versteht man schon, Gott sei Dank! Da steht hier ›Freude‹ und ›Leiden‹ – das versteht man ja. Aber das da, ›flücht'ge Gäste‹ und ›uns geweiht‹ – das soll nun einer begreifen!«

»Halt, warte mal!« sagte ich und nahm ein anderes Buch vom Bord. Er hinderte mich jetzt nicht mehr daran. Die Bücher waren zumeist ohne Einband und die Titelblätter abgerissen. Er hatte auch Kalender, meist geistlichen Inhalts, sowie ein ›allerneuestes‹, indes uraltes, völlig überholtes Gesangbuch – kurz, alles alter Kram. Endlich erblickte ich eine Chrestomatie ohne Titelblatt, anscheinend war sie von Gretsch. Ich suchte nach etwas leicht Faßlichem, geriet an ein Gedicht von Schischkow und begann zu lesen:

»Frühling
Ist's im Sommer auch heiß,
Stört doch im Winter das Eis;
Aber bei Frost und Schnee,
Da schrein wir nicht o weh!
Sind die Nächte länger,
Wir werden doch nicht bänger,
Beim trauten Feuerscheine
Sammeln sich Große und Kleine,
Sie lachen und scherzen
So recht von Herzen.
Ja, man beginnt doch
Das in der Christwoch'
Mit Spiel und Lachen
Und Possenmachen ...« usw.

Ich las das Gedicht bis zum Schluß.

»Nun, wenn du Gedichte liebst, so solltest du so etwas lesen!«

Er hatte mir mit unverhohlener Verachtung zugehört.

»So was versteht doch jedes Kind und jedes Dorfweib!« sagte er und sah weg. »Man liest das durch, begreift's und legt's beiseite: Was ist denn daran Interessantes? Geht es denn um so etwas?«

Er setzte seine Brille auf, griff nach seinem Lieblingsbuch und schwelgte wieder gefühlvoll in seinem Singsang:

»Beständ'ger Gast der Erde ist das Leiden,
Dem unser strenges Schicksal uns geweiht ...«

»Das soll einer verstehen? Was ist das für ein ›Gast‹ – und wem ist dieses ›Schicksal‹ da ›geweiht‹? Können Sie mir das bitte erklären?« setzte er mit erhobener Stimme hinzu.

»Erlaube!« sagte ich herablassend und ergötzte mich im stillen an seiner Begriffsstutzigkeit. »Der ›beständ'ge Gast der Erde‹ – das ist das ›Leiden‹: ihm hat uns auch das ›Schicksal geweiht‹ ... Das ist doch alles klar!«

Er legte das Buch weg und nahm seine Brille ab.

»Sie verstehen wohl auch die Pokalyps?« fragte er bissig.

»Die Apokalypse, willst du sagen«, verbesserte ich ihn.

»Schön, die Pokalypse«, setzte er unzufrieden hinzu.

»Aber natürlich, die verstehe ich«, sagte ich tapfer und war neugierig, was er damit meinte.

Ich hatte noch nicht einmal zu Ende gesprochen, als mein Valentin auch schon in ein heftiges, kreischendes Gelächter ausbrach, wobei er aus Achtung mir gegenüber sein Gesicht beiseite und zur Wand kehrte. »Hihi! Hihi!« kreischte er. Dann wandte er sich rasch zu mir um, blickte mich an und kreischte, sich abwendend, erneut los – vergeblich bemüht, sich aus Achtung vor mir zu beherrschen.

»Was ist denn daran so komisch?« fragte ich und sah ihn, selbst belustigt, an.

»Wie kann man ... Hi ... hi ... hi«, platzte er wieder los. Allmählich beruhigte er sich dann, holte Luft und hustete ein Weilchen. »Entschuldigen Sie, Herr; jawohl, ich kann nicht anders ... Hi, hi, hi!«

»Es gab da bei uns im Dorf einen Diakon, Jeremias«, begann er, nachdem er sich etwas erholt hatte. »Er hieß nicht so, er hieß Vater

Nikita, aber man nannte ihn Jeremias. Er prahlte auch damit, daß er die Pokalyps versteht ...«

»Apokalypse!« verbesserte ich.

»Schön, die Pokalypse«, ergänzte Valentin unwillig. »Einmal bereiste der Bischof das Gouvernement und kam also auch in unser Dorf. Unser Geistlicher wies beim Frühstück nach der Messe auf ebendiesen Nikita und sagte: ›Heiliger Bischof, unser Diakon Nikita prahlt damit, daß er die Pokalyps versteht ...‹«

»Apokalypse!« verbesserte ich.

Valentin runzelte nur die Stirn und nahm meine Berichtigung nicht für voll.

»›Das ist vermessen!‹ sagte der Bischof. Genau das: ›Vermessen!‹ Der Diakon wußte nicht, wo er hin sollte. ›Ich hätte mich am liebsten‹, erzählte er später, ›in der Erde verkrochen. Und die Pastete blieb mir im Halse stecken!‹

›Na schön, Diakon‹, so sprach der Bischof zu ihm, ›dann sag uns doch mal, was die große Hure bedeutet, von der uns der heilige Evangelist Johannes in der Pokalyps berichtet ...‹«

»In der Apokalypse«, verbesserte ich.

»Sie dürfen mich nicht irremachen«, bemerkte Valentin böse, »denn sonst bringe ich die Bischofsrede ganz durcheinander. Ich habe sie nämlich auswendig gelernt – jeder bei uns hat sie damals auswendig gelernt. Ich war Schenkwirt bei den Herrschaften, und man hatte mich zum Bedienen zu diesem Frühstück geschickt; unser Koch hatte es auch zubereitet. Also der Diakon – er hat es nachher selbst erzählt –, der hatte nicht ordentlich durchgekaut, weil er's für ein ganzes Stück hielt, und hatte die ganze Pastetenrinde mit Salm verschluckt. Fast wäre er daran erstickt, er wurde rot wie ein Krebs. ›Nun, sprich, wenn du etwas davon verstehst‹, nötigte ihn der Bischof.

›Die Hure ... heiliger Erzbischof ... das ist ... das ist ...‹ murmelte der Diakon, ›das verkündet der heilige Evangelist Johannes, ist die verbuhlte westliche römisch-katholische Kirche ...‹ Wir hörten alle zu und wagten kaum zu atmen. Ich stand direkt hinter dem Stuhl des Bischofs, hörte gut zu und merkte mir jedes einzelne Wort. Da verstummte der Diakon. ›Und weiter?‹ fragte der Bischof. Aber dem Diakon war die Puste ausgegangen, er schwieg. Jeder schwieg und senkte seine Nase auf den Teller. Der Bischof blickte ihn an, und dann fing er an zu sprechen; er sprach so gewichtig, als stünde er in der Kirche vor dem Altar ...«

»Was hat er denn gesagt?«

»Er sagte: ›Jeremias, kehre vor deiner eigenen Tür!‹ Alles verstummte, und so ging man dann auch nach Tisch auseinander. Und von da an nannten alle Leute im Dorf, auch die einfachsten Bäuerlein, den Diakon Nikita Jeremias, und im Ärger gab man ihm auch den Necknamen Hure. Und Sie wollen mir weismachen, daß Sie die Pokalyps verstehen ... Hihihi!«

»Apokalypse!« verbesserte ich. »Wenn sie der Diakon nicht verstanden hat, so heißt das doch noch lange nicht, daß auch ich sie nicht verstehe ...«

»Genug, Herr, das ist Sünde!« Valentin wurde böse, und zwar ernstlich.

»Der Diakon oder der Geistliche lesen ihr Leben lang kirchliche Bücher – wer sollte sie also verstehen, wenn nicht die Geistlichkeit? Und von denen versteht sie keiner. Nur einen einzigen heiligen Mönch hat es gegeben, der hatte sich ins Kiewer Höhlenkloster zurückgezogen, der hat sie verstanden. Als einziger! Alle wollten es von ihm erfahren, sogar der Metropolit selber hat ihm zugeredet, doch er hat's keinem preisgegeben. Vor seinem Tod hat ihn die ganze Bruderschaft drei Tage lang auf den Knien angefleht, es preiszugeben, er hat's aber nicht getan, und so ist er gestorben. Aber Sie – Sie verstehen es!«

Er kicherte wieder mit abgewandtem Kopf und sah mich dann ehrerbietig und zugleich spöttisch an. Das amüsierte mich sehr. Ich ging in mein Zimmer, wühlte im Schrank, um etwas zu finden, was er verstehen würde, geriet zwischen meinen Büchern an den ›Juri Miloslawski‹ und ›Das bucklige Pferdchen‹ und schenkte ihm das.

»Da, lies das und sag mir, wie es dir gefällt!«

Er freute sich sehr über das Geschenk und versprach, die Bücher zu lesen.

Während er sich die Bücher ansah, nahm ich ein Heft von seinem Bord und las darauf die krakelige Überschrift ›Sinonüme‹. Unter dieser Überschrift standen gleichklingende Wörter, die meisten paarweise, manche auch zu dritt, in der gleichen krakeligen Handschrift – offensichtlich war es die seine. Da standen beispielsweise nebeneinander: ›Emanzipation‹ und ›Konstipation‹, ferner ›Konstitution‹ und ›Prostitution‹, dann ›verderblich‹ und ›unsterblich‹, ›Konzentrat und Kastrat‹ und so weiter ohne Ende.

»Was ist denn das?« fragte ich.

»Das steht doch drauf – Sinonüme!« sagte er.

»Was sind denn ›Synonyme‹, weißt du das?«

»Das sind Wörter, die gleich klingen.«

»Wer hat dir denn das gesagt?«

»Na, der Diakon Jeremias doch – er war gebildet. Als ich dieses Heft da anlegte und dort die unverständlichen, gleichklingenden Wörter aus den Büchern einzutragen begann, da fragte ich ihn, was diese Wörter wohl bedeuten mögen? Und er hat gesagt: ›Es sind Sinonüme, das bedeutet es.‹ Ich habe es so aufgeschrieben und trage dort solche Wörter ein.«

»Das stimmt aber nicht; er hat dir nicht das Richtige gesagt, oder du hast es falsch verstanden«, meinte ich. »Synonyme bedeuten etwas anderes.«

Entschlossen nahm er mir das Heft weg und legte es auf das Bord zurück.

»Bitte schön«, sagte er, »wenn Sie alles besser wissen wollen als die anderen, sogar als der Herr Shukowski selbst – klar, daß Sie da auch die Pokalyps verstehen ...«

»Apokalypse!« verbesserte ich.

»Das ist nichts für unsereinen!«

Er lächelte bissig und sah mich an, als wünschte er, daß ich ginge. Ich lachte und verließ sein Zimmer, er aber schloß böse hinter mir die Tür.

Ich kümmerte mich dann nicht mehr um seine literarischen Beschäftigungen; ich war sogar froh, daß sie ihn nicht von seinen Pflichten ablenkten und zu nichts Schlimmem führten. Nur hin und wieder vernahm ich in der Abendstille sein

›Es schaute jählings meine Seele,
Was Ewigkeiten nicht geschaut.‹

Ein andermal stimmte er plötzlich laut an:

»Götter des Zornes und Hera,
Zu schrecklicher Stund',

Ach sendet einen Sonnenstrahl,
Zerstreut der dräuend' Wolken Zahl.«

Oder ich hörte:

»Plätschern die Wellen des Phlegeton,
Zittert die Wölbung des Tartaros,
Jagen die Pferde des bleichen Pluton
Rasch zu den Nymphen des Pelion
Mit den Göttern vom Hades ...«

»Paß bloß auf, daß du das kapierst!« setzte er einmal spöttisch und lautstark hinzu – das war offenbar auf mich gemünzt; nur ahnte er nicht, daß ich im Nebenzimmer auf und ab ging und alles hörte. »Und da will er auch noch die Pokalyps verstehen!«

»Apokalypse!« verbesserte ich, während ich leise die Tür öffnete.

Er war sichtlich verwirrt.

So las er immer weiter aus der Chrestomatie von Gretsch oder aus etwas anderem, es mußte nur klangvoll und ihm unbegreiflich sein.

Ich konnte mich hier von etwas überzeugen, was ich auch schon früher festgestellt hatte: Der einfache russische Mensch will das, was er liest, keineswegs immer auch verstehen. Ich habe schlichte Leute gesehen, die sich in die Heiligenlegenden in kirchenslawischer Sprache vertieften, bis ihnen die Tränen kamen, wobei sie doch nichts oder – wie mein Valentin – nur ›manche Wörter‹ verstanden. Ich entsinne mich, wie die Matrosen auf dem Schiff ganze Stunden lang reglos zuhörten, als aus einem solchen Buch vorgelesen wurde, und dem Lesenden dabei auf den Mund sahen – nur mußte er klangvoll und mit Gefühl lesen. Die einfachen Leute lieben das Einfache keineswegs ...

Valentin blieb mehrere Jahre bei mir und wäre vielleicht noch viel länger geblieben, wenn ich nicht die Art meines Dienstes und im Zusammenhang damit auch meine Lebensweise geändert hätte. Ich arbeitete nämlich nun den größten Teil des Tages und manchmal auch des Abends zu Hause.

Wie sich herausstellte, erlegte ihm diese Tatsache gewisse Zwänge auf. Ich hatte nie kontrolliert, wie er seine Freizeit verbrachte, jetzt aber wußte ich über all sein Tun und Lassen Bescheid. Seine ›Landsmänninnen‹ konnten ihn, wenn ich zu Hause war, nicht mehr ungeniert besuchen, und er blieb nun öfter allein und langweilte sich. Offenbar waren sie sonst während meiner Abwesenheit häufig gekommen. Es stellte sich allmählich heraus, daß Valentin trotz seiner fünfzig Jahre ein verwegener Don Juan war.

Seine Vorliebe für das schwache Geschlecht hatte ich auch früher schon bemerkt, doch nicht so deutlich. Wenn Damen bei mir zu Gast waren, und besonders, wenn es sich um hübsche, junge handelte, so servierte er Tee und Obst irgendwie übermäßig beflissen; er setzte kokett einen Fuß vor den anderen, machte Kratzfüße, lief, um größer zu wirken, auf Zehenspitzen, blickte im Vorbeigehen in den Spiegel und strich sich verstohlen die Haare aus dem Nacken nach oben. Meine Gäste und ich blinzelten einander zu und bedachten diese Manöver oftmals mit freundlichem Gelächter. Dann wurde Valentin vor Ärger rot und warf uns wütende Blicke zu.

Als ich eines Tages nach Hause kam, war die Wohnungstür verschlossen. Ich ging also wieder hinunter, um den Portier zu fragen, wo Valentin sei. Da bemerkte ich neben dem Wagenschuppen eine Ansammlung von Dienstboten, insbesondere weiblichen. Ich trat näher. Und was sah ich – mein Valentin stand mitten im Schuppen, den Kopf hochgereckt und herausstaffiert mit gelben Nankinghosen, einem schwarzen Samtjackett, einem rosa Halstuch und einer gelben Blume im Knopfloch, und sang:

»In Pokrowskoje, dem Dorfe,
Auf dem Anger, nicht am Rand,
Ja da tanzten, ja da spielten
Schöne Mädchen miteinand' ...«

So ließ er seinen süßlichen Tenor ertönen, wobei er die Augen verdrehte, die Arme weit ausbreitete und mit den Füßen den Takt stampfte.

Alles blickte ihn lachend an, die Mädchen konnten ihr Lachen kaum bezwingen. Er aber sah sie so wonniglich an wie ein Satyr. Ich mußte ebenfalls laut lachen. Als er mich erblickte, wurde er verlegen, genierte sich und stürzte Hals über Kopf vor mir her nach Hause.

»Wie kommst du denn auf die Idee, vor dem Gesinde zu singen?« fragte ich.

»Die Fräuleins haben mich darum gebeten«, sagte er, »ich wollte ihnen eine Freude machen ...«

»Was für Fräulein?«

»Na die doch, die da standen.«

Er meinte die Stubenmädchen.

»Aber sie haben sich doch totgelacht über dich, hast du das denn nicht gemerkt?«

Als ich ihn und seinen ausgesuchten Putz betrachtete, mußte ich von neuem lachen.

»Die haben vor Freude gelacht – Sie aber, Herr, Sie wissen selbst nicht, worüber Sie lachen! Darf sich denn ein Mensch nicht vergnügen – ist denn das verboten?«

»Vergnüge dich, soviel du willst, manchmal ist das sogar nützlich und gesund ... Ich mache dir keinen Vorwurf.«

Ich lachte wieder.

»Worüber lachen Sie denn?« sagte er böse und ging in sein Zimmer.

Er spielte noch öfter den Don Juan, bis man sich schließlich bei mir beschwerte. Eines Tages wurde plötzlich meine ins Vorzimmer führende Tür von einem jungen Mädchen mit zerzaustem Zopf geöffnet, das ein Halstuch in der Hand hielt.

»Was soll denn das, Herr, Ihr Diener läßt einen nicht durch!« rief sie ärgerlich und wies auf Valentin.

»Gehen Sie, gehen Sie!« sagte der eilig und bemühte sich, sie hinauszuschieben. »Das ist häßlich!«

Ich gebot ihm Einhalt.

»Was wollen Sie?« wandte ich mich an das Mädchen.

»Er läßt einen ja nicht durch. Ich wohne mit meiner Gnädigen da oben still und bescheiden, aber der – seit langem schon, wenn er mich auf der Treppe trifft, dann macht er mir gleich ›Kompelmente‹ und lädt mich zu einer Tasse Schokolade ein – als wenn ich etwa zu ihm ginge! Wofür hält er mich denn! Ich bin doch nicht verrückt! Erlauben Sie: das ist eine Beleidigung!«

»Ich finde das aber nicht so schlimm, wenn er Ihnen ›Kompelmente‹ macht«, sagte ich. »Ich habe nicht das Recht, ihm so etwas zu verbieten.«

»Und Sie, mein Fräulein«, hob nun Valentin an, »Sie hätten besser, statt den Herrn zu beunruhigen, erst mit mir gesprochen ...«

»Mit Ihnen werde ich gerade reden!« fiel sie ihm ins Wort und maß ihn von Kopf bis Fuß mit einem spöttisch-verächtlichen Blick.

»Als eine Ehre müßten Sie's ansehen!« ereiferte sich Valentin, der diesen Blick bemerkt hatte.

Ich gebot ihm Schweigen.

»Wie ging es denn weiter?« wandte ich mich an sie.

»Sowie er nur hörte, daß ich die Treppe runterkam«, fuhr sie fort, »kam er gleich mit einem Tablett voller Naschwerk heraus, Apfelsinen, Nüsse und Rosinen, und versperrte mir den Weg. Ich hab ihn gebeten, mich durchzulassen, doch er hat nicht auf mich gehört. Einmal habe ich sein Tablett mit dem Schirm weggestoßen, so daß sein ganzes Naschwerk auf dem Fußboden herumlag, und ihm hab ich gesagt, er soll mich in Ruhe lassen, oder ich würde es seinem Herrn sagen. Er aber kümmerte sich nicht darum, sondern sagte: ›Mein Herr, der bestraft mich nicht!‹ Sowie ich nur auf der Treppe bin, lauert er mir auf, ja, er hat sogar versucht, mich bei der Hand zu nehmen ...«

»Das ist nicht wahr, das ist nicht wahr!« bestritt Valentin heftig, »glauben Sie ihr nicht, Herr, das Fräulein lügt!«

»Sie sind der Lügner hier! Afimja hat's doch gesehen, jawohl, aus der anderen Tür, wie Sie mich bei der Hand gegriffen haben ...«

»Weshalb läßt du sie denn nicht in Ruhe, wo sie von deinen Artigkeiten nun einmal nichts wissen will?« sagte ich zu Valentin.

»Ich benehme mich stets wohlerzogen und diskret«, verteidigte er sich. »Und Sie, Herr, Sie müßten als guter Hausherr die Fräuleins beim Schlafittchen nehmen und hinauswerfen, statt sich ihre Lügen anzuhören!«

»Sie lügen, nicht ich!« fiel sie ihm ins Wort.

»Das sind nicht Ihre Angelegenheiten, sondern meine!« wandte sich Valentin wieder an mich. »Ich versehe meinen Dienst bei Ihnen, wie es sich gehört. Ich trinke nicht, ich treibe mich nicht herum, ich bin stets um das Wohl meines Herrn besorgt ...«

»Es stimmt, deine Amouren gehen mich nichts an. Doch weshalb kommen mir Klagen zu Ohren?«

»Worüber beklagen Sie sich denn diesmal?« fragte ich das Mädchen.

»Jetzt eben, als ich an Ihrer Tür vorbei über die Treppe ging, lauerte er mir auf – und griff nach mir, wollte mir um den Hals fallen ...

Aber ich bin nicht so eine: ich hab das nicht zugelassen, bin zurückgewichen. – Da sehen Sie: Mein Zopf ist aufgegangen und mein Halstuch heruntergerissen ... Verbieten Sie ihm doch, solchen Unfug zu treiben! Ich lebe ganz bescheiden, jeder im Haus hier und alle meine Bekannten kennen mich als anständiges, ordentliches Mädchen. Man könnte ja denken, daß ich mir seine ›Kompelmente‹ mit Absicht anhöre ...«

»Hör mal, Valentin, das stimmt, was das ›Fräulein‹ da sagt! Sie ist bescheiden, sie wahrt ihre Reputation und will nicht, daß man sie kompromittiert ...« wollte ich gerade loslegen, doch dann hielt ich ein, weil mir sein Heft mit den ›Sinonümen‹ einfiel – die Worte ›Reputation‹ und ›kompromittieren‹ würden als gelehrte und ihm unverständliche Ausdrücke bestimmt dort hineingeraten. »Sie ist bescheiden, hält auf sich und wahrt ihren guten Ruf – laß sie also in Ruhe!« setzte ich meine Ansprache in neuer Formulierung fort.

Ich beruhigte das Mädchen, so gut ich konnte. Sie bedankte sich bei mir, entschuldigte sich für die ›Störung‹ und fügte hinzu, daß auch ihre Herrin ihr geraten hätte, sich an mich zu wenden. Dann griff sie nach der Türklinke und warf Valentin noch einen spöttischen, giftigen Blick zu.

»Was gibt's da zu lachen!« fauchte er sie an. »Solche Nichtsnutze wie Sie sollten froh sein, wenn so ein Kavalier sich wohlerzogen und diskret mit ihnen abgibt!« Er stellte sich auf die Zehenspitzen und strich sich sein spärliches Haar vom Nacken zum Scheitel empor ...

Bei den Worten ›so ein Kavalier‹ brach das Mädchen in unbändiges, kreischendes Lachen aus und stürzte hinaus. Er warf die Tür hinter ihr ins Schloß.

Auch ich hielt es nicht länger aus und mußte Tränen lachen. Er wurde widerborstig wie ein wildes Tier, sah mich böse an und wollte etwas sagen, beherrschte sich jedoch und verschwand türenschlagend in seiner Kammer hinter dem Verschlag.

Alles ging wieder seinen normalen Gang. Offensichtlich ließ Valentin das Mädchen von oben in Ruhe, es kamen keine Klagen mehr, und ich vergaß das Ganze. Mir fiel nur auf, daß mein Valentin oftmals verschwand, wenn ich vormittags zu Hause war – ich mußte dann aus dem Fenster nach dem Hausmeister rufen, damit er ihn suchte. Die ›Landsmänninnen‹ erschienen, wenn ich da war, auch nicht mehr.

Doch eines Tages, etwa sechs Wochen später – Valentin war irgendwohin gegangen – erschien der Hausmeister bei mir und übergab mir einen kurzen Brief.

»Von wem ist der?« fragte ich.

»Von der Mieterin von gegenüber; sie ist die Inhaberin der Waschanstalt.«

»Ist dieser Brief für mich? Ich kenne diese Mieterin gar nicht – was will sie denn?«

»Weiß ich nicht. Sie hat mir befohlen, es Ihnen persönlich zu geben, aber ja nicht, so hat sie gesagt, dem Diener.«

Ich nahm den Brief entgegen. Er war nicht versiegelt.

›Sehr geehrter Herr‹, las ich, ›Ihr Diener ist der niederträchtigste Mensch: Ständig treibt er sich vor unseren Fenstern herum und kokettiert mit meinen Angestellten, stört sie und begeht verschiedene Niederträchtigkeiten. Dieses Briefchen da hat er meiner Lisa gegeben – wenn Sie es bitte lesen wollen. Wir bitten Sie, ihn zu bremsen. Wenn er nicht aufhört zu kokettieren, unter den Fenstern herumzustreichen und Briefchen hereinzuschmeißen – dann werde ich persönlich kommen und ihm das *ganze* Gesicht verbleuen.

Hochachtungsvoll
Anna Prochorowa
Wäscherei-Besitzerin.‹

Unter den Worten ›ihm das *ganze* Gesicht verbleuen‹ stand eine andere, durchgestrichene Fassung: ›ihm seine dreckige Fresse verbleuen‹. Offensichtlich war ihr dieser Ausdruck mir gegenüber zu grob erschienen und sie hatte ihn aus Höflichkeit gemildert. Dem Brief lag ein Stück Papier bei, auf dem offenbar von Valentins Hand geschrieben stand: ›O liebliches Geschöpfchen, verzeih mir armem Tröpfchen, Lieselein, Täubchen, Engel, ein Busserl, ein Busserl für dich. Mein Seraphim, komm in den zweiten Hof unters Tor. Ich werde dir Süßigkeiten mitbringen und viele kleine Geschenke, Busserl! Busserl!‹

Valentin kam herein.

»Hast du also wieder Liebschaften angezettelt?« sagte ich zu ihm.

»Aber Herr, was denn für Liebschaften?«

»Sieh dir doch an, was man mir für Briefe schreibt.«

Ich las ihm den Brief der Wäschereibesitzerin vor und zeigte ihm den Zettel.

Er wurde rot, fast puterrot, vor Verlegenheit und Ärger und wollte mir den Brief entreißen. Ich gab ihn nicht her.

»Sieh einer an, du alter Schwerenöter«, scherzte ich, »du hast dich ja gar nicht gebessert! Paß auf, du kannst was erleben!«

»Das geht Sie nichts an!« unterbrach er mich ziemlich grob. »Aber dieses Pack – denn sie ist eine Bäuerin – sollte man wenigstens auspeitschen! Geben Sie mir bitte mein Briefchen!«

Ich gab es ihm.

»Mit denen werde ich abrechnen«, knurrte er böse. »Ich werde es ihnen zeigen – von wegen ›Gesicht verbleuen‹! Alle Zöpfe werde ich ihnen herausreißen! Zerquetschen werde ich sie!« schrie er wütend. »Sie sollten es für eine Ehre halten, wenn ich mich mit ihnen abgebe!« Er reckte sich, bis er auf den Zehenspitzen stand und strich sich ärgerlich die Haare vom Nacken zum Scheitel hin.

»Hör zu, mach, was du willst«, sagte ich, »ich kümmere mich nicht um deine Liebschaften, doch ich sage dir noch einmal: Richte es so ein, daß ich keine Klagen zu hören bekomme und daß keine ›Zöpfe ausgerissen‹ werden. Wenn es einen Skandal geben sollte – ich werde nicht zu dir halten.«

»Gut, das mach ich«, sagte er giftig, »die werden zufrieden sein! Wenn sie, diese Prochorowa da, sich nicht an Sie gewandt, sondern alles anständig und diskret mit mir besprochen hätte – dann würde ich auch gar nichts unternehmen, würde es lassen! Aber weil sie sich an Sie herangemacht hat und mir noch dazu droht, so hilft es nichts, das wird ihr nicht bekommen! Ich werde es ihr schon geben, jawohl, das werde ich! Machen Sie sich nur keine Gedanken, Herr, die werden sich nicht mehr beklagen. Ich werd's ihnen zeigen, diesem Pack: die sollen sich vor mir hüten!« knurrte er und ging fäusteschüttelnd in sein Zimmer.

Daß Valentin sich als Don Juan aufspielte, brachte weder ihm noch mir Gutes. Er erlitt eine Niederlage, und ich verlor in ihm einen ehrlichen und eifrigen, wenn auch komischen Diener.

Vier Wochen nach diesem Brief kam ich eines Abends nach Hause und klingelte an meiner Tür. Gegen seine Gewohnheit öffnete Valentin mir nur langsam, nahm mir nicht den Mantel ab und verschwand augenblicklich wieder in seinem Zimmer. Ich sah nach ihm. Er lag auf dem Bett.

»Was hast du – bist du krank?« fragte ich erschrocken.

»Nein, nein, ich liege nur ein wenig und ruhe mich aus ... Ich habe ein bißchen Kopfweh.«

Neben ihm stand eine Karaffe mit Wasser, und es roch nach Essig.

»Sag mal, was soll denn das?« fragte ich.

»Regen Sie sich nicht auf ... Lassen Sie mich bitte liegen, ich habe mich gestoßen, ich ruhe mich nur etwas aus, es wird schon vorbeigehen ...«

»Wo hast du dich denn gestoßen? Ich werde einen Arzt rufen.«

»Um Gottes willen, ich brauche nichts: Morgen bin ich wieder in Ordnung ...«

Ich gab mich damit nicht zufrieden, sondern ging hinunter auf den Hof, wo ich erfuhr, was mit Valentin passiert war. Die Hausknechte erzählten mir, daß er sich in der Dämmerung doch aufgemacht hätte, um mit Lisa, der hübschen Wäscherin, zu ›kokettieren‹, und sie auf den zweiten Hof hinausgerufen hätte. Die Wäschereibesitzerin hatte das bemerkt und ihre Drohung offenbar mit Hilfe eines Nebenbuhlers von Valentin – anscheinend Lisas Bräutigam – wahrgemacht; und wenn sie ihm auch nicht ›das ganze Gesicht verbleut‹ hatte, so hatte sie es ihm doch gehörig zerkratzt. Der Nebenbuhler war ebenfalls über Valentin hergefallen, hatte geschimpft, ihm die Mütze vom Kopf geschlagen und ihn am Kragen packen wollen. Valentin hatte den Angriff mutig abgewehrt, sich nicht fangen lassen und laut geschrien.

Die Hausknechte hatten sich bemüht, sie auseinanderzubringen. Mit einem Wort: Es hatte einen gehörigen Auftritt gegeben.

Endlich hatte man sie getrennt. Valentin, zerrupft, mit zerrissener Kleidung und zerkratztem Gesicht, hatte sich unter allgemeinem Gelächter des Gesindes nach Hause zurückgezogen.

Am nächsten Morgen brachte er mir wie gewöhnlich meinen Tee. Seine Wangen und seine Nase waren ganz bleich geworden, auf einer Wange und auf der Stirn hatte er eine Schramme, und seine eingefallenen Augen blickten trübe.

»Was war denn gestern abend los?« fragte ich.

»Bitte geben Sie mir meinen Lohn und meinen Paß«, lautete die leise Antwort.

»Was fällt dir ein! Erzähl doch endlich, was das soll ...«

»Geben Sie mir bitte meinen Paß«, wiederholte er stur. »Ich hole mir gleich einen Kutscher und ziehe aus.«

»Die Hofknechte haben erzählt, es hätte einen Auftritt mit dir gegeben. Erzähle!«

»Da gibt's nichts zu erzählen – das ist meine Angelegenheit. Aber in diesem Räubernest werde ich keinen Tag länger bleiben ... Zu guter Letzt wird man mich noch ermorden! Geben Sie mir bitte meinen Paß und meinen Lohn.«

»Ist das dein Ernst?«

»Ja, mein Ernst«, sagte er niedergeschlagen.

»Aber ich habe das Recht, dich noch drei Tage hierzubehalten, solange, bis ich einen Ersatz gefunden habe – du kannst mich doch nicht einfach im Stich lassen!«

»Das habe ich schon erledigt; während Sie schliefen, bin ich zu einem Bekannten gegangen, er ist auch Diener. Er wird gleich kommen und hierbleiben, bis Sie einen anderen gefunden haben. Tun Sie mir bitte den Gefallen und lassen Sie mich gleich gehen.«

Als er diese Bitte äußerte, standen ihm beinahe Tränen in den Augen. Mit echtem Bedauern erklärte ich mich einverstanden und gab Valentin, als der andere Diener gekommen war, seinen Paß; dem Lohn fügte ich noch eine Gratifikation hinzu. Er küßte mich auf die Schulter und brach in Tränen aus.

»Überleg es dir doch noch ... Vielleicht läßt sich's umgehen, ich werde nach nichts fragen! Du bist ein so ordentlicher und ehrlicher Diener! Es tut mir leid, daß wir uns trennen, jawohl!« versuchte ich ihn umzustimmen. »Diese Geschichte wird in Vergessenheit geraten. Du hast eine gehörige Lektion erhalten und wirst den Weibern wohl kaum noch nachsteigen ...«

»Wie sollte ich nicht! Ich werde ihnen immer nachsteigen. Bloß solchem Pack wie dem hier nicht mehr. Ich werde mir was nach meinem Geschmack aussuchen, wohlerzogen und diskret.«

»Überleg es dir«, hielt ich ihn auf, »das hier kommt wieder in Ordnung ... Du tust mir leid!«

»Ich danke untertänigst – nein, nein, ich gehe!«

Er war so verstimmt, daß ich ihn nicht länger zurückzuhalten suchte. Er packte rasch seine Habseligkeiten zusammen und fuhr davon. Noch lange Zeit später vermeinte ich des Abends öfter zu vernehmen:

›Es schaute jählings meine Seele,
Was Ewigkeiten nicht geschaut ...‹

II
Anton

Der Diener, der Valentin bei mir vorübergehend vertrat, erklärte mir nach drei Tagen, daß er nicht lange bleiben könne, weil sein Herr aus der Sommerfrische zurückkäme und er dort seinen Dienst wieder antreten müsse. Er versprach, mir einen anderen Diener zu schicken, einen Freigelassenen, der erst kürzlich vom Lande hierher gekommen war.

»Aber was ist er denn für ein Mensch? Hier kennt ihn ja keiner – wie soll ich ihn ohne Empfehlung nehmen?« äußerte ich meine Zweifel.

»Er hat in einer freien Wohnung ein Eckchen gemietet, bis er eine Stelle bekommt; dort findet man ihn sehr nett, es heißt, er sei friedlich und unverdorben, eben dörflich. Man sieht es ihm an. Er heißt Anton.«

»Nun gut!«

Gleich am nächsten Tag schickte er mir einen Burschen von kolossaler Statur, einen dunklen Typ von vielleicht fünfundvierzig Jahren mit zerzaustem Kopf, langen, kräftigen, gesunden Armen und ebenso gesunden, starken Beinen. Er trug einen weiten, plumpen, langen Rock, der offensichtlich nicht für ihn geschneidert worden war. Er stand wie angewurzelt an der Tür und sah mich unterwürfig, fast ängstlich an; sein Blick wirkte stumpfsinnig und apathisch; kein Schimmer, kein Strahl von Licht, ja nicht einmal ein Fünkchen blitzte darin auf.

»Du heißt Anton und kommst vom Dorf?« fragte ich, während ich seine Papiere betrachtete.

»So ist es«, gab er leise mit unterwürfiger Stimme zur Antwort, »ich hab bei den Herrschaften gedient, jetzt bin ich auf Zins entlassen.«

»Was für eine Art Dienst hast du denn da verrichtet?«

»Bei Tisch hab ich bedient; und ich bin mitgefahren, wenn die Herrschaften auf Besuch fuhren oder zur Jagd.«

»Du bist also ein guter Schütze?«

»Nicht die Spur. Das Wild haben andere bei uns geschossen, die sich auch um die Hunde gekümmert haben; ich war mehr für die Wölfe zuständig ...«

»Wölfe! Ja, hat es denn bei euch so viele gegeben?«

»Entsetzlich viele gab's in unserem Kreis! Es ist da alles Wald, und da haben sie sich so vermehrt; viel Vieh haben sie gerissen! Der Herr hat drei von uns losgeschickt, alles solche Kräftigen wie mich«, er warf einen flüchtigen Blick auf seine Arme und bewegte leicht seine Fäuste, »dazu noch fünf Bauern, auch so kräftige – eben gegen diese Wölfe ...«

»Ihr wurdet doch aber mit Gewehren losgeschickt und nicht mit bloßen Fäusten?«

»Nicht die Spur – mit einem Knüttel.«

»Mit einem Knüttel gegen Wölfe?!«

»So ist es. Sobald die Nachricht kam, daß Wölfe in unsere Wälder eingefallen sind, wurden wir mit Jagdnetzen losgeschickt. Wir fünf Leute breiteten das Netz aus und warteten. Von der anderen Seite haben sie Männer mit Rasseln und Pfeifen aufgescheucht, und die Wölfe stürzten sich wie die Verrückten in die Netze und verfingen sich darin. Da nahmen wir sie dann unter unsere Knüttel ... das ging so ...«

Er streckte seinen balkendicken Arm aus und schwang ihn. Tatsächlich, ein wahrer Ilja Muromez! Wen der schlägt, der ist hinüber.

›Nun‹, dachte ich, ›solange er nicht mich unter seinen Knüttel nimmt, werde ich einen zuverlässigen Leibwächter und Haushüter an ihm haben – der wird mit einer ganzen Diebesbande fertig, ohne Schaden zu nehmen.‹

»Wie ging das mit den Wölfen weiter – habt ihr sie da an Ort und Stelle erschlagen?« erkundigte ich mich.

»So ist es. Man muß genau auf den Kopf zielen, denn wenn man etwas anderes trifft, dann sind sie nicht sofort betäubt und spielen verrückt – im Handumdrehen zerreißen sie das Netz.«

»Und kamen viele auf dein Konto?«

»Ja. Bis fünfzig habe ich mitgezählt, dann hab ich den Überblick verloren.«

»Schön, bleib also bei mir. Und wenn sich hier Wölfe einnisten, dann wirst du sie ... wunderbar ...«

»Was gibt's denn hier für Wölfe!« bemerkte er einfältig und wollte lächeln – es kam aber kein Lächeln zustande.

»Das ist eine andere Art von Wölfen«, sagte ich, »die hiesigen Wölfe schleichen sich auf den Hausböden ein und dringen in Kommoden, Schränke und Taschen ...«

Ich behielt ihn also, und er begann wie eine Maschine seine nicht sehr komplizierte Arbeit bei mir zu verrichten. Ungeachtet seiner Hünenhaftigkeit und seiner riesigen Füße bewegte er sich leise und trat weich auf, vorsichtig wie ein Kater oder meinetwegen wie ein Wolf... Lautlos räumte er, während ich schlief, die Zimmer auf und trug Brennholz herbei, das er wie ein kleines Kind an seine Brust drückte. Er legte jedes Scheit, als wär's ein Federchen, am Ofen ab, wie wenn eine Mutter ihr Kind in die Wiege bettet: niemals klapperte bei ihm ein Holzscheit. Von allein redete er nie, und meine Fragen beantwortete er stets leise und schüchtern.

›Ob da nicht doch etwas dahintersteckt – aber was?‹ fragte ich mich besorgt und beobachtete, wie er still und schattengleich durch die Zimmer glitt.

»Trinkst du eigentlich, Anton?« fragte ich ihn eines Tages nett und freundlich.

Er schwieg ein Weilchen.

»Heutzutage – da trinkt ja auch ein Huhn«, gab er dann ausweichend zur Antwort.

»Ja, wenn nur das getrunken würde, was ein Huhn trinkt ...«

Ich sprach nicht weiter, weil er unter dem Vorwand, eine Bürste holen zu müssen, leise in die Diele und von da in seine Kammer entwischte.

Es vergingen Wochen und Monate, ich bemerkte nichts Auffälliges an ihm – und ich freute mich im stillen, einen so ruhigen und ordentlichen Diener bekommen zu haben.

Manchmal bemerkte ich gewisse Abweichungen vom Herkömmlichen, etwas, was besonders bei den Leibeigenen des herrschaftlichen Gesindes üblich ist. Ich aß zu Hause nicht zu Mittag, doch frühstückte ich mitunter hier, das heißt, ich trank meinen Tee und aß etwas dazu: Käse, Kaviar oder derartiges. Und ich pflegte am andern Tag, wenn Anton mir morgens meinen Tee brachte, um den Käse oder Kaviar vom Vortag zu bitten.

»Sofort«, sagte er dann und ging zur Anrichte. Wenn er wiederkam, sagte er leise: »Es ist kein Käse mehr da ...«

»Wo ist er denn hin? Gestern ist doch ein großes Stück übriggeblieben.«

»Ich ... hab ihn mir genommen ...« antwortete er dann beschämt und mit niedergeschlagenen Augen.

Genauso ging es ein andermal mit dem Kaviar, mit den Sardinen, mit dem kalten Fleisch. Fragte ich danach, so ging er immer zuerst nachsehen und sagte dann leise: »Hab's genommen ...«

Ich dachte nicht daran, ihn auf das Unschickliche einer solchen Aneignung hinzuweisen, denn ich glaubte, er müsse aufgrund seiner schmalen Kost in einem kleinen Laden oder einer benachbarten Garküche seinen Tisch mit meinem Zubrot vervollständigen – und schwieg deshalb dazu. Ich war gern bereit, diese Bissen mit ihm zu teilen.

Doch eines Tages waren vom Abendtee Konfitüre, Obst und Gebäck übriggeblieben. Am nächsten Abend fiel es mir wieder ein und ich bat Anton, mir etwas davon zum Tee zu bringen. Er ging wie üblich zur Anrichte, klapperte dort mit dem Geschirr und brachte mir dann zwei Stücklein vom Gebäck und ein Glas, auf dessen Grund kaum ein Teelöffel voll Konfitüre zurückgeblieben war.

»Das Glas habe ich doch erst gestern angefangen, und von dem Gebäck war noch ein ganzes Tablett voll da!« bemerkte ich. »Wo ist denn das alles hingekommen?«

Anton verharrte in unschlüssigem Schweigen.

»Hab's genommen ...« flüsterte er dann kaum hörbar.

Es war mir nach wie vor peinlich, ihn zur Rede zu stellen, und so ließ ich mir eine andere Maßnahme einfallen. Wenn ich etwas aufgehoben haben wollte, so sagte ich von nun an zu ihm: »Das da laß mir übrig, das nimm nicht!«

Darauf antwortete er niemals – und ›nahm‹ das Bezeichnete nie. Wenn ich aber etwas nicht unbedingt aufgehoben haben wollte, so sagte ich zu ihm: »Das kannst du nehmen, wenn du willst!«

»Zu Befehl«, sagte er und ›nahm‹ es. Auf diese Weise kam nun auch auf dem Gebiet des Essens eine gewisse Ordnung zustande.

Einige Monate vergingen, und es war alles in schönster Ordnung. Die Stille in meiner Wohnung schien unzerstörbar. Anton verließ das Haus nur selten, vielleicht alle zwei Wochen einmal. Tagsüber sah ich ihn kaum, abends half er mir beim Entkleiden und verschwand dann in seiner Kammer – bis zum nächsten Morgen bekam ich ihn nicht wieder zu Gesicht und wußte also nicht, was er tat. Ob er sich langweilte oder nicht, ob er irgendwen besuchen ging oder nicht – ich wußte es nicht und war sehr zufrieden. Doch ›laß fahren jede Hoffnung auf dauerhaftes Glück!‹, so verkündet ein bekanntes Lied die unerbittliche Wahrheit.

Eines Winterabends, wenn ich mich recht erinnere, war es im Dezember, kam ich gegen sieben Uhr nach Hause und setzte mich an eine eilige Arbeit. Ich befahl Anton, mir um zehn meinen Tee zu servieren.

Lange saß ich über einem Brief; es wurde Viertel elf, und Anton war noch nicht mit dem Tee erschienen. Währenddessen vernahm ich von der Diele her ein Geräusch, es klang wie ein leises Schreiten. Er schlief also offensichtlich nicht. Ich klingelte, doch ohne Ergebnis. Fünf Minuten später klingelte ich wieder, und dann nochmals und nochmals.

Endlich wurde leise die Tür geöffnet, und herein kam oder besser zwängte sich ein mir völlig unbekannter Mensch – er kam nicht ganz herein, sondern schob nur Kopf und Schultern durch die Tür.

»Was befehlen Sie?« fragte er ehrerbietig.

»Wieso? Den Tee! Wo ist Anton? Wieso kommt er nicht?«

»Sofort!« lautete die Antwort, und Kopf und Schultern verschwanden.

Ich glaubte, Anton wäre in die Küche oder auf die Treppe hinausgegangen, um dort den Samowar anzuheizen, und der Mann, der da hereingeschaut hatte, wäre ein Bekannter, ein Besuch von ihm. Also vertiefte ich mich wieder in meine Schreiberei.

Es verging etwa eine halbe Stunde – nichts rührte sich. Ich klingelte nun aus Leibeskräften. Wieder ging nach einer gewissen Weile die Tür einen Spalt weit auf, und es erschienen der große Kopf und die Schultern eines fremden Menschen, es war aber wieder ein ganz anderer als der, der zuvor hereingeschaut hatte. Dieser hier stellte wieder die Frage:

»Was wünschen Sie?«

»Was ist mit meinem Tee? Wo ist Anton?« wiederholte ich ungeduldig.

»Sofort!« sagte der Kopf und verschwand.

Als nach zehn weiteren Minuten weder der Tee noch Anton erschienen waren, begab ich mich raschen Schrittes in die Diele hinaus, um zu sehen, was denn los sei – und erstarrte.

Antons enges Zimmer war vollgestopft mit Leuten; es waren ihrer etwa sechs. Sie saßen auf den beiden Stühlen, auf dem Schemel, auf der Bank, einer machte sich auf dem Tischrand breit, zwei hatten sich auf die Kante von Antons Bett gequetscht – es waren die beiden, die bei mir hereingeschaut hatten. Auf dem Tisch standen Flaschen mit Schnaps und anderen Getränken, Teller mit Piroggen, Schinken, Wurst, Gurken und ähnlichen Speisen. Auch Äpfel und Weintrauben lagen da.

Anton selbst lag in seiner ganzen gigantischen Länge rücklings auf dem Bett; er war besinnungslos, seine Füße baumelten auf den Boden herab, Augen und Mund standen offen. Man sah nur die Augäpfel, die Pupillen waren ganz nach oben verdreht.

»Na! Du hast aber tüchtig ›einen zur Brust genommen‹!« stieß ich hervor, ohne es eigentlich zu wollen. »Ach, du Leisetreter! Was ist das hier, eine Kneipe, oder wie?« wandte ich mich wütend an die ganze Kumpanei. »Wer seid ihr denn überhaupt? Warum seid ihr scharenweise hierhergekommen?«

»Anton Tichonytsch hat heute Namenstag!« sagte einer mit trunkener, süßlicher Stimme. »Wir sind gekommen ... zum Gratulieren ...«

»Die Piroggen ... die Piroggen ... die haben wir mitgebracht!« wollte ein anderer mit fester Stimme sagen, doch gelang es ihm nicht.

Ein dritter wies auf die Süßigkeiten, die Äpfel, die Rosinen, und tippte sich schweigend auf die Brust, was wohl heißen sollte: ›Das da hab ich mitgebracht.‹

»Verschwindet! Los, verschwindet!«

Ich wies ihnen die Tür.

»Ge...statten ... Sie ... wir ...« strengte sich der eine an, »wir ... kamen ... nicht ... um ...«

Ich machte ihnen ein Zeichen, daß sie verschwinden sollten.

Sie ergriffen ihre Mützen und drängten einander schubsend alle gleichzeitig durch die Tür. Auf der Treppe polterten sie mit ihren Stiefeln wie mit Steinen, obgleich sie sich bemühten, auf den Zehenspitzen zu gehen.

»Schickt mir den Hausmeister herauf, und zwar schnell!« rief ich dem einen nach, der etwas zurückgeblieben war.

Der Hausmeister erschien. Ich zeigte ihm Anton, der immer noch auf dem Rücken lag mit weißen, weit aufgerissenen Augen, offenem Mund und ohne Besinnung.

»Sieh dir das an – bring ihn bitte irgendwie wieder zu sich!«

»Er hat heute Namenstag«, sagte der Hausmeister. »Deshalb hat er sich einen Rausch angetrunken. Dem Akim und mir hat er auch was gebracht. Morgens ist er zur Frühmesse gegangen.«

»Leg ihn so hin, wie sich's gehört«, sagte ich, »ich werde dir morgen ein Trinkgeld geben.«

»Wie soll ich das machen, Herr! Einer allein wird mit dem nicht fertig, der ist doch bald einen Sashen lang – ich geh und hol Akim.«

Der Hausmeister brachte also seinen Kameraden mit. Zu zweit machten sie sich daran, das ›Namenstagskind‹ einigermaßen zu sich zu bringen: Sie begossen ihm den Kopf mit Wasser, benetzten ihm Schläfen und Scheitel mit Essig, zogen ihn aus und legten ihn ordentlich hin.

»Ach du«, seufzte ich kummervoll, während ich im Saal auf und ab ging, »ach du, du unreifer Wein! Du bist ein Joch, schlimmer als die Leibeigenschaft – wer wird dich jemals davon erlösen, Mütterchen Rußland? Fürst Wladimir der Große hat gesagt: ›Rußlands Freude ist das Trinken!‹ – und diese Worte sind ein ewiges, schweres Gebot geworden für das russische Volk! Weshalb hat er nicht hinzugefügt: ›das Trinken, aber nicht das Saufen!‹«

Am nächsten Tag kam Anton mit seinem wolfsähnlichen Gang zu mir herein, den Kopf und die trüben Augen gesenkt. Ich blickte ihn durchdringend an. Er wollte wieder in seine Kammer gehen.

»Halt – was hatte denn das gestern zu bedeuten?« fragte ich ihn.

Er verharrte unschlüssig auf seinem Platz.

»Ich hatte Namenstag!« antwortete er leise.

»Schön. Aber du hast mir nichts davon gesagt, hast mir nicht angekündigt, daß du dir Gäste einlädst, daß bei dir ein Besäufnis stattfindet! Denn dann wäre ich vorher weggegangen und hätte von dem ganzen Greuel nichts gesehen.«

»Ich hab nicht gewußt, daß sie kommen. Die haben ja den Wein, die Piroggen und anderen Speisen mitgebracht ... und ich ...«

»Du hast das alles zu dir ›genommen‹«, setzte ich hinzu.

»Nein, die haben das alles selbst verspeist, Ehrenwort«, schloß er leise.

»Ich wußte gar nicht, daß du einen so großen Bekanntenkreis hast! Was waren denn das für Leute?«

»Sie haben mit mir in einer Wohnung gewohnt bis zu meiner Anstellung; und jetzt wohnt jeder an seiner Arbeitsstelle.«

»Machst du so etwas oft?«

»Überhaupt nicht; nur ganz selten. Bloß weil ich meinen Namenstag hatte, da sind sie eben gekommen. Wären sie nicht gekommen, dann hätte ich auch nicht ...«

Ich überlegte mir, daß man ja nur einmal im Jahr Namenstag hat, und beschloß, die Sache auf sich beruhen zu lassen und ihn bis zum nächsten Namenstag zu behalten.

»Das war das letzte Mal«, sagte ich, »kommt so etwas noch mal vor, so entlasse ich dich. Du bist hier allein – es könnte ja irgendein Unglück geschehen. Verschwinde!«

Alles ging wieder seinen gewohnten Gang; doch jetzt vertraute ich diesem stillen Wasser nicht mehr unbesehen – und wohl nicht ohne Grund.

Der Winter verging, es fing an zu tauen, man roch den Frühling, will sagen, den Unrat aus den Kanälen und den Morast auf den Straßen. Damals war es noch nicht üblich, das Eis rechtzeitig zu zerschlagen, und so standen ganze Seen von Schmutz mit Buckeln und Löchern dazwischen auf den Straßen – weder zu Pferd noch zu Fuß war ein Durchkommen möglich. Im April wurde es bereits heiß, während sich auf dem Fluß und in den Kanälen noch das letzte Eis hielt.

So ein Wetter hatten wir in der Osterwoche. Am Donnerstag gab ich Anton den ganzen Tag frei, denn ich sah voraus, daß ich erst spätabends nach Hause kommen würde. Ab Freitag würde ich mich dann meinen dienstlichen Obliegenheiten widmen und den ganzen Tag zu Hause sitzen müssen, um Pakete, Briefe, Zeitungen, dienstliche Besucher und derartiges mehr zu empfangen. Er wehrte ab, meinte, er würde sich höchstens die Schaubuden ansehen, die damals auf dem Platz der Admiralität standen, und dann gleich wieder nach Hause kommen.

»Wie du willst!« sagte ich und gab ihm Geld, damit er sich die Schaubuden auch von innen ansehen könne.

Als ich nachts gegen zwölf Uhr zurückkam, saß der Hausmeister am Tor und sagte mir, daß in seiner Wohnung ein amtliches Paket auf meinen Namen liege: »Ich werde es Ihnen gleich bringen ...«

»Weshalb liegt es denn bei Ihnen und nicht in meiner Wohnung?« fragte ich.

»Wahrscheinlich ist Ihr Diener nicht dagewesen, und so hat es der Postbote bei uns abgegeben.«

Ich nahm das Paket in Empfang und begann die Treppe hinaufzusteigen. Ich wohnte damals in demselben Haus, in dem ich auch jetzt noch wohne, und hatte einen Dienstbotenaufgang von der Straße aus, der von keinem Portier oder sonst irgendwem bewacht und niemals abgeschlossen wurde. In diesem Aufgang wohnte unter mir nur noch ein altes Fräulein, das wahrscheinlich noch aus der Zeit Katharinas I. stammte, sonst niemand.

Ahnungslos stieg ich hinauf und klingelte, doch es rührte sich nichts, niemand machte mir die Tür auf. Ich klingelte wieder und wieder. Nichts. Ich drückte auf die Klinke – die Tür ging auf. Ich trat ein – in der Diele war kein Mensch. Nebenan aus Antons Zimmer drang Lichtschein. Ich öffnete seine Tür und stöhnte auf.

Auf dem Tisch war eine ganz zerflossene Kerze am Herunterbrennen – und über ihr hingen in geringem Abstand auf einer Leine Handtücher, Taschentücher und irgendwelche Lappen.

Anton selbst lag seiner ganzen Länge nach quer auf dem Fußboden; er lag auf dem Rücken und war wieder ohne Besinnung, sein Mund stand offen, seine Augen waren verdreht.

»Hat wieder ›einen zur Brust genommen‹! Hat's nicht ausgehalten!« sagte ich bekümmert und böse, faßte ihn an den Schultern und wollte seinen Kopf anheben. Vergebliche Liebesmüh! Er rührte sich nicht, gab keinen Ton von sich und tat kein Auge auf. ›Das nennt sich nun Feiertag, Osterwoche, Heilige Woche! Da kann man doch alles Heilige glatt vergessen!‹ dachte ich wütend, und ohne daß ich's wollte, knirschten wohl auch meine Zähne dabei.

Das war aber noch nicht die ganze Überraschung. Denn als ich die Kerze vom Tisch nahm und in die Diele ging, da stöhnte ich zum zweitenmal auf, und als ich dann in den Salon, ins Arbeitszimmer und ins Schlafzimmer ging – da rief ich ach und weh …

›Was ist denn das – ein Überfall!‹ Alle meine Koffer, Kartons, Körbe und Bündel waren in den Salon und die Diele geschleppt worden, meine gesamte Kleidung, die Wäsche und die verschiedensten Gegenstände lagen überall herum. Aus den Körben mit Wäsche ragten Kerzenhalter, Lampen, Geschirr; auf dem Fußboden lagen Spiegel und diverse Nippes verstreut. Der Schreibtisch in meinem Arbeitszimmer war aufgebrochen worden, ebenso der Bücherschrank und mein Aktenschränkchen. All diese Möbel waren von ihrem Platz abgerückt worden und standen mitten im Zimmer.

Briefe, Pakete und alle möglichen Papiere lagen auf dem Fußboden, dazwischen auch die dreißig großen Hefte des ›Oblomow‹, das ganze, vollkommen druckreife Manuskript.

Eine totale Verwüstung! Wie ich es Anton vorhergesagt hatte: Es waren Wölfe dagewesen. Er selbst aber lag da wie ein Toter – dieser Knüttel hatte mir nichts genützt! Mein Herz krampfte sich vor Kummer zusammen, denn ich empfand, daß ich keineswegs unter dem Zeichen von Schutz, Wohlsituiertheit und Ordnung lebte – ich mußte sehen, wie ich zurechtkam, ich war schutzlos. Wäre ich jünger gewesen, so hätte ich jetzt wohl angefangen zu weinen. Niemand war bei mir – ich besaß keine Stütze, keinen Halt!

»Das ist die Strafe – warum haben Sie nicht geheiratet! Da haben Sie die Herrlichkeiten des Junggesellendaseins, Ihre ›Freiheit‹ und ›Unabhängigkeit‹!« sagte später eine Freundin, Anna Petrowna, die leidenschaftlich gern Ehen stiftete, zu mir. »Hätten Sie eine Frau, so wären diese Wölfe nicht erschienen ... Heiraten Sie – noch ist es nicht zu spät! Ich würde Ihnen eine prächtige Braut aussuchen!«

»Wenn ich heiratete, so würden vielleicht andere Wölfe bei mir auftauchen, die schlimmer wären als diese!« gab ich melancholisch zur Antwort.

»Nun ...« protestierte sie unschlüssig in gedehntem, rätselhaftem Ton, mit rätselhaftem Lächeln und rätselhaftem Blick, der nicht auf mir verweilte, sondern irgendwohin ins Leere ging.

Diesen Blick habe ich bei allen Frauen bemerkt, bei klugen und dummen, bei lebenserfahrenen und unschuldigen, bei erfahrenen Matronen und dem ›zarten Geschlecht verschämter Cherubime‹. Diesen Blick haben sie in den verschiedensten Augenblicken ihres Daseins: Wenn sie zum Beispiel einen Gedanken, ein Gefühl, einen geheimen Wunsch oder Entschluß verbergen wollen; oder wenn man ihnen von einer fremden Sünde erzählt, die auch ihnen nicht fremd ist; oder wenn man jemandem seine Anteilnahme ausdrücken muß, während man doch gar keine empfindet, und so weiter.

Dann wird ihr Blick gläsern, geradezu durchsichtig; die Feuchte der Augen, dieser Anzeiger psychischer Prozesse, verschwindet – und der Blick drückt nichts mehr aus, er wird, wie ich es oben nannte, rätselhaft oder, wenn man so will, diplomatisch. Falsch will ich ihn nicht nennen – das wäre unhöflich den lieben Damen gegenüber.

Von einem solchen Blick wurde auch Anna Petrownas Ausruf ›nun ...‹ begleitet. Ich gestattete mir, in diesem diplomatischen Blick die heimliche Antwort zu lesen: ›Ja, natürlich, so was kommt vor‹ (also die ›Wölfe‹, die Störer der ehelichen Zweisamkeit), ›das kann auch Ihnen passieren – doch was geht mich das an, wenn Sie erst einmal verheiratet sind!‹

Der Leser möge mir diese Abschweifung verzeihen – ich kehre wieder zu meinem ›Inzident‹ zurück.

Ich rührte nichts an von meinem durcheinandergeworfenen Hab und Gut; nur die Hefte des ›Oblomow‹ sammelte ich auf, überprüfte, ob sie vollständig waren, und beruhigte mich etwas. Die Diebe hatten offenbar auf der Suche nach Geld überall herumgestöbert, jedoch keins gefunden. Es war aber Geld da: Zwischen den Blättern verschiedener alter Manuskripte, die in dem Aktenschränkchen untergebracht waren, lagen einige große Scheine. Nach denen hätten die Diebe lange suchen können.

Sie waren offensichtlich plötzlich überrascht worden und deshalb geflüchtet. Wie ich nachher erfuhr, hatte sie ebender Postbote überrascht, der mir das Paket bringen sollte. Er hatte Anton nicht wachklingeln können, und in der Annahme, es sei keiner zu Hause, hatte er das Paket beim Hausmeister abgegeben. Die Diebe aber glaubten, als sie das mehrmalige Klingeln vernahmen, der Hausherr, also ich, käme zurück, warfen das Diebesgut wieder in die Koffer und Kästen und entflohen durch den Hintereingang und über den Hof.

In dieser Nacht schlief ich schlecht. Ich erwachte noch vor Anton. Als ich dann hörte, daß er ebenfalls aufgestanden war, ging ich in die Diele hinaus. Er war wieder zu sich gekommen, hatte seinen Kopf in Wasser getaucht, sich angezogen und wartete nun darauf, von mir gerufen zu werden. Als er mich erblickte, stand er von seinem Bett auf, bemüht, mich nicht anzusehen.

»Wo warst du gestern, Anton?« fragte ich.

»In der Schaubude, wie Sie befohlen haben«, flüsterte er undeutlich.

»Und wo noch?«

Er schwieg.

»Wer hat dich besucht?«

»Kein Mensch«, antwortete er ziemlich lebhaft.

»Auch nicht deine Gesellschaft vom letzten Winter, die zu deinem Namenstag hier war?«

»Gar kein bißchen, die hab ich seit damals nicht mehr gesehen!« sagte er laut und deutlich.

»Dann sind wohl Wölfe hiergewesen, was?«

»Was denn für Wölfe? Es war keiner hier.«

Er sah mich verständnislos an. Es war ihm anzusehen, daß er meine Frage tatsächlich nicht verstand.

»Komm her und guck dir das an – was ist das wohl?«

Ich führte ihn in die Diele und den Salon und zeigte ihm die Koffer und Bündel mit meinem Hab und Gut, das nun über Fußboden und Mobiliar verstreut war ...

»Mein Gott, ach du mein Gott – mein Gott! Herr im Himmel!« sagte er, wobei er sich um sich selbst drehte, die Augen aufriß und die Arme ausbreitete, dann begann er plötzlich zu weinen und fiel auf die Knie.

»Christus ist mein Zeuge – ich weiß von nichts, Herr, von gar nichts! Aber ich bin schuld daran, weil ich mich betrunken habe ...«

»Steh auf und erzähle mir, was gestern geschehen ist. Ich werde das aufschreiben und der Polizei übergeben.«

Anton erzählte mir, er sei also in die Schaubude gegangen, und dort hätten drei Leute neben ihm gesessen, die weder Händler noch Dienstboten gewesen seien. Zuerst hätten sie gemeinsam den Anschlagzettel gelesen und sich unterhalten, dann seien sie an den Schaukeln entlanggeschlendert und endlich in eine Kneipe gegangen, wo sie ihn zum Teetrinken eingeladen hätten usw. ... Die drei hätten ihn ausgefragt, wer er sei, wo er wohne, bei wem er in Dienst stehe, wie es an seiner Arbeitsstelle zugehe, ob sein Herr oft zu Hause wäre und ob er reich sei – sie hätten eben alles ausgekundschaftet. Dabei hätten sie ihn immerzu bewirtet und selbst auch getrunken. Dann hätte sich der eine verabschiedet und sei gegangen, dafür wären zwei andere gekommen, und wieder hätten sie getrunken und ihn bewirtet, bis ... »Gegen Abend war ich sternhagelvoll«, schloß Anton, »und ... und ... ich weiß nicht mehr, was dann war ... und wie ich nach Hause gekommen bin ...«

Er sah sich wieder entsetzt um und wollte erneut auf die Knie fallen. Ich hielt ihn zurück und befahl ihm, die Kleidung, Wäsche und alles übrige wieder an seinen Platz zu tun.

Wie sich herausstellte, waren zwei Dutzend Eßlöffel, eine billige hölzerne Tischuhr und ein herrlicher Eichhörnchenpelz, gefüttert mit chinesischem Atlas, den ich mir aus Sibirien mitgebracht hatte, gestohlen worden. All das brauchte ich eigentlich gar nicht: Ich aß ja nicht zu Hause, und die Löffel, altmodische Familienerbstücke, die ich mir nur vorsichtshalber von zu Hause mitgebracht hatte, waren stets unbenutzt in der Schreibtischschublade geblieben. Die Tischuhr ging falsch und hatte mir wenig genützt. Und den in Jakutsk angefertigten Pelz aus erlesenen Eichhörnchenfellen hatte ich auch nie getragen, um meinen Körper nicht an unnötige Wärme zu gewöhnen. Da er aber sehr schön gewesen war, tat es mir um diesen Pelz doch leid.

So merkte ich den Verlust eigentlich kaum; dennoch erstattete ich bei der Polizei Anzeige. Es sollte mehr eine Warnung sein und die Umgebung wissen lassen, daß hier doch lebendige Menschen wohnten.

Wie üblich kam nichts dabei heraus. Der Reviervorsteher erschien und nahm meine Aussage entgegen, dann wurde Anton zum Verhör bestellt. Danach wurde auch ich aufs Revier gerufen, und man zeigte mir eine schwarz gestrichene Tischuhr und fragte, ob es meine sei. Ich erwiderte, meine sei gelb und aus Palmholz gewesen. Man legte mir auch einen Eßlöffel vor mit der Frage, ob er mir gehöre. Doch da ich meine Löffel seit zehn Jahren nicht mehr aus dem Schreibtisch geholt und ganz vergessen hatte, wie sie aussahen – erkannte ich also auch die Löffel nicht wieder.

Das war dann das Ende vom Lied. Von Anton trennte ich mich, nachdem ich mich endgültig davon überzeugt hatte, daß er kein Dieb war: Die Spitzbuben hatten ihn betrunken gemacht, bewußtlos nach Hause geschleppt und waren darangegangen, die Wohnung auszurauben.

Ich dankte Gott, daß ich so billig davongekommen war.

III
Stepan und seine Familie

Wo seid ihr geblieben, meine Diener, meine Leibwächter ›und das Geld und die Wäsche der Fürsorglichen‹? ›Sie sind … verschwunden, weithin zerstreut, und manche tot …‹ Doch wenn mein Gedächtnis bei einem von ihnen verweilt, erstehen aus dem Dunkel wie lebendig die Gesichter von Michejew, Jegorow, Maximow, Pawlow und den anderen vor mir. Ich sehe sie da stehen mit einem Tablett, mit den Tassen oder mit einer Bürste in der Hand, und es ist mir, als hörte ich sie sprechen.

Einige, die nicht lange bei mir gearbeitet haben, lasse ich aus; sie waren allzu gleichartig und lassen sich zu einer gemeinsamen Gruppe zusammenfassen: den Trinkern. Sie haben mir viel böses Blut gemacht und mein Junggesellendasein vergiftet. Als Pendant zu Anton will ich zwei, drei von ihnen als Beispiel anführen.

Da gab es Pjotr, der, wenn er tagsüber seinen Dienst versehen hatte, mich zur Nacht einschloß und irgendwohin verschwand – zum Wodkatrinken und Kartenspielen. Davon erfuhr ich zufällig durch eine alte Frau, der ich in meiner Küche ein Eckchen überlassen hatte, damit die Wohnung nicht ganz leer stand, wenn weder ich noch der Diener zu Hause waren.

Ich ermahnte Pjotr, er solle aufrichtig sein und offen zugeben, ob das stimme. Er leugnete hartnäckig, besonders heftig stritt er den Wodka ab.

»Nein, nein!« beharrte er. »Ich bin wohl zweimal weggegangen, aber Wodka hab ich nicht getrunken, nein!«

»Weshalb bist du dann weggegangen? Was hast du gemacht?«

»Ich hab keinen Wodka getrunken«, behauptete er hartnäckig, »ich bin wegen was anderem weggegangen, wegen so einer Sache da.«

»Weswegen?«

»Wegen was anderem, aber Wodka hab ich keinen getrunken!«

Eines Tages wollte ich mich vergewissern, ob die Alte die Wahrheit gesagt hatte, und ging, nachdem ich bis tief in die Nacht gearbeitet hatte, in die Diele hinaus. Ich wollte durch Pjotrs Kammer hindurch in die Küche. Pjotr war nicht da und seine Tür abgeschlossen.

Ich hatte mich noch nicht hingelegt, da hörte ich, wie er nach Hause kam und in seiner Kammer im Dunkeln herumtappte. Mit einer Kerze ging ich hinüber. Er wollte sich gerade schlafen legen und war beim Ausziehen.

»Wo warst du?« fragte ich streng. »Es ist bald drei.«

»Was geht Sie das an?« antwortete er frech. Er war in einem sehr reizbaren Zustand.

»Was mich das angeht? Schließlich wohnst du hier bei mir und treibst dich nachts herum!«

»Wie können Sie mich einen Herumtreiber nennen!« schrie er

mich wütend an. Durch sein Geschrei angelockt, kam die Alte aus der Küche herbei. Pjotr schrie und wütete weiter.

»Na, leg dich schlafen!« sagte ich ruhig im Weggehen.

»Das kann ich auch ohne Sie, Sie haben mir gar nichts zu befehlen! Ich bin kein Herumtreiber, ich gehe nur zu guten Menschen und trinke keinen Wodka, nein, nein!« schrie er mir hinterher.

Morgens klingelte ich nach ihm. Als wäre nichts gewesen, brachte er mir meinen Tee und die Zeitungen. Ich gab ihm seinen Paß, den ihm zustehenden Lohn und sagte ihm, er solle umgehend verschwinden. Er war etwas bestürzt und trat von einem Fuß auf den anderen.

»Gestatten Sie, weshalb denn?« sagte er leise.

Ich gab ihm keine Antwort. Er nahm seinen Paß und das Geld und ging hinaus.

»Erlauben Sie, daß ich meine Sachen noch ein oder zwei Tage hierlasse, bis ich eine andere Stelle gefunden habe«, wandte er sich an der Tür noch einmal um.

»Gut, sag der Alten, sie soll darauf aufpassen. Du verstehst doch, daß du nicht länger bei mir bleiben kannst?«

»Jawohl«, sagte er leise und ging mit hängendem Kopf hinaus. »Verzeihen Sie das von gestern!« setzte er noch leiser hinzu und öffnete die Tür. Ich winkte ab, und er verschwand.

Die Alte erzählte mir, Pjotr habe sich an den Kopf gegriffen, als er erfuhr, was und wie er nachts mit mir gesprochen hatte. »Ist das wahr? Das hab ich alles gesagt?!«

Pjotr war ein sehr stiller, ordentlicher und flinker Diener, ein stattlicher, blonder Mensch von etwa dreißig Jahren mit groben, doch regelmäßigen Gesichtszügen.

Als er zwei Tage später wegen seiner Sachen zurückkam, fragte ich, warum er immer nachts verschwunden sei.

»Was war denn das für eine Angelegenheit, von der du mir um nichts in der Welt erzählen wolltest?«

»Ich bin Wodka trinken gegangen!« bekannte er offen und mit einem Seufzer, wobei er die Augen niederschlug.

Nach Pjotr erschien einen Tag später Maxim, ein blatternarbiger, gesunder, kräftig gebauter Mann, der muskulös und stämmig war.

Dieser gab sich nach drei Monaten zu erkennen. Als ich nämlich eines Abends spät nach Hause kam, fand ich meine Wohnungstür unverschlossen vor. Maxim schlief nicht und war in einem äußerst reizbaren Zustand. Weil er aber auf den Beinen war, mir beim Ausziehen half, meine Kleidung und meine Stiefel nahm, so achtete ich nicht weiter darauf. Am nächsten Morgen erklärte er mir, daß mein Mantel mit dem Biberpelzkragen verschwunden sei.

»Was, wo ist er denn geblieben? Warst du zu Hause oder bist du etwa weggegangen? Hat dich jemand besucht?«

»Nein ... ich glaube, ich bin nicht weggewesen ... Ich war wohl zu Hause ... Und jemand anders war auch nicht hier ... genau erinnere ich mich nicht ... Wer sollte denn hier gewesen sein«, stammelte er wie ein kleines Kind.

»Und weshalb war dann gestern, als ich kam, die Tür nicht abgeschlossen?«

»Ich weiß es nicht mehr ... war sie abgeschlossen oder war sie's nicht ...« redete er sich heraus und sah beiseite.

»Such jetzt und erkundige dich! Wenn dich jemand besucht hat, so geh und frage ihn ... Ich werde das bei der Polizei anzeigen«, drohte ich ihm. »Bis morgen lass ich dir Zeit.«

Er sagte nichts. Am nächsten Morgen galt meine erste Frage dem Mantel.

»Nichts, gar nichts – ich konnte ihn nirgends finden. Ich hab die Hausmeistersleute gefragt, ob sie nicht jemanden haben kommen sehen oder ob jemand den Mantel fortgetragen hat. Ihnen ist nichts aufgefallen ...«

»Nun, dann muß ich Anzeige erstatten. Auf der Polizei wird dir schon wieder einfallen, weshalb die Tür nicht abgeschlossen war«, sagte ich.

»Wie Sie wollen, meinetwegen!« antwortete er gleichgültig.

Ich erstattete jedoch keine Anzeige, denn aus einer Vielzahl von Beispielen wußte ich, wie nutzlos das für gewöhnlich war. Maxim aber entließ ich schleunigst.

Nun kam ich zu der Ansicht, ›es sei nicht gut, daß der Mensch allein sei‹, nicht einmal im Dienst bei einem einsamen Junggesellen. Ein solcher Diener wird sich doch immer langweilen und sich herumtreiben wie Pjotr und ungebetene Gäste bekommen, wie ich es ja bereits erlebt hatte.

Man riet mir also, diesmal einen Verheirateten zu nehmen, denn meine Küche bot Platz für eine ganze Familie.

Es wurde mir ein alter Mann von fünfundsechzig Jahren empfohlen, der zwar ein etwas zerknittertes Gesicht mit vielen Fältchen hatte, aber sonst noch rüstig war. Er galt als Freigelassener und hatte verschiedene Stellungen als Koch innegehabt, dann aber war er – nach seiner Version – für diese tägliche Arbeit in der Hitze des Feuers zu alt geworden und zog nun eine andere, etwas kühlere Tätigkeit vor.

Er stand vor mir und schaute mich mit seinen braunen Augen gutmütig und doch aufmerksam an, indes ohne den unterwürfigen Blick eines Hundes, der die Befehle seines Herrn erwartet. ›Ich tue alles, was Sie befehlen‹, las ich in diesen Augen und in seiner gesamten Haltung, ›doch was Sie nicht extra befehlen – das tue ich um keinen Preis!‹ vervollständigte ich im stillen den geheimen Sinn seines Blicks.

Er zog gleich am nächsten Tag mit seiner Frau bei mir ein. Sie hieß Matrjona und war etwa fünfzig Jahre alt; Wangen, Nase und Kinn waren stark ausgeprägt und wirkten wie modelliert. Ihre Augen sahen nicht geradeaus, sondern beiseite, und ihre Lippen waren verkniffen. Sie verneigte sich tief vor mir und übergab mir den Paß ihres Mannes, den sie verwahrt hatte.

Als ich mir zwei Tage später einmal ihre Behausung ansah, wunderte ich mich über die Fülle verschiedener Dinge, die sie mitgebracht hatten. Mit den vielen Federbetten und Kissen war das Bett ein bis fast an die Decke reichender Berg, auch hatten sie eine Menge an Geschirr, Kasserollen, Töpfen und ähnlichen Gerätschaften. Am zahlreichsten aber waren Ikonen, Öllämpchen, Ostereier, trockene Hostien und Weidenzweige im Heiligenschrein und an den Wänden vertreten.

Matrjona war eine richtige russische, fromme Frau – und belegte mit ihrem Heiligenschrein und den heiligen Gegenständen nicht nur die ganze vordere Ecke ihres Zimmers, sondern teilweise auch meine Garderobe und das Badezimmer. Lange hörte ich das Gepoche, mit dem die Ikonen und die anderen Bilder religiösen Inhalts angenagelt wurden. Dies beruhigte mich etwas im Hinblick auf die Solidität des Paares. Sie hatten einen siebzehnjährigen Sohn namens Petruschka, der das Schlosserhandwerk erlernte und seine Eltern nur zu den hohen Feiertagen besuchte.

Sie ließen sich also häuslich nieder, und alles ging seinen gewohnten Gang. Mit der früheren Stille war es vorbei. Ging ich in meine Garderobe, so hörte ich ständiges Gerede – das ist ganz normal, wenn zwei Leute zusammen leben. Dieses Reden aber war voller Gezänk, Geschrei und lauter Ausrufe – manchmal ein richtiges Geschimpfe; und zwar stets von seiten Matrjonas.

Mein neuer Diener hieß Stepan; ob Michailow oder Petrow, das habe ich inzwischen vergessen. Die Leibeigenen und das Gesinde bei uns trugen nämlich gar keine richtigen ›Familiennamen‹ – sie hießen nach dem Vater oder hatten einen ›Beinamen‹, das heißt einen Spitznamen. Stepan also pflegte zu schweigen beziehungsweise nur kurz auf das Gestichel seiner Frau zu antworten.

»Na, wirst du wohl endlich deinen Mund halten, Teufelsweib, du!«

»Ich werd dir gleich was halten! Traut sich der, mich Teufelsweib zu nennen!« fiel sie bissig über ihn her. »Was sitzt du da und streckst die Beine aus, daß man kaum treten kann!«

Er zog seine Beine weg, stand auf und wollte sich auf den Weg in mein Zimmer machen.

»Wohin, wohin?« hielt sie ihn giftig zurück. »Warum holst du kein Brennholz – soll ich etwa gehen? Ich soll kochen, du wirst fressen, bloß rühren tust du dich nicht! Wart's nur ab, ich werd nicht mehr lange die Dumme spielen, bin ich etwa deine Sklavin!«

»Herr du mein Gott! Was ist das für ein Satansweib!« ächzte Stepan und ging nach Holz.

»Ich werde dich lehren, den Satan in den Mund zu nehmen!« fauchte sie und bekreuzigte sich. »Herr, erbarme dich! Hast du mir doch diesen Klotz ans Bein gebunden!«

Wenn er ihr aber voller Eifer helfen wollte: »Gib mir den Tiegel, ich werde die Kartoffeln braten«, so fiel sie über ihn her und schrie: »Misch dich nicht ein, du bist nicht gefragt!«

»Ich würde sie mit geriebener Semmel bestreuen, saure Sahne dazugeben und sie mit Zwiebeln braten – das schmeckt, alle zehn Finger leckst du dir danach ab!« redete er weiter.

»Hör mal, ich verbrenn dich mit dem Schüreisen, wenn du dich einmischst – bei der gebenedeiten Jungfrau, das mach ich!« drohte sie.

»Na, hol dich der Teufel, soll der Waldschrat dich zausen!«

Das Badezimmer befand sich gleich neben der Küche, und wenn

ich in der Wanne saß beziehungsweise mich an- oder auszog, so hörte ich ständig dieses Gezänk und nichts anderes. Sie peinigte ihn beständig, er aber nahm das gleichgültig hin, schimpfte ein bißchen zurück oder schüttelte den Kopf, lachte und kam zu mir in die Diele, wenn es ihm allzu unerträglich wurde. An seiner Gleichgültigkeit war zu merken, daß er daran gewöhnt war.

Übrigens bat mich Matrjona, den Lohn nicht Stepan, sondern ihr auszuhändigen.

»Warum denn das?« fragte ich. »Hat er etwa ...«

»Er verschwendet's«, bemerkte sie, kniff die Lippen zusammen und sah ihren Mann schief an. Er schüttelte nur den Kopf und lachte.

»Für Unsinn wirft er's zum Fenster raus«, setzte sie hinzu.

»Ich habe nicht das Recht, es jemand anderem als ihm zu geben – wenn er allerdings einverstanden ist ...«

»Sicher, geben Sie's ihr nur: sie verwaltet die Kasse!« stimmte er bereitwillig zu und lachte wieder.

»Bei mir wird es zusammengehalten!« fügte sie halblaut hinzu und blickte beiseite. Ich wußte damals noch nicht, was das bedeutete.

So verging die Zeit bis zum Winter, genauer, bis zu den Weihnachtsfeiertagen, ohne besondere Vorkommnisse. Einige Unannehmlichkeiten gab es allerdings. Beispielsweise erschienen vier Wochen, nachdem das Paar eingezogen war, plötzlich Schaben in meiner Wohnung. Sie bevölkerten nicht nur die Küche, sondern auch meine Garderobe, den Korridor und die Diele. Am Ende zeigten sie sich auch in meinen Zimmern. Ich wies Stepan und Matrjona darauf hin.

»Was ist denn das für ein ekelhaftes Zeug?« sagte ich.

»Das? Schaben!« antworteten sie beinahe einstimmig und mit unerschütterlicher Ruhe. Dabei ergriff Stepan eine Handvoll von den vor unseren Augen herumkriechenden Insekten und warf sie durch die Lüftungsklappe oder ins Waschbecken.

»Sie sollen verschwinden!« sagte ich. »Man muß sie loswerden. Bis ihr kamt, habe ich nie auch nur eine einzige gesehen!«

»Wie ist das möglich!« sagte Matrjona und sah mich schief an. »Wir haben sie ja nicht mitgebracht. Wo gibt es denn keine! Wo wir auch wohnten, überall waren sie – mal Wanzen, mal Schaben!«

»Bis ihr kamt, gab es hier keine!« sagte ich streng. »Wir müssen sie loswerden. Ich kaufe Insektenpulver.«

Doch das Pulver half nicht, und die ganze Zeit, während Stepan und seine Frau bei mir wohnten, blieben auch die Schaben. Sie taten es zwei Jahre lang.

Manchmal erprobte ich Stepans Kochkünste, denn er rühmte sich, ein guter Koch gewesen zu sein.

Er rühmte sich nicht ohne Grund – er kochte tatsächlich gut. Hin und wieder lud ich Freunde ein, seine Speisen zu probieren – und jedermann konnte die schmackhaften russischen Gerichte gar nicht genug loben.

Ich fing an, mich an diese häuslichen Mahlzeiten zu gewöhnen, und dachte daran, Stepan seinem früheren Beruf wieder näher zu bringen, das heißt ihn zu einem Koch zu machen, seinen Lohn zu erhöhen und zu Hause zu speisen – mit einem Wort, mein tägliches Leben ganz in mein Heim zu verlegen. Er selbst hatte offensichtlich auch nichts dagegen.

»Was denn – das kann ich!« sagte er selbstbewußt. »Ich kann alles: dicke Suppen aller Art und Fischsoße und Spargelsoße und auch Gebäck jeder Sorte: Waffeln, Schokoladencreme, Vanillecreme ...«

Er zählte mir ein ganzes Kochbuch auf.

»Wir müssen nur Kasserollen, Bratpfannen und Geschirr kaufen«, meinte er dann.

»Das kaufen wir alles!«

»Wir haben ja keinen Keller«, fiel ihm plötzlich ein, »Gelee, Aspik und die übriggebliebenen Speisen kann man ja nirgends kalt stellen ...«

»Also werde ich auch einen Keller mieten«, sagte ich.

»Na gut – ich mach's! Ihr Haushalt ist ja nicht Gott weiß wie groß, Familie haben Sie nicht, und Gäste kommen selten zu Ihnen: das schaff ich schon.«

Auch seine Frau war einverstanden; allerdings schielte sie während solcher Gespräche unschlüssig und giftig zu ihrem Mann hinüber. Ich wußte nicht, warum sie das tat – später erfuhr ich es dann.

Das Weihnachtsfest kam heran. Hin und wieder nahm ich, immer noch als eine Art Versuch, mein Mittagessen zu Hause ein – stets war es gut und schmackhaft. Ich schaffte mir also noch mehr Tischwäsche, Geschirr und Besteck an und lud dann zwei Freunde ein, meine Küche zu probieren. Ich gab Stepan Geld, sagte ihm, was er einkaufen und wie er das Essen anrichten solle und verließ daraufhin das Haus.

Als ich gegen fünf Uhr zurückkam, erfuhr ich zu meinem Entsetzen, daß kein Feuer im Herd und das Essen nicht zubereitet war und daß Stepan seit dem Morgen verschwunden sei.

»Seit er einkaufen gegangen ist, ist er weg!« fügte Matrjona einerseits betrübt, andererseits schadenfroh hinzu.

»Wie ist das möglich – gleich werden meine Gäste dasein!« sagte ich.

»Auch wenn er jetzt gleich kommt, wird doch das Essen nicht mehr fertig – wann will er es denn kochen!«

»Der kommt heute nicht wieder; höchstens zur Nacht!« sagte sie, ohne mich anzusehen.

»Was heißt denn das?« fragte ich. »Wohin ist er denn gegangen?«

»Warum mußten Sie ihm auch Geld in die Hand geben!« warf sie mir plötzlich bissig vor. »Ich hatte Sie doch gebeten, es immer mir zu geben. Ich wäre schon mit Stepan auf den Markt gegangen und hätte eingekauft. Dann könnten Sie jetzt essen, und das Geld wäre noch zusammen ...«

»Hat er das denn etwa immer so gemacht?«

»Immer. Wenn er früher, als er noch Koch war, seinen Lohn bekam, dann nahm er die ganzen zwanzig Rubel, ging ins Wirtshaus und brachte keine einzige Kopeke nach Hause ...«

»Hat er die ganzen zwanzig Rubel ausgegeben? Was hat er denn da getrunken – Sekt, wie?«

»Was denken Sie, Herr, der verträgt ja keine zwei Gläser! Nein, aber er fängt dann an, jedermann freizuhalten; und was übrigbleibt, das ziehen sie ihm aus der Tasche.«

»Wo mag er nur sein? Man müßte ihn suchen und herbringen!« sagte ich ganz bestürzt.

»Wo wird der schon sein – in einer Kneipe oder Garküche! Man könnte ihn suchen, doch wozu? Der soll man bleiben, wo er ist! Gott bewahre, der soll bloß nicht wiederkommen! Den laß ich nicht herein! Wenn der betrunken ist, dann wird er bösartig, und wie! Der kann von mir aus auf der Straße übernachten oder auf dem Polizeirevier ...«

»Er trinkt also – da haben wir euer Geheimnis!«

Sie schielte schweigend in die Ecke.

»Wenn er nicht saufen würde, dann hätte man ihn ja auch nicht überall rausgeschmissen. Man hätte ihn doch mit allen Mitteln festgehalten! Wo hat er nicht überall gearbeitet: bei Generälen und sogar bei einem Fürsten! Es ging immer einen Monat lang gut und noch einen – dann warf man ihn hinaus. Da hatte ich ihn dann immer wieder auf dem Halse, diesen Schatz, jawohl! Auf meine alten Tage muß ich Unglückselige mich nun mit ihm herumplagen ...«

Sie wollte weinen, doch es kamen keine Tränen, und sie wischte sich die trockenen Augen.

»Wenn er doch verschwinden würde, dieser Verfluchte!« schloß die zärtliche Gattin.

So hatten nun meine Hoffnungen auf einen häuslichen Mittagstisch ein jähes Ende gefunden.

Stepan kam bis in den späten Abend nicht wieder, nachts aber klopfte er heftig an die Küchentür. Er wurde jedoch nicht eingelassen und verbrachte die Nacht beim Hausmeister, die darauffolgende Nacht gar – im kalten Schuppen. Wie dieser schwächliche, alte Mann solche Winternächte im Schuppen beziehungsweise auf dem Heuboden unbeschadet überstehen konnte, wird mir ewig ein Rätsel bleiben!

Ich bekam Stepan während der Feiertage nicht mehr zu Gesicht. Matrjona und ihr Sohn Petruschka, der übers Fest nach Hause gekommen war, versorgten mich. Petruschka bestätigte mir, daß sein Papachen sich betrinke, sowie er nur Geld in die Finger kriege. Dann treibe er Unfug, prügele sich mit seiner Mutter, ziehe auch ihn, den Petruschka, am Schopf, zerschlage und zerbreche alles, was ihm unter die Hände komme. Mit einem Wort – der ruhige, sanfte alte Mann verwandle sich dann in eine Bestie. »Mama und ich, wir schließen uns nachts ein und lassen ihn nicht rein!« fügte Petruschka hinzu.

Wenn er dann das Geld vertrunken habe beziehungsweise seine Saufkumpane es ihm aus der Tasche gezogen hätten, so höre er allmählich auf zu trinken, laufe drei Tage wie ein Verrückter herum und plappere Unsinn vor sich hin. Nach und nach käme er wieder zu sich und nähme auch sein sanftes Wesen mit dem gutmütigen Blick und dem Lächeln wieder an.

So erschien er auch nach den Feiertagen bei mir und machte sich an seine Arbeit, als wäre nichts geschehen.

In der Butterwoche passierte dann das gleiche. Da tobte er besonders am letzten Tag entsetzlich herum und wollte die Küchentür aufbrechen. Als er nicht hereingelassen wurde, lief er auf den Hof und schrie und schimpfte, so daß die Hausmeistersleute ihn am Ende gewaltsam entfernten. Ich hörte diesen Lärm.

Nüchtern geworden, erschien er dann wieder bei mir. Da bedeutete ich ihm, daß ich mir einen anderen Diener suchen würde, und drohte ihm, ich würde nach den Gendarmen schicken und ihn auf die Wache bringen lassen, wenn er noch einmal im Hof herumbrüllen und einen Skandal veranstalten sollte. Er fiel vor mir auf die Knie, faltete die Hände auf der Brust und sagte in einem Ton tiefster Aufrichtigkeit und festester Überzeugung:

»Nein, eine solche Niedertracht werden Sie mir doch nicht antun!«

Nun, ich tat ihm wahrhaftig um seiner Gutmütigkeit willen eine solche ›Niedertracht‹ nicht an – und fuhr also fort, hin und wieder seine Kochkünste zu nutzen, indem ich mitunter zu Hause speiste. Das Geld zum Einkaufen gab ich ihm allerdings nicht mehr in die Hand – und alles ging gut.

Dafür kam es zu einigen Verdrießlichkeiten anderer Art. Lagen zwei, drei Feiertage hintereinander, so pflegte Stepan aus dem Haus zu verschwinden und alle Arbeit seiner Frau und seinem Sohn Petruschka zu überlassen. Da passierte es dann manchmal, daß ich niemand zu Hause antraf außer Petruschka, der entweder in einer Hofecke mit anderen Jungen das Knöchelspiel spielte oder aber in der Wohnung so fest schlief, daß ich ihn um nichts in der Welt wekken oder wachklingeln konnte. Einmal saß er auf der Treppe und weinte.

»Was weinst du denn?« fragte ich.

»Sie sind alle weggegangen, ich bin allein ... und hab Angst!«

»Wo sind denn deine Eltern?«

»Papachen ist in der Kneipe, und Mama ist zur Morgenmesse gegangen, aber jetzt kommt sie nicht wieder ...«

Gegen Abend kehrte Matrjona zurück und war offensichtlich ebenfalls angeheitert. Wo ihr Mann sei, fragte ich schon gar nicht mehr.

»Wo warst du, Matrjona? Alle sind davongelaufen, die Wohnung stand leer! Wie ist das möglich!«

»Heute ist Sankt Elias – ich bin in den Pulverfabriken gewesen!«

entgegnete sie gekränkt. »Darf ich denn das nicht: Alle Welt treibt sich herum – bin ich etwa kein Mensch! Ich muß wohl immer mein Kreuz tragen?«

Das kam nun recht häufig vor. Bald war es die Nachtwache vor Pfingsten, bald der Dreifaltigkeitstag, dann die Ausschüttung des Heiligen Geistes oder Mariä Himmelfahrt, und einmal verschwand sie für einen ganzen Tag auf den Smolensker Friedhof. Während der Großen Fasten war sie besonders oft unterwegs.

»Wo warst du?« fragte ich sie beispielsweise.

»Beim Gottesdienst der Maria von Ägypten und bei der Prozession: Wir haben doch die vierte Fastenwoche!«

Desgleichen verschwand sie zum Lazarussamstag, zum Palmenmarkt und zum Palmsonntag sowie zur Nachtwache mit den zwölf Aposteln usw.

All diese Feiertage waren ihr eigentlich mehr ein Vorwand, dem ›Mammon‹ zu dienen, wie ich feststellen mußte, und dienten ihr durchaus nicht zur Bekundung ihrer Frömmigkeit. Kam sie nach Hause, so roch sie keineswegs nach Heiligkeit. Ihr Mann und ihr Sohn saßen währenddessen hungrig zu Hause – der erstere verschwand dann ebenfalls, und ich blieb allein und ohne Dienerschaft in der leeren Wohnung zurück.

Die letzten drei Tage vor den hohen Feiertagen trieb man mich beinahe aus dem Haus. Es begann ein Gewirtschafte, ein Putzen und Reinemachen, es wurden Osterbrote gebacken und Eier gefärbt – vor allem aber wurden die Ikonen geputzt. Wenn ich beispielsweise im Winter oder im Herbst Spinnweben in den Ecken oder irgendwelchen Unrat und Staub auf den Schränken bemerkte, wenn ich überhaupt Vernachlässigung und Unsauberkeit feststellte und auf Reinigung drängte – so erhielt ich unweigerlich zur Antwort: »Das hat Zeit, zum Fest« (manchmal also erst in drei Monaten) »werden wir sowieso die Heiligenbilder putzen und alles saubermachen, also auch die Spinnweben runterholen und den Staub wegwischen ...«

Wie ich festgestellt habe, hat kein einziger meiner Diener jemals auf eigene Initiative und ohne meinen ausdrücklichen, strengen Befehl den Staub von den Möbeln oder anderen Gegenständen gewischt. Den Fußboden wischten sie gerade noch auf; aber damit ein russischer Dienstbote Unordnung und Staub sah und beseitigte, mußte man ihn erst gewissermaßen mit der Nase daraufstoßen.

Zu guter Letzt bemerkte ich, daß zwischen Stepan und Matrjona anstelle des Gezänks Eintracht zu herrschen begann. Ich traf sie alle drei beim Teetrinken an – und sah dann manchmal Gläser und Schnapsflaschen. Sie waren sämtlich in fröhlicher Stimmung. Ich fühlte allmählich etwas Ungutes in dieser familiären Eintracht und begann mich zu fürchten. Meine Furcht sollte sich bestätigen.

Eines Abends im tiefsten Winter sah ich in ihr Zimmer und traf eine fröhliche Familienszene an – ganz wie auf einem Bild von Tenière. Stepan saß vollkommen betrunken da, gestikulierte und kommandierte Petruschka herum.

»Tanze, Petka, tanz, du Hundesohn!«

»Ist seine Mutter etwa eine Hündin? Aber du, du bist ein alter Hund!« sagte Matrjona. »Warte, ich werd dir! Tanz nicht, Petja ... hör nicht auf ihn!«

»Tanz, du Schurke!« kommandierte Stepan. »Ich befehle es dir!«

»Tanz nicht!« verbot sie es ihm. »Was soll's, trink lieber noch was!« Sie goß ihm mit zitternder Hand ein Glas ein.

»Ich will auch was, gib mir auch!« sagte Stepan, dessen Blick ganz gläsern geworden war.

Sie stellte flink den Schnaps beiseite.

»Du hast genug, du kriegst nichts mehr: Guck doch, wie du dich hast vollaufen lassen, das reicht für eine ganze Woche!«

»Gieß ein, Sklavin! Du bist meine Sklavin! Wie's in der Bibel steht: ›Das Weib hänge dem Manne an und sei ihm untertan.‹ Gieß also ein, sonst werd ich dir ...«

Er stand auf und ging mit erhobenem Schemel schwankend auf sie zu, wobei er im Vorbeigehen die Kerze vom Tisch stieß. Der Junge heulte auf: »Ai, Papa, rühr die Mama nicht an!«

Ich stand in der Tür, sah das alles und beeilte mich, dieser häßlichen Szene ein Ende zu setzen.

Ich hatte gesehen, daß alle drei betrunken waren.

Bald darauf entließ ich sie – und hörte dann etwa zwei Jahre später von Freunden, die Stepan vom Sehen kannten, daß sie ihn in der Kasaner Kathedrale gesehen hätten, wo er um milde Gaben bettelte. Noch ein oder zwei Jahre später kam eines Tages Matrjona zu mir und bat mich um eine Gabe ›wegen der Armut‹ und bald darauf für das Begräbnis ihres Mannes. Sie erzählte mir, er habe immerfort getrunken, sei am Ende ganz ›geschwächt‹ gewesen und habe nicht mehr ausgehen können. Seine Hände und Füße hätten zu zittern begonnen, wären dann erstarrt, und er sei ganz still und friedlich gestorben, nachdem er die heiligen Sakramente empfangen hatte. Direkt vor seinem Tode hätte er den Ausspruch getan: ›Verflucht sei, wer sich das Wodkatrinken ausgedacht hat!‹

IV
Matwej

Ich habe Trunkenbolde stets aufs tiefste verabscheut. Und wie zum Schur mußte ich sie fortwährend um mich dulden. Nie konnte ich gänzlich ruhig sein, denn die Trunksucht ist eine periodisch wiederkehrende Geistesverwirrung, die manchmal gar gefährlich sein kann und dann unerwartete Katastrophen, wie ich sie beispielsweise mit Anton erlebte, oder aber ein großes Unglück auslöst.

Diese Aufregungen dauerten etwas über zwei Jahre – wie gern hätte ich, koste es, was es wolle, dies häusliche Joch abwerfen mögen. Dazu mußte aber vor allem die Frage gelöst werden: Wo sollte ich einen enthaltsamen Diener finden?

Nachdenklich und betrübt begab ich mich zu meiner Freundin Anna Petrowna, die so gern Ehen stiftete.

»Weshalb haben Sie sich denn so lange nicht sehen lassen?« empfing sie mich. »Und warum sind Sie so betrübt?«

Schweigend ließ ich mich auf dem Sofa neben ihr nieder, dicht neben ihrem Nähtischchen.

»Wieso sollte ich auch froh sein?« bemerkte ich verdrossen und dachte darüber nach, wie ich mir mein Zuhause einrichten könnte, ohne daß es eine Plage sei – stets in Erwartung eines Diebstahls oder eines Brandes – verursacht durch den betrunkenen Diener. Mich beschäftigte nur die eine Frage: Gibt es auf dieser Welt Dienstboten, die nicht trinken?

»Sie haben doch etwas auf dem Herzen«, sagte sie und blickte mir unverwandt in die Augen, »irgendeine Sorge bedrückt Sie ...«

»Das stimmt – ich suche ein Phänomen ...«

»Oh, wie gut haben Sie daran getan vorbeizukommen!« fuhr sie jäh auf, legte ihr Strickzeug beiseite und rückte näher an mich heran. »Stellen Sie sich vor, genau so ein wahrhaftiges Phänomen habe ich für Sie! Schön, graziös, gut erzogen – und was für ein Gemüt, was für ein Herz!«

»Und trinkt auch nicht?« fragte ich zerstreut – und mußte selber lachen. »Das kann nicht sein!«

»Wovon reden Sie denn? Was für ein Phänomen suchen Sie überhaupt?« fragte sie und rückte gleichgültig von mir ab und auf ihren Platz zurück.

»Ich suche einen enthaltsamen, einen ganz und gar abstinenten Diener. Ich bezweifle, daß es so etwas gibt – das ist meine Sorge und mein Kummer.«

Sie schwieg und begann dann wieder ihr altes Lied:

»Heiraten Sie, und dann ...«

»... wird mein Diener nicht trinken, meinen Sie?«

»Sie werden dann nichts davon merken; wenn sich auch Ihr Diener betrinkt und verschwindet, so wird doch noch der Koch dasein oder die Köchin, auf jeden Fall aber das Stubenmädchen – Ihr Haus wird niemals leer stehen.«

»Das heißt, ich müßte außer einer Ehefrau auch noch ein Stubenmädchen, eine Köchin und einen Diener mitheiraten ... ›Eine riesige Vormundschaft!‹ ... Nein, im Ernst, Anna Petrowna, kennen Ihre Leute keinen solchen Burschen? Sie führen doch ein großes Haus, haben eine große Familie und eine zahlreiche Dienerschaft; die Diener kennen sich doch untereinander. Wenn sich ein solches Phänomen fände, ich würde eine Prämie spendieren.«

»Gut, ich werde es ihnen sagen, und wenn sich etwas findet, so lasse ich es Sie wissen, und Sie kommen in drei Tagen vorbei. Aber ja, am Mittwoch, da kommen Sie zum Essen. Cathrine und Iwan Karlytsch werden dasein – wir spielen einen kleinen Whist, und ich werde unterdessen herumfragen.«

Ich empfahl mich.

Doch noch vor dem besagten Mittwoch schickte sie mir ihren Bufettier, einen gesetzten, grauhaarigen Diener von achtbarem Aussehen.

»Von Anna Petrowna«, sagte er, »soll ich Sie grüßen. Sie geruhten sich nach einem Diener zu erkundigen, der nicht trinkt?«

»Ja, gibt es denn so einen?« fragte ich.

»Ja ... bloß ...«

»Er trinkt doch ein bißchen?«

»Nein, er nimmt keinen Tropfen zu sich, bloß ...«

»Bloß was? Sagen Sie es offen: Ist er ein Grobian oder ein Faulpelz ... oder stiehlt er etwa?«

»Nein, nein«, sagte der Buffetier lachend. »Bloß, wenn Sie ihn sehen, dann werden Sie ihn wohl kaum nehmen ... Er ist so fürchterlich komisch!«

Ich verstand nicht.

»Komisch? Ja, wieso ist er denn so komisch?«

»Einfach so, er ist eben furchtbar komisch ...«

»Wie denn, äußerlich, oder was?« erkundigte ich mich.

»Das auch, aber auch so – er redet so komisch und macht alles anders als andere Leute.«

»Kann er denn bedienen, sich in den Zimmern aufhalten, aufräumen, Tee servieren, Kleidung und Stiefel sauberhalten – kurz: kennt er die Pflichten eines Dieners?«

»Ja, das alles kann er; wie sollte er auch nicht. Er war lange bei seinem Herrn im Dienst. Er ist Leibeigener und hat sich anscheinend bis jetzt noch nicht losgekauft. Aber er ist so komisch! Und gierig ist er auch.«

»Auf's Essen, wie?«

Der Buffetier lachte.

»Ganz und gar nicht, er ißt ja nichts.«

»Wie denn das? Das ist tatsächlich ein Phänomen!«

»Aufs Geld ist er gierig – er geizt.«

»Das ist kein Unglück – Geiz ist keine Dummheit. Wenn er sein eigenes Geld zusammenhält und sich nicht an fremdem vergreift ...«

Der Buffetier lachte wieder.

»Das ganz und gar nicht; der würde eher sein eigenes fortgeben, als daß er fremdes nähme. Er ist überaus ehrlich«, fügte er mit ernstem Gesicht hinzu, »nur eben so komisch. Er bekam Stellen angeboten – die Herrschaften haben dreimal hingeguckt und ihn nicht genommen. Wir haben ihn holen lassen, und wenn's Ihnen recht ist, dann schicken wir ihn her, nur werden Sie ihn kaum nehmen, Herr. Er ist eben so furchtbar komisch!«

»Bitte schickt ihn her! Ich nehme ihn, wie er auch sein mag, wenn er nur Abstinenzler ist, denn ich bin zur Zeit ohne Diener. Mir geht solange die Wirtschafterin der Nachbarn zur Hand.«

Der Buffetier wandte sich zum Gehen.

»Ja, was ich noch vergessen habe«, meinte er dann noch, »der Matwej – eben der Diener – ist kein Russe, sondern Pole. Sein Herr lebt auch in Polen. Matwej spricht zwar kein Polnisch, aber er geht immer in seine eigene Kirche zum Newski-Prospekt ...«

»Na, das ist ganz egal. Schick ihn mir bitte möglichst bald. Sagen Sie Anna Petrowna meinen Dank. Ich danke auch Ihnen. Er trinkt nicht, er stiehlt nicht – das ist ja eine wahre Perle!«

Am nächsten Morgen erschien also Matwej. Nach der Beschreibung des Buffetiers hatte ich gedacht, ich würde über ihn lachen müssen, doch als ich ihn sah, erstarb mir das Lachen auf den Lippen.

Er war ziemlich groß, etwa fünfundvierzig Jahre alt und so hager, ja abgezehrt, als wäre er eben erst vom Totenbett wieder auferstanden – nur Haut und Knochen. Er hatte einen relativ kleinen Kopf mit eingesunkenen Augen, die ausdruckslos waren und von so heller Farbe wie bei einem Finnen. Sein großer Mund stand weit offen – anscheinend vermochte er ihn aus Schwäche nicht zu schließen. Sein zerfurchtes Gesicht wirkte wie altersvergilbtes Handschuhleder, und sein dünnes Haar hatte die Farbe alter Bastmatten. Er trug einen langen, grauen, abgetragenen Rock mit einem verschossenen Samtkragen. Um den Hals hatte er einen alten gestrickten Schal geschlungen.

Als ich ihn so sah, krampfte sich mir das Herz zusammen. Anscheinend konnte er sich kaum auf den Beinen halten. Er blickte mich offen an, hob aber dabei die Augenlider nur mit großer Mühe und atmete schwer. Seine Beine schienen von den Knien an nicht zu ihm zu gehören, sie wirkten unnatürlich und hölzern, als hätte man sie ihm anstelle seiner eigenen eingesetzt. Seine Arme waren wie bei einem Orang-Utan im Verhältnis zum Körper übermäßig lang.

›Komisch?! Er ist nicht komisch, er ist bedauernswert!‹ dachte ich, während ich ihn betrachtete.

»Bist du krank?« fragte ich.

Er wachte gewissermaßen auf.

»Ganz und gar nicht!« sagte er rasch. »Ich bin Gott sei Dank ganz gesund.«

»Weshalb bist du dann so blaß und mager? Bist du etwa immer so gewesen?«

Er lächelte breit, wobei er seinen Mund weit aufriß und sein blasses Zahnfleisch sehen ließ. Im Unterkiefer fehlte ihm ein Zahn.

»Als ich klein war, bin ich wohl anders gewesen«, sagte er leise, stockend und mit hohler Stimme wie ein Sterbender. »Doch seit ich mich erinnern kann – da war ich immer so wie jetzt.«

»Man hat mir gesagt, du trinkst nicht?« fuhr ich fort.

»Nein, ich trinke nicht; außer Tee oder Wasser habe ich noch nie was anderes getrunken!«

»Das ist schön. Aber daß du, wie man mir gesagt hat, auch nichts ißt, das ist weniger schön. Deshalb bist du auch so dünn.«

»Nein, das kommt nicht davon«, bemerkte er mit kläglichem Lächeln, »das ist von was anderem ...«

»Wovon denn?«

»Ich bin sehr viel geschlagen worden.«

Er sah mich betrübt und schmerzerfüllt an.

»Wer hat dich geschlagen?«

»Mein Herr natürlich.«

»Und wer ist dein Herr?«

Er nannte einen polnischen Namen, den ich inzwischen vergessen habe.

»Er diente im Heer, bei den Husaren«, fuhr Matwej fort, »er bekam zwar Geld für einen Offiziersburschen, stellte aber keinen an, sondern hat statt dessen mich mitgenommen. Und da hat er mich eben auch geschlagen, kräftig geschlagen!«

Er seufzte mühevoll aus tiefster Seele, sozusagen gänzlich erschöpft.

»Weshalb schlug er dich denn?«

»Einfach so; er ließ sich was einfallen und schlug mich dann. Man weiß ja, ein Herr darf einen für alles schlagen, er ist keine Rechenschaft schuldig. Kaum macht man irgendwas falsch, gleich geht's los: mit den Fäusten auf den Kopf, oder auch mit den Knien; dann wieder verprügelte er mich mit dem Säbel oder mit den Stiefeln ...«

Entsetzt hörte ich ihm zu; wenn ich ihn ansah, glaubte ich ihm die grausame Wahrheit über die Quälerei sehr wohl.

»Ein andermal ging es über meine Kräfte, mit ihm auf dem Leiterwagen mit Wechselpferden über den rüttelnden Weg zu fahren, da schmiß er mich vom Wagen und zwang mich, den ganzen Weg zu Fuß zu laufen ... Mit den Jahren wurde ich auch schwächer. Da nahm er sich eben einen richtigen Offiziersburschen, und mich entließ er auf Zins. Fünfzig Rubel muß ich ihm im Jahr zahlen ...«

All das erzählte er stockend und mit ersterbender Stimme, wobei er seine Augen langsam öffnete und schloß.

›Mein Gott, was für ein bedauernswerter Mensch! Und die finden ihn komisch!‹ dachte ich und hörte ihm voller Mitleid zu.

»Immer will ich mich freikaufen, aber er hat eine hohe Summe festgelegt«, fuhr Matwej fort. »Siebenhundert Rubel! Ich hab ihm vierhundert gegeben, die hat er nicht genommen.«

»Und du hast so viel Geld?« fragte ich.

»Jetzt nicht mehr, jetzt sind es kaum noch dreihundert«, fügte er beinahe flüsternd hinzu. »Ich war lange ohne Stellung, mußte was für meine Unterkunft bezahlen, und durch meine Schuldner habe ich auch sechzig Rubel verloren – sie zahlen sie einfach nicht zurück.«

Er seufzte.

»Aber ich werd's mir zusammensparen und mich freikaufen!« schloß er nun lebhafter. Sogar seine Augen leuchteten auf. Offensichtlich war es sein sehnlichster Wunsch, sich freizukaufen.

›Deshalb also ist er geldgierig!‹ dachte ich. ›Er will seine Freiheit erkaufen! Der arme, bedauernswerte Mensch!‹

»Übereil dich nicht, vielleicht werdet ihr auch so freigelassen. Es gehen Gerüchte darüber um ...« sagte ich.

Damals wurde diese Frage höheren Orts tatsächlich erwogen. Doch die politischen Ereignisse in Europa ließen sie wieder in den Hintergrund rücken. Verstummt aber war sie nicht – und die Gerüchte nahmen bereits einen recht definitiven Charakter an. Still im verborgenen bereitete sich irgend etwas vor ...

»Ich will mit meinem Herrn aber nichts mehr zu tun haben; sobald ich das Geld zusammengespart habe, kriegt er's. Vielleicht hat er nicht mal irgendwelche Rechte über uns; wie's heißt, besitzt er gar keine Unterlagen über uns, und trotzdem hält er uns fest!«

Er seufzte schwer.

Wie leid er mir tat!

»Wie willst du denn eine so große Summe zusammensparen?« fragte ich. »Von deinem Lohn wirst du es kaum schaffen, und daß du gar nichts ißt – das geht doch auch nicht ...«

»Ich erwerb's mir, ich erwerb's mir. In einem Jahr, vielleicht auch in zwei oder drei Jahren erwerbe ich mir siebenhundert Rubel und mehr.«

»Womit denn?« fragte ich verständnislos. »Du beherrschst ja kein Handwerk ...«

»Mit Zinsen«, sagte er leise und mit einem beinahe verschmitzten Lächeln, »man macht Schulden, gibt ein Pfand dafür – und bezahlt hohe Zinsen. Der eine braucht fünfzig, der andere sechzig Rubel – und zahlt zwei, manchmal drei Prozent Zinsen im Monat.«

›Du bist ja ein kleiner Wucherer!‹ wollte ich sagen, doch ich beherrschte mich. Er tat mir zu leid. In Gedanken rechtfertigte ich ihn sogar – strebte er doch nach seiner Freiheit!

»Wie willst du aber deinen Dienst versehen!« zweifelte ich. »Es ist zwar bei mir nicht Gott weiß was zu tun, aber gemacht werden muß doch alles: Du mußt Holz in den Ofen legen und heizen, Ordnung in den Zimmern halten und meine Kleidung reinigen. Es kann auch vorkommen, daß ich dich irgendwohin schicke ... Du aber bist so schwach und abgezehrt – wie willst du das schaffen?«

Zu meinem Erstaunen lebte Matwej plötzlich auf – meine Worte wirkten wie Lebenswasser auf ihn. Seine Augen und sein Gesicht erstrahlten, seine Lippen verzogen sich zu einem breiten Lächeln, bei dem das Zahnfleisch sichtbar wurde. Er betrachtete aufmerksam das ganze Zimmer, die Möbel und Bücherschränke und fuchtelte mit Armen und Beinen.

»Das kann ich alles, das mache ich alles: Ich werde die Öfen heizen, die Zimmer besorgen, die Kleidung reinigen, den Samowar aufstellen und Tee zubereiten, ich werde auch nach Semmeln in den Laden gehen oder wohin immer Sie mich schicken – und alles andere mache ich ebenfalls ... ich werde schon alles in Ordnung halten ...«

Er sprach jetzt nicht mehr mit gedämpfter Stimme, sondern deutlich und schnell. Bei jedem Wort beschrieben seine Lippen und seine Nase Kreise. Er schüttelte sogar verwegen den Kopf.

»Nun, das freut mich sehr. Da hast du Geld, geh also und hole deine Sachen«, sagte ich.

Er wich zurück.

»Nein, Herr, ich danke ergebenst – ich habe welches ... Wie können Sie mir jetzt schon was geben, wo ich noch gar nichts getan habe; und Sie haben dann den Verlust davon! Nein, nein!« sagte er und nahm zu meiner Verwunderung kein Geld an. Irgendwie widersprach das seiner Geldgier.

»Ich werde in zwei Stunden alles mit einer Droschke hergeschafft haben«, schloß er.

Ich zeigte ihm seine Unterkunft und alle meine Zimmer.

»Das ist dein und das ist mein Reich. Halte es ordentlich und sauber. Gehst du oft weg?«

»Nur sonntags in die Kirche, aber auch nicht jedesmal. Sonst gehe ich nirgendshin.«

»Du wirst aber doch Bekannte haben?«

»Ich habe einen Gevatter, er ist verheiratet und kommt selten vorbei, einmal im Monat vielleicht, sonst kommt nie jemand.«

»Hier liegt meine Wäsche, das ist der Kleiderschrank. In jenem Zimmer dort befinden sich das Geschirr und das Silber ...«

»Geben Sie mir bitte das ›Rejista‹ – ich werde alles überprüfen und dann in meine Obhut nehmen«, sagte er.

»Ich habe kein Register. Ich vertraue dir.«

»Dann werde ich eben selbst alles aufschreiben, ohne Rejista geht es nicht. Gott behüte – wenn etwas wegkommt!« sagte er und ging hinaus, wobei er die Beine warf, als wären sie aus Holz.

Nachdem er sich etabliert hatte, sortierte er zwei, drei Tage lang mein ganzes Hab und Gut. Er notierte meine Kleidungsstücke, meine Wäsche, das Silber und jede einzelne Tasse, vergaß keinen einzigen Teller und bestätigte das Ganze mit seiner Unterschrift: ›Aufgenommen am Soundsovielten von Matwej‹.

Dieses ›Rejista‹ brachte er mir dann. Ich wollte es eigentlich in den Papierkorb unter meinem Schreibtisch werfen, doch er hatte eine so flehentliche Miene aufgesetzt und bat mich so kläglich, die Richtigkeit des Notierten zu überprüfen und es dann in meinem Schreibtisch aufzubewahren, daß ich mich mit dem letzteren einverstanden erklärte, eine Nachprüfung aber verweigerte ich aufs entschiedenste.

»Wenn etwas abgenutzt ist oder kaputtgeht, so wollen Sie das bitte auf dem Rejista vermerken«, ließ er nicht locker, »wenn aber ich etwas zerschlage oder verderbe, so ziehen Sie es mir bitte von meinem Lohn ab ...«

»Falls du mich mit solchen Kleinigkeiten behelligen solltest, so werde ich dein ›Rejista‹ in Fetzen reißen – hörst du?« sagte ich eindringlich. »Ich gebe dir vollkommen freie Hand, du kannst Geschirr zerschlagen und Sachen kaputtmachen oder verderben – ich werde nie auch nur einen einzigen Groschen von dir fordern. Ich bitte dich nur um eins: Trink nicht!«

»In dieser Hinsicht können Sie ganz beruhigt sein, Herr!« sagte er und zeigte beim Lächeln sein Zahnfleisch.

›In dieser Hinsicht – doch in welcher werde ich es nicht können?‹ dachte ich.

Nachdem ich ihn noch einige Tage lang beobachtet hatte, fiel mir auf, daß er so etwas wie ein doppeltes Wesen hatte: Wenn er schwieg, sich nicht bewegte und dem, was man ihm sagte, zuhörte, dann hatte er das Aussehen eines entkräfteten, gequälten Menschen – er vermochte seinen Mund nicht zuzumachen, antwortete nur mühsam und atmete kaum. Plötzlich jedoch belebte er sich, als erwache er aus dem Schlaf. Und trotzdem legte ich mich jeden Abend zweifelnd nieder – würde Matwej wohl bis zum nächsten Morgen am Leben bleiben?

Unter anderem hatte ich ihm auch aufgetragen, er solle morgens, wenn es ringsum noch still war und ich mich noch im Schlafzimmer aufhielt, meine Zimmer in Ordnung bringen.

Am darauffolgenden Tag stand ich morgens auf und wollte gerade nach ihm klingeln, als ich plötzlich aus den anderen Zimmern ein schreckliches Durcheinander, Lärmen und Poltern vernahm. Etliches fiel herunter, etwas klirrte und fiel um.

Ich guckte durch die Tür und sah, wie mein Matwej – ohne Rock, nur in seiner Weste –, die ungeschickten Beine werfend und die langen Arme ausstreckend, durch mein Arbeitszimmer lief und sprang, als wollte er ein Huhn im Hof fangen. Im Zimmer befand sich kein Ding mehr an seinem Platz: Die Möbel waren beiseite gerückt, alles war ausgeräumt, meine Bücher lagen in Haufen auf dem Boden, die Nippes standen auf den Fensterbrettern und so weiter.

»Was machst du denn da?« fragte ich.

»Ich räume auf!« sagte er, drehte sich zu mir um und zeigte sein Zahnfleisch. »Ich habe vom Hausmeister eine kleine Trittleiter bekommen, habe den Ofen abgewaschen, den Unrat von den Schränken gefegt, wische jetzt die Lampen ab, und dann muß ich nur noch die Bücher aufräumen!« rühmte er sich.

Ich wandte mich ab, um nicht loszulachen – so komisch wirkte er! Weder erschöpft noch abgekämpft war er jetzt, hatte auch nicht mehr das Aussehen eines Toten – jetzt wirkte er einfach nur komisch, unbeschreiblich komisch!

»Was hat denn hier so gepoltert und geklirrt?« fragte ich.

»Ja, als ich die Schränke abwischte, da fielen die Bücher von oben runter, und dann ist noch der Lampenschirm abgefallen und zerbrochen ... Ich kaufe einen neuen, Herr, auf meine Rechnung ...«

Er ergriff mit einer Hand den Schrubber, mit der anderen den Scheuerlappen und begann wieder zu rennen und zu springen, um das imaginäre Huhn zu fangen, wobei er den Aschenbecher vom Tisch fegte und mit dem Schrubber an den Spiegel stieß.

»Hör auf! Du hast genug aufgeräumt!« sagte ich. Wieder hatte ich mich abwenden müssen, um nicht loszulachen. Matwej aber tat, als hätte er mich nicht gehört, fuhrwerkte noch lange herum und stellte endlich alles wieder an seinen Platz – oder besser: an den falschen Platz. Die schweren Folianten türmte er haufenweise auf eine der zerbrechlichen, kleinen Etageren, die für Porzellan und Nippes bestimmt sind; prompt bog sie sich unter den schweren Büchern. Die Nippes aber, darunter Figürchen und den Briefbeschwerer, stellte er in den Schrank.

»So ist es besser, Herr, da bleiben sie doch heil!« fügte er mit stolzgeschwellter Brust hinzu und war sehr erstaunt, als ich ihm bedeutete, er solle sofort alles wieder rückgängig machen, die Bücher von der leichten Etagere nehmen und zurück in den Schrank tun, die Nippes aber auf den Tisch stellen.

»Sieh mal, was du gemacht hast: Du hast die Etagere beinahe kaputtbekommen – sieh, wie sie wackelt!«

Er blickte die sich biegende Etagere verständnislos an, sperrte den Mund auf und seufzte. Dann stellte er widerwillig alles so hin, wie ich es haben wollte.

Am Sonntag bat er mich gegen vier Uhr nachmittags, in seine Kirche gehen zu dürfen.

»Was habt ihr denn jetzt um diese Zeit für einen Gottesdienst?«

»Heute haben wir ›Supplikation‹.«

»Was gibt es denn noch außer der Supplikation?«

»Am nächsten Sonntag ist ›Lehre‹ und eine Woche darauf dann die ›Predigt‹.«

Außer zu diesen Gängen in die Kirche tat er keinen Schritt aus dem Hause. Und an Schnaps war nicht einmal zu denken. Leider enthielt er sich offenbar auch des Essens – jedenfalls bemerkte ich bei ihm außer Resten von Hering, Gurken und Rettich nichts Eßbares, so daß ich ihn beinahe zwang, die Reste meines Frühstücks für sich zu nehmen, ihm riet, den Herd zu heizen und sich eine Suppe zu kochen, und ihm Geld anbot, damit er sich Fleisch kaufte. Ich wollte, daß er, wie man so sagt, etwas Fett ansetzte.

»Nein, Herr, nein, warum soll ich Ihnen Verlust bringen! Gott wird schon dafür sorgen, daß ich durchkomme!« sagte er langsam und stockend; das Geld fürs Essen nahm er nicht an.

»Warten wir die Feiertage ab, dann werde ich einen Schinken braten«, setzte er fröhlich hinzu, »ich mache einen Osterkuchen mit Sahne und werde Eier färben – mein Gevatter kommt, da werden wir nach der Fastenzeit das Fleisch aber genießen!«

Seine Augen leuchteten sogar, und sein Lächeln wirkte direkt genießerisch. Beinahe hätte er sich die Lippen geleckt. Fast erschien so etwas wie Rot auf seinen Wangen. Dann aber nahm er plötzlich wieder sein leichenhaftes Aussehen an.

Das Bedauernswerte und das Komische gingen so ineinander über, daß ich meine Ansicht über ihn jeden Augenblick ändern mußte. Eben erst hatte ich angesichts seiner Grimassen, seiner Sprünge und dieses naiven Lächelns mit entblößtem Zahnfleisch laut gelacht – und im nächsten Moment krampfte sich mir jäh das Herz zusammen, wenn er seine Rede mit einem schweren Seufzer unterbrach und seine erlöschenden Augen schloß. In seinem faltenreichen, leichenblassen Gesicht las ich dann wieder die unauslöschliche Geschichte seiner langerduldeten Qualen.

»Hast du viel gelitten, Matwej?« sagte ich einmal zu ihm, als er mir das Tablett mit dem Tee brachte, und betrachtete ihn voll Anteilnahme. »Was für grausame Schmerzen hast du ertragen; du bist geradezu ein Märtyrer! Du gehörst eigentlich unter die Heiligen – sieh doch, wie abgemagert du bist! Und wie viele vorzeitige Falten du hast!«

»Nein, Herr, das sind keine schlimmen Schmerzen gewesen, das war gar nichts!« widersprach er mir lebhaft. »Das gibt's noch und noch! Das ist wenig ... es gibt viel schlimmere!«

»Was sollen das denn für schreckliche Schmerzen sein?« fragte ich.

»Es sind drei, drei Märtyrerqualen«, sagte er voll Überzeugung. »Unser Pfarrer, Pater Hieronymus, hat gesagt: ›Es gibt nichts

Schwereres als diese drei Qualen – wenn ein Mensch Zahnschmerzen hat, wenn eine Frau gebiert und wenn ein Mensch stirbt!‹«

»Woher weiß er das denn, dein Pfarrer? Zahnschmerzen – gut, das mag noch angehen, wenn er sie kennengelernt hat. Vom Gebären und vom Sterben aber – wie will er da etwas wissen? Denn er hat noch nie selbst geboren, und gestorben ist er doch auch noch nicht?«

»Pfarrer wissen alles!« sagte Matwej voll Ehrfurcht und schloß die Augen. »Alles. Sie wissen, wozu jeder Mensch auf die Welt kommt; und wenn einer stirbt, so wissen sie, was am sechsten und am neunten Tag nach seinem Tode mit seiner Seele geschieht und welche Martern sie erduldet. Jawohl!« schloß er seufzend.

In diesem Augenblick klingelte es. Mein Matwej sprang plötzlich auf – wo war seine Erschöpfung geblieben! –, warf beinahe das Tablett mit dem Tee aus der Hand, war mit einem Satz in der Diele und öffnete die Tür.

»Er ist zu Hause, bitte schön!« sagte er frisch und munter und nahm dem Gast so geflissentlich den Mantel ab, als wollte er ihn berauben. Mein Besuch kam herein und blickte lächelnd zu Matwej hinüber.

»Sie haben einen neuen Diener?« fragte er.

»Ja. Und zwar einen, der nicht trinkt, stellen Sie sich das vor!«

»Tatsächlich? Ich gratuliere – das ist eine Rarität. Nur, er ist so ... komisch!« schloß mein Gast und beobachtete, wie Matwej mit affenartiger Gewandtheit das Tablett vom Tisch nahm und es, die Beine werfend, zum Buffet trug, wobei er mit den Schultern an der Tür anstieß.

Je genauer ich ihn beobachtete, desto mehr sah ich mich genötigt, den Eigenschaftswörtern ›bedauernswert‹, welches ich für Matwej gefunden hatte, und ›komisch‹, welche andere auf ihn zutreffend fanden, neue Epitheta hinzuzufügen.

Mit der Zeit wurde er für mich zum Objekt einer sehr interessanten und komplizierten Charakterstudie. Ich versuchte, einen vorherrschenden Zug zu finden, um ihn in eine allgemeingültige Kategorie einordnen zu können. Am auffälligsten war bisher seine Angst vor ›Verlusten‹, dieses Wort tauchte öfter als andere in seinen Reden auf.

Außerdem war er ungeheuer akkurat und ehrlich. Seine Ordnungsliebe bescherte mir nicht wenig Verdruß. Zudem war er stur wie ein Ochse und konnte mich damit manchmal ganz aus der Fassung bringen. Ich begriff, daß das seinen früheren Herrn, einen jungen, hitzigen Husaren, hatte in Rage bringen können.

»Geh und bring dieses Buch weg«, sagte ich beispielsweise zu ihm, »es ist nicht weit, in dem und dem Haus, gib es beim Portier ab.«

»Ich werde es lieber später hinbringen, Herr, wenn ich mit dem Abwasch fertig bin und Sie ausgegangen sind …«

»Bring es jetzt sofort hin!« mußte ich ihm streng befehlen. Anders ging es nicht.

»Bring diese Briefe und das Päckchen zur Post«, trug ich ihm ein anderes Mal auf. »Gib sie ab und dann geh zum Schneider und bezahle diese Rechnung – hier hast du das Geld, vergiß die Quittung nicht.«

Als ich abends wiederkam, fand ich meine Briefe und das Päckchen auf dem Tisch in der Diele. Ich wunderte mich.

»Warum hast du sie nicht aufgegeben?« fragte ich streng.

»Ich bin zu spät gekommen, Herr«, rechtfertigte er sich mit kläglicher Stimme, »der Schneider hat irgendwelchen Herrschaften Kleider angemessen, und ich mußte – bei meiner Ehre – eine ganze Stunde warten. Auf der Post war der Schalter dann schon zu …«

»Ich hatte dich doch zuerst zur Post geschickt!«

»Ich dachte, auf dem Weg gehe ich besser erst zum Schneider …«

Und so war es auf Schritt und Tritt – was für eine heftige Neigung zum Widerspruch!

Einmal, als die Arbeit mich drängte – Matwej war bereits seit vier Monaten bei mir –, befahl ich ihm aufs strengste, einige Tage hindurch niemanden vorzulassen. Ich hörte es etliche Male klingeln – es war also jemand gekommen. Matwej wies ihn ab und gab mir dann die Visitenkarten, ganz wie es sich gehörte.

Doch da hörte ich plötzlich, wie er jemanden eifrig hereinbat. »Bitte sehr, er ist zu Hause!« sagte er.

Ich wartete erstaunt. Herein kam ein langweiliger, schwatzhafter Herr, dem ich, selbst wenn ich Zeit hatte, hübsch aus dem Weg ging. Als ich ihn endlich wieder los war, fragte ich Matwej, warum er ungeachtet meines Befehls den Besucher hereingelassen habe.

»Er hatte auf jeder Brust zwei Sterne – wie soll man so einen Herrn abweisen, das war doch ein Scheneral!« rechtfertigte sich Matwej.

Er pflegte Generäle ›Schenerale‹ zu nennen und empfand ihnen gegenüber so etwas wie abergläubische Ehrfurcht oder Angst wie vor bissigen Hunden, weiß Gott, was es war!

Danach wies er zwei, drei Tage lang einige Leute ab. Ich arbeitete unermüdlich in aller Ruhe, niemand störte mich. Da vernahm ich plötzlich wieder lautes Klingeln, gerade in einem Moment, da meine Arbeit höchste Konzentration erforderte – und wieder Matwejs Einladung: »Er ist zu Hause, bitte sehr!«

Wie wenn Wind durch einen Wald fährt, so tönte das laute Rascheln eines Frauenkleides, und herein flatterte eine Dame, froufrou, und ließ sich nieder, wobei sie mit ihren Röcken das ganze Sofa einnahm.

»Was tun Sie hier; es ist so schönes Wetter – und Sie sitzen und arbeiten! Hören Sie auf, hören Sie auf!« wiederholte sie immer wieder. »Ich bin gekommen, um Sie zu entführen; ich fahre ein Sommerhaus ansehen: kommen Sie, kommen Sie ohne Widerrede!«

Ich verlor dadurch einen ganzen Vormittag. Kaum war ich wieder zurück, fragte ich Matwej sofort, warum er denn diese Besucherin hereingelassen habe.

»Eine Dame!« sagte er zu seiner Rechtfertigung. »Ich dachte, Sie würden sehr böse sein, wenn ich sie nicht hereingelassen hätte ...«

»Gestern abend hast du eine andere Dame aber abgewiesen – warum dann diese? Wer hat dir das erlaubt?« bedrängte ich ihn streng.

»Die gestern, Herr, die kam ja zu Fuß und war auch bloß ganz normal angezogen; ich dachte, sie wollte um Almosen bitten. Ich hatte Angst, Sie würden einen Verlust haben – da hab ich sie nicht hereingelassen ...«

»Dein früherer Herr hätte dich für solchen Ungehorsam sicher verprügelt, was meinst du?« fragte ich.

Er seufzte bekümmert.

»Den Schädel hätte er mir eingeschlagen«, meinte er mit kläglichem Lächeln.

»Weshalb gehorchst du denn nicht, weshalb hast du die Dame hereingelassen!«

»Aber Herr, sie hatte ja einen Kutscher in Livree auf dem Bock sitzen, und der sprach auch nicht russisch; es war ein Engländer oder so was ... Ich dachte mir, wie soll ich die draußen stehen lassen!«

Ich begann mich auch an diesen neuen Zug zu gewöhnen. An eines aber vermochte ich mich nicht zu gewöhnen – das war seine Genauigkeit. Ich gab ihm beispielsweise zehn oder zwanzig Rubel für die üblichen Ausgaben: Tee, Zucker, Semmeln, Sahne und dergleichen. War das Geld alle, so erschien er mit einem schmutzigen, grauen Zettel bei mir, auf dem er selbst die geringste Kleinigkeit notiert hatte, und verlangte, daß ich es nachrechnete. Er brachte auch gleich das Restgeld an, ein Zwanzigkopekenstück etwa oder einzelne Kopeken. Dabei unterließ er es niemals zu erwähnen, was teurer und was billiger geworden war.

»Das Pfund Zucker ist jetzt zwei Kopeken billiger, Herr!« sagte er wohl mit leuchtenden Augen. War das Gegenteil der Fall, so erklärte er niedergeschlagen, als handle es sich um den Verlust eines geliebten Menschen: »Das Schwarzbrot, Herr, ist jetzt um eine Kopeke teurer geworden!«

Er hatte alles ertragen: die Schläge seines Herrn, das ständige Hungern, die auszehrende Arbeit – seinen Geist aber hatte er dabei nicht drangegeben. Nur die Angst vor ›Verlusten‹ überwältigte alles andere in ihm.

Ich tat so, als ob ich seine Rechnung durchsähe, dann gab ich ihm neues Geld und warf die Rechnung heimlich in den Papierkorb. Das merkte er jedoch, holte sie wieder heraus und schob sie mir heimlich zwischen meine Papiere, sofern ich sie nicht zerrissen hatte.

Manchmal hielt er mir plötzlich zehn oder zwanzig Kopeken unter die Nase und sagte: »Das ist übrig. In der letzten Rechnung habe ich fälschlicherweise die Semmeln doppelt aufgeschrieben – hier ist es, bitte schön ...«

Wenn ich diese Rechnungen manchmal flüchtig durchsah, mußte ich über seine Orthographie lächeln, er aber hielt dieses Lächeln für Zustimmung und lächelte ebenfalls vor Vergnügen. Seine Orthographie war eigentümlich. Er unterschied langes und kurzes I, doch gebrauchte er sie nie, wo sie nötig gewesen wären; zum Beispiel schrieb er ›Liechte‹, ›Mielch‹, ›Sierup‹, die Worte ›Bier‹ und ›Radieschen‹ aber schrieb er ›Bir‹, ›Radischen‹ usw. Den Buchstaben Y aber hielt er offenbar für völlig überflüssig beziehungsweise ›ignorierte‹ ihn, wie sich bei uns in der Presse einige Kenner der französischen Sprache auszudrücken pflegen.

Manchmal belästigte Matwej mich mit diesen Rechnungen, während ich arbeitete. Dann fegte ich schweigend sowohl die Rechnung als auch das Kleingeld vom Tisch und schaute ihn wohl ungeheuer grimmig an, denn er verschwand darauf augenblicklich seufzend in seiner Kammer.

Matwej war nun bereits seit zwei Jahren bei mir – und ich kam immer mehr zur Ruhe. Er war ein treuer, wenngleich komischer Hüter und Bewahrer meines Junggesellennestes. Meine Gäste gewöhnten sich auch an ihn und lächelten nur, wenn sie ihn und besonders seinen langen, grauen Rock zu Gesicht bekamen. Ich vererbte ihm alle meine Kleidungsstücke, doch sah ich niemals, daß er eines von ihnen getragen hätte. Was er mit ihnen machte, wußte ich nicht und weiß es bis heute nicht. Nach einem erbitterten Kampf bestand ich wenigstens darauf, daß er in Gegenwart von Gästen das Zimmer nicht anders betrat als in einem schwarzen, fast neuen Rock, den ich ihm zusammen mit Hosen und Halstüchern geschenkt hatte; sogar Handschuhe hatte ich ihm gegeben, damit er anständig den Tee servieren konnte. Dies erreichte ich nur mit Gewalt. War er aber auf diese Weise gekleidet, so sah er eigentlich noch komischer aus, wie ich gestehen muß.

Er hatte noch einige, für ihn nicht unbedingt charakteristische, also nur von Zeit zu Zeit auftauchende Eigenarten, die nicht recht zu seinem zerquälten, kranken Organismus passen wollten. Es waren ausgelassene, fast kindliche Extravaganzen, die jedoch den in seinem kranken Körper glimmenden Lebensfunken jäh und wie elektrisierend anfachten und diesen wandelnden Leichnam in ein lebhaftes und wie ein Affe hüpfendes und springendes Wesen verwandelten.

Es passierte also folgendes: Während ich mich anzog, hielt er mir die Stiefel oder das Handtuch hin, oder er war dabei, mir meinen Rock zu reichen, oder er brachte das Frühstückstablett herein – kurz, er war vollkommen mit der Erfüllung seiner Obliegenheiten beschäftigt. Da vernahm er plötzlich Trommelschlag, die Klänge einer vorüberziehenden Kapelle auf der Straße – und im Nu warf er alles hin, was er in den Händen hielt, und verschwand. Ich hörte nur noch so etwas wie das Poltern herabrollender Steine aus dem Treppenhaus – das waren seine davoneilenden Füße. So blieb ich mit einem Stiefel in der Hand oder mit eingeseifter Wange zurück und wartete.

Ihn zurückzurufen wäre vergebliche Liebesmüh gewesen: Wie

ein erschrockenes, auf die Trense beißendes Pferd hörte und sah er jetzt nichts. Zehn Minuten später kam er wieder, fast immer strahlend und zufrieden. »Da wird ein Scheneral« (d.h. ein General) »oder ein Fürst zu Grabe getragen«, berichtete er und erzählte, welches Regiment oder welche ›Artlerie‹ den Sarg begleitete, wer ritt und wer zu Fuß ging, wieviel Kutschen mitfuhren usw.

Ich versuchte es damit, daß ich böse wurde, ich ermahnte ihn – nichts half. Ertönte am nächsten Tag wieder die Musik, so verschwand Matwej erneut. Eines Tages verschwand er, ohne daß etwas zu hören gewesen wäre. Er hatte aber ein so feines Gehör, daß er jede ungewöhnliche Bewegung, jeden Ton, jeden Lärm auf der Straße oder im Hof wahrnahm. Diesmal kam er auch strahlend wieder, weil es wieder eine sehenswerte Szene gegeben hatte, doch zeigte sein Gesicht zugleich einen verständnislosen Ausdruck.

»Was war denn los?« fragte ich. »Warum bist du wieder losgestürzt wie ein kleiner Junge?«

»Man hat Gefangene zur Hinrichtung gebracht!« platzte er heraus und strahlte, weil dieser unerhörte Vorfall eine so große Neuigkeit darstellte.

Ich sah ihn an und fragte mich, ob er wohl den Verstand verloren hatte.

»Wie? Zur Hinrichtung? Was denn für Gefangene? Was faselst du da!«

»Es ist wahr, Herr – Gendarms, Kosaken und Polizei waren dabei, und sie fuhren auf einem grünen Karren ... Die Weiber liefen haufenweise hinter dem Karren her, schneuzten sich und weinten – die Männer und Söhne taten ihnen leid ...«

Teilweise stimmte das alles wirklich. Tatsächlich hatte man eine Abteilung Verurteilter über die Litejnaja geführt, allerdings nicht, wie Matwej erzählt hatte, zur Hinrichtung, sondern in die Verbannung.

Noch ein anderer Umstand belebte meinen todbleichen Diener: wenn er Diebe fangen und mit ihnen abrechnen helfen konnte. Nie zuvor und nie danach habe ich etwa bei einem Jäger eine solche Leidenschaft bei der Jagd auf ein höchst interessantes Wild bemerkt wie bei Matwej, wenn es einen Dieb zu fangen und vor allem zu verprügeln galt.

Oftmals berichtete er mir strahlend und vor Lebendigkeit sprühend wie eine plötzlich erblühte Blume, daß in unserem Haus, manchmal auch in der Nachbarschaft, auf dem Boden oder im Keller ein Dieb gefangen oder in einer Wohnung beziehungsweise in einem Geschäft einer gestellt worden sei.

»Nun ja, hat man ihn auf die Polizei gebracht?« erkundigte ich mich gleichgültig.

»Nein, Herr, wie denn das – auf der Polizei würde man ihn ja morgen wieder entlassen. Nein, wir haben ihn lieber selbst durchgeprügelt – der wird das nicht vergessen!«

»›Wir‹ – ja, warst du etwa auch dabei?«

»Aber natürlich war ich das, Herr!« fügte er begeistert und überstürzt hinzu und entblößte sein Zahnfleisch. »Gleich wie ihn das Gesinde ergriffen hatte, bin ich, mit Verlaub, als erster hingelaufen und habe geholfen, ihn festzuhalten. Prächtig haben sie's ihm gegeben: Sein Gesicht war blutüberströmt!«

»Hast du ihn auch geschlagen?« fragte ich und fürchtete mich selbst vor der Antwort.

»Nur ein ganz kleines bißchen, Herr; eigentlich hab ich ihn mehr am Hals festgehalten, an seinem Halstuch, sehen Sie – so, damit er nicht wegrannte!«

»Und du schämst dich nicht, du meinst nicht, daß so was eine Sünde ist?« drang ich in ihn.

»Aber weshalb vergreift er sich denn an fremdem Gut, Herr? Was für ein ›Verlust‹ ist das für den, den er bestohlen hat! Also muß man's ihm zeigen!« betonte er energisch.

Einmal kam es zu einer solchen Jagd während meiner Sommerfrische auf der Wyborger Seite. Ich hatte zusammen mit einem Freund die obere Etage eines Landhauses gemietet, das einem Oberpriester gehörte, der mit seiner Familie unten wohnte. Das Haus stand inmitten eines dichtbewachsenen Gartens. Wir hatten oben vier Zimmer für uns und nebenan eine Extraunterkunft für Matwej.

Mein Freund und ich saßen einmal an einem langen Tisch vor dem offenen Fenster. Es war eine dunkle Nacht Ende August. In Haus und Garten herrschte absolute Stille. Der Hausherr weilte wegen seines Dienstes die Woche über in der Stadt, die Familie war ihm gefolgt, das Haus stand also unten leer.

Ich las, und mein Zimmergenosse saß über amtlichen Papieren. Die Nacht war still und stockfinster. Da sah ich, wie mein Freund irgend etwas vom Fenster aus in der Dunkelheit aufmerksam ins Auge faßte. Endlich fragte er: »Was machst du denn da? Was willst du? Weshalb bist du auf den Baum geklettert?«

»Mit wem reden Sie denn?« erkundigte ich mich.

»Da sitzt jemand auf dem Baum.«

Ich sah aus dem Fenster, konnte aber nichts erkennen.

Doch das Gespräch meines Freundes mit dem Unbekannten in der Finsternis und meine Frage hatten bereits Matwejs Aufmerksamkeit erregt. Er witterte etwas Ungewöhnliches. Mit dem Ruf »Ein Dieb, ein Dieb!« stürzte er wie der Wirbelwind an uns vorüber, polterte fast unbekleidet – er war im bloßen Hemd und hatte nur seinen grauen Rock übergeworfen – die Treppe hinunter und verschwand im Garten.

Ich spöttelte über meinen Freund, der einen Dieb gefragt hatte, warum er nachts auf den Baum geklettert sei und was er dort wohl täte.

Nach einer guten halben Stunde kam Matwej frohgemut und triumphierend zurück und berichtete, daß tatsächlich Diebe dagewesen wären. Er hätte den Wächter und die beiden Gärtner geweckt, und sie hatten gemeinsam den Dieben nachgesetzt, zwei aber wären ihnen entwischt, während ein dritter mit seinem Rockschoß am Zaun hängengeblieben und von ihnen gefangen worden wäre.

»Was habt ihr mit ihm gemacht?« fragte ich.

»Dem haben wir's ordentlich gegeben!« brüstete er sich. »Der wird noch lange dran denken! Als wir ihn losließen, konnte er kaum noch laufen ... Er ging die Gasse lang und bat: ›Laßt mich in Ruhe um Christi willen!‹ Wir aber sind auf ihn los, einer schlug ihn auf den Hals, einer ins Gesicht ...«

Er zeigte uns, wie sie ihn verprügelt hatten.

»Und du auch?« fragte ich angewidert.

»Nein, Herr, ich hatte ihn nur fest am Kragen gepackt und festgehalten, aber der Wächter, der hat ordentlich auf ihn eingeschlagen.«

»Und du hast gar keine Gewissensbisse?«

»Herr, sie wollten die ganze untere Etage ausrauben, hatten sich sogar eine Schubkarre besorgt. Die haben sie aus dem Nachbargarten geholt; Säcke hatten sie auch herbeigeschafft. Hätten sie hier alles geklaut, so wäre es am Wächter hängengeblieben, er hätte einen Verweis bekommen. Der Pope, der ist streng und geizig. Was für ein Verlust für ihn!«

Mein Freund lachte.

»Wie komisch doch dieser Matwej ist!« sagte er.

Mir aber erschien er sowohl komisch als auch bedauernswert, und in bezug auf die Jagd nach Dieben sogar widerlich.

Jahre vergingen. Ich lebte wie in einer Familie: sicher, traulich, ohne Sorge um mein Hab und Gut; und ich segnete den Zufall, der mir einen solchen Diener und Freund beschert hatte. Ja, einen Freund, denn es traten bei Matwej Anzeichen von wirklicher Ergebenheit mir und meinen Interessen gegenüber zutage – den materiellen Interessen, versteht sich. Allerdings war diese Ergebenheit die eines Sklaven beziehungsweise Lakaien, ein Überbleibsel der Leibeigenschaft. Nichtsdestotrotz war sie echt. Andere als materielle Interessen wären über seinen Verstand gegangen, er hätte keinen Geschmack an ihnen gefunden. Beispielsweise vermochte er nicht zu begreifen, wie ich, wenn ich über meinen ›Büchelchen‹ und ›Papierchen‹ am Schreibtisch saß, sein ›Rejista‹ oder seine Ladenrechnung, wo verschiedene Waren bis zum Gesamtpreis von zwanzig Rubel aufgeführt waren, verschmähen konnte und, ohne den Blick von meinem Buch zu heben, die Rechnung zerreißen und unter den Tisch werfen, den Rest aber, manchmal zwanzig, dreißig Kopeken, mit der Hand vom Tisch wischen konnte, als wäre es Unrat! Was für ein Verlust!

Außer durch seine Halsstarrigkeit und seine Rechnungslegungen ging er mir auch oft auf die Nerven, weil er versuchte, mich für seinen Gelderwerb und sein Sparen zu interessieren. Nein und nochmals nein – und doch erschien er dann plötzlich mit einer goldenen Uhr samt Kette und fragte, ob er darauf fünfundzwanzig oder dreißig Rubel geben könne. Sei sie das wert? Andernfalls würde er halt eine Brosche mit Edelsteinen bringen.

»Herr, kostet diese Brosche fünfundsiebzig Rubel? Klara will darauf dreißig Rubel für drei Monate haben.«

Klara war eine Bewohnerin desselben Hauses, in dem auch ich wohnte. Sie lebte, wie Matwej sagte, auf großem Fuß. Ich bekam sie niemals zu Gesicht.

Ich habe noch nicht erwähnt, daß er ein ganzes Lager verschiedener Gegenstände besaß, zum Beispiel Pelze, Damenkleider, Offiziersmäntel, Fuchsstolen, Samtmantillen – all das hing in seinem Zimmer an den Wänden oder aber im Korridor, sorgfältig mit Laken bedeckt, zum Teil lag es auf Regalen, manchmal auch auf dem Fußboden. Mal ragte ein englischer Sattel unter seinem Bett hervor, mal hatte er an Nägeln einige Pistolen zu hängen. Die Gold- und Silbersachen bewahrte er offenbar in meinen Kleider- und Geschirrschränken auf.

Es war für ihn von entscheidender Bedeutung, mir jede an ihn verpfändete Sache anzuschleppen und zu zeigen.

»Herr, kann ich auf diesen Schal fünfundzwanzig Rubel geben – angeblich kostet er hundert?« fragte er.

Oder: »Da will einer siebzig Rubel auf diesen Pelz haben – ist das denn ein Zobel, oder ist er nur imitiert? Kann ich das Geld bis zum Winter leihen? Im Winter soll er wieder ausgelöst werden!« und so weiter ... So daß ich in etwa wußte, welche Pfandstücke er aufbewahrte.

Auf seine stereotypen Fragen nach dem Geldwert der Sachen erhielt er stets meine stereotype Antwort: »Geh weg, stör mich nicht!« Oder: »Ich werfe deine Sachen zum Fenster hinaus, wenn du mich weiter belästigst!«

Dessenungeachtet und obgleich meine Antworten ganz und gar nicht freundlich ausfielen, kam er ein, zwei Tage später mit den gleichen Fragen – und erhielt wieder die gleichen Antworten.

»Was du da machst, das ist doch ungesetzlich«, sagte ich oftmals zu ihm, »man muß, wenn man Geld auf Pfandsachen leiht, eine besondere Bescheinigung besitzen! Außerdem könnten die, die bei dir Geld leihen, denken, daß ich mit dir gemeinsame Sache mache oder dich decke. Das ist doch eine Gemeinheit!«

Er verlor ein wenig die Fassung.

»Das weiß ja niemand. Ich leihe ja nur an Bekannte aus, da wird sich keiner beschweren«, rechtfertigte er sich rasch im Flüsterton. »So was machen selbst Herrschaften, heimlich, über einen Diener. In der Gorochowaja befaßt sich ein Baron damit; er ist zwar ein Scheneral, heimlich verleiht er aber über seinen Kammerdiener Geld auf Pfandsachen. Angeblich soll er im Jahr sechstausend Rubel damit verdienen!« fügte er begeistert und entsetzt hinzu. »Er hat schrecklich viel Geld!«

»Siehst du, über den wird also schon geredet. Ich will aber nicht, daß man dank deiner Güte so etwas auch von mir denkt! Du solltest mit dieser Art von Gelderwerb besser aufhören, Matwej, sonst werde ich Angst haben müssen, dich bei mir zu behalten – das ist doch eine Gemeinheit!«

»Es ist aber keine Sünde, Herr. Ich habe es unserem Priester gebeichtet, und der hat gesagt: ›Das macht nichts, wenn du die Leute nicht allzusehr aussaugst! Nur vergiß auch die Kirche nicht!‹ Ich nehme ja auch bloß ganz wenig, zwei Prozent monatlich, und im voraus ziehe ich nur die Hälfte ab.«

»So einer bist du also!«

»Aber das ist doch wenig, andere nehmen hundert Prozent ... Ein Kaufmann – er hat einen Laden und leiht auch Geld aus ...«

Ich gab ihm mit einer Handbewegung zu verstehen, daß er verschwinden solle.

»Ich habe schon wieder vierhundert zusammengespart!« setzte er noch feierlich im Flüsterton hinzu, dann verschwand er.

Seine Aufmerksamkeit mir gegenüber, seine Sorge um meine Ruhe und mein Wohl, seine unbestechliche Ehrlichkeit – denn ungeachtet seiner Geldgier hätte er mich nicht einmal für eine Million verkauft –, sodann seine Enthaltsamkeit und Akkuratesse, all das trug dazu bei, wenn es mich auch nicht an ihn fesselte, daß ich ihm geneigt war und ihn schätzte. Hätte ich ihn verloren, er wäre mir unersetzbar gewesen.

Um ein Haar jedoch hätte ich diesen mustergültigen Diener eingebüßt. Und das ausgerechnet infolge der Feiertage. Unsere Feiertage sind natürlich eine geheiligte Angelegenheit, zugleich aber ein großes Übel für Rußland. Die heiligen Feste werden von derartigen Schatten verdunkelt und von solchem Schmutz befleckt, daß weder Gebete noch Fasten sie reinwaschen können. Jeder weiß dies – und jeder schleppt gehorsam das selbstauferlegte Joch.

Einmal nahte das Osterfest; ich hatte bereits in der Karwoche eine besondere Geschäftigkeit und Lebhaftigkeit bei Matwej bemerkt. Er verschwand irgendwohin, brachte etwas an, verschwand wieder: Ständig vernahm ich sein Gelaufe auf der Treppe. Das Fasten hatte er nicht nur nach katholischer Sitte eingehalten, sondern es sogar noch strenger als die Orthodoxen beachtet – er aß buchstäblich nichts. Er nahm nur etwas Tee zu sich und aß ein Brötchen dazu.

»Was bist du denn so geschäftig?« fragte ich ihn.

»Ich habe einen Schinken gekauft, ihn zum Backen weggegeben und bei einem Scheneralskoch auf jenem Hof dort einen Osterkuchen bestellt. Vielleicht probieren Sie, Herr, dann meinen Schinken und den Osterkuchen!«

Ich gab ihm Geld, damit er auch für mich Eier kaufe und mir ein Osterbrot beziehungsweise einen Osterkuchen bestelle – ich wollte ihm ›Verluste‹ ersparen.

»Ein Osterbrot, wenn Sie es unbedingt wollen, werde ich bestellen, aber den Osterkuchen, den müssen Sie bei mir kosten!« sagte er beinahe flehend. »Es wird Schinken, Wurst und Piroggen geben; mein Gevatter hat auch versprochen zu kommen. Sie brauchen doch nichts zu bestellen, Sie essen doch gar nicht zu Hause!«

»Aber du iß mal jetzt bis Ostern heran ist. Das Fasten ist doch für Katholiken keine Pflicht. Du kannst doch Eier essen und Milch trinken ... Guck doch, wie du aussiehst!«

»Es dauert ja nicht mehr lange, nur noch zwei Tage!« sagte er und entblößte sein Zahnfleisch.

Sein Osterkuchen geriet tatsächlich gut, das heißt, er blieb einem nicht wie andere im Halse stecken; und auch der Schinken war nicht gänzlich zähe. Matwej war außer sich vor Freude, daß ich sowohl das eine als auch das andere probierte.

Während der Feiertage war ich tagsüber nicht zu Hause und wußte also nicht, was Matwej inzwischen tat. Am vierten Tag geschah folgendes:

Ich wachte morgens auf und klingelte nach ihm. Die Klingelschnur hing gleich neben meinem Bett. Anders als sonst erschien Matwej nicht auf mein Läuten hin. Ich glaubte, er wäre irgendwohin gegangen und wartete ein bißchen, dann klingelte ich wieder, und zwar heftiger. Niemand kam. Dann drang so etwas wie ein Stöhnen, weit weg, anscheinend vom Hof her, bis zu mir. Ich achtete nicht darauf und klingelte noch heftiger. Das Stöhnen erklang nun deutlicher, so als käme es aus meiner Wohnung. Gleichzeitig raschelte etwas im Korridor, als wenn jemand sich dort ganz langsam bewegte. Ich sprang rasch aus dem Bett, warf meinen Schlafrock über und wartete. Das Rascheln kam näher. Langsam ging die Tür auf, und vor dem dunklen Hintergrund erschien eine Gestalt ...

Wer war das? Etwa Matwej? Nein, das war – Lazarus, wie er in seinen Leichentüchern aus dem Grabe stieg ...

»Was hast du? Was ist mit dir?« Ich war so entsetzt, daß ich die Worte kaum hervorbringen konnte.

»I...st...e...r...e!« stöhnte er, wobei er schwankte, schlotterte und sich mit den Händen an den Wänden festhielt. Er brachte seine Lippen nicht zusammen, konnte also vor Schwäche die Konsonanten nicht richtig aussprechen.

›Ich sterbe‹, hatte er sagen wollen und es nicht gekonnt, und mit diesen Worten wollte er wieder in sein Zimmer gehen, doch konnte er auch das nicht. Ich brachte ihn hin, und er fiel bewußtlos auf sein Bett. Ich kleidete mich rasch an und lief hinauf zum Doktor, der eine Etage höher wohnte und mich manchmal behandelte. Als wir hinunterkamen, zog ich die Stores und Gardinen auf. Er untersuchte den Kranken und stellte fest, daß er heftiges Fieber hatte, doch vermochte er nicht zu sagen, von welcher Art das Fieber war und woher es kam: ob er sich erkältet oder zu viel gegessen hatte.

Die Indizien, das heißt der Schinken, der Osterkuchen und die Wurst waren teilweise noch da. Ich informierte den Arzt kurz über Matwejs asketische Lebensweise sowie über seinen ersten Fleischgenuß nach dem Fasten.

»Ich komme später, am Nachmittag, wieder«, sagte der Arzt, »jetzt habe ich Dienst im Krankenhaus. Wenn sich sein Zustand verschlechtert – denn er hat es hier nicht sehr gut, es ist eng und stickig hier –, dann müßte er zu uns auf die Station kommen ...«

»Um Gottes willen, tun Sie alles, Doktor, als wäre es für mich selbst«, sagte ich, »lassen Sie es an nichts fehlen!«

»Beruhigen Sie sich, und geben Sie ihm inzwischen diese Tropfen ein.« Er schrieb rasch ein Rezept aus. »Um fünf komme ich wieder vorbei. Und jetzt werde ich im Krankenhaus ein freies Bett bereitstellen lassen.«

Inzwischen hatten wir Matwej wieder zu sich gebracht. Als er mich erblickte, brach er in Tränen aus.

»Was hab ich Ihnen für Scherereien gemacht, Herr! Mein Gott!« stöhnte er und faßte sich an Kopf und Bauch. »Ich sterbe, ich werde sterben! Der Hausmeister, der Jegor, soll zu mir kommen!« flehte er.

Ich ging hinunter, machte Jegor ausfindig und schickte ihn hinauf. Dann ging ich selbst in die Apotheke, um Medizin zu holen. Ich kaufte Minze, Hoffmannstropfen und das, was der Arzt verschrieben hatte.

Der Hausmeister hatte den Samowar aufgestellt und war auf Matwejs Bitte irgendwohin gegangen. Es stellte sich heraus, daß

Matwej mitten in seiner Agonie sich doch wieder um mich gesorgt hatte, denn der Hausmeister brachte einen sehr anständigen, jungen Diener mit, einen Freund von Matwej, der sich bereit erklärt hatte, ihn zeitweilig zu vertreten.

Am späten Nachmittag untersuchte der Arzt den Kranken und stellte fest, daß er ins Krankenhaus gebracht werden mußte. Weder die Leibschmerzen noch das Erbrechen und der Durchfall hatten nachgelassen.

»Ich sterbe, ich sterbe!« stöhnte Matwej, und als der ihn vertretende Diener einen Kutscher holen ging, um ihn ins Krankenhaus bringen zu lassen, rief er mich zu sich, zog unter seiner Matratze ein Päckchen hervor und flüsterte, wobei er kaum die Lippen bewegte: »Hier sind vierhundertdreiundvierzig Rubel, Herr – zählen Sie sie nach, verwahren Sie dieses Geld, und wenn ich sterbe ...«

Er brach in Tränen aus.

»Hör auf!« sagte ich fast streng. »Weshalb willst du denn gleich sterben? So ein Unsinn! Hat sich überfressen – und will gleich sterben!«

»Nein, Herr, ich sterbe, ach, ach – an all meinen Adern reißt es!«

Er faßte sich an den Bauch und die Brust.

»Was soll ich denn mit dem Geld machen?« fragte ich, nachdem ich es flüchtig nachgezählt hatte.

»Wenn ich sterbe ... geben Sie, Herr, die Hälfte den Priestern, sie sollen für mein Seelenheil Messen lesen ... und die andere Hälfte ... meinem Gevatter. Er weiß Bescheid ...«

Er ergriff meine Hand, wollte sie küssen und weinte wie ein kleines Kind. Gegen Abend wurde er abgeholt und ins Marienkrankenhaus auf der Litejnaja gebracht. Ich wohnte damals in der Nähe.

Am nächsten Tag ging ich ihn besuchen. Er hatte die Nacht schlecht verbracht, sich herumgeworfen und phantasiert. Der Arzt vermochte noch nicht zu sagen, welche Wendung seine Krankheit nehmen und ob sein geschwächter Organismus das Fieber aushalten würde. Auf einer Tafel über Matwejs Bett stand geschrieben: ›dysenteria‹.

Ich bemühte mich, ihn aufzumuntern, doch er weinte, bestand darauf, daß er sterben werde, und bat mich, ihm den neuen Diener zu schicken, weil er ihm sagen wolle, wo alles liege, wie er mich bedienen, was und wann er servieren müsse.

Angesichts dieser Besorgtheit um meine Person in seiner Lage mußte ich beinahe selbst weinen.

›Nein, er ist nicht komisch!‹ dachte ich, während ich meine Tränen bezwang.

Nach drei Wochen kam er blaß und schwankend nach Hause und widmete sich ungeachtet meiner Ermahnungen augenblicklich wieder seinen Obliegenheiten, um mich von dem ›Verlust‹ zu befreien, überflüssiges Geld für seinen Stellvertreter auszugeben. Für diesen ›Geiz‹ bezahlte er mit neuerlicher Krankheit – wieder Anfälle, Krankenhaus, Medizin. Er genas erst völlig, als der Sommer mit seinem klaren, warmen Wetter gekommen war.

Er war dann noch lange bei mir, sechs Jahre, wenn nicht gar mehr. Er rüstete mich auch für meine große Weltumsegelung aus.

Seine fürsorgliche Aufmerksamkeit mir gegenüber ging bis ins Kleinste: Unser Schiff stach nicht sofort in See, wir hatten uns schon für die Reise zusammengefunden, wurden nach Kronstadt beordert, dann aber verschob sich die Abfahrt um zwei, drei Tage. Wir fuhren also wieder nach Petersburg zurück. Mein geringes Gepäck befand sich bereits auf dem Schiff; Matwej hatte ich beauftragt, meine Stadtwohnung zu vermieten. Meine Möbel und die verschiedenen anderen Sachen hatte ich fortgegeben, an wen, weiß ich nicht mehr. Jedenfalls war nur noch Matwej in der leeren Wohnung zurückgeblieben.

Welche Geschäftigkeit und welchen Eifer entwickelte er, als ich infolge des Reiseaufschubs plötzlich in meinen verödeten Zimmern erschien! Er ließ es unter keinen Umständen zu, daß ich in einem Gasthof übernachtete. Er besorgte Gott weiß woher ein Bett, eine Matratze, Kissen und eine Bettdecke, brachte sogar, wie mir jetzt wieder einfällt, eine Frauenjacke aus Hermelin an, die ich anstelle des Schlafrocks benutzen sollte; er richtete mir mein Lager, versorgte mich morgens und abends mit Tee und verabschiedete sich dann mit jämmerlich betrübter Miene noch einmal von mir, so daß mir fast die Tränen kamen. Unter Tränen setzte er aber noch hinzu: »Ich werde für Sie beten, Herr, und auch Pater Hieronymus bitten, darum zu beten, daß Sie wiederkommen ... heil und gesund ... als Scheneral!«

Zwei Jahre lang war ich mit dem Schiff unterwegs. Nach Sibirien zurückgekehrt, reiste ich dann noch ein halbes Jahr, nämlich von

August bis Februar, zu Wasser und zu Land herum. Von unterwegs, ich glaube aus Kasan, bat ich Freunde in Petersburg brieflich, mir eine Wohnung zu suchen, einen Diener für mich zu finden und mir nach Moskau Nachricht zu geben.

Das war im Jahre 1855. Damals war die Nikolai-Eisenbahn bereits fertig. Ich bekam die Nachricht, man habe auf dem Newski-Prospekt eine geeignete Wohnung für mich gefunden, und man teilte mir die Hausnummer mit.

Ein wenig aufgeregt begab ich mich samt meinem Gepäck in einer gemieteten Equipage zum angegebenen Haus und dachte daran, welche Scherereien mir mit der Einrichtung der neuen Wohnung bevorstünden, daß ich mich um dies und das würde kümmern müssen – anstatt mir nach der langen Reise eine Erholungspause gönnen zu dürfen!

Der Hausmeister begleitete mich hinauf, und ich klingelte zaghaft an der Tür meiner neuen Wohnung. Die Tür ging auf, und auf der Schwelle stand – Matwej!

Vor Überraschung und Freude rief ich ganz laut: »Ach!«

»Herr! Herr!« schrie Matwej aus vollem Halse und mit entblößtem Zahnfleisch, als riefe er: »Feuer! Wache!«, stürzte auf mich zu, küßte mich auf Hände und Schultern, lachte, sprang in die Luft und riß dem Hausmeister und mir die Bündel, das Plaid und die anderen Sachen aus den Händen.

»Es ist alles vorbereitet, Herr, bitte schön! Gott hat meine Gebete erhört – Pater Hieronymus ... ich werde eine Messe bei ihm bestellen ... Ihr Bett ist auch schon seit fünf Tagen fertig ... Ich habe Brennholz gekauft ... Kohlen und Kerzen ... es ist alles da ... Tee und etwa zwei Pfund Zucker ...«

Während er das hastig hervorsprudelte, den Mund aufriß und ganz außer Atem geriet, sprang er wieder neben mir in die Luft und riß mir buchstäblich die Kleidung vom Leibe.

»Beruhige dich doch, mein Freund!« bat ich – allerdings umsonst.

»Wo sind Ihre Sachen, der Koffer, die Kleidung, die Wäsche?«

»Das ist alles in der Kutsche. Die Portiersleute werden es heraufbringen, warte!« beschwichtigte ich ihn.

»Komm, Wassili, komm!« zerrte Matwej am Hausmeister. Kaum vermochte ich ihm das Geld zuzustecken, mit dem er die Kutsche bezahlen sollte.

Sie brachten mein Gepäck herauf, und eine Stunde später saß ich bereits mit einer Zigarre beim Tee – als wäre ich niemals fortgewesen.

Matwej aber ordnete indessen meine Kleidung und Wäsche, er stapelte die einzelnen Haufen auf den Stühlen, den Tischen und Sofas.

Einfach rührend!

›Wie gut, wie lieb und ehrlich er ist, aber auch: wie komisch!‹ dachte ich, während ich zusah, wie er herumwirtschaftete. Nicht grundlos amüsierten sich die anderen Diener über ihn! Wie auch nicht: Er log nicht, hütete sowohl eigenes als auch fremdes Geld sowie alles, was man ihm anvertraute, er aß wenig, trank keinen Schnaps, betrog niemanden, verfolgte die Diebe und gedachte nicht böse, sondern mitleidig der Prügel seines Herrn, ja er strebte noch dazu nach Freiheit! Wie sollte er da nicht komisch wirken! Jeder, der ihn ansah, beurteilte ihn so, und keiner bemerkte an ihm das überhaupt nicht Komische, das die anderen alle nicht besaßen und das in diesem abgezehrten, erschöpften Körper glomm und sich hin und wieder unerwartet nach außen Bahn brach. Auch Don Quichotte ist komisch gewesen!

Matwej legte meine Kleidung, Wäsche und die übrigen Sachen natürlich nicht auf den richtigen Platz, denn er richtete sich nicht nach meinen, sondern nach seinen eigenen Vorstellungen. Ich bat ihn aber, alles bis zum nächsten Morgen aufzuschieben. Morgens, ich war noch kaum aufgestanden, erschien er ... mit seinem ›Rejista‹ über meine mitgebrachte Kleidung, Wäsche und anderen Sachen sowie mit einer Rechnung über alles, was er bis zu meiner Ankunft eingekauft hatte: Tee, Zucker, Holz und dergleichen. ›Broth‹, ›Kertzen‹ und ›Seiffe‹ sprangen mir wieder fröhlich in die Augen.

»Das Holz kostet fünfundsiebzig Kopeken mehr als im letzten Jahr!« bemerkte er betrübt. »Dafür sind Zucker und Kerzen billiger geworden«, setzte er hinzu und strahlte, während er mir die Rechnung und das ›Rejista‹ hinhielt.

Erst wollte ich voller Verzweiflung die Hände über dem Kopf zusammenschlagen, doch dann mußte ich laut auflachen. Auch Matwej entblößte sein Zahnfleisch.

»Du bist doch immer derselbe, Matwej – unverbesserlich!«

Da stand er vor mir, wie stets in seinem grauen Rock, unerschütterlich ruhig und doch mit einem Quentchen stiller Freude in den Augen, weil ich wieder hier und er bei mir war. Anscheinend freute er sich über mich.

»Du bist unbezahlbar, weißt Du das, Matwej?«

Er faßte das wortwörtlich auf.

»Mein Herr hat den Preis herabgesetzt, er ist jetzt mit fünfhundert einverstanden!« sagte er lebhaft und sich vor Freude verhaspelnd. »Er hat den Verwalter beauftragt, mir das mitzuteilen, und ich habe ihm einen Brief geschrieben, daß ich das Geld bald schicken werde ... Vierhundert habe ich schon zusammen«, setzte er vertraulich flüsternd hinzu. »In drei Monaten, so Gott will, werde ich auch den Rest zusammengespart haben.«

»Aber wieso denn vierhundert – diese Summe hast du ja schon vor meiner Reise besessen! Jetzt müßte es doch das Doppelte sein. Hast du denn ohne mich nichts gespart, oder hast du dein Geld inzwischen verbraucht?«

Sein Gesicht verdüsterte sich und nahm ein so leichenartiges Aussehen an, wie ich es bisher noch nie an ihm gesehen hatte.

»Dieses Geld ist nicht mehr da, Herr«, sagte er stockend und blickte weg.

»Wo ist es denn hingekommen? Wurde es dir gestohlen, waren etwa Diebe da?«

Er wurde plötzlich wieder lebendig und zeigte sein Zahnfleisch.

»Ganz und gar nicht, Herr – wieso denn Diebe! Die hätte ich doch gekriegt ... jawohl, und zwar so!«

Und er demonstrierte mir mit den Händen, wie er einen Dieb zerrupft hätte.

»Aber wo ist es denn hingekommen?«

Er schwieg eine ganze Weile.

»Mein Gevatter hat's vertrunken!« flüsterte er dann, seufzte tief und kniff die Augen zusammen.

»Vertrunken! Wieso hast du es ihm denn gegeben, du hättest es doch auf die Bank bringen können.«

»Auf der Bank hätte ich's doch nicht lassen können, ich muß das Geld doch oft verleihen – sollte ich da jedesmal auf die Bank laufen. Ich hab's dem Gevatter nur zur Aufbewahrung gegeben; er wohnt mit seiner Frau allein in einer Wohnung, ihr Zimmer steht niemals leer, er oder seine Frau sind immer zu Hause. Auch meine Pfandsachen hatte ich bei ihnen untergebracht. Nur ich und sie beide haben überhaupt von dem Geld gewußt ... Ich selbst hatte mir nur so ein Eckchen gemietet; da treiben sich aber, das weiß man ja, viele Leute herum; man wird beklaut. Ich hab's dem Gevatter ja nur zur Aufbewahrung gegeben!« setzte er flüsternd und mit einem tiefen Seufzer hinzu. »Er hatte es in einem Topf, der stand im Schornstein, damit es keiner merkte und klaute – und da hat er immer davon gestohlen. Zuerst nur ein bißchen, aber dann hat er alles genommen und ist drei Monate verschwunden gewesen – er hat ununterbrochen getrunken!«

Wieder seufzte er tief und sah ganz erschöpft aus. ›Du Ärmster, du Ärmster!‹ rief es in meinem Innern.

»Also hat er es dir nicht wiedergegeben?« fragte ich.

»Woher denn! Er war ganz auf den Hund gekommen; als er wieder auftauchte, hab ich ihm meine alten Stiefel gegeben und ihm von Ihnen ein Paar Hosen geliehen, er hatte nichts mehr anzuziehen, da hab ich sie ihm gegeben, dazu noch einen Rubel«, setzte er mit geschlossenen Augen hinzu.

»Was sind das aber für vierhundert Rubel, die du jetzt hast, woher kommen denn die?«

Er wurde plötzlich wieder lebendig, seine Augen begannen zu glänzen.

»Die hab ich wieder zusammengespart, Herr!« sprudelte er triumphierend hervor und entblößte sein Zahnfleisch. »Das ging ganz rasch und gut. In dem Haus, wo ich wohnte, da wohnten mehrere junge Herren; die haben sich oft was von mir geborgt und Prozente gezahlt, soviel ich nur wollte. Manchmal haben sie sich was geliehen, ohne mir ein Pfand dazulassen, und haben das Geld doch immer pünktlich zurückgezahlt! Nach anderthalb Jahren, Ehrenwort, da hatte ich alles wieder zusammen. Und jetzt liegen wieder massenweise Pfandsachen bei mir herum ...«

Ein Jahr verging, und Matwej begann davon zu reden, daß er eine Wohnung mieten und Untermieter aufnehmen wolle ... Ich sah ihn mit schmerzlichem Erstaunen an.

»Du willst mich verlassen!« rief ich ziemlich traurig aus.

»Jetzt noch nicht, nein!« sagte er rasch. »Aber zum Herbst, Herr, da entlassen Sie mich bitte!« (Das war im April.) Er bat so kläglich. »Zum Herbst wird mir der Verwalter den Freibrief schicken, wenn ich das Geld eingezahlt habe, nicht alles auf einmal, nur die Hälfte, und die andere Hälfte dann später ... Ich werde noch fünfhundert Rubel übrig haben«, fügte er geheimnisvoll hinzu.

Ich seufzte.

»Was soll ich denn da machen – wir müssen uns also trennen!« sagte ich.

»Ich besorge Ihnen einen anderen Diener, Herr, genauso einen ...«

»Nein, Matwej, genauso einen wirst du nicht für mich finden!«

Jetzt verkündete er mir die unerwartete Nachricht, daß er eine Frau im Auge habe und daß sie ihn heiraten werde, und zwar nicht umsonst.

Ich ließ ihn nicht ausreden und stand vor Verwunderung aus meinem Sessel auf.

»Du – du willst heiraten?! Das ist nicht wahr!«

Ich sprach nicht weiter und brach in lautes Gelächter aus.

Auch Matwej entblößte sein Zahnfleisch.

»Es ist wahr, Herr, es ist wahr!« stieß er rasch hervor; fast schämte er sich wohl.

»Du – du ein Familienvater, mit Weib und Kindern« – wieder mußte ich lachen.

»Da sei Gott vor, vor den Kindern! Was denn für Kinder, Herr, werde ich mich etwa mit einer so nutzlosen Sache befassen! Das ist eine Spielerei, pfui Teufel!«

Er ging beiseite, spuckte in die Ecke und kam wieder zurück.

»Sie ist ja schon fast eine alte Frau!« setzte er dann hinzu.

»Was hast du denn davon, wenn du dich bindest?!«

»Sie hat Geld«, sagte er im Flüsterton, »wie's heißt, sind es so tausend Rubel oder mehr, vielleicht zwei. Sie weiß, daß ich auch welches habe ... Wir werden zusammen wirtschaften: Wir mieten eine große Wohnung, eröffnen eine Speisewirtschaft und nehmen Untermieter auf. Den Saal vermieten wir für Hochzeiten und Bälle. Was werden wir reich sein – herrlich! Ohne eine Hausfrau, Herr, kann man so was nämlich nicht machen.«

Im Herbst trennten wir uns voneinander – beide mit Bedauern. Er heiratete tatsächlich, eröffnete ein Lokal, eine Speisewirtschaft, und kam zu mir, um mich zum ›Probieren‹ seiner Kochkünste einzuladen. Ich bin jedoch nicht bei ihm gewesen, sondern habe nur von Bekannten gehört, daß seine Küche nicht schlecht sei und die ganze Sache gut liefe, obgleich Matwej sich noch nicht von seinem Herrn losgekauft hatte. Das Ehepaar vermietete tatsächlich einen Saal für Hochzeitsbälle und Soupers.

Drei Jahre hintereinander erschien Matwej jeweils zu Ostern und zu Neujahr im Frack, mit weißem Halstuch und Taschenuhr bei mir. Mein Gott, was war er komisch! Wenn ich altem Brauch gemäß einen Papierrubel aus meiner Brieftasche nahm und ihm den schenken wollte – ›für ein schönes Ei‹ –, so sprang er zurück wie ein verwundeter Wolf und sagte ganz vorwurfsvoll zu mir:

»Ich bin doch nicht deswegen gekommen, Herr, nein, doch nicht deswegen. Gott ist mein Zeuge! Ich bete für Sie ... und werde Sie niemals vergessen!«

›Weshalb denn!‹ dachte ich und betrachtete ihn lachend und weinend zugleich.

Das letzte Mal kam er zu mir, nachdem er gehört hatte, daß ich befördert worden war. Wie er mir entgegensprang, wie er hüpfte und mit welch leuchtenden Augen er mich ansah!

»Ich hab's Ihnen gesagt, Herr, ich hab's Ihnen gesagt! Ich wußte, daß Sie Scheneral werden – ich habe dafür gebetet!« beglückwünschte er mich hastig und fröhlich und küßte mich auf die Schulter.

»Geb's Gott – und Sie werden noch Graf!« rief er beim Weggehen und kreischte fast dabei. »Ich werde dafür beten!«

Ich bedaure es sehr, daß ich es nicht bis zu dieser Rangstufe gebracht habe, sei es auch nur, um Matwej wiederzusehen (er würde kommen, wenn er noch am Leben ist) und zu beobachten, wie er sich verhielte, wie er spränge und was er sagte.

PS. Ich hörte später, daß Matwej sich freigekauft hatte – er hatte das Geld beigebracht und den Freibrief kurz vor dem Manifest vom 19. Februar erhalten.

Durch Ostsibirien

In Jakutsk und Irkutsk

Vor etwas mehr als dreißig Jahren verbrachte ich zwei Monate, nämlich von Ende September bis Ende November, in der Nähe des Pols – des Nordpols selbstverständlich; und zwar in Jakutsk, von wo es bis zum Pol nur ein Katzensprung ist. Ich habe diese Gebietsstadt bereits in dem Bericht von meiner Weltumseglung skizziert und werde den Leser nicht mit einer neuerlichen Beschreibung langweilen.

Ehrlich gesagt, gibt es auch nichts zu beschreiben. Die Natur ... eigentlich ist dort gar keine Natur vorhanden. Sie wird mit den folgenden sieben Zeilen, dem Anfang von Rylejews bekanntem Poem ›Woinarowski‹ schon zur Gänze umrissen:

> Des breiten Lenaflusses Ufer tragen
> der langen Häuserreihe dunklen Saum,
> wo auch der Jurten Balkenwände ragen.
> Ringsum erheben sich aus tiefem Schnee
> die Kiefernstämme wie ein Pfahlgefächer,
> und in das wilde Tal von ihrer Höh
> stolz blicken spitze Kirchendächer.

Und das ist auch schon alles.

In meinen Reiseskizzen habe ich mich vergeblich bemüht, Jakutsk zu beschreiben – ich meine doch, daß ich mich ehrlich bemüht habe. Aber Erkundigungen einzuziehen oder in ein Buch hineinzusehen, noch dazu in mein eigenes – dazu reicht es bei mir nicht. Man brauchte eigentlich nur diese sieben Verszeilen zu zitieren, und schon hätte man eine wahrheitsgetreue fotografische Aufnahme sowohl von der Stadt selbst als auch von der Jakutsker Natur.

»Aber all das gibt es doch auch in Petersburg«, wird der Leser sagen, »einen breiten Fluß, Schnee in Hülle und Fülle, Kiefern soviel man nur will, und Kirchen haben wir auch nicht wenige. Und wenn man sich auf der Petersburger oder Wyborger Seite genau umsieht, dann wird man wohl auch so etwas Ähnliches wie Jurten finden. Vom *Stolz* ganz zu schweigen!«

Um das Bild vollkommen zu machen, fehlt in Petersburg allerdings der Jakutsker Frost, und in Jakutsk – das Petersburger Tauwetter.

Petersburg kann sich meinetwegen noch rühmen, daß seinen Droschkenkutschern manchmal die Wangen erfrieren und ihre Bärte einschneien – doch was ist das gegen Jakutsk! Dafür zieht Jakutsk allerdings hinsichtlich des Tauwetters den kürzeren.

Doch das eine wie auch das andere ist ganz natürlich: Jakutsk liegt auf dem 62. Grad nördlicher Breite, und Petersburg nicht weit davon entfernt, es liegt auf dem 61. Breitengrad.

Doch halte ich mich nicht an mein Versprechen, auf eine Beschreibung der Jakutsker Natur zu verzichten. Wenn ich in meinen Reisebericht eine Art Beschreibung eingeflochten und nicht einfach der Kürze halber die oben angeführten Verse zitiert habe, so geschah das nicht etwa deshalb, weil ich die Anfangsverse des Poems nicht gekannt oder sie vergessen hätte. Im Gegenteil, ich weiß noch, daß ich, als wir uns der Stadt näherten, diese Verse deklamierte. Doch bei der Drucklegung ließ ich sie aus ›nicht vom Autor abhängenden Umständen‹ – wie man es in der Presse auszudrücken pflegt – weg. Etwas von Rylejew zu zitieren, und sei es auch nur eine solch simple Naturbeschreibung, war damals nicht angebracht.

Doch Gott mit ihr, mit dieser toten, eisigen Natur! Ich wende mich lieber den lebendigen Menschen zu, die ich dort traf.

So kalt und so rauh die dortige Natur auch ist, so gut und sanft sind andererseits die Menschen. Mich umgaben Wohlwollen, Gastlichkeit und der Wunsch jedes Einwohners, um die Wette liebenswürdig und angenehm zu sein.

Ich hatte mich mit meinem Begleiter vom Schiff noch gar nicht richtig zurechtgefunden, als mir auch schon von allen Seiten Zeichen der Aufmerksamkeit und Güte entgegengebracht wurden. Ich genoß das alles sehr. Nicht weil ich etwas gebraucht hätte; für meine persönlichen Bedürfnisse, ja sogar Kapricen waren die zwei Schrankkoffer, die mein Begleiter und ich mit uns führten, völlig ausreichend: Omnia mea mecum porto. Doch ich empfing diese Zeichen der Gastfreundschaft mit der gleichen Wärme, mit der sie mir erwiesen wurden. Ich begriff, daß es den Menschen wichtiger war, mir gefällig zu sein, als mir, ihre Gefälligkeiten anzunehmen – und das freute mich, so wie es sie freute, mir gefällig sein zu können.

Die sibirischen Ureinwohner sind in der Tat gutmütige Leute. Speranski würde sagen, daß sogar die Bären dort gutartiger sind als die hinterm Ural, das heißt die europäischen. Ich weiß nicht, wie es sich mit den Bären verhält, doch die Menschen sind tatsächlich gutmütig.

In ein, zwei Tagen lernte ich alle Einwohner kennen, also die sogenannte gute Gesellschaft, und erlebte zum erstenmal echte Sibirier in ihrer ureigenen Umgebung: Menschen, die in Sibirien geboren und weder auf der anderen Seite des Urals noch am anderen Ufer des östlich von ihnen gelegenen Meeres jemals geweilt hatten. Petersburg, Moskau und Europa kannten sie nur vom Hörensagen, durch ›von oben‹ kommende Beamte, durch Händler und andere Leute, ebenso wie sie Amerika, den Pazifik und die südlichen Ozeane mit ihren Inseln nur durch unsere Seeleute kannten, die durch Sibirien oder ›an der Küste entlang‹ (wie die Seemänner sagen) nach Hause, nämlich ›hinters Gebirge‹, das heißt nach Europa, zurückkehrten.

Die Gesellschaft rekrutierte sich folglich – soweit ich mich erinnere – aus insgesamt etwa dreißig Leuten, angefangen bei Bischof und Gouverneur bis hin zu den Beamten und Kaufleuten. Sie bildeten einen geschlossenen Kreis, in den ich, obgleich nur auf der Durchreise vom Meer her – der Frost hatte mich dort überrascht, und zudem mußte ich meine kranken Beine kurieren –, für etwa zwei Monate hineingeriet, wobei ich noch nicht wußte, wann ich wieder würde abreisen können.

Unfreiwillig mußte ich also in alle diese neuen Gesichter blicken, und zwar in jedes Gesicht für sich.

Zugereiste Sibirier gab es nur drei oder vier; diese Leute waren aus Europa, das heißt aus Petersburg hierhergekommen. Es waren dies der Gouverneur und wohl noch einige Beamte – mehr nicht. Der Bischof war ein geborener Sibirier.

Alle übrigen geistlichen Würdenträger, Beamten und Kaufleute waren ebenfalls Sibirier, zum Teil stammten sie aus der Gegend, zum Teil waren sie von weiter oben, aus Irkutsk, zugereist. Sie bildeten die sibirische Bourgeoisie, die dort am Ort geboren, herangewachsen und gereift oder vielmehr in ihren Naturformen erstarrt war, weshalb sie auch ihr eigenes sibirisches Gepräge besaß: einen eigentümlich freien Blick auf die Gotteswelt überhaupt und einen unabhängigen, von der Leibeigenschaft unbeeinflußt gebliebenen Charakter.

Denn obgleich man der ›Obrigkeit‹ ehrerbietig und bescheiden gegenübertrat, hatte man sich doch seine eigene Würde bewahrt.

Ich entsinne mich, daß ich in meinen Reisebeschreibungen (›Die Fregatte Pallas‹) einiges über die Jakutsker Gesellschaft insgesamt gesagt habe, fast nichts jedoch über einzelne Personen. Seitdem sind mehr als dreißig Jahre vergangen, die Namen habe ich vergessen, doch nicht die guten, sanften Gesichter und die besondere Gastfreundschaft, die mir und meinem unfreiwilligen Reisegefährten tagtäglich erwiesen wurde, mir, der ich wegen meiner Krankheit und dem inzwischen zugefrorenen Flusse zwei Monate lang ihr Gast war.

Das heißt, mein ›Gedächtnis des Herzens‹ scheint besser zu funktionieren als der ›Verstand traurigen Angedenkens‹. Doch das ist wohl gut so!

Wozu soll ich mich an Namen erinnern, wenn ich eine ganze Galerie lebensstrotzender Gesichter vor mir sehe, gleichsam als blickten wir uns gegenseitig an? Übrigens vergaß ich zu erwähnen, daß ich hier in Jakutsk meine Begleiter von der Fregatte vorfand. Sie hatten es eilig und reisten ab, ehe der Fluß zugefroren war. Dieselbe Gastlichkeit und freundliche Aufnahme, die ich – gelegen oder ungelegen – erfuhr, wurde auch ihnen zuteil.

Von den Nicht-Sibiriern ist mir der Zivilgouverneur im Gedächtnis geblieben, der das Jakutsker Gebiet seit dessen Abtrennung von der Irkutsker Zivilverwaltung leitete. Zu dieser war es nicht lange vor unserer Ankunft gekommen. Das Oberhaupt sowohl auf militärischem als auch auf zivilem Sektor blieb aber dennoch der Generalgouverneur von Ostsibirien, Nikolai Nikolajewitsch Murawjow, der später unter dem Namen Graf Amurski bekannt geworden ist.

Gouverneur in Jakutsk also war Pjotr Petrowitsch Igorjew (ich nenne ihn hier so, denn ich habe es mir zur Regel gemacht, die tatsächlichen Namen nicht zu erwähnen; schließlich geht es mir ja nicht um Namen). Bevor er nach Jakutsk kam, hatte er eines der Gouvernements im europäischen Teil von Rußland geleitet, war dort irgendwie ungeschickt mit irgendwelchen Polen umgesprungen, die man zur Ansiedlung in jenes Gouvernement verschickt hatte, und dafür nun selbst ›*gewissermaßen zur Buße*‹ in eine abgelegene Gegend beordert worden. Folglich stellte er so etwas wie einen ›Verbannten ehrenhalber‹ dar.

Er war ein liebenswürdiger, feiner und möglicherweise auch gebildeter Beamter – denn Beamter war er vom Scheitel bis zur Sohle, so wie Lear vom Scheitel bis zur Sohle König war.

Fast alle waren sie damals so. ›Grattez un russe‹, meinte der alte Napoleon, ›et vous trouverez un tartare‹ – und würde er uns besser gekannt haben, hätte er hinzugefügt: ›ou un tchinovnik‹.

Sibirien hat keine Leibeigenschaft gekannt, doch das Beamtenjoch – das fast noch bitterer ist – hat es zur Genüge getragen. Die Chronik Sibiriens wimmelt nur so von Greueltaten, angefangen von dem berühmten Gagarin bis hin zu ... ich weiß nicht wem. Auch jetzt sind die Beamten dort keineswegs ausgestorben. Wenn, um mit Speranski zu reden, die Bären in Sibirien gutmütiger sind als die auf der anderen Seite des Urals, so haben doch dafür die Beamten stets ihre Pflicht getan und sich nicht selten durch Grausamkeit ausgezeichnet.

Als ich mir den Gouverneur etwas genauer anschaute, konnte ich mich nicht genug darüber wundern, daß man auf einen solchen Posten einen typischen Petersburger, einen sicherlich klugen, feinsinnigen Verfasser von Referaten, Mitteilungen und Berichten gesetzt hatte, daß man den – mit einem Wort – mustergültigen Verwalter einer x-beliebigen Kanzlei in eine so finstere Gegend hatte schicken können, eine Gegend, die doch Energie, Willenskraft, einen eisernen Charakter, ständige Wachsamkeit, Stärke, Gesundheit und relative Jugend verlangte, kurz eine Persönlichkeit, wie sie eben der Generalgouverneur N. N. Murawjow darstellte. Er schien wie geschaffen für durchgreifende Veränderungen in diesem öden, menschenleeren Land! Und er veränderte in der Tat nicht wenig. Davon kündet die Geschichte – ›doch wir schreiben keine Geschichte‹, schließe ich mich den Worten unseres Fabeldichters an.

Dieser Pjotr Petrowitsch war ein ziemlich gebrechlicher alter Mann mit einem angenehmen, wenngleich recht verbrauchten runzligen Gesicht, das von roten Gichtflecken bedeckt war. Er war klein und rundlich und hatte einen Bauch. Seine Augen blickten schlau, ja sogar pfiffig durch die goldumrandeten Brillengläser.

Dies war der Herr über ein Gebiet, das sich vom Nördlichen Eismeer auf der einen Seite bis zum Pazifik auf der anderen und bis zum Fuße des Stanowoi-Gebirges auf der dritten Seite erstreckte. Es ging jedoch nichts schief, die Dinge liefen so, wie sie sollten. Das läßt sich nur damit erklären, daß es in dieser Eiswüste mehr wilde Tiere als Menschen gab, so daß ein Gouverneur eigentlich gar nicht nötig gewesen wäre. Denn mit den wilden Tieren wurden die Kaufleute ausgezeichnet selbst fertig.

›Hier wäre so ein wackerer Bursche von Offizier vonnöten‹, dachte ich, ›wie der Generalgouverneur, den ich an der Mündung des Amur etwas näher hatte kennenlernen können.‹ Er war dorthingekommen, um sich unser Geschwader anzusehen, und in seiner Suite war ich auf unserem Schoner ›Osten‹ vom Amur aus übers Ochotsker Meer gefahren und hatte einige Tage mit ihm in dem Städtchen Ajan, dem äußersten Punkt an diesem Meer, verbracht.

In den Gesprächen mit ihm hatte ich Murawjow genauer kennenlernen und seine Gedanken, Absichten und Ziele zur Genüge verfolgen können.

Was für eine Energie! Welch weiter Horizont, welch rasche Auffassungsgabe, was für ein unauslöschliches Feuer in seinem gesamten Habitus, was für ein Wille gegen Hindernisse, gegen ›bâtons dans les roues‹ – wie er das nannte – zu kämpfen, mit denen man seinen Feuereifer zu hemmen suchte. Ja, er glich einem kühnen, unternehmungslustigen Yankee. Er war nicht sehr groß, leicht erregbar und lebhaft. Niemals habe ich an ihm einen müden Blick oder eine matte Geste gesehen. Er war ein streitbarer, kühner Kämpfer voll innerem Feuer und lebhaft in Rede und Bewegungen.

Der Imperator Nikolai Pawlowitsch hatte ihn ausgewählt und ihn vom Zivilgouverneur von Tula zum Generalgouverneur von Ostsibirien ernannt. Weder der eine noch der andere waren Beamtentypen – sie verstanden einander.

Und da stellte man einem solchen Mann wie Murawjow, der so aktiv war und etwas Titanisches an sich hatte, als Mitarbeiter einen Beamten, einen Geschäftsmann, einen Verfasser von Berichten, Referaten und Mitteilungen an die Seite! ›Sie sind hier doch offensichtlich am falschen Platz!‹ hätte ich nach den ersten Begegnungen und Gesprächen mit dem Gouverneur Igorjew am liebsten gesagt. Zu frisch war in meinem Gedächtnis noch das Bild des echten Pioniers und Kämpfers gegen die Naturgewalten und die Eingeborenen – die Fremdstämmigen, die verschiedenen Tungusen, die Orotschen und die benachbarten Chinesen, denen man den Amur entreißen wollte –, des Mannes, der zugleich jenseits des Gebirges gegen den Grafen Nesselrode kämpfte, von dem er nicht ohne Emotionen sprechen konnte, was er von keinem konnte, der ihm ›bâtons dans les roues‹ warf, weder in Petersburg noch hier. Dies war der Mann, der die Natur bezwang und diese endlose Einöde belebte, bearbeitete und besiedelte.

Er seinerseits aber wurde von den Beamten überwunden, unter anderen auch von dem Jakutsker Gouverneur, den er genauso schief anzusehen pflegte wie die übrigen, von jenseits des Gebirges kommenden Petersburger Beamten.

Diese Beamten teilten seinen Eifer nicht, widersetzten sich, betrachteten alle seine Vorhaben unter tiefsinnigem Nasebohren, verfaßten Analysen und Berichte und warfen, wo sie nur konnten, ihrem Chef heimlich ›bâtons dans les roues‹.

Der feurige, streitlustige Geist dieses energischen Kämpfers empörte sich dagegen, Murawjow ertrug derartiges nicht, er knirschte mit den Zähnen und verwandelte sich aus einem normalerweise freundlichen, umgänglichen, anständigen und liebenswürdigen Manne augenblicks in einen brüllenden Löwen.

Dann erging es dem Rechtsbrecher schlecht. Ich habe ihn sowohl freundlich und liebenswürdig als auch brüllend erlebt. Auf dem Amur war er sehr offen und erlegte sich in den Gesprächen mit mir, dem die dortigen Angelegenheiten ja fremd waren, keinerlei Zwang auf.

Als brüllenden Löwen habe ich ihn erst später in Irkutsk kennengelernt ... Jetzt habe ich mich doch durch die Erinnerung an Murawjow hinreißen und deshalb vom Jakutsker Gouverneur ablenken lassen. Wer auch, der Murawjow nur ein wenig kannte, wäre nicht begeistert gewesen von seiner strahlenden Persönlichkeit – seine Feinde natürlich ausgenommen!

Nachdem ich mich in meinem Quartier eingerichtet hatte, begab ich mich zum Gouverneur Igorjew und übergab dem Diener meine Visitenkarte. Daraufhin kam Igorjew fast im Laufschritt zu mir in den Empfangssalon heraus, reichte mir freundlich die Hand und führte mich direkt in sein Arbeitszimmer, zum Schreibtisch, der mit Papieren, Paketen, Zeitungen und teils auch Büchern überladen war.

»Seien Sie willkommen, wir haben Sie schon lange erwartet«, sagte er und betrachtete mich eindringlich durch seine Brille.

»Wie denn das? Wußten Sie denn von mir?« fragte ich nicht ohne Verwunderung.

Ich erwartete, daß er mir ein Kompliment auf literarischem Gebiet machen würde. ›Er hat Bücher‹, dachte ich, ›und Zeitungen, vielleicht ist der ‚Zeitgenosse' dabei, in dem ich meine Arbeiten veröffentlicht habe.‹ Ich trug meinen Kopf bereits ein bißchen höher und begann mit meiner Uhrkette zu spielen. ›Ja‹, würde ich sagen, ›so ist das: von Meer zu Meer, von den Finnen bis zu den Tschuktschen und Jakuten ...‹

Doch rasch ernüchterte er mich.

»Aber ja doch«, sagte er, »Sie sind doch mit Nikolai Nikolajewitsch übers Ochotsker Meer gefahren. Er ist unlängst hier durchgekommen und hat davon erzählt ... hat Sie uns empfohlen ...«

Ich fiel aus allen Wolken. Er ergötzte sich an meiner Verwirrung und musterte mich listig durch seine Brille hindurch.

»Seien Sie mir zum Essen, ja zum Essen herzlich willkommen«, hob er endlich an. »Sie sind unser Gast ... Es ist unsere Pflicht ... Wo hat man ihnen Quartier angewiesen? Ist es gut, ist es behaglich?«

»Bei dem Kleinbürger Solowjow. Es ist sehr gemütlich«, sagte ich. »Zwei große Zimmer, die einfach, doch angemessen möbliert sind. Ich habe mich auch wegen des Essens mit den Wirtsleuten verständigt ...«

»Na, was wird es bei denen schon geben! Elchzunge und Pelmeni, Pelmeni und Elchzunge ... Heute speisen Sie bei mir und morgen ebenfalls. Ich werde auch Seine Eminenz dazu bitten. Waren Sie schon bei ihm?«

»Ich werde sofort hinfahren.«

»Dann fahren wir zusammen – das trifft sich gut. Ich sage Ihnen, ich habe einen Koch, wirklich ordentlich, natürlich ist er aus Petersburg. Ich habe versucht, einen von den Hiesigen anzulernen – es kam aber nichts dabei heraus!«

Hier verlor er sich in kulinarischen Einzelheiten, wobei er einigermaßen an den Gogolschen Petuch erinnerte – um sich dann wieder in den geschliffenen, gediegenen, weltmännischen Petersburger Beamten und Marquis zu verwandeln und mich dem Erzbischof Innokenti vorzustellen, der später das Amt des Moskauer Metropoliten bekleiden sollte.

Ich habe bereits in meinem Reisebericht von dieser achtbaren, originellen Persönlichkeit gesprochen, über die es jetzt ein großes, schönes Buch von Barsukow gibt, und ich will mich weder wiederholen noch etwas aus dem fremden Buch entlehnen.

Er war jedenfalls eine bedeutende historische Persönlichkeit. Über ihn haben viele geschrieben, sie tun es noch und werden es weiterhin tun – und je mehr Sibirien besiedelt wird, sich bevölkert und zivilisiert, desto größer und lichter wird diese apostolische Figur erscheinen.

Mein persönlicher Eindruck von ihm war der allerbeste. Dieser geborene Sibirier kam mir wie ein vom Herrgott selbst herabgesandter Apostel und Missionar für Sibirien vor.

»Was für eine Seele von Mensch! Was für ein Charakter!« schwärmte der Gouverneur auf dem Weg zum Erzbischof. »Denken Sie nur einmal daran, was er in unseren amerikanischen Kolonien erschaffen hat – buchstäblich ›erschaffen‹!« wiederholte er mit besonderer Betonung. »Und unser Jakutsker Gebiet hat er landauf, landab durchwandert. Wo ist er nicht überall gewesen! Auf den Alëuten hat er mit den Eingeborenen zusammen gelebt, er lehrte sie beten und auf menschenwürdige Art zu leben, nicht nur Fisch und Eichhörnchen, sondern auch Brot zu essen. Jetzt, wo man ihn zum Bischof geweiht hat, wirkt er noch immer als Lehrer unter zweitausend Jakuten. Er als erster hat entdeckt, und zwar zu Pferde, daß Ajan ein bequemerer Punkt zum Passieren des ehemaligen Siebengebirges ist als Ochotsk.«

Unterdessen waren wir am Haus des Bischofs angelangt.

Ich hatte selbst viel über Seine Eminenz gehört und gelesen: wie er die wilden Fremdstämmigen zu Menschen gemacht, wie er ihr Leben geteilt hatte und dergleichen mehr. Trotzdem hatte ich mir den Erzbischof der sibirischen Gemeinde so ähnlich wie einen Würdenträger im europäischen Rußland vorgestellt: gewichtig, seriös und von frommem Aussehen.

Wir wurden dem Bischof gemeldet. Er kam uns entgegen. Ja, wahrhaftig, das war ein Apostel, ein Missionar! Wie klein, gebrechlich und greisenhaft wirkte der liebenswürdige, angenehme, höfliche Gouverneur und Marquis neben dieser mächtigen Gestalt mit dem bläulich schimmernden grauen Haar, den buschigen Brauen und den darunter leuchtenden klugen, freundlichen Augen und dem gütigen Lächeln.

Er erteilte mir den Segen mit einem großen Kreuz und umarmte mich: »Herzlich willkommen, wir haben Sie schon lange erwartet.«

Ich erschrak: ›Er auch! Ja, was soll denn das bedeuten!‹

»Nikolai Nikolajewitsch hat uns von Ihnen so viel Gutes und Liebes erzählt, daß wir Sie mit Ungeduld erwartet haben und Sie gern kennenlernen wollten. Wir freuen uns über einen solchen Gast.«

»Ach, dieser Nikolai Nikolajewitsch«, entfuhr es mir, »hat mich auf einen Rubel geschätzt und läßt mich bei Ihnen nicht einmal ein Zehnkopekenstück verdienen.«

Der Erzbischof brach in ein so gutmütiges und herzliches Lachen aus, daß er sowohl den Gouverneur als auch mich damit ansteckte.

»Wollen Sie bitte, wollen wir uns doch bitte setzen! Kommen Sie, kommen Sie in meine Klause!« sagte er, plazierte uns auf dem Sofa und setzte sich ebenfalls, während er mich weiterhin freundlich anblickte.

Wir begannen uns zu unterhalten. Seine Eminenz fragte mich detailliert nach meiner Reise und der des ganzen Geschwaders aus. Dabei stellte sich heraus, daß der Erzbischof sowohl die Gegend als auch das Meer noch aus der Zeit kannte, als er als Vater Wenjaminow mit den Eingeborenen zusammen lebte, sie an Gott zu glauben und menschenwürdig zu leben lehrte und darüber seine der ganzen gelehrten Welt bekannten Bücher geschrieben hatte.

Der Bischof empfand für den Moskauer Metropoliten Filaret große Achtung und sprach von dessen Leben und Weisheit voller Begeisterung. Lange unterhielten wir uns, bis es dann Zeit zu gehen war. Da erst rückte Igorjew mit seiner Bitte heraus.

»Ich habe an Eure Eminenz eine untertänigste Bitte«, sagte der Gouverneur.

»Euer Exzellenz, ich höre und werde dem Befehl gehorchen!« scherzte der Bischof.

»Unser zugereister Gast hat nämlich versprochen, heute bei mir zu speisen. Bitte, Euer Eminenz, halten Sie es nicht für unter Ihrer Würde, das dürftige Mahl mit uns zu teilen.«

Unaufhörlich redeten sie einander mit ihren Titeln an – Euer Eminenz und Euer Exzellenz.

»Euer Exzellenz lädt zu dem dürftigen Mahl nie ohne ›Bitte‹ ein!« bemerkte der Bischof mit leiser Ironie. »Ich meinerseits, Euer Exzellenz, bin bereit, dem Befehl nachzukommen, doch muß ich mich erst an den Bischof wenden: Ich weiß nicht, welche Anordnung er treffen wird und ob er dem Mönch Innokenti erlaubt, sich aus seiner Klause zu entfernen – sei es auch zu einem ›dürftigen Mahl‹ beim *Hegemon* Pjotr ...«

Er brach wiederum in Gelächter aus und wir ebenfalls. Nachdem wir noch einige Worte miteinander gewechselt sowie seinen Segen und das Versprechen, das ›dürftige Mahl‹, welches für vier Uhr angesetzt war, mit uns zu teilen, entgegengenommen hatten, fuhren wir fort.

Ich begab mich in mein Quartier, um mich weiter einzurichten, der Gouverneur aber meinte, er müsse noch einige Papiere an den Generalgouverneur in Irkutsk fertig machen und ihn unter anderem auch von meiner Ankunft in Kenntnis setzen.

»Wozu denn das?« fragte ich verwundert.

»Er hat Sie doch Seiner Eminenz und mir so empfohlen – offensichtlich ist er Ihnen sehr wohlgesinnt. Es wird ihn interessieren, daß Sie wohlbehalten angelangt sind.«

Das Mittagessen oder das ›dürftige Mahl‹ beim Gouverneur verlief bestens. Außer dem Bischof speiste noch ein beim Gouverneur bediensteter Beamter mit uns. Es gab Fischsuppe und als Hauptgericht Fisch für den Bischof und Wild für mich. Welche Nachspeise wir aßen, weiß ich nicht mehr.

Die Zeit verstrich unterdessen. Sämtliche Gouvernementsräte sowie alle anderen Beamten und Kaufleute machten mir ihre Aufwartung. Da gab es einen Akinf Iwanowitsch, einen Pawel Petrowitsch und noch verschiedene andere. Ausnahmslos versicherten sie mir, daß sie mich besuchten, weil ich ein zugereister Gast sei und außerdem ein Mensch, über den sich, wie sie gehört hätten, Nikolai Nikolajewitsch Seiner Eminenz und dem Gouverneur gegenüber sehr lobend geäußert habe.

So schlich sich unmerklich der Winter mit seinen zwanzig, fünfundzwanzig Grad Frost heran. Alle Welt hüllte sich nun in Bärenpelze, die man mit Ledergürteln zusammenhielt.

An einem schönen Wintertag, das heißt bei etwa zwanzig Grad Frost, fuhr Iwan Iwanowitsch Andrejew mit seinen Pferden an meiner Treppe vor und betrat dann das Haus.

»Vorsicht! Vorsicht!« hörte ich seine Stimme schon von der Diele her. Er nahm dem Kutscher zwei Flaschen ab, stellte sie auf zwei Stühlen ab und trat dann auf seine originelle, ungezwungene Art und mit dem den Sibiriern eigenen Schick in mein Zimmer.

Er war ein großer, kräftiger, stämmiger Mann, dessen gesundes Gesicht ebenso rot war wie seine Hände und sein Hals. Mit einem Wort, er strotzte nur so vor Gesundheit. Ich kannte ihn bereits, denn wir hatten uns schon gesehen, sowohl bei ihm, wenn er zum Essen einlud, als auch bei anderen.

Die Flaschen erregten meine Aufmerksamkeit.

»Was ist denn das?« fragte ich.

»Na, Wodka!«

»Ich trinke keinen Wodka, das wissen Sie doch!« sagte ich lachend.

»Wissen wir, wissen wir, so was erleben wir nicht zum erstenmal ... Doch Sie bewirten ja niemanden! Wir werden das selbst trinken.«

Er blickte die Flaschen liebevoll an, ohne sich beruhigen zu können, und fing wieder an:

»Wie kann man Wodka bloß verschmähen!«

»Es ist nicht, weil ich etwa tugendhaft wäre«, bemerkte ich, »sondern weil meine Nerven es nicht vertragen.«

Er dachte ein Weilchen nach und goß sich ein Glas voll ein.

»Nerven!« meinte er dann und klapperte vor Verwunderung mit den Augenlidern.

»Haben Sie denn noch nie etwas von Nerven gehört – Sie haben doch auch welche«, sagte ich.

Er sah mich so nachdenklich an, als spräche ich von einem ihm völlig unbekannten Gegenstand.

»Wie sollte ich nicht davon gehört haben“, sagte er und stellte sein Glas auf den Tisch. »Ja, gehört habe ich schon davon«, fuhr er dann fort. »Man sagt, daß hinterm Ural viele Frauen an den Nerven leiden. Auch hier gibt es eine – immerzu hat sie's mit den Nerven!«

»Glauben Sie mir, auch Sie haben welche ... nur sind Sie nicht nervös. Mir schadet das Trinken, darum trinke ich eben nicht«, fügte ich hinzu.

»Auch mir, ja wahrscheinlich jedem schadet es, und doch trinken wir.«

Er versank in Nachdenken.

»Übrigens, wer weiß, vielleicht habe ich auch welche«, sagte er dann. »Nun, wenn Sie zum Essen zu mir kommen – ich bin nämlich hergekommen, um Sie einzuladen –, wenn Sie also eine halbe Stunde vor dem Mittagessen kommen, werde ich Ihnen eine Geschichte von mir und dem Bischof erzählen. Ich zeige Ihnen einen Brief von ihm ...«

»Gut, ich werde eine halbe Stunde vor dem Essen bei Ihnen sein.«

Er trank sein Glas Wodka aus und fuhr wieder davon.

Zwei Tage später erschien ich eine halbe Stunde vor dem Mittagessen bei Iwan Iwanowitsch.

Der kleine Elefant erwartete mich bereits.

»Seien Sie willkommen, treten Sie ein!«

Und er zog mich mit sich in sein Arbeitszimmer. Seine Diener waren noch im Hause beschäftigt, denn man erwartete die Ankunft der übrigen Gäste.

»Nun, sehen Sie bitte«, begann Iwan Iwanowitsch, während er sich setzte und auch mich Platz nehmen ließ, »hier ist der Brief des Bischofs. Die Sache war nämlich so: Wegen der Branntweinverwaltung kommen verschiedene Leute zu mir, und mit jedem pflege ich ein Gläschen Wodka zu trinken. Das ist morgens. Und dann gibt es Tee und all das andere. Wodka steht bei mir immer auf dem Tisch. Jeder greift auch gleich danach ...«

»Und Sie, Iwan Iwanowitsch?«

»Ich auch, denn ohne mich trinkt keiner. Wir essen alles mögliche dazu: Kaviar, Lachsforellenstreifen, Hering ... Wissen Sie, bei uns gibt es immer einen kleinen Imbiß, also einheimische und fremde Dinge, von jenseits des Gebirges ... Nun, wir essen eben ein Häppchen und trinken dazu. Das ist auch ganz in Ordnung so. Dann kommt vielleicht noch Doktor Dobrotworski, der kann auch ganz schön was vertragen, doch gegen mich ist er ein Waisenknabe! Beim zwölften, allerspätestens beim fünfzehnten Glas hört er auf, ich aber trinke weiter. Dann wird man zum Mittagessen geladen, mal bei dem einen, mal bei dem andern – und wieder Wodka ...«

»Wieviel Gläser kommen denn so am Tage auf Sie, Iwan Iwanowitsch?« fragte ich mit weit aufgerissenen Augen.

»Nun, so dreißig, vierzig Glas. Denn nach dem Mittagessen kommt ja das Abendessen – und wieder gibt es Wodka! So läppert sich das eben jeden Tag zusammen ...«

Ich schaute ihn zwar nicht gerade mit Hochachtung, wohl aber mit größtem Erstaunen an und wußte nicht, was ich dazu sagen sollte. Er indes blickte mich mit seinen klaren, hellgrauen Augen fröhlich an.

»Nun ja, genau wie Sie hat auch der Bischof geguckt ... Der Arzt Dobrotworski wurde irgendwohin zu einer Untersuchung geschickt«, fuhr er nach einer Weile fort, »ich trank wie gewöhnlich meine dreißig, vierzig Glas pro Tag, ohne mir darüber im geringsten den Kopf zu zerbrechen – und nichts weiter. Da bekam ich plötzlich von Seiner Eminenz diesen Brief hier ...«

Und er reichte mir das Schreiben. Den Wortlaut habe ich nicht mehr im Kopf, doch der Inhalt war etwa folgender: ›Ständig dringen Gerüchte zu mir, und oftmals bin ich auch selbst Zeuge gewesen, wie Sie, verehrter Iwan Iwanowitsch, die geistigen Getränke mißbrauchen. Nicht als Moralprediger, sondern als Ihr und Ihrer Familie Freund möchte ich Sie warnen, denn letztere kann den Vater verlieren, wenn Sie sich im Verbrauch hochprozentiger Getränke nicht mäßigen. Deshalb bitte ich Sie – nicht darum, ganz mit dem Trinken aufzuhören, aber doch wenigstens um eine Verringerung des Quantums der von Ihnen konsumierten geistigen Getränke; so werden Sie Ihrer Familie den Vater erhalten ...‹ In diesem Ton ging es weiter.

Ich faltete den Brief langsam zusammen und gab ihn zurück.

»Was denn, ist das alles?« fragte ich.

»Nein, das war nicht alles ... Ich las diesen Brief da durch – und fing an schwermütig zu werden. Als am nächsten und am übernächsten Tag die Leute wegen der Branntweinpacht mit ihren Rechenschaftsberichten zu mir kamen, trank ich allerdings nur etwas weniger als früher, am übernächsten Tag jedoch noch weniger, und am vierten Tag trank ich mit keinem mehr das übliche Glas Wodka. Vergebens drängte man mich, ich solle doch trinken – nein, nein! Ich wurde nur melancholischer und wiederholte ständig: ›Ich kann nicht!‹ – ›Ja, warum können Sie denn nicht?‹ drang man in mich. ›Hier drin tut's weh!‹ antwortete ich. Und so ging es weiter, ich wurde von Tag zu Tag melancholischer, ging aber nicht zum Bischof, denn ich schämte mich vor ihm. So ging es tagaus, tagein, ich wurde immer trübsinniger, immer dünner und zeigte mich nirgendwo mehr. Meine Bekannten wollten mich zum Trinken überreden, ich aber sagte stets mein Sprüchlein auf: ›Hier drin tut's mir weh!‹ Der Erzbischof erkundigte sich oft nach mir: ›Warum sieht man denn Iwan Iwanowitsch gar nicht mehr? Was ist denn mit ihm?‹ Die Leute erklärten es ihm: ›Er hat innerliche Schmerzen. Er trinkt keinen Wodka mehr und hat sich gänzlich zurückgezogen.‹ Der Erzbischof aber lachte nur. So vergingen etwa anderthalb Monate. Ich litt, magerte ab, schwieg und verkümmerte ganz und gar ...«

Hier seufzte der Riese, daß es durch das ganze Zimmer hallte. »Die Leute ließen mich bereits links liegen und tranken ohne mich

Wodka. Ich seufzte und grübelte. Ich hatte für alle und auf alles nur noch eine Antwort: ›Hier drin tut's mir weh!‹ Da hieß es plötzlich, der Arzt Dobrotworski wäre von der Untersuchung zurückgekommen. Vor lauter Freude kam er stehenden Fußes zu mir. Er stürzte herein und blieb wie angewurzelt stehen, ja er fuhr sogar zurück und blickte mich an, als hätte er mich noch nie gesehen. ›Was ist denn mit dir los?‹ rief er endlich bestürzt. ›Du bist ja nicht mehr du selbst! Was tut dir denn weh? Sprich!‹ Ich schaute ihn nur an und schüttelte den Kopf. Ich ließ ihm einen Imbiß und Wodka auftischen und schenkte ihm ein. ›Nun, und du?‹ meinte er. Wieder schaute ich ihn nur an und schüttelte den Kopf. So ging er wieder weg, ohne etwas erreicht zu haben. In allen Häusern ließ ich ausrichten, daß ich keinen Wodka mehr trinke, weil ich krank wäre. Am Ende zwang der Arzt mich aber doch, über die Sache zu reden. Ich erzählte ihm also alles, was ich auch Ihnen mitgeteilt habe, und zeigte ihm den Brief des Bischofs. Er hörte mir aufmerksam zu, und als ich fertig war, schlug er die Hände zusammen und rief: ›Du bist ein Dummkopf, ach, was bist du für ein Dummkopf!‹ Er ergriff ein Glas, goß Wodka hinein, trat an mich heran und befahl: ›Trink!‹ – ›Hier drin tut's weh‹, sagte ich. ›Du lügst, nichts tut dir weh. Trink!‹ Nun, da hab ich's eben ausgetrunken. Drei Gläser trank ich, mehr gab er mir nicht. ›Das reicht für heute‹, sagte er. Am nächsten Tag trank ich vier Gläser, am dritten und vierten ebenfalls. Nach drei Wochen war ich wieder bei meinem üblichen Quantum angelangt. Und jetzt, Gott sei Dank, trinke ich wieder wie früher und bin so gesund wie eh und je. Als ich das alles dem Erzbischof erzählte, lachte er und winkte nur ab. ›Tun Sie, was Sie nicht lassen können‹, hat er gesagt.«

»Was bedeutet denn das, was soll diese Geschichte?« fragte ich.

»Das bedeutet, daß auch ich wahrscheinlich Nerven habe. Die waren schuld an dieser Krankheit, dieser Plage!«

Er schwieg und dachte nach. Ich mußte lachen – wie der Bischof. Ja, was war da auch anderes zu machen?

»Nun, jetzt sind auch die übrigen Gäste gekommen«, sagte Iwan Iwanowitsch, »ich bitte zu Tisch!«

Der gastfreundliche Hausherr und seine Gäste setzten sich zu Tisch; insgesamt waren wir fünfzehn Personen. Zuerst gab es Pasteten und verschiedenerlei anderes. Vor dem Mittagessen tranken alle

Männer Wodka und aßen einen Happen dazu. Bei Tisch speisten sie mit großem Appetit und unterhielten sich angeregt.

Nach dem Mittagessen fuhren die Gäste davon, die Herrschaften aber legten sich schlafen. Ich ging ebenfalls nach Hause, doch kehrte ich abends auf die nachdrückliche Einladung der Gastgeber hin wieder hierher zurück, und die übrigen Gäste ebenfalls. Alle außer mir setzten sich an den Tisch und spielten Boston. Ich beherrschte dieses veraltete Spiel nicht, und weil ich sonst nichts zu tun hatte, kiebitzte ich bald bei dem einen, bald bei dem anderen der Spieler. Und wieder verließ mal der, mal jener den Kartentisch – und ging Wodka trinken.

»Wie gut Sie für Ihre Jahre aussehen«, sagte einer der Gäste zu mir, »wie Milch und Blut! Ich bin doch jünger als Sie und habe schon ganz graue Haare ...«

»Wovon denn?« fragte ich. »Vom sibirischen Frost wahrscheinlich ...«

»Nein, nicht vom Frost; was macht uns der Frost schon aus – nein, das kommt vom Wodka!« sagte er und leerte das wer weiß wievielte Glas.

Mit Winteranfang wurden wieder Spazierfahrten mit ungezähmten Pferden unternommen, andere gab es dort auch gar nicht. Nur ein einziger Gouvernementsrat besaß ein gutes Pferdegeschirr. Die übrigen legten Ledergürtel um und jagten in irgend etwas und irgendwie dahin – und stets mit ungezähmten Pferden.

So vertrieben wir uns in Jakutsk die Zeit. Ich brachte meine Reisenotizen in Ordnung und speiste bald bei dem einen, bald bei dem anderen der Einwohner, selten bei mir zu Hause, bisweilen wohl auch beim Gouverneur.

Einmal fand wieder ein ›dürftiges Mahl‹ beim Gouverneur statt.

Eines Tages im Winter kam er zu mir, im Bärenpelz, mit Brille, mit Gichtflecken auf den Wangen und wie gewöhnlich liebenswürdig – ein Marquis, wie er im Buche steht. Er wurde von zwei Kosaken mit Lanzen begleitet, die die Hunde zu verjagen hatten. Draußen herrschten nur zwanzig Grad Frost! Nur! Excusez du peu! Igorjew kam, weil er sich Bewegung machen wollte, nicht gefahren, sondern zu Fuß gegangen. Übrigens hatte er es nicht weit bis zu mir.

»Heute habe ich eine Lachsforelle bekommen«, begann er, »und zwar so eine.« Und er zeigte mir mit den Händen ihre Größe. »Was soll ich mit ihr machen? Wie sie zubereiten?«

Ich dachte ein bißchen nach.

»So leichthin darf man das nicht entscheiden. Wir müssen den Bischof fragen«, antwortete ich lächelnd und ließ Igorjew in einem Sessel Platz nehmen. Die Kosaken waren in der Diele geblieben.

»Das geht tatsächlich nicht – ich wollte ja auch Seine Eminenz zum Essen einladen. Von Ihnen aus wollte ich direkt zu ihm gehen. Sie kommen wohl nicht mit?« fragte der Gouverneur.

»Doch, doch, obgleich ich erst vor kurzem bei ihm gewesen bin«, antwortete ich.

Kurz darauf machten wir uns also zum Erzbischof auf. Er empfing uns wie immer liebenswürdig und herzlich und ließ uns in seinem Zimmer Platz nehmen.

Igorjew ›legte ihm seine Bitte dar‹ betreffs der diesmaligen Einladung zu einem neuen ›dürftigen Mahl‹.

»Ich habe eine Lachsforelle«, erklärte er nun auch dem Erzbischof, »und zwar so eine!« Und er zeigte auch ihm die Größe mit den Händen. »Was soll ich aus ihr machen?«

Der Erzbischof blickte uns beide freundlich an, dachte einen Augenblick nach und antwortete kurz und bündig: »Eine Botwinja!«

Wir mußten alle lachen, Seine Eminenz als erster.

»Eine Botwinja, nun, so werden wir eben eine Botwinja machen«, sagte Igorjew.

Es wurde also eine Botwinja gegessen, in der sogar Eisstücke schwammen. Anstelle von Kuchen gab es Eiscreme. Und das bei zwanzig Grad Frost! Wir tranken aus Leibeskräften Rum – oder war es Kognak? – von jenseits des Gebirges dazu, und als ich nach Hause ging, hatte ich nur meinen Mantel mit dem Biberpelzkragen an. Trotzdem machte mir der Frost nicht das geringste aus!

Der Erzbischof lud niemals jemanden zum Essen zu sich ein. Er führte ein streng geregeltes Mönchsleben, aß Fischsuppe und Milchspeisen, und an den Fastentagen hielt er sich peinlich genau an die Vorschriften. Weltliche Leute aber brauchten seiner Meinung nach zum Mittagessen unbedingt Fleisch.

Außerdem war der Gouverneur der Ansicht, daß das Gehalt seiner Eminenz nur mäßig sei und ihm keine Extraausgaben für seine Tafel gestatte. Der Erzbischof mochte es aber gern, wenn ich ihn abends zum Teetrinken aufsuchte. Er brachte dann ein ganzes Arsenal von – wie er es nannte – Mönchskost auf den Tisch, neben dem

Tee erschienen also Backpflaumen, Rosinen, Mandeln und ähnliche Dinge. Und zu allem Überfluß gab es noch Wein: Seine Eminenz wollte mich aufs beste bewirten. Er selbst trank nach Mönchsweise nur ein einziges Gläschen. Ich aber trank gar nichts, besonders abends nicht.

Zum Mittagessen oder auch danach konnte ich zwar noch ein Gläschen Madeira zu mir nehmen; ich trank auch den Likör, den man aus den wunderbaren sibirischen Beeren machte, den nordischen Himbeeren, Sumpfbrombeeren und anderen Arten. Abends aber konnte ich nichts trinken, nicht einmal Madeira, zu dem sich sogar der Bischof offen bekannte.

»Nun, so weiß ich doch, womit ich Sie bewirten kann!« sagte er freundlich und ließ Lafitte reichen.

Der Klosterdiener stellte also eine Flasche Lafitte, einen Rotwein, den ich unter keinen Umständen trinke, sowie zwei Gläser auf den Tisch und entfernte sich mit einer Verbeugung.

Ich weiß nicht mehr, wie ich an diesem Abend dem Rotwein entgangen bin. Am nächsten Tag jedoch ging ich nicht mehr allein zum Bischof, sondern brachte einen jungen Staatsanwalt mit, der, wenn er sein Glas ausgetrunken hatte, auch meines leerte, kaum daß sich Seine Eminenz etwas abwandte.

»Nehmen Sie da nicht ein besonderes Opfer auf sich?« erkundigte ich mich vorsichtig.

»Nicht im geringsten«, sagte der Staatsanwalt fröhlich. »Ganz im Gegenteil …«

Und er leerte weiter Glas um Glas.

Da ich die im allgemeinen enthaltsame, rein mönchische Lebensweise des Erzbischofs erlebte, so wunderte ich mich – natürlich nur im stillen –, wenn ich ihn bei den opulenten Mittagessen traf, an denen ich selbst nur gezwungenermaßen teilnahm. Er schien meine Gedanken zu erraten, jedenfalls bemerkte er eines Tages nachdenklich: »Da sehen Sie mich nun immer bei den Mittagessen, die die hiesigen Einwohner geben, angefangen vom Gouverneur und den Gebietsbeamten bis hin zu den Kaufleuten. Diese Menschen bilden hier eine einzige Gemeinschaft, aus der wohl nur der Gouverneur und ich herausragen. Nachdem ich einmal die Einladung eines von ihnen angenommen hatte – nun, und wäre es nur zum Namenstag des Hausherrn gewesen –, mit welchem Recht sollte ich einem anderen dasselbe verweigern? … so besuche ich also unfreiwilligerweise alle nacheinander; allerdings werde ich überall mit meinen Klosterspeisen bewirtet. Ich komme hin, segne das Mahl, lausche den Sängern, rühre die einzelnen Gänge kaum an, fahre dann wieder weg und lasse die anderen das Essen auf ihre eigene Weise beenden.«

Und der Bischof lachte gutmütig.

Bei diesen abendlichen Gesprächen bei Seiner Eminenz wurde über alles mögliche geredet – am meisten aber über den damals regierenden Imperator Nikolai Pawlowitsch. Der Erzbischof erzählte gern von seinem Empfang beim Monarchen, von ihrer Unterredung und wie sich der Zar nach den rauhen Gegenden Ostsibiriens erkundigt hatte. Unter anderem erzählte mir Seine Eminenz, wie er, nachdem er in Petersburg vom Tod seiner Frau erfahren hatte, erst zum Archimandriten und dann zum Erzbischof von Jakutsk, den Alëuten und Kurilen ernannt worden war.

»Auf den Kurilen gibt es nicht einmal eine Kirche«, hatte er damals dem Zaren gegenüber bemerkt.

»Wird gebaut«, sagte der Monarch, während er weiterschrieb.

Ich habe vergessen, ob auf diesen Inseln dann tatsächlich eine Kirche gebaut worden ist; möglicherweise hat Seine Eminenz es mir gesagt, und ich weiß es bloß nicht mehr. Ich weiß nur, daß Hochwürden Innokenti sich auf allerhöchsten Befehl Erzbischof von Jakutsk, den Alëuten und Kurilen nannte.

So verging die Zeit, und meine Abreise rückte heran. Da geschah plötzlich in der Stadt etwas Unvorhergesehenes. Eines Nachts entflohen Häftlinge aus dem Gefängnis, und zwar nicht allein, sondern zusammen mit den wachhabenden Kosaken. In dieser Nacht wurde auch ein Jakute ermordet. Wäre dieser letztere Umstand nicht gewesen, so hätte niemand nachgeforscht, ob die Gefangenen allein oder zusammen mit den Kosaken entflohen waren.

Die Stadt geriet in Aufruhr, besonders weil man annahm, die Kosaken hätten sich am Trinkgelage der Gefangenen und an der Ermordung des Jakuten beteiligt. Die Gesellschaft spaltete sich in zwei Parteien: Die eine wies nach, daß die Häftlinge heimlich durch einen unterirdischen Gang aus dem Gefängnis entwichen wären; die andere hingegen bestand darauf, daß die Sache nicht ohne Beteiligung der Kosaken vor sich gegangen sein könne.

Im Interesse des Gouverneurs lag es, ersteres zu bestätigen, wogegen der Bischof die zweite Ansicht unterstützte.

Ich traf zu dem Zeitpunkt bereits Anstalten, nach Irkutsk abzureisen, wo mir ein Wiedersehen mit dem Generalgouverneur bevorstand, und so bemühten sich beide Parteien um die Wette, mich zu gewinnen – jede zu ihrem Vorteil.

Im stillen lachte ich nur und nahm mir vor, dem Generalgouverneur gegenüber kein Wort über diese ganze Geschichte zu verlieren. Das Schicksal indes wollte es anders.

Schon war der siebenundzwanzigste November herangekommen, der Tag meiner Abreise aus Jakutsk. Ich machte meine Abschiedsvisiten bei jedermann, sowohl bei den Gebietsbeamten als auch bei den Kaufleuten. Der Bischof erteilte mir wieder ausgiebig seinen Segen, umarmte und küßte mich, gab mir gute Worte mit auf den Weg und eine ganze Begrüßungsrede für den Generalgouverneur.

Von ihm fuhr ich zum Gouverneur, den ich aber zu meiner Verwunderung nicht antraf. Wie sich herausstellte, befand er sich nicht einmal in der Stadt. Er hatte sich, wie mir seine Hausgenossen sagten, auf eine Inspektionsreise durch das ihm unterstellte Gebiet begeben.

Das Abschiedsessen wurde mir bei Iwan Iwanowitsch ausgerichtet, wo sich fast die ganze Stadt versammelt hatte, um mir Lebewohl zu sagen.

Die Bewirtung war übrigens vorzüglich und von echt sibirischer Art. Der Likör floß in Strömen. Auch das ›kühle Getränk‹, nämlich Sekt von jenseits des Gebirges, fehlte nicht. Die Flasche Sekt kostete dort allerdings wahrhaftig sieben Rubel; doch gab es ja weder ein Theater oder andere Vergnügungsstätten, noch jene Damen, die den Männern das Geld aus der Tasche ziehen – man konnte also sein Geld nirgends sonst verjubeln.

Mit diesem Mittagessen war die Sache aber noch nicht zu Ende. Direkt nach Tisch machten sich alle auf den Weg, um mich bis zu einer Kirche, die, wenn ich nicht irre, zwei Werst von Jakutsk entfernt lag, zu begleiten.

Dort tauchte aus den Schlitten wieder besagtes ›kühles Getränk‹ auf, und es wurde ihm fleißig zugesprochen. Auch auf mich entfielen einige Gläser. Wie einer der damals in Sibirien Ansässigen, den ich auch jetzt noch manchmal sehe, mir erzählt hat, soll ich mich dann mit meinem letzten Glas in der Hand folgendermaßen an die Anwesenden gewandt haben:

»Meine Herren, Sie glauben, ich trinke nicht, aber ich habe mich verstellt: Ich bin ein schlimmer Trinker, nur habe ich das vor Ihnen geheimgehalten.«

»Wir wissen schon, was für ein Trinker Sie sind!« antwortete man mir unter Lachen aus der Menge. »Uns können Sie nicht hinters Licht führen!«

So hat mein Bekannter mir meine Abreise aus Jakutsk und meine letzten Worte geschildert.

Von ihm hörte ich auch folgende Geschichte über den Bischof Innokenti: »Wir waren am Ostersonntag in der Kathedrale, der Gouverneur, alle Beamten und Kaufleute. Viel Volk war zusammengekommen. Der Erzbischof zelebrierte zusammen mit unseren Geistlichen den Gottesdienst. Nach der Messe spendete Seine Eminenz den Segen und tauschte mit allen den Osterkuß. ›Nun‹, sagte er dann, ›und jetzt kommt alle mit!‹ Der Gouverneur, die Beamten, die Kaufleute, wir alle begriffen nicht, wohin er uns führen wollte, und folgten ihm mit aufgerissenen Mündern. Wir sahen uns um, er aber ging von der Kirche direkt zum Gefängnis, tauschte dort mit allen Häftlingen den Osterkuß und schenkte von seinen bescheidenen Mitteln jedem etwas zum Feiertag. Und sein Gesicht sah dabei so licht, so still und ruhig aus! Notgedrungen griffen auch wir in unsere Taschen und holten hervor, was wir zu geben vermochten. Auch die Kaufleute taten ihre Börsen auf – am weitesten Iwan Iwanowitsch. Insgesamt brachten wir eine ganz ansehnliche Menge Geld zusammen, das alles den Gefangenen zugute kam. Der Erzbischof segnete alle noch einmal und entließ uns erst dann nach Hause.«

Doch ich will mich wieder der Schilderung meiner Abreise aus Jakutsk zuwenden. Nachdem ich den Anwesenden also erklärt hatte, daß ich ein schlimmer Trinker sei, küßte ich jeden zum Abschied und fiel in mein Fuhrwerk.

Drei Stationen verschlief ich. Mein Timofej mußte die Kutscher bezahlen. Auf der vierten Station öffnete ich endlich die Augen und erblickte einen Reiseschlitten. Ich erkundigte mich, wer sich denn hier aufhalte.

»Der Gouverneur Igorjew«, war die Antwort.

»Wie denn, unser Gouverneur!« wiederholte ich verblüfft. »Ich wollte mich in Jakutsk von ihm verabschieden, doch man sagte mir in seinem Hause, daß er zu einer Inspektion seines Amtsbezirkes aufgebrochen sei.«

»Ja, er inspiziert ihn doch auch«, erklärte man mir.

Ich betrat die Posthalterei.

»Ba, ba, ba!« rief Igorjew und tat so, als wäre er erstaunt. »Ich wußte gar nicht, daß Sie uns verlassen ...«

Ich sah ihn an, wie man eben guckt, wenn man einen Kater hat, und wahrscheinlich lag ein ungläubiges Lächeln auf meinem Gesicht.

»Jawohl, so ist es«, fuhr er fort. »Und ich, sehen Sie, inspiziere meinen Amtsbereich. Wie konnten Sie denn abreisen, ohne meine Rückkehr abzuwarten! Denn Sie fahren doch nach Irkutsk, nicht wahr?«

»Ja, nach Irkutsk«, bemerkte ich lachend.

Wir tranken zusammen Tee; er hatte ein Reiseservice bei sich. Er sprach wortreich über die Inspektion des Jakutsker Gebietes, über den Vorfall in der Stadt, über den ermordeten Jakuten, darüber, daß die Gefangenen nachts allein durch einen unterirdischen Gang entwichen wären und daß die wachhabenden Kosaken an dem Trinkgelage und der Schlägerei nicht teilgenommen hätten: nein, nein! Und derartiges mehr. Mit einem Wort, es war genau das Gegenteil von dem, was mir vor meiner Abreise die andere Partei in der Hoffnung erzählt hatte, ich würde die eine oder andere Meinung teilen und dementsprechend dem Generalgouverneur in Irkutsk Bericht erstatten.

Ich glaube, in meinen Reisebeschreibungen, die unter dem Titel ›Die Fregatte Pallas‹ erschienen sind, habe ich erwähnt, daß ich am ersten Weihnachtsfeiertag mit stark erfrorenem Gesicht in Irkutsk ankam. Ich ließ einen Arzt rufen.

Der Äskulapjünger fragte: »Müssen Sie bald wiederhergestellt sein?«

»Bis Neujahr, ja. Eine Woche kann ich, wenn's sein muß, zu Hause bleiben.«

Er verordnete mir für die Frostanschwellungen Umschläge aus getrockneten Feigen und warmer Milch. Einen Tag später schwoll mein ganzes Gesicht an, nach einer Woche jedoch war die Schwellung bedeutend zurückgegangen, und am Neujahrstag 1855 konnte ich dem Generalgouverneur von Ostsibirien meine Aufwartung machen.

Im Empfangssaal drängten sich die Generäle, Beamten und Kaufleute. In ordensgeschmückter Uniform nahm Nikolai Nikolajewitsch Murawjow höchst würdevoll die Glückwünsche zum neuen Jahr entgegen. Ich erschien diesmal in voller Paradeausrüstung bei ihm – im schwarzen Frack mit weißer Halsbinde. Zuerst freute er sich sehr über mein Kommen. Dann aber trat er plötzlich zurück und wandte sich, obgleich er doch sonst so umgänglich und liebenswürdig war, wie ein strenger Vorgesetzter mit verärgertem Gesicht und weißgewordener Nase an mich.

»Weshalb kommt aus Ajan keine Post?« fragte er mich streng.

»Ja ... Sie haben dort augenblicklich andere Dinge im Kopf als die Post«, antwortete ich und änderte infolge der plötzlichen Strenge des Generalgouverneurs unwillkürlich meine Absicht. »Die ganze Stadt, der Gouverneur und der Bischof sind davon in Anspruch genommen, daß ein Jakute ermordet wurde und daß ...«

»Merkwürdig«, unterbrach mich Murawjow, »sie sind dort immer mit etwas beschäftigt, was täglich irgendwo vorkommt, während sich niemand um das kümmert, was sonst nirgendwo passiert, nämlich, daß die Post ausbleibt. – Weshalb kommt aus Ajan keine Post?« wandte er sich wieder voll Strenge an mich.

Ich fand auch hier einen Ausweg.

»Euer Exzellenz«, erwiderte ich, »die Post konnte nicht durchkommen, weil soviel Schnee gefallen ist. Die Rentiere können das Moos, das ihnen ja als Nahrung dient, nicht abrupfen und verenden in Massen. Deshalb ist auch keine Post gekommen.«

Auf meine Bemerkung, daß der Gouverneur jetzt mit einer Inspektion seines Gebietes beschäftigt sei, fragte der Generalgouverneur, woher ich das wisse und wo ich ihn getroffen hätte. Als er meine Antwort vernahm, lächelte er nur und sagte nichts.

Nikolai Nikolajewitsch Murawjow fertigte seine Offiziere zügig ab: Den einen schickte er auf die Halbinsel Kamtschatka, er sollte dort Posten beziehen, nachdem man die Engländer siegreich zurückgeschlagen hatte; und einen anderen sandte er nach Ajan, von wo keine Post kam.

Danach wurde er wieder human und umgänglich; er lud mich ein, jeden Tag bei ihm zu speisen, und da ich trotzdem in den europäischen Teil Rußlands weiterreisen wollte, bemühte er sich, mich wenigstens bis zu einem Ball festzuhalten, der in nächster Zeit bei ihm stattfinden sollte.

Dem eben angekommenen Kommandeur unserer Fregatte gelang es dennoch, vor diesem Ball ins europäische Rußland abzureisen. Aus irgendeinem Grunde hatte er den Verdacht, der Generalgouverneur hielte uns absichtlich zurück, damit seine schriftlichen Meldungen eher in Petersburg ankämen als unsere mündlichen Berichte. Der meinige jedenfalls kam sowieso später, denn ich sah nach meiner Rückkehr einige Tage lang keinen Menschen außer meinen Freunden. Etwas anderes war es natürlich mit dem Kommandeur der Fregatte.

Bei Tisch bemühte sich der Generalgouverneur höchst beflissen um uns und traktierte uns mit tropischen Köstlichkeiten. Was bekamen wir nicht alles vorgesetzt! Unter anderem gab es zum Dessert eingelegte Ananas, selbstverständlich im eigenen Saft.

»Sie haben doch eigentlich bessere Kost hier«, sagte ich eines Tages, »Ananas sind uns nämlich in Indien über geworden; dort wurden sie jeden Tag wie Kartoffeln in Bootsladungen geliefert ...«

»Woran hatten Sie denn gedacht?« fragte Nikolai Nikolajewitsch.

»Nun, an Kwaß und Gurken, die es sonst nirgend gibt«, sagte ich lachend.

Seither erschienen regelmäßig Kwaß und Gurken auf dem Tisch des Generalgouverneurs.

Seine Frau, eine Französin, zeichnete sich ebenso wie er durch Menschlichkeit, Güte und Einfachheit aus. Sie vermied es, ihre bevorzugte Stellung in Sibirien auszunutzen und erhob keinerlei Anspruch auf die ausschließliche Aufmerksamkeit der ihrem Manne unterstellten Personen. Einmal machte sie mir gegenüber die Bemerkung, sie habe wegen der frei herumlaufenden Kühe Angst, in den Straßen von Irkutsk zu Fuß zu gehen. Ich mußte an den Jakutsker Gouverneur Igorjew denken, der sich von zwei mit Lanzen bewaffneten Kosaken vor den streunenden Hunden schützen ließ, und sagte der Ehefrau von Nikolai Nikolajewitsch, sie solle sich doch eine Wache von mindestens zwei Kosaken zulegen. Sie aber erwiderte, daß sie lieber gar nicht zu Fuß ginge, als daß sie die Dienste von Soldaten oder anderer von ihrem Manne abhängiger Personen für sich in Anspruch nähme.

Genauso verfuhren sie und ihr Mann mit einem Assessor, der ihr auf einer Station keine Pferde herausgab. Als derselbe Assessor aber auf den Gedanken kam, das auch mit einem Durchreisenden zu versuchen, zog er sich die heftige Rüge des Generalgouverneurs zu.

Vielleicht verlangte die sibirische Politik derartige Methoden! Es wäre durchaus denkbar!

J. N. Murawjowa war zu jedermann in der Stadt sehr aufmerksam und freundlich und machte häufig sogar außerhalb von Irkutsk Besuche, zum Beispiel bei den Trubezkois, was sich Nikolai Nikolajewitsch wegen seiner Stellung nicht erlauben konnte.

Doch ich nutzte mein Recht als freier Bürger weidlich aus und besuchte die verschiedensten Leute, wobei ich mich durch keinerlei dienstliche oder andere Rücksichten eingeschränkt fühlte.

So weilte ich auf Einladung von S. bei allen Dekabristen: bei den Wolkonskis, den Trubezkois, bei Jakuschkin und anderen.

Es stimmt, sie wohnten außerhalb der Stadt in Hütten. Was waren das aber für Hütten? Zwar lag auf den Dächern so etwas ähnliches wie Stroh beziehungsweise im Winter Schnee, zwar waren die Wände aus Balken gefügt und es steckte Werg in den Fugen und derartiges mehr. Sämtliche Speisen jedoch wurden dort auf Tafelsilber gereicht, der Fürst redete dort die degradierten Dekabristen weiterhin mit ihren Adelstiteln an, bewohnte die eine Hälfte des Hauses, die Fürstin die andere; und ihre Dienerschaft war überaus zahlreich. Als ich den fürstlichen Dekabristen fragte, wie er es angestellt habe, daß seine in Sibirien geborenen Kinder dennoch in ihren Manieren alle Anzeichen der besten Erziehung erkennen ließen, da antwortete er: »Nun, wenn Sie auf der anderen Seite des Hauses« (man höre: auf der anderen Seite!) »bei meiner Frau sind, so machen Sie sich die Mühe und fragen Sie sie; denn das ist ihr Ressort!«

So war es auch. Als ich in das Gesicht der Fürstin blickte, als ich ihre feinen Züge und die Würde, die sich dieses Gesicht bewahrt hatte, bemerkte, da begriff ich, daß eine solche Frau ihren Kindern sehr wohl eine sorgfältige Erziehung zu geben vermochte.

Ich traf damals den jungen Fürsten M. S. Wolkonski, der mir am öden Ufer von Ajan so freundlich Obdach gewährt hatte, nicht mehr in Irkutsk an (jetzt ist er Oberhofmeister und Mitarbeiter des Kultusministers). Nach unserer Begegnung im äußersten Osten sah ich ihn später im äußersten Westen wieder, nämlich in Wildbad, wo er neben dem Rollstuhl seines kranken Vaters einherschritt.

Eine andere fürstliche Dekabristin fand ich nicht mehr unter den Lebenden vor. Dafür lernte ich dort die Dekabristen Jakuschkin und Podshio, der kürzlich geheiratet hatte, kennen.

Unterdessen ging der erwähnte Fürst und Dekabrist W. in einem einfachen Schafpelz über die Märkte und zankte sich mit den Zwangsangesiedelten oder einfach mit den Einwohnern herum. Für ihn war – wie für einen Chinesen – die ganze Welt in dem Kreis beschlossen, in dem er, Wolkonski, sich jeweils bewegte, und eine von nichts anderem berührte Weltanschauung war die Grundlage seines ganzen Lebens.

Er gab mir Briefe nach Moskau und Petersburg mit, weil, wie er sagte, die Briefe der Dekabristen auf der Post in Kasan geöffnet würden. Vielleicht ist das tatsächlich der Fall gewesen.

Ich weiß nicht, ob es stimmt, doch man erzählte sich, daß ein Beamter, der von Irkutsk mit irgendwelchen Berichten zum Zaren nach Petersburg gereist war, sehr gern dem Generalgouverneur ›bâtons dans les roues‹ werfen wollte. Als er dem Imperator seine Berichte vorlegte, bemerkte er unter anderem, N. N. Murawjow ginge mit den in der Umgebung von Irkutsk verbannten Dekabristen, wenn er sie treffe, sehr freundlich um, weise ihnen keinerlei Arbeit zu, sei zwar seiner Position wegen nicht bei ihnen zu Gast, doch besuche seine Frau die Dekabristen usw.

Der Zar horchte den Beamten ein wenig aus und meinte dann: »Also hat Murawjow begriffen, was ich wollte.«

Ich führe dies als eine Art Anekdote an, ohne mich indes für ihren Wahrheitsgehalt verbürgen zu können.

Übrigens will ich noch eine andere Erzählung einfügen, die ich von N. N. Murawjow selbst hörte, als wir auf dem Schoner ›Osten‹ gemeinsam übers Ochotsker Meer fuhren. Eines Abends gingen wir beide an Deck hin und her und kamen im Gespräch auf die Staatsverbrecher, von denen ihm zahlreiche unterstanden, zu denen unter anderem auch P. gehörte. Als ich mich erkundigte, wo sich P. befinde, sagte Murawjow es mir, doch habe ich den Ort jetzt vergessen. Ich fügte damals noch hinzu, daß ich ihn irgendwo flüchtig gesehen hätte, meine Bekannten aber erzählten, daß er verrückt geworden sei: Er versammle Arbeiter in seiner Wohnung, gebe ihnen Geld, halte sie dazu an, ihren Herren den Gehorsam zu verweigern und dergleichen mehr. Die Leute nähmen sein Geld und würden ihn auslachen – mit einem Wort: Alle hielten ihn für verrückt.

Murawjow hörte mir aufmerksam zu und meinte dann: »Sie öffnen mir die Augen über diesen Menschen. Ich habe ihn für völlig normal gehalten, und als ich einmal seinetwegen, der ja ein wichtiger Verbrecher ist, ein Dokument erhielt, meinte ich, ihn persönlich aufsuchen zu müssen. Ich war kaum im Gefängnis angelangt, als er mich auch schon mit Beschwerden bombardierte – was meinen Sie wohl, über wen und über was? Über den Senat, den Zaren, die Unrechtmäßigkeit seiner Verurteilung ... Weiß der Himmel, was für Ungereimtheiten er noch vorbrachte, als käme er vom Ende der Welt! Ich hielt es für notwendig, ihn darauf hinzuweisen, daß ich gekommen sei, seine Lage zu erleichtern, er jedoch alles tue, sie zu erschweren, denn alles, was er jetzt sage, müsse ich meiner Pflicht und der mir in bezug auf ihn erteilten Instruktion gemäß der Regierung melden. Ob es deshalb nicht irgend etwas gäbe, womit ich, der Generalgouverneur, sein Los erleichtern könne? Da beklagte er sich über den für ihn zuständigen Unteroffizier, daß der ihn schikaniere. Ich ließ ihn nicht ausreden: ›Das fällt direkt in mein Ressort‹, sagte ich und unterstellte ihn einem anderen Unteroffizier.« – »Wie ist es, arbeitet er?« erkundigte ich mich. – »Er kann einem ja viel erzählen«, sagte Murawjow, »was er auch arbeiten mag, er tut doch nichts! Sie haben mir über ihn die Augen geöffnet: Er ist tatsächlich verrückt.«

In dieser Art ging Murawjow offenbar auch mit allen anderen Verbannten um.

Eine andere Dekabristin, die Fürstin Trubezkaja, fand ich – wie gesagt – nicht mehr unter den Lebenden vor. Und ihre Töchter waren bereits verlobt – die eine mit dem aus Moskau stammenden Swerbejew, die andere mit meinem Petersburger Freund, dem Stadthauptmann von Kjachtinsk, Rehbinder. Oder war sie sogar schon mit ihm verheiratet? Das habe ich jetzt vergessen. Die Schwestern trugen damals beide Trauer und waren sehr attraktiv, besonders die jüngere.

Plötzlich erschien die Fürstin Wolkonskaja in Irkutsk, die Frau des Feldmarschalls Fürst P. M. Wolkonski. Wo war sie nicht überall gewesen: in Paris und in Tschita, in Petersburg und in Ägypten. Swerbejew erzählte mir die ungewöhnlichsten Dinge über sie. Hier erschien sie einfach, um ihren Bruder S. G. Wolkonski wiederzusehen. Swerbejew überzeugte mich, daß auch ich sie besuchen müsse.

»Warum denn?« fragte ich.

»Aber hören Sie! Alle Welt war bei ihr, nur Sie noch nicht! Fahren wir hin!« Und er brachte mich zu ihr.

Bei ihr standen die Sessel im Kreis – in der Art der Taburetts am französischen Hof –, während sie selbst auf dem Sofa präsidierte. Sie war eine sehr lebhafte, bewegliche alte Dame, die sich ununterbrochen bald mit dem einen, bald mit dem anderen ihrer Besucher unterhielt. Sie hielt es für ihre Pflicht, mich allen vorzustellen, und redete sogleich französisch auf mich ein. Dann wandte sie sich Swerbejew zu, dann einem neuen Besucher, und so ging es in einem fort.

»Sans adieu!« sagte sie beim Abschied zu mir. Und auf diese Weise war meine Visite beendet.

Ich lernte hier viele Leute kennen, darunter auch den Zivilgouverneur, den Armeegeneral Wenzel, den jedermann, angefangen beim Generalgouverneur, wegen seiner Sanftmut und Menschenfreundlichkeit rühmte; dann den Ingenieur Klejmenow und die Adjutanten des Generalgouverneurs, von denen der eine, sein Neffe, später selbst Generalgouverneur von Ostsibirien war, nachdem sein Onkel diesen Posten verlassen hatte und Mitglied des Staatsrates geworden war.

Mehr hatte ich in Irkutsk nicht zu tun. Ich war nun des Herumreisens in Sibirien so müde, wie ich es des Herumreisens auf dem Meer geworden war. Ich wollte möglichst rasch nach Europa zurück, hinters Uralgebirge, wo ... nichts auf mich wartete. Mein Bruder und meine Schwestern waren verheiratet, eine von ihnen verwitwet. Alle waren sie mit ihren eigenen Angelegenheiten beschäftigt. In Petersburg würde ich so allein und frei sein wie der Wind.

Ich weiß nicht mehr, ob ich den erwähnten Ball beim Generalgouverneur noch abgewartet habe; ich glaube nicht, denn sonst würde ich mich sicher an ihn erinnern.

Ich weiß nur noch, daß ich am 14. Januar 1855 Irkutsk verließ und in die weitläufige Barabinsker Steppe, die sich fast bis Jekaterinburg hinzieht, hineinfuhr.

Mager sind die ›Erinnerungen an Jakutsk‹, werden meine Leser sagen. Was soll man machen? Seinerzeit habe ich notiert, was ich konnte und was dann auch als Buch gedruckt wurde. Das übrige habe ich nun aus dem Gedächtnis aufgeschrieben, durch den Nebel der Vergangenheit hindurch: Kein Wunder, daß nun etwas Nebelhaftes dabei herausgekommen ist ...

Ein Monat Mai in Petersburg

Auf einer der Petersburger Straßen stand, und steht vielleicht noch heute, ein hohes Gebäude, dessen eine Front auf einen Kanal führte, die andere auf eine Parallelstraße. In den Seitenflügeln, zu einer Straße und zu einer Gasse hin gelegen, befanden sich Wohnungen. Auf dem Hof erstreckten sich noch ein Hinterhaus und andere Baulichkeiten. Kurz gesagt, das Haus war sehr weiträumig.

Die zwei Aufgänge an der Stirnseite gehörten zu einer großen Wohnung in der Beletage, die der General Graf Reschetilow und seine Gattin, die Gräfin Reschetilowa, innehatten.

Der Graf war ein vom Militär geprägter Mann und duldete keinerlei Widerrede. Den seinen zuwiderlaufende Meinungen akzeptierte er nur, wenn sie von Ranggleichen geäußert wurden. Auf Rangniedere blickte er von oben herab.

Der Graf hatte Kinder. Der eine Sohn diente bei der Garde, in einem Kavallerieregiment, der andere im Pagenkorps.

Die Gräfin besaß eine halbwüchsige Tochter. Die war noch nicht in die Gesellschaft eingeführt und hatte eine Gouvernante.

Im gegenüberliegenden Flügel bewohnte die Beletage ein höherer Beamter. Über ihm lebten zwei schon etwas angejahrte verwaiste Fräulein.

Unten befand sich ein Weinausschank, dessen Besitzer, der Kaufmann Gwosdew, sich sehr für jene Damen interessierte. Jedesmal, wenn sie an ihm, der in der Tür seines Ladens stand, vorüberkamen, verneigte er sich tief, was die beiden Fräulein durchaus übel aufnahmen. Was tat er nicht alles, um ihre Aufmerksamkeit zu erregen! So kaufte er zum Beispiel in der Osterwoche auf dem Newski-Prospekt in einem ausländischen Geschäft ein Ei von solch ungeheuerlichem Ausmaß, daß das ganze Haus Mund und Nase aufsperrte. Er stopfte es voll Pralinen und präsentierte es den Schwestern, um Osterküsse zu bekommen. Die Schwestern rissen auch Mund und Nase auf und konnten dem christlichen Brauch schwerlich entsagen.

Wenn er im Keller beschäftigt war, stellte er an seiner Statt einen Burschen auf die Türschwelle, der ihn unverzüglich zu benachrichtigen hatte, wenn sich die Schwestern auf dem Gehweg zeigten.

Im Hof hauste ein gewisser Tschichanow mit seiner Frau. Er bewohnte vier Zimmer: Zwei waren besonders fein ausstaffiert, die beiden anderen weniger fein.

Darüber wohnten drei unverheiratete Beamte samt einer Köchin. Darunter – wiederum Beamte. Im Mitteltrakt waren gleichfalls Mieter untergebracht, und es befanden sich kommerzielle Räumlichkeiten dort.

Und diesen ganzen großen Bau beherrschte Iwan Iwanowitsch Chochlow, der Verwalter des stets abwesenden Besitzers. Er war ein großer, sich etwas gebeugt haltender Mann mit einer mächtigen haarbedeckten Warze auf der Wange und einem steten Lächeln, das alle seine Späße begleitete. Und er scherzte immer. Er bewohnte einige Zimmer im Mitteltrakt, wovon ihm eines als Kontor diente. Dort empfing er die Bittsteller, d. h. die Mieter. Die Bessergestellten, unter ihnen der gräfliche General, ließen ihn zu sich kommen. Das wäre wohl alles, was über das Haus zu sagen ist.

Am Morgen erwachte das Haus nur ganz allmählich. Als erste erwachten natürlich die Tauben, die Spatzen und die Katzen. Die Katzen kamen aus den Schornsteinen geklettert und machten sich daran, die Tauben zu jagen. Aber sie schienen die Nutzlosigkeit ihrer Attacken selbst zu verspüren: Kaum daß sie sich zum Sprung auf die Beute duckten, hatten die Tauben oder Spatzen nichts anderes zu tun, als ihre Flugbahn etwas zu ändern oder auf ein Nachbardach abzuschwenken, worauf die Katzen so taten, als ob sie das Ganze überhaupt nichts anginge und sie es nur täten, um ihre Fähigkeit zur Geflügeljagd zu erhalten. Doch wehe dem, der dadurch unvorsichtig wurde.

Alles andere schlief noch, obwohl es längst hell war. Im Norden ist es um diese Zeit im Mai immer schon hell. Gegen sieben Uhr brachte der Hausknecht Archip den Samowar heraus, hielt ihn im Arm wie einen Freund und rief die anderen Knechte zum Teetrinken. Auf dem Nebenhof war das gleiche zu beobachten. Hatten sie dies Geschäft beendet, wenn hier überhaupt von einem Geschäft die Rede sein kann, machten sie sich ans Kehren und wirbelten dabei Staub, Mist und was sonst auf der Straße lag auf. Um sie herum bildeten sich Wolken, die bis zum Dach hinaufreichten. Das Haus und die Straßen – alles versank förmlich in Staub.

Plötzlich ertönte von oben die kreischende Stimme einer Köchin: »So einen Dreck zu machen, Saukerle! Grad hab ich die Sahne aufs

Fensterbrett zum Abkühlen gestellt, da macht ihr solchen Dreck.« Sie verschluckte sich und hustete. »Saukerle, verdammte!« fügte sie hinzu.

Die Hausknechte aber waren gar nicht zu sehen. Allein eine Stimme drang aus der Wolke heraus: »Was sollen wir denn machen. Wenn ›er‹ vorbeikommt, müssen die Höfe und muß vorm Haus gekehrt sein« – und sie fegten weiter.

Die Galerie oder, wie die Hausknechte sie nannten, die ›Galdarie‹ erwachte. Die Diener reinigten die Uniformröcke des Grafen und seiner Söhne.

Nebenan bürsteten die Zofen den Staub von den Kleidern und den Schuhen der Gräfin, ihrer Tochter und der Gouvernante.

In den beiden Aufgängen unten heizten die Portiers die Samoware an. Der eine, bauchig und glatzköpfig, nicht der Samowar, sondern der Portier, auf der Seite der Gräfin, der andere im Unteroffiziersrock auf der Seite des Grafen. Die Röhre aus blauem Packpapier auf dem einen der Samoware war nicht zu übersehen. Es war noch nicht acht. Die beiden Portiers – der eine trank Kaffee, der andere Tee – beendeten ihr Frühstück, kleideten sich an und warteten darauf, daß es neun würde und man die Briefe und Zeitungen brächte.

Von der Straße her steckte der Schutzmann den Kopf in den Hof und rief den Hausknechten zu:

»Seid ihr verrückt geworden oder was, eine Staubwolke bis zum Dach!« – worauf er hustete und ausspuckte.

Da wurden die Hausknechte munter: »Haben Sie doch selbst angeordnet –« begann der eine.

»Ich habe verlangt, daß gesprengt wird, und was macht ihr, nichts als Staub aufwirbeln!«

Da nahmen die Hausknechte, der eine einen Kübel – ein anderer einen Becher und spritzten Wasser auf den Hof und die Straße vor dem Haus. Ein früher Passant eilte blinzelnd und mit zugehaltener Nase vorüber. »Auf der Straße so einen Staub aufzuwirbeln, man kriegt ja kaum Luft!« sagte er vorwurfsvoll.

»Die Polizei will's so«, sagte der erste Hausknecht.

Von der anderen Seite kam in einer Droschke eine Dame angefahren, die sich mit ihrem Schirm, so gut sie konnte, vor dem Staub schützte.

»So ein Staub! Ihr seid wohl verrückt geworden?« sagte sie.

»Die Polizei will's so«, antwortete der andere Hausknecht. Vor dem gegenüberliegenden Haus und den anderen Häusern behaupteten die Hausknechte das gleiche und kehrten ohne Rücksicht auf Vorübergehende und -fahrende auf Teufel komm raus. Und hatten alle die gleiche Ausrede: »Die Polizei will's so«.

Nach und nach legten sich die Staubwolken.

Schließlich schlug es neun. Dem Grafen und seinen Kindern wurde Tee serviert, der Gräfin, ihrer Tochter und der Gouvernante – Kaffee.

Und da kam auch ›er selbst‹ gefahren, das heißt der Reviervorsteher. Er ließ seine Blicke wachsam über Haus, Straße und Hof gleiten und drohte aus irgendeinem Grunde den Hausknechten und dem strammstehenden Schutzmann. Der Postbote brachte die Zeitung, Journale und Briefe.

Die beiden Portiers machten sich gleich daran zu sortieren, wer welche Journale und wer die Briefe bekommt. »Was das nun wieder sein soll, Französisch – oder was?« – »An wen ist der Brief, und für wen ist das Journal?« sagte der Portier in Uniform.

»Habe ich Ihnen doch tausendmal erklärt«, rügte der in Zivil ihn, »das ist Französisch und das Engländisch«.

Woraufhin sich der Uniformierte über den Kopf fuhr, keinen Ton sagte und wohl bei sich denken mochte: ›Weiß der Himmel, was der quatscht‹.

Der Zivile sah den Uniformierten von oben herab an, sortierte alles und brachte es dabei so durcheinander, daß es später von neuem geordnet werden mußte.

In der Hofmitte ertönte von oben Tschichanows Stimme: »Hausknecht! Hausknecht! Mal herkommen!« – Einer der Hausknechte guckte nach oben, gab aber keine Antwort. Sein Kollege sagte leise zu ihm: »Nicht hingehen, das ist Tschichanow, der da ruft, der will einen mal wieder wo hinschicken«.

Der erste sah unentschlossen nach oben und schwieg. Die Stimme von oben wiederholte: »Hausknecht, du, ich rede mit dir, komm mal her!« – »Geh nicht«, drang sein Kollege in ihn, »der schickt dich wieder sonstwohin, zum Italiener auf die Morskaja, ohne Geld, und dort schmeißt man dich mit 'nem Tritt raus.«

»Was heißt, geh nicht«, antwortete der erste, »mal sollst du Zeug auf Pump holen, dann wieder gibt er dir 'n Hunderter, um alles zu bezahlen, was er aus den Läden hat, und wenn du das Wechselgeld zurückgeben willst, zehn Rubel und ein paar Zerquetschte, heißt's: ›Kannst du behalten als Trinkgeld.‹ Siehste wohl!«

Nach diesen Worten ging er hinauf zu Tschichanow, der ihm den Auftrag gab, zum Italiener und in andere Geschäfte zu gehen und Butter, Käse, Wein und mehr zum Imbiß zu besorgen, Geld allerdings gab er ihm wieder mal keines mit.

Der Hausknecht stand und stand, nahm dann den Zettel, auf dem notiert war, was er einkaufen sollte, in die Hand und ging nachdenklich und langsam, gleichsam mit den Füßen die Stufen zählend, hinunter.

»Wieder mal kein Geld«, knurrte er vor sich hin, »die schmeißen mich doch aus den Geschäften raus.« – »Hab dir ja gesagt, geh nicht«, bemerkte sein Kamerad.

Der erste nahm seine Mütze und verließ seufzend den Hof. Unterdessen gingen beim Verwalter die Mieter ein und aus. Einer, Tschichanow nämlich, bat, die Miete gestundet zu bekommen. Mit seinem honigsüßen wohlklingenden Tenor und schmachtendem Blick bat er um Aufschub bis zum nächsten Quartal. »Dann bekomme ich Geld und zahle bestimmt ...« – »Ach ja? ...« sagte Iwan Iwanowitsch daraufhin und lächelte eigenartig, »wer's glaubt.«

Ein anderer hingegen brachte aus selbigem Grund sein Geld. Ein dritter wiederum beklagte sich über einen Wasserfleck an der Decke und über Nässe.

Iwan Iwanowitsch stellte alle zufrieden. Tschichanow stundete er die Miete, wie erbeten, bis zu einem bestimmten Termin, worüber der sehr froh war und sich geschwind nach Hause verdrückte. Von dem anderen nahm Iwan Iwanowitsch das Geld entgegen, dem dritten versprach er, einen Handwerker zu schicken, der sich die Decke ansehen und alles Notwendige tun würde.

Dieser Iwan Iwanowitsch war ein wunderbarer Mensch: Er verstand es, allen zu Diensten zu sein, machte es allen recht, ohne daß ihm je seine Scherzchen ausgingen noch sein Lächeln ihn verließ! Wie er es verstand, Jugend beiderlei Geschlechts, bubiköpfige Mädchen mit blauen Brillen und langhaarige Jünglinge mit auffälligen Manieren, davon abzuhalten, daß sie sich in diesem Hause einmieteten. Überhaupt hatte er eine Nase dafür, ob jemand als Mieter zuverlässig oder unzuverlässig sein würde.

Es kamen zwei Mieterinnen zu ihm und baten um die Erlaubnis, in diesem Quartal nicht die volle Miete, sondern nur die Hälfte zahlen zu dürfen, sie führen in die Sommerfrische, nach ihrer Rückkehr im September würden sie den Rest bezahlen. Iwan Iwanowitsch kam ihnen entgegen, da er ihre Gewissenhaftigkeit kannte. Dann trat in sein Büro ein gewisser Saschibajew, den er mit einem ganz besonderen Lächeln betrachtete. »Ja, guten Tag, wie gehts denn? Heute in neuen Hosen, schau, schau!« sagte er.

»Hat mir ein Freund geschickt: Er hatte zwei Paar!« erwiderte Saschibajew munter und mit einem lässigen Blick auf seinen Anzug. Iwan Iwanowitsch sah ihn lächelnd an.

»Was gibt's darüber zu lachen, daß ich Hosen anhabe? Die werd ich immer tragen, niemand läuft ohne Hosen herum. Brauchen Sie gar nicht zu rätseln, wo die her sind!« und klopfte sich auf seine Hosen.

»Nun ja, und Sie bringen mir die Miete für dieses Quartal?« fragte Iwan Iwanowitsch.

»Nein, ich bin gekommen, um Ihnen zu sagen, daß ich sie nicht habe.«

»Da hätten Sie nicht extra zu kommen brauchen«, sagte Iwan Iwanowitsch lächelnd, »das wußte ich schon im voraus.«

Im anderen Hof fuhr der höhere Beamte in seine Behörde. Sein Name war Walnjew, Vor- und Vatersname Pjotr Jegorowitsch, aber meistens wurde er, entsprechend seinem Rang, mit ›Euer Hochwohlgeboren‹ angeredet. Dieser höhere Beamte war auf seine Art auch ein Phänomen. Er war stets mit irgendwas beschäftigt, erzählte allen, daß er sich vor Arbeit nicht retten könne und wußte sogar seine Vorgesetzten zu überzeugen, daß er vor lauter Arbeit weder schlafe noch esse. Besorgte sich irgendwelche Dienstreisen, wo möglichst wenig zu tun war und wofür möglichst gut bezahlt wurde, übergab sofort alle Geschäfte an die anderen und betrieb die Vorbereitungen auf die Dienstreise über Monate hin; anschließend versicherte er allen und jedem und besonders seinen Vorgesetzten, daß ohne ihn und seine Bemühungen kein Stecken gerade stünde. Außerdem erzählte er allen, da und da sei er stellvertretender Direktor, dort und dort die rechte Hand des Verwalters, hier habe er dieses Amt und da jenes. Niemals aber sprach auch nur das kleinste Anzeichen dafür, daß er an der einen oder der anderen Stelle etwas zuwege gebracht hätte.

Er erflehte für sich Titel, Orden, Geld und überhaupt alles, und die Vorgesetzten waren in der Verlegenheit, nie genau zu wissen, welchen Nutzen er dem Vaterland etwa gebracht habe, machten bei seinem Erscheinen große Augen und bewilligten alles, was er erbat. Hinter seinem Rücken schimpften sie ihn ›Kriecher‹ und einen ›unverschämten Kerl‹, ins Gesicht jedoch sagten sie ihm nichts dergleichen, sondern fragten sich nur gegenseitig, worin denn eigentlich seine Verdienste bestünden, was er denn geleistet habe und wie er es nur immer wieder mache. Darauf wußte niemand eine Antwort, viele zuckten die Achseln und machten, wenn sie ihm begegneten, wie schon gesagt, große Augen. Das ließ er irgendwie an sich ableiten und begab sich mannhaft dorthin, wo ihn keiner kannte, um zu versichern, daß auf seinen Schultern die Last der gesamten Behörde ruhe.

Er war nicht sehr groß, hatte eine niedrige Stirn, benahm sich ehrerbietig Höhergestellten gegenüber, mied Gleichgestellte und war Untergebenen gegenüber unverschämt und unduldsam.

Seine Häuslichkeit war durchaus anständig, aber bei näherem Betrachten waren die Heftfäden zu sehen. Alles in seiner Wohnung war zusammengesucht, die Einrichtung war ohne einheitliche Linie – und das heißt ohne Geschmack. Die Möbel stammten aus dem Handelshof, die Bilder ebenfalls. Und dabei unter den Füßen ein teurer Perserteppich, auf den er zufällig durch eine Annonce gestoßen war. Jedenfalls, wenn man in seine Wohnung kam, sah alles ganz anständig aus, obwohl alles zusammengestoppelt war. Ein Gentleman war er nicht, kannte wahrscheinlich nicht einmal das Wort und hielt es gar für einen hohen Titel. Derzeit hielt er Ausschau nach einer reichen Partie, wenigstens einer Kaufmannstochter. Solcherart war dieser höhere Beamte!

Die verwaisten Fräulein machten sich zu einem Spaziergang in die Kaianlagen auf.

Der Besitzer des Weinkellers, der Kaufmann Gwosdew, sah ihnen von der Schwelle aus voller Entzücken nach. »Ach«, schnaufte er und schickte ihnen verliebte Blicke nach.

Indessen kam der Mittag heran und dann die Essenszeit. Der Graf hatte einen anderen General eingeladen. Die Kinder waren zum Dienst gefahren. Gegen eins aber versammelte sich alles an der Tafel, selbst die Gräfin samt Tochter und Gouvernante.

Nach dem Essen fuhren der Graf und sein Gast, der andere General, zu ihrer Ratssitzung, die Gräfin ließ sich im Salon nieder, um Besuche zu empfangen, die Tochter und ihre Gouvernante zogen sich in ihr Zimmer zurück. Bei der Gräfin machten bald ein russischer Bischof, bald ein katholischer Prälat, mitunter auch eine Dame aus den höchsten Kreisen Visite. Die Gräfin konversierte mit allen gleichermaßen – mit dem russischen Geistlichen, dem Prälaten und der Dame von Welt. Erfährt sie zum Beispiel, daß in der und der Kirche der orthodoxe Geistliche eine wortgewaltige Predigt halten wird, fährt sie hin, hört ihn an und ist ehrlich gerührt. Bekommt sie mit, daß ein katholischer Prälat sprechen wird, begibt sie sich in das Haus des anderen Gottes und ist ebenfalls gerührt, weil er so schön gesprochen hat; mit der gleichen Begeisterung lauscht sie jedem Modeprediger, es macht überhaupt nichts, daß er offensichtliche Ketzerei verkündet. Und abends hat sie alle miteinander vergessen.

Um drei erhebt sich die Gräfin plötzlich, wirft die erstbeste Mantille über, setzt sich, schon im Gehen, den Hut auf und streift die Handschuhe über. Ihr Wagen ist vorgefahren, sie steigt ein, und los geht's, voran ein Lakai. Sie fuhr nicht zum Einkaufsbummel, wie die Mehrzahl unserer Damen, sondern besuchte Museen, Kunstgalerien und Ateliers.

Die Tochter ging, begleitet von Gouvernante und Lakai, in den Sommergarten Letni Sad.

Das Haus schien in Schlaf zu versinken. Nur daß bald bei dem einen, bald bei dem anderen Mieter Wagen vorfuhren. Die Lakaien sprangen von ihren Sitzen herab, nahmen von den Herrschaften Visitenkarten entgegen, überreichten sie den Portiers, und schon fuhren die Wagen weiter.

Gegen sechs kehrte die Gräfin zurück. Ihr letzter Gast war die Fürstin Perskaja, eine gute Bekannte. Sie kam zum Essen und klagte, sie sei ›fix und fertig von den Visiten‹. »Stell dir vor, heute habe ich zweiundzwanzig Visiten gemacht, einfach furchtbar!« sagte sie voll ungeheucheltem Entsetzen. Die Gräfin wiegte mitfühlend den Kopf. »Bleiben noch dreißig Visiten«, setzte die Fürstin seufzend hinzu. »Warum machst du sie denn, diese Visiten?« fragte die Gräfin, »mach's wie ich, nämlich überhaupt keine ...« – » Das geht doch nicht«, sagte tadelnd die Fürstin, »wer das tun wollte, bekäme nie alle Mütter und Tanten auf seinen Ball. Das wirst du auch noch merken, wenn du mal deine Nadine ausführst! Nur gut, daß heute in vierzehn Häusern niemand da war und ich Karten abgeben konnte, aber in acht Häusern wurde empfangen, da mußte ich mich die Treppe hochschleppen!« stöhnte sie. »Ach, was ich vergessen habe, dir zu erzählen – stell dir vor, ich habe im Traum einen Sarg gesehen, was mag das bedeuten?« fragte sie auf einmal.

Die Gräfin lächelte nur und schüttelte ein wenig den Kopf. Bald kam auch der Freund des Hauses, ein hochgewachsener Mann um die sechzig in schwarzem Frack mit einem weißen Batistjabot und glänzenden Nägeln, in frisch gestärkter Wäsche und aufrecht wie ein Stock. Das war ein täglicher Besucher der Gräfin, der stets zum Essen erschien.

Früher einmal, damals noch ein junges Mädchen, war die Gräfin ihm nicht gleichgültig gewesen, da er aber gerade so um dreihundert, der Graf, damals noch Oberstleutnant, hingegen um dreitausend Seelen besaß, entsagte er taktvoll einer Werbung und überließ es dem Grafen, sich um die Hand seiner Angebeteten zu bemühen, blieb allerdings deren lebenslanger Verehrer.

Ebenfalls zum Essen empfing der Graf den Besuch eines ordenbedeckten Zivilisten, dann erschienen die Kinder, und man schritt zur Tafel.

An ebendiesem Vormittag, gegen zwei, war zu Tschichanow ein alter Freund, der vermögende Fürst Kopylin, gekommen. Das Ehepaar empfing ihn in den guten Zimmern.

»Eh bien, mes enfants, wie geht's?« wandte sich der Fürst an beide zugleich und drückte ihnen die Hände.

»Gut kann man nicht gerade sagen, Fürst!« erwiderte Tschichanow, »da sitzen wir ohne Geld und nagen am Hungertuch.«

»Wieso ›ohne Geld und nagen am Hungertuch‹? Was soll das heißen?«

»Nun, das, Fürst, daß ich Sie um Geld gebeten habe, weil ... weil wir eben Leber mit Gurke essen, es bleibt uns nichts anderes übrig ...«

»Sauce madère?« fragte der Fürst mit einigem Interesse.

»Sie verwechseln Leber und Niere, das sind unterschiedliche Dinge!« sagte Frau Tschichanowa.

»Leber, Leber –« wiederholte der Fürst, »qu'est-ce que c'est que ça?«

»Leber c'est le foie, und Niere c'est le rognon.«

»Ach, jetzt verstehe ich!« sagte der Fürst.

Eben öffnete der Diener die Tür zum Nebenzimmer, wo auf dem Tisch drei Gedecke standen.

»Das ist nur Ihretwegen, Fürst, nur weil Sie da sind, erlauben wir uns einen solchen Luxus!« sagte Tschichanow und bat den Fürsten, ihn mit einem Frühstück bewirten zu dürfen. Er hatte die Vorspeisen und den Wein auftragen lassen, nach denen der Hausknecht in die Läden geschickt worden war, hatte jemandes Koch überredet, Fleisch zu braten, mit einem Wort, er hatte alles so, wie in guten Häusern üblich, vorbereitet.

»Eßt ihr wirklich Leber?« fragte der Fürst noch einmal, fast angeekelt. Tschichanow stieß einen komischen Seufzer aus.

»Was soll man tun: Es ist kein Geld da, um wie ein anständiger Mensch zu speisen ...« sagte Tschichanow mit niedergeschlagenem Blick.

Seine Frau spielte unterdes mit den Fransen ihres Umschlagtuches. Der Fürst sah die beiden mit wohl erwachendem Mitgefühl an, zog seufzend seine Brieftasche heraus, zählte fünf Hunderterscheine ab und gab sie Tschichanow. »Hier, das dürfte fürs erste genügen!« sagte er.

Dann machten sich alle ans Essen. Tschichanow redete, erzählte Anekdoten und ahmte gekonnt gemeinsame Bekannte nach. Alle drei lachten, aßen, tranken Wein und waren ganz unbekümmert. Nachdem er sich noch eine Weile mit den Tschichanows unterhalten hatte, schüttelte der Fürst ihnen die Hände und fuhr davon. Die Tschichanows lebten auf. Er schwenkte energisch die Geldscheine, gab einen davon seiner Frau und steckte die übrigen in die Tasche.

»Na, jetzt geht's uns zwei Wochen lang mal gut! Hier hast du hundert Rubel, die anderen sind für mich!« Er lachte. Und mit diesen Worten schieden sie voneinander und gingen nach verschiedenen Seiten davon.

Nicht, daß er nun etwa zu Iwan Iwanowitsch gegangen wäre, um Miete zu bezahlen, nein, an dessen Fenster schlüpfte er eilig vorbei, löste beim Schneider seine Anzüge aus, besorgte sich dann eine Theaterkarte für einen der vorderen Plätze und aß anschließend in einem französischen Restaurant, keineswegs Leber, sondern ein ordentliches Mahl – fünf Gänge – und trank eine Flasche guten Weins. So verbrachte er auch den nächsten und die folgenden Tage.

Sie dagegen, seine Frau, fuhr in die Geschäfte, kleidete sich bei einer französischen Schneiderin bescheiden, aber anständig ein und fuhr dann in schwarzem Kleid und mit einer verbundenen Backe, als hätte sie Zahnschmerzen, zu reichen Damen, mit denen sie bekannt war, um ihnen ihr Leid zu klagen, und trieb so ihrerseits an zweihundert Rubel auf.

Früher war Tschichanow Beamter gewesen, hatte im Militär- und Zivildienst gestanden, in der Gesellschaft verkehrt und auf Pump gelebt, war aber immer à la dernier cri gekleidet gewesen und hatte in den besten Salons verkehrt. Er wurde ›ci-devant jeune homme‹, der gewesene Jüngling, genannt oder auch ›geschicktes Bürschchen‹, und hie und da auch ›alberner Mensch‹. Das alles hatte ihn nicht weiter gekümmert, seine einzige Sorge war, wie er lustig in den Tag hinein leben konnte. Seine Frau war immer irgendwie im Schatten geblieben und hatte ihr eigenes Leben gelebt.

Zum Essen treffen gewöhnlich alle aufeinander, so auch beim Grafen. Er selbst, die Gräfin, ihre Kinder sowie auch Gäste – alle erschienen zur Tafel. Der höhere Beamte von gegenüber kam aus seinem Büro, aß und legte sich schlafen. Die über ihm wohnenden Fräulein hatten schon längst gegessen und waren ausgegangen. Und wieder hatte der Kaufmann Gwosdew sie von der Tür seines Geschäftes aus mit einer Verbeugung und begeisterten Blicken begleitet.

Der gräfliche General ließ den Hausverwalter zu sich ›bitten‹, wie sich der Diener ausdrückte, den man zu ihm geschickt hatte; in Wahrheit hatte der Graf einfach verlangt, daß er geholt würde. »Mein bester Iwan Iwanowitsch«, sagte er, und es sollte liebenswürdig klingen, was es freilich keineswegs tat, »setz dich, setz dich hierher.« Er wies auf einen Stuhl. Mal siezte, mal duzte er ihn, unsicher, wie er mit ihm umgehen sollte. Dieser Iwan Iwanowitsch war nur Titularrat und verspürte keinerlei Ambitionen, mit seinen Kenntnissen und seiner Bildung Karriere zu machen.

»Ja also«, sagte der Graf, »ich habe in meiner Küche einen Koch zuviel, was ich erst heute erfahren habe, kann der nicht wo untergebracht werden?« – »Doch, das ginge schon!« erwiderte Chochlow nach kurzem Überlegen und lächelnd wie immer, »eine Stelle gäbe es da, er könnte sofort anfangen!« – »Was wollen wir mehr? Wenn eine Stelle da ist, dann nicht lange gesäumt!« sagte der Graf.

»Nur, bezahlt wird er dort nicht!« bemerkte Iwan Iwanowitsch, immer noch lächelnd.

Der Graf und seine Gäste brachen in Gelächter aus. Der Graf lachte so, daß seine Epauletten tanzten.

Alle starrten Iwan Iwanowitsch mit aufgerissenen Augen an.

»Die lassen Ihren Koch einen Monat oder so arbeiten, und dann nehmen sie ihn nicht. ›Nicht gut, nicht der richtige für uns‹, sagt man und gibt ihm als Abfindung soviel, wie man gerade denkt. Dabei tut man dann noch so, als sei es eine Gnade.«

Der Graf und seine Gäste brachen von neuem in Gelächter aus. Offenbar aber hatte Iwan Iwanowitsch die Stelle, wo man den Koch nicht bezahlt, nur erfunden, damit der Graf ihn mit seinen Aufträgen nicht weiter belästige. Jedenfalls war auf dem Heimweg vom Grafen sein Lächeln stärker als sonst.

Es wurde Abend. Die Beamten, die über Tschichanow wohnten, hatten längst gegessen und beschäftigten sich nun jeder auf seine Weise. Der eine las ein Buch, der andere sah eine Akte durch, die er aus seiner Kanzlei mitgebracht hatte, und der dritte, mit Namen Bragin, der etwas älter als die beiden anderen und als Beamter zur besonderen Verwendung bei einem Departementsdirektor angestellt war, schrieb eifrig und murmelte dabei: »Und für welche Reise dem genannten Ljasgin Fahrtkosten, entsprechend seinem Dienstrang ... insgesamt 200 Rubel und Tagesspesen von etwa 4 Rubel, was insgesamt ...« Er legte die Feder hin. »Malania« rief er nach der Köchin. Etwa zwei Minuten später trat eine resolute ältere Frau ins Zimmer. Bragin schlürfte an seinem Punsch. »Malania« wiederholte er. »Was denn, bin ja da!« sagte Malania.

»Wenn du jetzt auf dem Hof einen Hahn wegfangen und ihn dann an die Nachbarn weitergeben würdest, und wenn die Polizei nun verlangte, daß der Hahn unbedingt gefunden werden muß ...«

Malania verstand im ersten Moment überhaupt nichts, sondern stand eine ganze Weile mit aufgerissenem Mund da, doch dann schien sie zu begreifen.

»Wie soll denn Ihre Polizei den finden? Ich würde ihn nehmen und dem Hausknecht am Hintereingang geben ...« sagte sie.

»Warte, warte!« unterbrach Bragin sie ungeduldig, »dem Schutzmann sind von der vorgesetzten Stelle aber 10 Rubel für diesen Hahn ausgesetzt worden ...«

»Der ganze Hahn kostet keine 30 Kopeken, wieso soll man für den zehn Rubel kriegen? Sowieso findet Ihre Polizei ihn nicht, wenn ich ihn am Hintereingang übergebe, und die zehn Rubel sind umsonst ...!«

»So, und hier wird ein Offizier auf Reisen geschickt, bekommt entsprechend seinem Rang Fahrtkosten und Spesen, und alles in allem geht es nur um dreihundert Rubel!«

Juchnow, einer der Beamten, sprang von seinem Stuhl hinter dem Tisch auf: »Also wissen Sie, Andrej Tichonowitsch, Ihr Eigensinn aber auch immer, jetzt geht es gar gegen die Vorgesetzten!«

»Na und, was dagegen?« sagte Bragin und schlürfte seinen Punsch. Der dritte Beamte, Ponjuschkin, grinste nur. Malania sah sie alle drei der Reihe nach an, wischte sich die Nase mit der Schürze ab und wandte sich zum Gehen.

»Ich denke, ich werde wegen was Richtigem gerufen, dabei spinnen sie nur. Und ich hab den Abwasch noch nicht fertig«, schimpfte sie.

Unterdessen klingelte es. Herein trat ein Kurier des Rendanten der Abteilung, in der Bragin angestellt war, und eröffnete dem letzteren, morgen reise der Direktor nebst Gattin ins Ausland, und ob es nicht gefällig wäre, seine Exzellenz zum Zug zu geleiten. »Das läßt der Herr Rendant ausrichten.«

»Morgen schon? Der Direktor wollte doch erst nächste Woche fahren!« wandte Bragin ein und schlürfte seinen Punsch. Und zum Kurier gewandt: »Gut, sag, daß ich komme.«

Der Kurier ging.

»Da sitzt du und machst deine Arbeit, und plötzlich sollst du springen und den Herrn Direktor zum Bahnhof begleiten!« Er seufzte. »Oder zum Beispiel feiertags: Statt daß du zu Hause deine Ruhe hast, möchtest du dem Vorgesetzten gratulieren gehen! Eine einzige Hetzerei« – und er spuckte aus.

Juchnow warf die Feder hin und schrie auf: »Schon wieder, Andrej Tichonowitsch, immerfort gegen die Obrigkeit murren!«

»Was denn, paßt Ihnen wohl nicht?» stieß Bragin giftig hervor, »Ihrer Meinung nach möchte man also immer stillhalten? Hahahaha!« Und wieder grinste Ponjuschkin nur.

An ebendiesem Abend setzte man sich beim Grafen zum Spiel nieder, während sich bei der Gräfin junge Damen und Herren versammelten, um zusammen mit den gräflichen Kindern zu musizieren.

Die Portiers zankten sich in einer Tour. Der Zivile stritt sich mit dem Uniformierten, wessen Gäste vornehmer wären, die des Grafen oder die der Gräfin. »Zu meinem Grafen kommen vielleicht Leute – ein Orden am andren! Der eine – oft kommt der –, so ein mickriger, was der nicht alles dran hat! So was verkehrt bei Euch eben nicht.«

»Bei uns nicht?« erwiderte der Zivile verächtlich. »Bei uns verkehren solche Fürstinnen und Gräfinnen, die kriegt Ihr nicht mal im Traum zu Gesicht.«

»Das kann man immer sagen«, erwiderte der Uniformierte.

Der Kaufmann Gwosdew stand wieder auf der Schwelle seines Kellers und folgte den beiden Fräulein mit begeisterten Blicken. Die beeilten sich mit dem Vorbeigehen oder machten wieder kehrt, wenn sie ihn bemerkten, und stritten sich, auf wen von ihnen beiden seine Komplimente gemünzt wären. Keine der Schwestern wollte sie auf sich beziehen. Schließlich waren sie als Töchter eines verstorbenen Kollegienrates in gewissem Sinne adliger Herkunft, er hingegen war nur Kaufmann.

Was Bragin betrifft, so erschien der, obwohl er bei der Nachricht des Rendanten von der Abreise des Direktors und seiner Frau ins Ausland wie eine Bulldogge geknurrt hatte, am nächsten Tag auf dem Bahnhof, um dem Direktor eine tiefe Verbeugung und seiner Frau ein Bukett darzubringen. Nicht nur, daß er nüchtern war, er war geschniegelt und gebügelt und hatte sogar die Paradeuniform an. Er war mit dem Rendanten befreundet, die beiden tranken gern ein Gläschen miteinander. Sie waren sozusagen ein Herz und eine Seele, was heißt, daß sie nach dem Prinzip ›Eine Hand wäscht die andere‹ miteinander verkehrten. Deshalb hatte Bragin auch die Mitteilung von der Abreise des Direktors erhalten.

»Hierher, hierher, Euer Exzellenz, bitte, sich hierher zu bemühen!« riefen der Rendant und Bragin um die Wette, indem sie den Direktor zu den für ihn reservierten Plätzen im Waggon dirigierten.

Zum Geleit des Direktors war – außer Verwandten und Bekannten – auch noch der Vizedirektor, der ihn vertreten sollte, erschienen, ein Deutscher namens Schleppe, ein stiller, gutmütiger Mensch. Er war gekommen zum einen, weil es sich gehörte, dem Direktor das Geleit zu geben, zum anderen, um letzte Anweisungen betreffs des in Abwesenheit zu Erledigenden entgegenzunehmen. »Jawohl, jawohl, wird erledigt, wird erledigt!« antwortete Schleppe. Nach Schleppe wandte sich der Direktor Bragin zu: »Und Sie, Bragin, vergessen nicht die Dinge, die ich Ihnen aufgetragen habe ...«

»Wie könnte ich, Euer Exzellenz? Wird alles erledigt, einschließlich der Sache Ljasgin ...«

»Ja, die Sache Ljasgin ... Ja, ja«, unterbrach der Direktor, »die hatte ich Ihnen ja wohl übergeben?«

»Nun freilich, Euer Exzellenz, ich habe sie: Ljasgin werden 200 Rubel Reisekosten plus Spesen, entsprechend dem Dienstrang, angewiesen. Ich habe die Papiere ausgestellt ...«

»Dann unterschreibt Iwan Bogdanowitsch meine Anweisungen, der Offizier bekommt das Geld und kann sich dann aufmachen ... So ... ja ... was wollte ich noch sagen?« fuhr der Direktor hastig fort. »Nun komm aber! Wir versäumen den Zug!« sagte die Frau Direktor und übergab dem Mädchen einige kleinere Stücke, die jene im Coupé unterbringen sollte, und verabschiedete sich dabei von den Verwandten und Bekannten.

»Adieu, ma chère«, wurde ihr von verschiedenen Seiten zugerufen, »schreiben Sie fleißig! Leben Sie wohl! Auf Wiedersehen!«

»Ach ja; ich wollte noch etwas erklären, aber wie soll man in diesem Tohuwabohu etwas erklären?«

»Leben Sie wohl, leben Sie wohl!«

»Ihnen, Pjotr Petrowitsch, habe ich ja noch in der Wohnung gesagt, was in meiner Abwesenheit zu tun ist«, damit wandte sich der Direktor an den Rendanten.

»Ich wollte doch aber noch was anderes sagen ...« setzte der Direktor verwirrt hinzu.

»Zu Diensten, Euer Exzellenz, wird alles erledigt«, wiederholte der Rendant wie eine Elster.

Indessen brachte der Bote den Gepäckschein und das Wechselgeld und übergab beides dem Direktor.

»Also dann leben Sie wohl und auf Wiedersehen!« sagte der und verabschiedete sich – mit Handschlag nur von seinem Stellvertreter und seinen Verwandten.

»Leben Sie wohl, Euer Exzellenz« riefen alle.

»Auf Wiedersehen«, wiederholten der Direktor und seine Frau aus dem Waggonfenster und nickten allen und jedem zu.

Mehr als alle liebedienerte Bragin, der sein Bukett der Frau Direktor mit Handkuß überreicht hatte und sich vor dem Herrn Direktor ein ums andere Mal verbeugte.

»Leben Sie wohl und glückliche Reise, Euer Exzellenz, auf baldige Rückkehr!«

»Auf Wiedersehen, auf Wiedersehen!« tönte es aus dem Waggon. Der Zug setzte sich in Bewegung und fuhr ab. Die Verwandten und Bekannten gingen in verschiedene Richtungen auseinander. Der Vizedirektor fuhr nach Hause, Bragin und der Rendant hatten sich untergehakt und gingen gemeinsam fort.

»Jetzt wird gefeiert!« sagte Bragin. »Der Direktor ist Gott sei Dank weg, und dieser Vizedirektor, Iwan Bogdanowitsch, ist ein Waschlappen!«

»Weiß Gott, ein Waschlappen, ganz recht gesagt. Und so ein faules Stück, schrecklich! Bei dem mußt du aufpassen, daß du keine Papiere in seiner Nähe rumliegen läßt – der unterschreibt, was ihm unter die Finger kommt.« Bragin grinste.

»Da wollen wir uns gleich mal in ein warmes und ruhiges Eckchen begeben, wo Sorgen und Kummer schweigen ... Die Eckschenke, du weißt schon, welche!« sagte er.

»Gut, aber ich muß noch mal ins Büro, ich habe da eine Sache zu laufen, die muß ich noch regeln.«

»Und ich müßte auch noch für ein, zwei Stündchen nach Hause, diese Ljasgin-Papiere habe ich noch nicht fertig, obwohl ich dem Direktor gesagt habe, daß sie schon geschrieben sind. Morgen könnte Iwan Bogdanowitsch danach fragen.«

»Ljasgin rennt sowieso schon dauernd zum Kassierer, kann's nicht erwarten, daß er das Geld kriegt.«

Beide lachten.

»Dann so in zwei Stunden dort ...« sagte Bragin. »Du weißt doch?«

»Freilich, freilich!« erwiderte grinsend der Rendant, und die Freunde trennten sich, um sich in Kürze in der Schenke wiederzutreffen.

Und was ist nun aus all dem zu schließen? – Absolut nichts. Es verging der eine und ein zweiter und ein dritter Mai ... ihnen folgten die heißen Sommertage, die herbstlichen Unwetter und die winterlichen Fröste und so weiter. Das Haus steht immer noch, wo es gestanden hat. Es wäre von vorn zu beginnen: mit den Tauben, den Spatzen und den Katzen. Erstere haben eine neue Generation hervorgebracht, und auch die Katzen haben Junge. Und die einen wie die anderen setzten den Krieg miteinander fort: Die Katzen brachten ihren Jungen bei, Tauben und Spatzen zu jagen, und diese wiederum flogen von einem Dach aufs andere wie eh und je.

Die Hausknechte, möglicherweise immer noch derselbe Archip und sein Kollege, heizten wie eh und je den Samowar und tranken Tee – und machten sich dann ans Hof- und Straßekehren, zum Unmut der Vorübergehenden und -fahrenden, und immer noch mit derselben Ausrede: ›Die Polizei will's so!‹ Wie eh und je sprengten sie aus Kübel und Spülbecher Wasser auf den Hof und das Straßenpflaster. Wie eh und je kam ›er‹ die Straße entlanggefahren, und vielleicht drohte er den Hausknechten und dem Schutzmann mit dem Finger. Die Portiers des Grafen und der Gräfin zankten sich noch immer und sortierten wie eh und je, was wer an Zeitungen und Briefen bekäme.

Graf Reschetilow hatte sich den Sommer über auf sein Gut begeben, um sich mit der Wirtschaft zu befassen. Seine Frau reiste, nachdem sie russische und fremdländische Prediger und Propheten zur Genüge gehört hatte, mit Tochter und Gouvernante ins Ausland zur Kur. Die Kinder fuhren in die Sommerfrische. Die Wohnung stand leer. Nur die zum Haushüten zurückgelassenen Diener machten sich auf den herrschaftlichen Sofas breit und spielten Sechsundsechzig und Schafskopf.

Der höhere Beamte suchte sich, nachdem er von seinen Vorgesetzten noch einen Orden ergattert hatte, wie vorgehabt, eine Braut mit großer Mitgift aus einer Kaufmannsfamilie. Jetzt ist er dabei, sich Wagen und Pferde zuzulegen, und durchwühlt die Zeitungen, ob das eine oder das andere nicht irgendwo billig angeboten wird. In einer Zeitung hat er gefunden, daß ein paar Rappen mit weißer Blesse günstig verkauft werden. Außerdem richtet er seine Wohnung ein, schafft Möbel, Spiegel und Teppiche an, alles durch Zeitungsannoncen. Außerdem hat er bei seinen Vorgesetzten eine große Summe zur Hochzeit herausgeschlagen.

Tschichanow würde mit seiner Frau schon gern in eine andere, ihm genehmere Wohnung ziehen, aber der unerbittliche Iwan Iwanowitsch läßt ihn nicht. Bei dem steht er mit der Miete für zwei

Quartale in der Kreide. Tschichanow schwört zu zahlen, sobald er nur zu Geld käme. Aber Iwan Iwanowitsch glaubt es nicht. Sehr geschickt hat er Tschichanows Habe schuldenhalber auf den Hauswirt überschrieben und lächelt unablässig. Tschichanow ist vielleicht dreimal zu ihm gerannt, aber angesichts der Unerschütterlichkeit, mit der jener ihm entgegentrat, hatte er es mit einem Male aufgegeben und war verschwunden. Den Juni und Juli hat er bei einer bekannten Familie zugebracht, im August ist er von jemandem ins Ausland mitgenommen worden, von woher er im September, groß in Schale, wieder auftauchte, sich wie üblich um nichts kümmernd und seiner Frau die Sorge, wie sie zurechtkam, allein überlassend. Diese hatte den Sommer bei einer reichen Dame auf deren Gut verbracht und eine Greisin aus dem Armenhaus zum Haushüten angestellt.

Die verwaisten Fräulein fahren fort, die eine zu-, die andere abzunehmen, und noch immer streiten sie sich, wem die Komplimente des Kaufmanns Gwosdew gelten. Dieser hört nicht auf, sie von der Schwelle seines Ladens aus anzuhimmeln.

Der Beamte Bragin steht nun schon einer Abteilung vor. Der Rendant ist noch immer sein Busenfreund, und eine Dienstwohnung hat er auch bekommen. Wenn sie mit ihren Geschäften im Büro fertig sind, finden sich die beiden zum Kartenspielen zusammen und gehen, nicht mehr ganz nüchtern, zur Nachtzeit nach Hause. Bragin ist abends, wenn er seinen Punsch intus hat, liberal, was das Zeug hält, beschimpft wie immer die Vorgesetzten, um morgens seinem Direktor wieder als ehrerbietiger Beamter zu begegnen.

Juchnow dient in der Abteilung Bragins und ist mit Bragins Hilfe in einem behördeneigenen Hause untergekommen. Wenn Bragin abends Punsch getrunken hat, entrüstet sich Juchnow wie eh und je über dessen liberale Ausfälle gegen die Obrigkeit. Am Morgen, nüchtern geworden, gibt Bragin ihm in allem recht und bedient sich seines Diensteifers.

Überhaupt war Juchnow ein braver Beamter, regierungstreu in allem, angefangen bei der Religion. Da die Regierung den griechisch-orthodoxen Glauben zum herrschenden für das Reich erklärte, war er der gleichen Meinung und fand Katholiken und Lutheraner, die sich zu einem anderen Glauben bekennen, armselig und komisch. Wenn in seiner Gegenwart Katholiken uns als Abtrünnige bezeichneten, so entgegnete er, daß die Rechtgläubigen sie, die Katholiken, als Abtrünnige ansähen, weil die griechische Religion ja älter als die katholische sei. Vom lutherischen Bekenntnis nahm er an, daß der es erfunden habe. Unsere Sektengläubigen nannte er Bauernpack und war in jeder Hinsicht auf seiten der Regierung. Von den Mohammedanern hatte er gehört, daß es sie irgendwo im Osten gäbe. In persönliche Beziehung zu ihnen kam er nur dann, wenn er sich beim Tataren einen Morgenrock kaufte. Juden konnte er nicht ausstehen.

Auch in allem anderen, über die Religion hinaus, war er auf seiten der Regierung, und was sie verwarf, verwarf auch er. Mit einem Wort, er war ein vorbildlicher Russe und Beamter.

»Die Macht ist gottgegeben«, sprach er gemäß dem Apostel Paulus, »folglich hat man der Obrigkeit zu gehorchen und all ihre Anordnungen zu befolgen, wie immer sie sein mögen.« Und so tat er.

Ponjuschkin ging in den Süden, wurde russischer Sozialist und verbrüderte sich mit dem einfachen Volk.

Leben ist Leben, es geht seinen Gang, immer weiter und weiter, wie alles auf der Welt, im Himmel und auf Erden. Allein Iwan Iwanowitsch hat sich, wie's scheint, nicht verändert. Er verwaltet das Haus wie immer, lebt sommers wie winters in der Stadt, redet mit allen in scherzhaftem Ton und lächelt beständig. Ja, er hat sich wohl nicht verändert.

Aber warum hat er dann diesen langhaarigen jungen Leuten und dem bubiköpfigen Fräulein von der nach Bragins Auszug leerstehenden Wohnung abgeraten und sie so eilig an einen seiner Bekannten weitervermietet, den er den ›Philosophen‹ nennt und dem er in nichts gleicht?

Jener arbeitet schon zehn Jahre an einem Lexikon der Sprachen des Ostens und befaßt sich außerdem mit Astronomie, hat alle Autoritäten von Newton über Herschel bis zu einem gewissen Flammarich hin gelesen und will herauskriegen, ob es auf der Venus, dem Mars und anderen Planeten Bewohner gibt, wie sie aussehen, was sie machen und so weiter. Auch erörtert er gern abstrakte Themen – redet und redet, wenn Iwan Iwanowitsch ihn besucht, und letzterer tut das jeden Tag, hört sich die Monologe des Philosophen schweigend und ernsthaft an, und wenn er lächelt, dann nur zu dessen Schwester gewandt, einer jungen Witwe … die er, wie böse Zungen im Hause behaupten, wohl ganz gern heiraten würde. Außerdem hat er ein Sommerhaus unweit der Stadt gemietet, Bruder und Schwester dorthin befördert, fährt täglich, wenn er seinen Verpflichtungen im Hause nachgekommen ist, dorthin, speist mit den Geschwistern und kehrt erst spätabends in die Stadt zurück.

Warum das alles? Und hat sich scheinbar gar nicht verändert! – Nein, offenbar hat er es doch, und sein Leben läuft irgendworauf zu, wie alles auf der Welt ...

Launen des Schicksals

I

In den zwanziger Jahren unseres Jahrhunderts näherten sich von der Warschauer Chaussee her in einer Postkutsche zwei Reisende dem Stadttor von Petersburg. Bei der Wache am Schlagbaum wies sich der eine als der polnische Gutsbesitzer Sagrusko, der andere als der Stabsrittmeister a. D. Leonti Chabarow aus. Dementsprechend wurden ihre Namen vom Schreiber auch notiert. Dann hob sich der Schlagbaum, und man ließ die beiden passieren.

Sie stiegen gemeinsam in zwei sauberen Zimmern in der Nähe des Newski-Prospektes ab und trennten sich am nächsten Tag, um ihren eigenen Angelegenheiten nachzugehen.

Nämlicher Chabarow hatte seinen Militärdienst im Königreich Polen, das damals von dem Großfürsten Konstantin Pawlowitsch regiert wurde, abgeleistet. Chabarow war von seinem Vater fast unmittelbar nach Absolvierung der Militärschule, also schon als Offizier, zu einem Regiment in eines der zur Krone gehörigen Gebiete gebracht worden. Der Vater hatte ihn den Händen der Regimentsobrigkeit übergeben, dem Sohn fünfhundert Rubel dagelassen und war dann selbst davongefahren. Der junge Chabarow hatte sich bald an das Regiment und seine Kameraden, Offiziere wie er, gewöhnt und wußte auch bei der Obrigkeit einen ausgezeichneten Eindruck zu hinterlassen. Seinen Dienst versah er äußerst gewissenhaft, schlug auch außerhalb des Dienstes nicht über die Stränge, trank nicht, kurz – er war ein untadeliger und verläßlicher Offizier. Unterdes gingen die Jahre dahin, er verwuchs mehr und mehr mit seinem Dienst, und zum entsprechenden Zeitpunkt wurde ihm der nächsthöhere Offiziersrang verliehen. Nur Geld besaß er nicht allzuviel, und sein ganzes Unglück bestand darin, daß es ihm, sosehr er sich auch anstrengte, selbst hier in diesem Garnisonsstädtchen schwerfiel, mit dem Grundkapital von 500 Rubel, das von seinem Vater stammte und das er nicht anrühren wollte, und seinem Offizierssold auszukommen. Er begann hin und her zu überlegen, wie er es anstellen könne, sich vom Dienst nicht völlig vereinnahmen zu lassen und zugleich seinen Wert als Offizier zu unterstreichen. Also erwarb er für 150 Rubel, in Wertpapieren natürlich, ein junges Pferd, ritt es hervorragend zu und verkaufte es für 1000 Rubel an ein anderes Regiment weiter. Als das geglückt war, wiederholte er nach einiger Zeit das Experiment, kaufte ein anderes Pferd, ritt es wie das erste zu und verkaufte es wiederum. Solcherart gestaltete sich seine Lage günstiger. Er war stets gut bei Kasse, zudem beliebt bei seinen Kameraden und geachtet bei der Obrigkeit.

Sein Vater hatte ihn, wie's schien, vergessen. Der Sohn hatte ihm zweimal geschrieben, ohne Antwort zu erhalten, und nur durch Zufall erfuhr er, daß der alte Chabarow sein Dörfchen verkauft hatte und nach Moskau übergesiedelt war, wo er auch starb, ohne dem Sohn das Geringste zu hinterlassen. Die Mutter hatte Chabarow schon vor langer Zeit verloren.

Der junge Mann seufzte dreimal tief auf, wischte sich verstohlen die Träne ab, die ihm ob der traurigen Nachricht in die Augen gestiegen war, winkte ab und wandte sich wieder seinen Regimentsangelegenheiten zu. Eifrig versah er seinen Dienst, nutzte den Vorteil, den ihm die Pferde einbrachten, ritt sie zu, verkaufte sie an andere Regimenter weiter und lebte beinah bar aller Sorgen.

So vergingen vier Jahre. Er war inzwischen Oberleutnant geworden und versah in gewohnter Weise seinen Dienst. Plötzlich erhielt sein Regiment, wie auch die übrigen Provinzregimenter, den großfürstlichen Befehl, an einer Truppenparade in Warschau teilzunehmen. Chabarow und die anderen Offiziere taten alles, um sich von der besten Seite zu zeigen, drillten die Soldaten und die Pferde für die Parade und brachten sich selbst in Form, um vor dem Großfürsten bestehen zu können.

In Warschau selbst hatten sie Gelegenheit, sich durch häufiges Zuschauen in die dortige militärische Ordnung einzufinden und also gründlich vorbereitet zur Parade zu erscheinen. Der Großfürst zeigte sich außerordentlich zufrieden mit der Parade. Als Chabarow sich als Ordonnanz – verwegen mit dem Säbel salutierend – auf dem von ihm selbst zugerittenen Pferd dem Großfürsten näherte, wandte sich dieser zu dem an seiner Seite befindlichen Truppenkommandeur und sagte: »Der da ist nach Warschau in meine Garde zu beordern!«

Der Truppenkommandeur, der Chabarow davon unterrichtete, erntete von seiten des Offiziers zu seinem Erstaunen statt Freude nur Grabesschweigen.

»Wie's scheint, sind Sie nicht sonderlich erfreut über die Nachricht, Chabarow?« fragte er.

»Natürlich freue ich mich, bloß werde ich hier nicht leben können. Ich bitte darum, mich von dieser ehrenvollen Pflicht zu entbinden.«

Der Truppenkommandeur erstattete dem Großfürsten Bericht. Daraufhin erging der Befehl, Chabarow zusätzlich zum üblichen Sold 250 Rubel zu zahlen. Das war eine lächerlich geringe Summe im Hinblick auf die Lebensweise, die es in Warschau, der Hauptstadt des Reiches, zu führen galt, wo der Dienst, die Sitten, kurz, alles anders und eben nicht so war wie in ihrem Regimentsstädtchen.

Dem Willen des Großfürsten indes mußte entsprochen werden, und so blieb Chabarow also. Irgendwie schaffte er es, zwei Jahre lang durchzuhalten, dann machte er seiner vorgesetzten Behörde Meldung, daß er in der Hauptstadt nicht existieren könne, und bat um seine Entlassung aus dem Militärdienst und die Übertragung einer anderen Aufgabe.

Der Großfürst stimmte schließlich zu. Außer dem üblichen Entlassungsbefehl stellte er ihm ein eigenhändig unterschriebenes Zeugnis aus, in dem er betonte, daß die Diensterfüllung und die Führung Chabarows vorbildlich und dieser in der Lage sei, alle ihm übertragenen Angelegenheiten und Aufträge zufriedenstellend zu erledigen.

Ausgerüstet mit diesen Dokumenten und an die tausend Rubeln, die er unter anderem durch den Verkauf seines Pferdes zusammengebracht hatte, nahm Chabarow seine Uniform und die Zweituniform, die man ihm bei seiner Entlassung und gleichzeitigen Ernennung zum Stabsrittmeister ausgehändigt hatte, suchte sich aus Gründen der Sparsamkeit einen Reisegefährten und fuhr mit dem, wie schon berichtet, in einer Postkutsche nach Petersburg.

2

Am Morgen nach seiner Ankunft zog Chabarow seine Uniform an und machte sich auf den Weg zu einem der Ministerien, um dort um die Stellung eines Stadthauptmannes in einer Kreisstadt zu ersuchen. Er hoffte, daß seine Dokumente ihm alle Türen öffnen würden. Der Minister empfing ihn sehr entgegenkommend und schickte ihn zu dem Direktor des Departements, dieser rief seinen Sekretär, befahl ihm, die Papiere Chabarows durchzusehen und, falls sich darin nichts Negatives fände, ihn auf die Liste derer, die um eine Stelle ersuchten, zu setzen. Es stellte sich heraus, daß er der vierzehnte war, der seine Lage zu verändern hoffte. Man notierte seinen Namen und seine Adresse und bedeutete ihm, von Zeit zu Zeit vorzusprechen. Das war es denn auch schon.

Innerlich stark beschäftigt mit diesem seinem ersten Anlauf, ging er wieder nach Hause. Dennoch verlor er nicht den Mut, sondern brach zusammen mit seinem Reisegefährten und jetzigen Zimmernachbarn auf, um essen und vielleicht ins Theater zu gehen und die Stadt, in der er lange nicht gewesen war, anzusehen.

Es vergingen zwei, drei Tage. Da gab man ihm den Rat, sich doch um die Stelle eines Aufsehers in einer öffentlichen Einrichtung zu bemühen. Er nahm seine Zeugnisse und ging zu der Behörde, der die Verwaltung solcher Stellen oblag. Dort aber hatte sich eine solche Menge von Personen, die an ebendiesen Stellen interessiert war, eingefunden, daß es ihm nicht mehr so dringend erschien, sich unter die Kandidaten einschreiben zu lassen.

Schließlich riet man ihm, sich an die Postverwaltung zu wenden, er tat es und bat um die Anstellung als Postmeister in einer Kreisstadt. Aber auch dort fand sich keine Stelle für ihn.

Nach zwei Wochen sprach er wieder wegen der Stelle als Stadthauptmann vor, doch der Sekretär teilte ihm mit, daß von dem Zeitpunkt an, da er in die Kandidatenliste eingeschrieben worden war, nur zwei vakante Stellen besetzt worden seien, sich die Zahl der Kandidaten kaum verringert habe und er, Chabarow, sich also auf eine Wartezeit von drei bis vier Monaten gefaßt machen müsse.

Chabarow war sehr niedergeschlagen. Nun begriff er, daß man selbst mit den besten Papieren ohne Stelle und ohne einen Bissen Brot dasitzen konnte. Zu ebenjenem Zeitpunkt gab man ihm den Rat, in befristete Dienste zu treten, und nannte ihm zwei oder drei Adressen.

3

Er kam zu einem reichen Mann, der gerade ein Haus gekauft hatte und nun einen Verwalter suchte. Jener zeigte ihm die Bücher, das Verzeichnis der Wohnungen und der jeweiligen Mieten, informierte ihn darüber, welche Wohnungen im Moment belegt waren und welche leer standen, mit welchen Hypotheken das Haus belastet war und so weiter ...

»Gehen Sie das alles durch«, sagte er, »und bringen Sie es in Ordnung! Ich habe das Haus gekauft und weiß nicht im mindesten, was ich zahlen muß, was man mir schuldet, weiß nicht, wer seine Miete bezahlt und wer nicht, nichts weiß ich! Alles muß in diesen Akten stehen. Dann muß man die Wohnungen vom Boden bis zum Keller gründlich angucken. Darüber reden wir morgen.«

Chabarow nahm die Unterlagen mit zu sich nach Haus, sah sie in seiner freien Zeit durch und brachte sie, so gut es ging, in Ordnung. Am nächsten Tag inspizierte er zuerst die Wohnungen, danach die Böden und Keller und stieß in letzteren auf eine Menge Gerümpel und überflüssigen Kram, überhaupt herrschte eine große Unordnung. Seinem Uniformrock war diese Inspektion ganz und gar nicht bekommen. Staub, Dreck und anderer Unrat waren beim Herumstöbern an ihm hängengeblieben.

Chabarow nahm sich besonders die Hausmeister vor und ordnete an, daß in einem bestimmten Rhythmus jeweils einer von ihnen am Tor Wache zu stehen hätte, die anderen wies er an, das Gerümpel vom Boden in einen leerstehenden Lagerraum zu schaffen. Zwei, die, weil sie betrunken waren, nicht zum Dienst erschienen waren, jagte er davon und stellte statt ihrer zwei andere ein. Anschließend ging er zu all jenen Mietern, die nicht für die entsprechenden Wohnungen eingetragen waren und trieb von ihnen die Mieten ein – wodurch er sich auf einen Schlag viele Feinde machte.

Im Haus hieß es über ihn, ein neuer Besen kehre immer gut, deshalb strenge sich der Verwalter wohl so an. Aber fünf, sechs Wochen verstrichen, und Chabarow ließ in seinem Eifer nicht nur nicht nach, sondern legte im Gegenteil immer mehr Fleiß an den Tag, wachte sorgfältig über alles und zog die Hausdiener ständig zur Arbeit heran, was diese richtiggehend in Wut brachte, so daß sie, kaum entfernte er sich auch nur für einen Moment, prompt in die Schenke stürzten. Doch er wußte sie auch dort zu finden, und alle im Haus hatten ihn langsam so über, daß sie ihn zu hassen begannen und sich beim Hauswirt über ihn beschwerten.

Anfangs gab der Wirt nichts auf das, was man gegen seinen Verwalter vorbrachte. Doch dann reichte es ihm, und er beschloß, diesen so überstrengen Verwalter entweder mit seinen Feinden zu versöhnen oder auf ihn zu verzichten.

Man kann doch wegen ihm nicht die Mieter vergraulen! dachte er. »Sie haben alles hervorragend geordnet!« sagte er zu Chabarow, den er hatte rufen lassen. »Aber versetzen Sie sich auch in meine Lage: Es vergeht kein Tag, an dem sich nicht jemand über Sie beschwert!« Dabei lachte er.

Chabarow war überhaupt nicht nach Lachen zumute, und mit einem gezwungenen Lächeln erwiderte er: »Nun, dann entlassen Sie mich besser!«

»Aber warum denn? Lassen Sie uns abwarten, wie es weitergeht!« gab lächelnd der Hauswirt zur Antwort.

Und er behielt ihn einstweilen in seinen Diensten.

Wieder vergingen zwei Wochen. Da brach auf einmal im Haus aus irgendeinem Grunde ein Feuer aus, so daß Chabarow nur noch seine Zweituniform, Wäsche, ein wenig Geld und die Hausunterlagen retten konnte. Alles andere, darunter auch seine Uniform, ging in den Flammen auf.

Als das Feuerwehrkommando eintraf, hatten die Flammen schon den Hausflügel, in dem er wohnte, erfaßt. Das Feuer konnte zwar bald gelöscht werden, die Hausdiener aber waren nicht aufzufinden: Sie waren alle noch vor Ausbruch des Brandes davongestürzt, und im Haus gingen Gerüchte über Brandstiftung um …

Am folgenden Tag ließ der Wirt ihn zu sich kommen.

»Ich weiß, daß Sie keinerlei Schuld trifft«, sagte er, »alle glaubten, daß Sie nur ein neuer Besen seien, doch Sie sind ein rechtschaffener und ehrlicher Mann, und gerade deshalb sind alle über sie hergefallen, und vielleicht deshalb ist auch das Feuer ausgebrochen, wie man nicht umsonst im Haus munkelt. Hier braucht es nicht einen Mann wie Sie, hier ist ein Schweinehund vonnöten! Und so einen werde ich auftreiben! Sie aber, leben Sie wohl und entschuldigen Sie mich. Hier sind die Ihnen zustehenden hundert Rubel.«

Chabarow zog mit dem, was ihm geblieben war, bekümmert nach Hause. Zuvor hatte er bei einer Wirtin in Pension gelebt und dort ein bescheidenes Eckchen für sich gehabt. Dorthin kehrte er nun nach dem Brand wieder zurück. Seine aus Warschau mitgebrachten Gelder waren aufgebraucht, und seine Existenz gestaltete sich zunehmend schwieriger. In seinem Quartier standen nur sein Bett, ein einziger Tisch und der Stuhl, auf den er das zweite Paar Unterwäsche legte; den Uniformrock, den er ausgezogen hatte, und seine Uniformmütze mit den Papieren hängte er an die Wand.

»Warum hat jener Herr Sie denn entlassen?« fragte ihn seine Wirtin.

»Weshalb? Weil ich zu genau war!« sagte er seufzend und gab sich düsteren Gedanken hin.

Einmal, als er besonders übel gelaunt und nachdenklich war, erzählte ihm die Wirtin, daß ein Kaufmann für seine Anlegestelle am Smolny-Ufer einen Gehilfen für 25 Rubel im Monat suche, ob er da nicht hingehen wolle. »Er braucht, wie man sagt, einen ehrlichen Mann!«

Am folgenden Tag ging er zu ebendiesem Kaufmann namens Siwkow und legte ihm seine Papiere vor. Der stellte ihn ein und erklärte, wie froh er sei, mit einem so ›vornehmen‹ Menschen ins Geschäft zu kommen, so einen brauche er, alle anderen seien ja nur ›Gauner und Betrüger‹.

Er setzte ihn in einem Speicher am Smolny-Ufer ein, zu dem von den Lastkähnen Mehl in Mattensäcken gebracht wurde, um es von da aus dann unter den Augen des Aufsehers zu den Händlern zu bringen, die ihr Mehl bei Siwkow bezogen.

Anfangs lief alles wie geschmiert. Die Fuhrwerke holten die Säcke aus dem Speicher und beförderten sie zu den verschiedenen Kaufleuten. Chabarow notierte die Anzahl der Säcke in einem Heft, welches er täglich seinem Dienstherrn aushändigte. Drei oder vier Wochen ging es gut, dann tauchten Fuhrwerke von irgendeinem Kaufmann auf, luden etwa einhundert Sack Mehl auf und fuhren damit davon. Chabarow trug die Anzahl der Säcke in sein Buch ein und händigte es wie üblich seinem Herrn aus. Der Kaufmann aber, dessen Fuhrwerke die Säcke befördert haben sollten, behauptete, überhaupt kein Mehl bestellt und also auch keine Wagen geschickt zu haben. Es stellte sich heraus, daß die Fuhrleute auf eigene Faust gekommen waren und, als sie feststellten, daß ein ›Vornehmer‹ und nicht einer von ihnen den Versand der Säcke überwachte, beschlossen, ihn aufs Kreuz zu legen, Händler nur zum Schein vorschoben und das Mehl auf eigene Rechnung verkauften. Chabarow hatte die Fuhrleute nicht gekannt und die Säcke in gutem Glauben herausgegeben. Der erstaunte Eigentümer und der Händler, auf den die

Fuhrleute sich berufen hatten, stellten Chabarow nun eine Menge Fragen. Er hatte die Fuhrwerke gar nicht auseinanderhalten können, weil er weder die Kaufleute noch die jeweiligen Fuhrleute persönlich kannte.

»Also Euer Wohlgeboren, selbst ein einfacher Mann, ein Aufseher wie unsereins, hätte sich die Arbeiter den Gesichtern nach gemerkt, und wenn es nicht die richtigen gewesen wären ... nicht ihr Herr hatte sie geschickt, einfach so, von sich aus sind sie gekommen«, ließ der Kaufmann bald unter zufriedenem Grunzen, bald unter Seufzen hören. »Ich werde diese feinen Fuhrleute schon zu finden wissen, Sie allerdings sind wohl nicht der Richtige für uns!« fügte er hinzu. »Da haben Sie fünfzig Rubel für ihre Arbeit bei uns. Gott mit Ihnen, solche wie Sie können wir nicht brauchen!«

Der Kaufmann reichte ihm fünfzig Rubel in Wertpapieren und sagte ihm Lebewohl.

Völlig verwirrt durch diesen Mißerfolg kehrte Chabarow nach Hause zurück.

»Was ist Ihnen denn passiert?« fragte seine Wirtin, als er sich weder am nächsten noch am übernächsten Tag anschickte, zum Dienst zu gehen. »Aus welchem Grund hat Sie denn dieser Kaufmann entlassen?«

»Wegen Nachlässigkeit!« stieß Chabarow unter bitterem Lachen hervor.

»Ach, Sie Armer!« sagte die gute Frau.

Drei oder vier Tage später machte er sich auf, um wegen der Anstellung als Stadthauptmann oder Polizeichef oder Postmeister oder Verwalter einer öffentlichen Einrichtung nachzufragen. Doch überall wurde er kühl aufgenommen, an manchen Orten ließen ihn die Portiers, als sie seine mitgenommene Uniform bemerkten, nicht einmal in den Empfangssaal und wiesen ihn grob ab.

»Man hat es Ihnen doch schon gesagt, was schleichen Sie hier denn immer noch herum!« fuhr ihn einer sogar an.

»Solche wie Sie lungern viele hier herum!« gab man ihm andernorts auf seine bescheidene Anfrage zur Antwort.

Er holte tief Luft und lief weiter.

Anderntags schlich er sich zur Kasaner Kathedrale und betete dort inbrünstig zur Mutter Gottes, dann trat er aus der Kirche und sah ganz mechanisch zu, wie man vom Jekaterinenkanal mit Hilfe einer Winde einen großen Stein auf das Piedestal eines Denkmals hievte. Er wußte nicht zu sagen, wie lange er so in traurigem Sinnen gestanden hatte.

Plötzlich forderte ihn der Aufseher im blauen Kaftan auf, einen freigewordenen Platz zu besetzen und mit den anderen das Seil zu ziehen.

»Was stehst du herum und hältst Maulaffen feil? Faß lieber mit an!« rief er. »Ein Rubel pro Tag, der liegt nicht auf der Straße!«

›Es ist nicht zu leugnen, ich bin wirklich heruntergekommen!‹ dachte Chabarow bei sich. ›Nicht mal mein Uniformrock schützt mich mehr vor Beleidigungen!‹

Er blieb noch ein wenig stehen, dann stellte er sich schweigend mit an die Winde und tat gemeinsam mit den anderen die schwere, unangenehme Arbeit. Am nächsten Tag erschien er frühmorgens wieder zur Arbeit und reihte sich an der Winde ein. Am dritten, am vierten Tag dasselbe, so arbeitete er zwölf Tage lang. Einem gewissen Schtukin, der bei derselben Wirtin wie er wohnte, hatte er auch noch diese Arbeit beschafft. Der jedoch kam nicht einen Tag um den andern zur Kasaner Brücke, sondern ergab sich, kaum hatte er ein bißchen Geld in der Tasche, seiner Lieblingsbeschäftigung – dem Trunk.

Als Chabarow zwölf Tage hintereinander ohne Unterbrechung gearbeitet hatte, wollte er sich ausruhen, um so mehr als von der ungewohnten Arbeit seine Handflächen mit Blasen übersät waren.

4

Der Tag war sonnig und klar. Chabarow kaufte sich Weizenbrot und ein paar gebratene Eier und ging aus der Stadt hinaus. Nach einigen Werst ließ er sich am Kanalufer im Gras nieder, um das zu verzehren, was der Herrgott ihm beschert hatte. Als er seinen Hunger ein wenig gestillt und sich etwas ausgeruht hatte, lief er in Gedanken versunken weiter. Sein bitteres Los ging ihm nicht aus dem Kopf. War er lange unterwegs gewesen oder nur kurze Zeit, er wußte es nicht zu sagen. Er tauchte aus seiner Versunkenheit auf und ging weiter, guckte sich um und ging wieder weiter. Er hatte jegliches Gefühl für die Zeit verloren – wie hätte er sie auch messen sollen, und wozu – und lief und lief. Als er plötzlich aufblickte, sah er Gebäude, die an eine Straße denken ließen, es mußte wohl eine Stadt sein. Zaghaft betrat er sie, lief eine lange Straße entlang und gelangte zu einem Palast, der inmitten eines Parks lag. Am Eingangstor stand ein Invalide, der, als er die Offiziersepauletten auf der abgetragenen Uniform bemerkte, salutierte.

»Darf man hier rein?« fragte Chabarow schüchtern und zeigte auf den Garten.

»Es ist erlaubt, Euer Wohlgeboren, bitte!«

Chabarow, der seine Uniformmütze tief in die Stirn gezogen hatte, lief immer weiter auf einer einsamen Allee und überließ sich wieder seinen unerquicklichen Gedanken. Unablässig überlegte er, was ihm jetzt noch übrigbliebe. Sterben, die Hand an sich legen … Gott behüte! Er wies diesen Gedanken weit von sich, er war doch Christ, glaubte, betete … Doch alle Mittel waren erschöpft … nichts war ihm geblieben, nichts … Und dabei ging er immer weiter …

Plötzlich stemmte sich gegen seine Brust eine Hand, umhüllt von einer roten Manschette, und im selben Moment ertönte eine strenge Stimme:

»Wer bist du? Was suchst du hier? Wie bist du hierhergekommen?«

Chabarow hob den Blick: Alexander Pawlowitsch, der Zar, stand in höchsteigener Person vor ihm.

»Was bist du für einer?« fragte drohend der Herrscher.

Chabarow nahm seine Mütze vom Kopf und antwortete leise:

»Stabsrittmeister a. D. Chabarow.«

»Dich hat man wohl wegen Trunkenheit und schlechter Führung aus dem Regiment gejagt?«

Chabarow holte den Entlassungsbefehl und das Empfehlungsschreiben des Großfürsten, seine Dokumente, die er stets bei sich trug, aus seiner Uniformmütze und reichte sie dem Zaren.

Der guckte den Entlassungsbefehl rein mechanisch an, das Schreiben des Großfürsten hingegen las er sehr aufmerksam durch.

»Und wie sind Sie nun in diese Lage geraten?« fragte der Zar schließlich mit verhaltener Stimme.

Chabarow gab sich einen Ruck und erzählte dem Zaren all das, was ihm in Petersburg, von dem Moment an, da er den Militärdienst quittiert hatte, passiert war. Wie er an einigen Stellen in die Kandidatenliste eingeschrieben worden war, wie ihn gerade dort erst die Sekretäre und dann auch die Portiers von der Tür weggejagt hatten, berichtete von seinen Aushilfsbeschäftigungen, endlich von der Arbeit an der Winde, und zum Schluß des Ganzen wies er dem Herrscher seine zitternden, über und über mit Blasen bedeckten Hände vor.

Als der Zar diese einfache, aber eindrucksvolle Erzählung vernahm und dazu die mit Blasen übersäten Handflächen Chabarows erblickte, zog er ein Taschentuch heraus und fuhr sich damit über die Augen.

»Zu Diebitsch!« sagte er und zeigte in Richtung des Palastes. »Ich werde ihm meinen Befehl übermitteln.«

Er drehte sich um und ging davon, das Taschentuch auf die Augen gepreßt.

Chabarow stand an die zwei Minuten, ohne sich zu rühren, so sehr hatte ihn das, was geschehen war, erschüttert. Auf derselben Allee verließ er den Park wieder und fragte denselben Invaliden, wo Diebitsch zu finden sei. Der Invalide wies auf den Palast.

»Dort wird man es Ihnen sagen«, gab er zur Antwort.

Chabarow kam zum Palast und fragte, wo General Diebitsch wohne. Ein Hoflakai zeigte im Vorübergehn auf eine Tür und verschwand. Chabarow trat ein.

Im Audienzsaal war niemand, kein Kurier und kein Lakai. Im anschließenden Zimmer pochte Diebitsch mit seinen Fingern an die Fensterscheibe und pfiff leise vor sich hin.

Als Chabarow einige Minuten einfach dagestanden hatte, räusperte er sich schließlich, um die Aufmerksamkeit des Generals auf sich zu ziehen.

»Wer bist du? Wie bist du hier hereingekommen? Warum hat man dich nicht gemeldet?« fragte der, nachdem er sich umgedreht hatte, wie der Herrscher.

»Ich bin Stabsrittmeister a. D. Chabarow und der Zar selbst schickt mich zu Ihnen!« antwortete Chabarow und gab ihm seine Papiere.

Diebitsch besah sich sowohl das eine wie auch das andere Dokument, blickte Chabarow nochmals aufmerksam an und sagte zu ihm:

»Ich sehe noch heute den Zaren und werde hören, wie seine Befehle in bezug auf Ihre Person lauten, jetzt aber, wie ich Ihre Situation einschätze, meine ich, könnten Sie das hier brauchen!«

Mit diesen Worten ging er zum Tisch, nahm einhundert Rubel heraus und reichte sie Chabarow.

»Hinterlassen Sie Ihre Adresse!« fügte er noch hinzu und läutete.

Nun erschienen die Adjutanten und die Kuriere und die Lakaien und schrieben Chabarows Namen und seine Adresse auf.

Chabarow, der jetzt einhundert Rubel in der Tasche trug, kam es gar nicht in den Sinn, daß er ja mit einer Kutsche nach Hause fahren konnte. So machte er sich zu Fuß nach Petersburg auf, kam an eine Schenke und gestattete sich einen Imbiß. Vom Morgen an hatte er nichts mehr gegessen. Seine Kehle war trocken.

5

Er konnte seiner Wirtin gerade noch Geld geben, dann fiel er in sein armseliges Bett und versank sogleich in Träumen.

»Lieber, Sie sind ja ganz von Kräften gekommen! Wo haben Sie bloß gesteckt?« sagte die Wirtin, als er ihr das Geld gab.

Am nächsten oder übernächsten Tag kam aus Zarskoje Selo ein Feldjäger herbeigesprengt und machte ihn nach langem Suchen endlich ausfindig.

Er aber lag ohne Bewußtsein. An seinem Bett stand ein von der Wirtin gerufener Heilgehilfe. Der Feldjäger hatte ihn für den folgenden Tag zu Diebitsch bitten wollen. Doch erschüttert durch all das, was auf seine Seele eingestürmt war – die Begegnung mit dem Zaren und sein Gespräch mit Diebitsch –, durch das, was er durchgemacht hatte, erkrankte er an Nervenfieber und lag an die sechs Wochen danieder. Vom Hof kam wiederholt ein Doktor gefahren, der gemeinsam mit dem von der Wirtin geholten Arzt den Krankheitsverlauf verfolgte, ihn heilte und sich um ihn wie um einen guten Freund kümmerte. Seine Wirtin und der andere Untermieter sorgten für ihn, als ob er ihr leiblicher Verwandter wäre, so daß er nach einigen Wochen das Bett verlassen und im Zimmer umhergehen konnte.

Am Hof hatte man ihn unterdes nicht vergessen: Fast täglich erschien ein Kurier, um sich nach seinem Befinden zu erkundigen und der Wirtin auszurichten, daß er, wenn er genesen sei, unbedingt bei General Diebitsch vorsprechen solle.

Schließlich konnte Chabarow das Haus verlassen und machte bei General Diebitsch Visite, als dieser nach Petersburg kam. Diebitsch empfing ihn freundlich.

»Das soll ich Ihnen vom Zaren überreichen.« Er händigte ihm ein dickes Paket aus. »Die Stelle eines Postmeisters, für die Sie vorgesehen waren, ist inzwischen vergeben«, teilte er mit. »Aber Sie erhalten, wenn Sie ganz genesen sind, die Stelle des Aufsehers beim Bau der Erlöserkirche, die zum Gedenken an die Vertreibung der Franzosen in Moskau errichtet wird. In Moskau weiß man schon Bescheid.«

Nach Hause zurückgekehrt, fand Chabarow in dem Paket fünftausend Rubel in Wertpapieren, die ihm der Zar verehrt hatte. Als er in seiner neuen Uniform, die er sich hatte machen lassen, bei General Diebitsch erschien, erkannte der ihn erst gar nicht, weil er sich so zum Positiven verändert hatte. Dann trug er ihm auf, sich unverzüglich nach Moskau zu begeben, um seine neue Stelle anzutreten.

Chabarow braucht nicht lange für die Reisevorbereitungen. Er verabschiedete sich von der Wirtin und den Mitmietern, nahm seine Sachen und die Wäsche und machte sich auf den Weg nach Moskau. Vor der Abreise aber ging er noch in die Kasaner Kathedrale, betete lange und dankte Gott bewegt für seine Hilfe in all den leidvollen Stunden und für die unverhofft glückliche Wende in seinem Schicksal.

In Moskau sollte damals nach der kühnen Idee des Architekten Wittberg die Kirche auf den Worobjow-Bergen gebaut werden. Diese Idee wurde dann später nicht verwirklicht, zu der Zeit aber waren die Arbeiten in vollem Gange, und Chabarow war zum Aufseher über die Arbeiter ernannt worden. Er machte Antrittsbesuche beim Metropoliten und bei Wittberg und trat seinen Dienst an.

Uglizki, von dem ich diese Geschichte gehört habe, ist bei Chabarow zu Gast gewesen, hat die wunderbare Einrichtung in dessen Zelt gesehen, das saubere Bett, die Möbel, die Teppiche, die türkischen Pfeifen aus Kirschbaumholz, die Bernsteine und anderen Dinge, die einem erlesenen Geschmack zu schmeicheln wußten.

Ebendiese Geschichte mit all ihrem Drum und Dran, die ich hier mit Uglizkis Worten aufgeschrieben habe, hat ihm Chabarow selbst erzählt.

Die Fischsuppe

In der Stadt S. rollten aus dem Hof eines Hauses zwei Kastenwagen, vor die je ein Paar gutgenährter Gäule gespannt war. Im ersten Wagen saßen Frauen: die Frau des Gutsverwalters, die Frau des Küsters der hiesigen Kirche und die Frau eines Kleinbürgers aus der Stadt – allesamt waren sie verschworene Freundinnen. Gelenkt wurde der Wagen vom Kirchendiener Jerjoma, einem strenggläubigen und allem Anschein nach braven Manne. Er hatte einen langen Rücken, aber kurze Beine: Deshalb gab man ihm auch kein Chorhemd, obwohl er neben seiner eigentlichen Arbeit als Kirchendiener, nämlich die Glocken zu läuten, auch noch dem Küster der hiesigen Kirche zur Hand ging. Er war ledig und hätte gern geheiratet, doch wollte ihn keine haben, denn er hinkte und verdiente wenig. Dem Küster ging er nicht nur in der Kirche zur Hand, sondern er half ihm auch zu Hause, hackte Holz, holte Wasser und schwieg sich geduldig aus, wenn sich der Küster und seine Frau Späße mit ihm erlaubten. Er saß auf dem Rand des Kastenwagens und drehte seinen Kopf bald zu der einen, bald zu der anderen der mitfahrenden Frauen, wenn diese ihn nämlich mit ihren Regenschirmen in den Rücken piekten. »Rate doch mal, Jerjoma, wer dich gerade gepiekt hat!« neckten sie ihn. Er drehte sich mal hier-, mal dorthin um und ließ als Antwort nur stumm seine weißen Zähne aufblitzen. »Gebt ihm Saures! Nur zu!« ertönte es von hinten aus dem anderen Wagen. »Schaut euch den Glückspilz an, sitzt mitten unter den Weibern!«

In dem Kastenwagen, den Jerjoma lenkte und in dem die Frauen saßen, befanden sich ein Samowar samt Tassen und Gläsern, Teller, Brot, Salz und die verschiedensten Speisen – eben alles, was man zu einem Essen brauchte und die Frauen hatten mitnehmen können.

Im anderen Kastenwagen fuhren die Ehemänner der Frauen: der Küster, der Gutsverwalter und der Kleinbürger. Sie hatten ein Schleppnetz und alles übrige, was man zum Fischfang braucht, bei sich, zudem noch Wein, Fruchtliköre und Bier. Man wollte zu einer Insel in der Wolga, wollte dort Fische angeln, eine Fischsuppe zubereiten, Tee trinken und anderes mehr. Kurzum, es sollte so etwas wie ein Picknick werden, und alle hatten sich schon lange darauf gefreut und vorbereitet.

Jerjoma war in allen drei Familien wie zu Hause, und sowohl Männer als auch Frauen kannten ihn als einen braven Tölpel und komischen Kauz, über den man sich ungestraft lustig machen konnte. Wortführerin unter den Frauen war die Frau des Verwalters. Sie gab ihren Freundinnen gerade irgendeinen Stadtklatsch zum besten; diese lachten schallend. »Gebt ihm Saures, nur zu. Guck an, wie faul der kutschiert!« schrien die Männer wiederum von hinten. Die Frauen ließen sich nicht lange bitten; sie stoppten den Redeschwall der Verwaltersfrau, und bald stieß die eine, bald die andere Jerjoma den Regenschirm in den Rücken. Er hatte Mühe, sich rasch mal hier-, mal dorthin umzudrehen, dabei die perlweißen Zähne zu zeigen und gleichzeitig die Pferde mit Lippenschnalzen anzutreiben und an den Zügeln zu zerren. »Rate mal, Jerjoma, wer dich gerade gepiekt hat!« hielten sie ihn abwechselnd zum besten. »Woher soll ich's wissen!«

»Heilige Dreifaltigkeit! Sei uns Sündern gnädig!« sprach Jerjoma und bekreuzigte sich, als sie an der Dreifaltigkeitskirche vorbeifuhren. Wieder ein Stoß mit dem Regenschirm in den Rücken. Im zweiten Kastenwagen erzählte der Kleinbürger wohl gerade etwas Lustiges, denn die anderen Männer lachten laut. Von Zeit zu Zeit ertönten auch laute Rufe von dort.

»Gebt ihm nur tüchtig Saures!« vernahm man die Stimmen der Männer vom hinteren Wagen. Jerjoma blickte sich auch zu ihnen um, erwiderte aber nichts, sondern zeigte wiederum lediglich seine weißen Zähne.

Man fuhr gerade einen Berg hinab. Da wurde im ersten Wagen ein Lied angestimmt:

»Jugend, Jugend, vergnüge dich. Vergnüge dich,
solange du lebst!
Singe und springe und tanze, da du doch bald vergehst!«

sang eine Frauenstimme. Unterdessen war man an der nächsten Kirche angelangt. Jerjoma nahm seine Mütze ab, schlug ein großes Kreuz und sprach andächtig: »Heilige Gottesmutter von Tichwin, sei uns gnädig!«

Und wieder folgten die Stöße mit dem Regenschirm, und wieder tönte es vom anderen Kastenwagen:

»Gebt ihm nur Saures, dem Glückspilz!«

Dann vereinten sich die männlichen Stimmen hinten zum Gesang. Sie sangen: ›Die Wolga hinab, die Mutter Wolga‹. Die beiden Wagen waren schon ganz in der Nähe des Flusses. Auf einem Hügel tauchte wieder eine Kirche auf.

»Wundertätiger Nikolai, Diener Gottes, sei uns gnädig!« sagte Jerjoma, wobei er sich bekreuzigte und seine Mütze absetzte.

Die Frauen ließen nicht ab, ihn mit dem Regenschirm zu stoßen. Jerjoma fuhr fort, seine weißen Zähne zu zeigen, die Pferde mit Lippenschnalzern anzutreiben und an den Zügeln zu zerren. Die Frauen sangen die Lieder ›Inmitten des weiten Tals‹ und ›Ich geh in die Steppe‹. Die Männer stimmten bald mit ein, bald sangen sie für sich ›Weiß, weiß war der Schnee auf den Feldern‹.

Schließlich tauchte nahe der Furt zur Insel noch die Kirche Johannes des Täufers auf. »Heiliger Johannes, bete für uns!« sprach Jerjoma, wobei er seine Mütze absetzte und sich bekreuzigte. Bei diesen Worten durchquerten die beiden Wagen an der Furt den schmalen Flußarm zur Insel.

Dort angelangt, lachten sowohl die Männer als auch die Frauen noch lange über Jerjoma, worauf dieser nur die weißen Zähne zeigte und nichts sagte. Dann wurden die Vorräte für das Mittagessen wie auch die Sachen für den Fischfang vom Kastenwagen abgeladen. Der Gutsverwalter, der Kleinbürger und der Küster nahmen das Schleppnetz und gingen zum Fischen an den See. Sie hofften so viel zu fangen, daß es für eine Fischsuppe allemal reichen würde. Tassen, Gläser, Gabeln, Löffel, Messer und die Verpflegung übergaben sie den Frauen, während die Pferde und der mitgebrachte Hafer Jerjomas Obhut anvertraut und ihm aufgetragen wurde, die Pferde zu gegebener Zeit zu füttern.

»Schon gut, mach ich«, sprach Jerjoma träge und schielte noch träger zu den beiden Wagen. Er spannte die Pferde aus, stellte die Wagen ein Stück vom Rastplatz entfernt ab und baute sich eine Art Hütte aus Reisig, die er mit einer vom Gutsverwalter mitgenommenen Plane bedeckte. Dann machte er es sich im Gras bequem, legte sich auf seinen Kaftan und ein Lederkissen und schlief ein.

Die Küstersfrau begleitete die Männer, die das Netz nahmen und sich zum See aufmachten, um Fisch für die Fischsuppe zu fangen. Als sie aber sah, wie diese ihre Hosen über die Knie hochkrempelten und in das Wasser stiegen, um das Schleppnetz auszuwerfen, ging sie zu den anderen Frauen zurück. Ihr Mann rief ihr aus dem Wasser zu, sie solle bei Jerjoma vorbeigehen und nachsehen, ob dieser alles erledigt habe, was ihm aufgetragen worden war, d.h., ob er die Pferde ausgespannt und sie und die Wagen zur Seite gebracht habe, wie es sich gehört, wie und wo er sich selbst niedergelassen und ob er tatsächlich alles gemacht habe, was zu tun war. Der Küster schloß seine Rede: »Nicht daß der Dingsda einschläft und nichts tut! Schau mal nach ihm und weck ihn auf, falls ...« Die Küsterin hörte ihren Mann geduldig an und schlenderte zu der Stelle, wo sich Jerjoma niedergelassen hatte. Nach einer Stunde, zum Schluß beeilte sie sich doch, langte sie an der Hütte an. Jerjoma lag auf seinem Kaftan ausgestreckt im Gras und schlief doch wirklich. Die Küsterin warf zunächst einen Blick in die Hütte, dachte ein wenig nach, ging dann ganz hinein, weckte den schlafenden Jerjoma, ließ sich bei ihm nieder und verweilte fast eine Stunde ...

Am Rastplatz waren zwei Frauen geblieben. Sie hantierten dort, wo die Männer sie zurückgelassen hatten, herum und stellten das Geschirr und die Tassen zurecht. Den Samowar hatten sie schon vorher Jerjoma gegeben, damit dieser ihn mit Wasser fülle, Kohlen anlege und ihn vorbereite. Sie legten Brot und die übrigen Speisen, Eier, Braten und alles, was sie mitgebracht hatten, hin und warteten auf die Küstersfrau, damit diese ihnen helfe, das Zubrot zu richten.

»Wo bleibt sie denn nur, ob sie immer noch zuguckt, wie unsere Männer im See Fisch fangen?«

»Man muß sie holen gehen«, sagte die Verwaltersfrau und ging ihr entgegen. Jene aber lief einen Umweg und schien erregt zu sein, wohl von dem langen Fußmarsch oder aber von etwas anderem, Unbekanntem. Sie kam wieder an die Stelle, wo sie haltgemacht hatten und ihre Sachen lagen. Die Verwaltersfrau indessen zog es zu der Hütte Jerjomas, wohl weil sie sehen wollte, was der so mache. Sie bückte sich, trat in die Reisighütte und entdeckte, daß er nicht lag, sondern sich aufgerichtet hatte. Zuerst erkundigte sie sich nach den Wagen und nach den Pferden, fragte danach, ob er den Samowar angeheizt habe und wo die Holzkohlen seien. Nach und nach wurden ihre Stimmen leiser und leiser und verstummten schließlich vollends. Stille trat ein ... Das währte wiederum fast eine Stunde. Die Verwaltersfrau kam ebenfalls in erregtem Zustand aus Jerjomas

Hütte heraus und eilte auf einem Umweg zu dem Ort, wo die anderen beiden Frauen waren, wobei sie unterwegs ihre Haare und ihr Kleid in Ordnung brachte. Sie traf aber nur die Küstersfrau an, die ihr sagte, daß die Kleinbürgersfrau, als sie es über hatte, länger auf sie zu warten, ihr bereits vor einer halben Stunde entgegengegangen sei.

Die beiden Frauen, die sonst große Schnattertaschen waren, gingen diesmal schweigend und zerstreut ans Werk, rückten Tassen und Gläser von einer Stelle zur anderen, um sie dann wieder an ihren alten Platz zurückzustellen, packten die Verpflegung aus und interessierten sich herzlich wenig füreinander. Unterdes waren seit dem Aufbruch der Männer zum See vielleicht drei Stunden vergangen. Niemand kehrte zurück, weder die Männer mit ihrem Schleppnetz und Fischen noch die Kleinbürgersfrau von Jerjomas Hütte, noch tauchte Jerjoma selbst mit dem siedenden Samowar auf ...

Gegen drei Uhr nachmittags erschienen endlich die Männer mit dem Fisch für die Fischsuppe. Diese würde ganz vorzüglich geraten. Die Frauen sammelten trockene Äste, machten Feuer, füllten schweigend gemeinsam den großen Kochtopf mit Wasser, ließen es aufkochen, legten lebende Sterlete, Kaulbarsche sowie Karpfen hinein und begannen, die Fischsuppe zu kochen. Sie verteilten die restlichen Speisen und warteten auf die Kleinbürgersfrau, die sich aus irgendeinem Grund verspätete. Das war aber auch kein Wunder: Da sie die Gegend kaum kannte, konnte sie sich leicht verirrt haben! Die Fischsuppe war längst fertig, als sie endlich dort anlangte, wo die anderen sie erwarteten. Sie war noch ganz außer Atem und brachte hastig ihre Frisur und ihr Kleid in Ordnung.

»Wo bleibt nur Jerjoma, weshalb kommt er nicht? Ach, dieser Schurke!« sagte der Verwalter.

»Der wird schon noch kommen«, murmelte die Kleinbürgersfrau unwillig.

»Wirklich ein Schurke!« fügte der Verwalter hinzu.

»Da kommt ja Jerjoma!« sagte der Kleinbürger.

»Wo hast du nur gesteckt, du Schurke?« fragte der Verwalter. »Weshalb bringst du den Samowar denn nicht? Und die Fischsuppe wartet auch schon lange auf dich!«

»Gleich, gleich!« sprach Jerjoma träge. »Hier ist euer Samowar!«

Er stellte den Samowar hin, setzte sich, ohne jemanden anzuschauen, auf einen freien Platz und nahm unlustig, wie die anderen auch, den Löffel in die Hand.

»Was müßt ihr auch dauernd über ihn herfallen! Er ist doch ein Mensch wie wir und nicht irgendwer!« sagte eine der Frauen.

Alle ließen sich die Fischsuppe und das übrige Essen, was sie aus der Stadt mitgebracht hatten, schmecken. Die Männer reizten Jerjoma auf jede nur erdenkliche Art und Weise, dieser aber aß wie ein junger Rekrut, viel und schweigend, und die Frauen, die von ihren Männern geneckt wurden, brachten ebenfalls kein Wort heraus und blickten in verschiedene Richtungen ...

»Was ist nur mit euch? Jerjoma hat euch wohl verhext?« fragte der Kleinbürger. Jerjoma aber blieb stumm und ließ nicht mal wie sonst seine Zähne blitzen; die Frauen aßen und tranken ebenfalls ohne ein Wort.

»Nun, laßt uns Wodka trinken! Sei es so!« entschied der Kleinbürger und brachte die allen wohlbekannte Weinkaraffe herbei, die von den Männern, Jerjoma nicht ausgenommen, mit einem Lächeln begrüßt wurde. Für die Frauen hatte der Gutsverwalter Fruchtlikör, Met und Bier aus der Stadt mitgenommen. Nun aßen, tranken und scherzten sie bis zum Abend.

Es war schon spät, als sich alle nach und nach von ihren Plätzen erhoben.

»Hast du den Pferden auch Hafer gegeben, Jerjoma?« fragte der Küster.

»Hab ich!« erwiderte Jerjoma. »Jetzt werden sie's schon aufgefressen haben!«

»Dann tränke sie und spanne an, wir verkühlen uns sonst noch«, fügte ersterer hinzu.

Jerjoma ging davon. Die drei Männer begannen, das Fischnetz zusammenzulegen, während ihre Frauen den Samowar, die Tassen und das übrige, was sie aus der Stadt mitgebracht hatten, einpackten. Die Pferde wurden angespannt, und bald setzten sich die beiden Kastenwagen in Richtung Stadt in Bewegung. Am Himmel tauchten schon die ersten Sterne auf, und der Abend war still und klar. Wieder durchquerte man an der Furt den Seitenarm der Wolga, der sie vom Festland trennte, und fuhr weiter bergan. Aber die Frauen stießen Jerjoma nicht mehr mit den Regenschirmen in den Rücken, obwohl die Männer sie vom anderen Wagen aus immer wieder mit den Worten anstachelten:

»Gebt ihm Saures, dem Glückspilz! Nur zu!«

Die Frauen sahen immer noch schweigend in verschiedene Richtungen. Jerjoma zerrte an den Zügeln und lenkte die Pferde, ohne die drei hinter sich sonderlich zu beachten. Als sie bei der Kirche Johannes des Täufers vorbeikamen, nahm Jerjoma seine Mütze ab, bekreuzigte sich und sprach: »Heiliger Johannes, bete für uns!«

»Ach, du Räuber! Dir werd ich's zeigen!« sagte der Kleinbürger. »Haut ihn mit dem Regenschirm! Hört ihr?« Die Frauen aber hörten nicht auf ihn, sondern saßen weiterhin stumm da, und Jerjoma blickte stur geradeaus.

»Wundertätiger Nikolai, der du Gott dienst, sei uns gnädig!« sprach er, bekreuzigte sich wieder und nahm die Mütze ab, als sie an der Kirche Nikolais des Wundertäters vorbeifuhren.

»Ich werde dir schon zeigen, wie man Gott dient, wenn du bei mir in der Kirche auch solche Reden führst! Na los, eins mit den Regenschirmen drüber!« sagte der Küster vom anderen Wagen. Die im ersten Kastenwagen schwiegen, alle drei Frauen und Jerjoma, und mit den Regenschirmen rührten sie seinen Rücken nicht an.

»Allerheiligste Gottesmutter von Tichwin, bete für uns!« sprach Jerjoma, als sie zur Kirche der Heiligen Gottesmutter kamen.

»Dir werd ich's zeigen! Schaut euch diesen Glückspilz an! Hat sich die Weiber gewogen gemacht! Wo starrt ihr nur hin! He, ihr Damen! Gebt ihm Saures!« schrie eine Männerstimme von hinten. Aber im ersten Wagen schwiegen sie. Allein Jerjoma sprach, als sie an der letzten Kirche, der Dreifaltigkeitskirche, anlangten, wobei er sich wieder bekreuzigte und die Mütze abnahm: »Allerheiligste Dreifaltigkeit! Sei uns Sündern gnädig!«

Mit diesen Worten langten die beiden Wagen vor dem Haus an, von dem sie am Morgen abgefahren waren.

Erinnerungen

I
An der Universität

Wie man uns vor fünfzig Jahren unterrichtete

In unserer Zeit ist, im Zusammenhang mit den Hauptproblemen des russischen Lebens, die Universitätsfrage aktuell geworden. Das ist, angesichts der Rolle, die bei uns die Universitätsbildung besitzt, ein uns alle betreffendes Problem. Mit Ausnahme einiger spezieller Wissensgebiete wie Militär, Marine, Ingenieurwesen und anderer, die über ihre eigenen Ausbildungseinrichtungen verfügen, erlangen die Repräsentanten höherer, universeller Bildung ihr Wissen bis heute an den Universitäten. In Kriegszeiten, während des Krimkrieges z.B., soll angeblich sogar der Oberkommandierende des Heeres, Fürst Gortschakow, bestätigt haben, daß die Universitätsabsolventen auch ausgezeichnete, besonders herausragende Offiziere gewesen seien.

Als Pflanzstätten höherer Bildung gelten außerdem die geistlichen Akademien, die Lyzeen und die Lehranstalten für Rechtswissenschaft. Auch sogenannte Universitätspensionen gibt es; diese Einrichtungen entließen – und entlassen – Männer höherer Bildung, im Vergleich zu den Universitäten jedoch in unbedeutender Zahl. Die Universität übertrumpft einstweilen alle. Was also Wunder, daß sowohl die Regierung als auch die Öffentlichkeit mit der Universitätsfrage befaßt sind. Und alle ehemaligen Studenten erwarten mit Anteilnahme ihre Lösung – erst recht natürlich die jungen gegenwärtigen Studenten. Die Presse bringt immer wieder unterschiedliche Ansichten und Stellungnahmen zu diesem alle beschäftigenden Problem. Überall entsteht lebhafter Meinungsstreit, werden Hoffnungen und Erwartungen laut. Die Jugend ist in Bewegung geraten und äußert mit der ihr eigenen Ungeduld ihre Wünsche.

Das Problem ist für jene, von denen das Schicksal der Universitätsbildung abhängt, nicht leicht zu lösen. Es gilt, so zu entscheiden, daß den Bestrebungen der jungen Leute im Geiste der Zeit entsprochen wird, ohne jedoch kleinmütige Konzessionen zu machen, die zu einem Verlust an Bildung führen und zum Nachteil der Studierenden selbst sind.

Den jungen Leuten fällt es auch nicht leicht, ihre reizbare Ungeduld zu zügeln, wenn sie ihre innigen Wünsche und Herzensnöte äußern, nicht hier und da auf irgendeine Weise die Grenze ihrer berechtigten Wünsche zu überschreiten.

Die ehemaligen Studenten aller Altersstufen, die heute auf allen Ebenen des gesellschaftlichen Lebens vertreten sind, können diesen Kampf natürlich sowenig gleichgültig mit ansehen, wie alte Invaliden ohne Anteilnahme auf junge Krieger blicken können.

Wer durch seine Position oder Tätigkeit nicht persönlich in diesen Kampf mit einbezogen ist, dem bleibt nur übrig, sich der Vergangenheit zu erinnern – dem kann man sich wirklich nicht entziehen (fragen Sie nur irgendeinen Invaliden der Armee).

Mich selbst, der ich mir diese moderne, emsige Arbeit in unseren Bienenkörben gleichenden Universitäten ansehe und den Meinungsstreit in der Gesellschaft vernehme, mich als ehemaligen Studenten der dreißiger Jahre an der Moskauer Universität, treibt keineswegs der ehrgeizige Gedanke an irgendeinen Nutzen zu solchen Erinnerungen, geschweige denn der Wunsch, dem Publikum und den Studenten eine Lektion zu erteilen – nein. Ich besitze nicht im geringsten die Eigenschaften und Fähigkeiten eines Lehrers, wie ich es umgekehrt auch nicht wünschen würde, von der reizbaren Jugend eine Lektion erteilt zu bekommen, wenn ihr in meinen Erinnerungen irgend etwas nicht zusagen sollte.

Mich locken einfach die Erinnerungen an die schönste Zeit meines Lebens – die Jugend – und ihren allerbesten Abschnitt – die Jahre an der Universität. Weder in meiner Jugend noch in der jedes anderen Studenten gibt es wohl etwas Reineres, Höheres, Erhabeneres.

Wir jungen Männer vor einem halben Jahrhundert sahen die Universität wie ein Heiligtum an, und wir betraten ihre Räume mit Zittern und Zagen.

Ich spreche von der Moskauer Universität, von der man, wie von ganz Moskau, mit Gribojedow sagen kann: ›Was kann sich mit dem Glanz von Moskau messen?‹ Übrigens färbt jede unserer acht Universitäten, betrachtet man ihre Zöglinge aufmerksam und genau, in gewisser Weise auf diese ab.

Unsere Moskauer Universität war nicht nur für uns Studenten, sondern auch für unsere Familien und die ganze Gesellschaft ein Heiligtum. Die Bildung, die man auf dieser Universität erhielt, wurde höher als jede andere geschätzt. Moskau war stolz auf seine Universität und liebte in seinen Studenten die künftig nützlichsten, vielleicht gar berühmten und glanzvollen Männer der Öffentlichkeit. Die Studenten waren stolz auf ihren Stand und legten Wert auf ihr Studium, denn sie waren sich der allgemeinen Sympathie und Achtung, die man ihnen entgegenbrachte, bewußt. Sie stolzierten wichtigtuerisch durch Moskau und kokettierten mit ihrem Stand und ihren himbeerroten Kragen. Selbst die Blicke der einfachen Leute folgten freundlich den jungen Männern mit den roten Kragen. Die Ausnahmen lasse ich beiseite. Natürlich gab es in dieser Menge mit ihren Unterschieden nach Herkunft und Charakter, ihren Unterschieden in Erziehung, Sitten und Gebräuchen auch solche, die auf ein ernsthaftes Studium ungenügend vorbereitet, schlecht erzogen oder aber einfach Wildfänge und Tunichtgute waren. Manchmal – übrigens selten – gab es in der Stadt Gerüchte über lärmende Gelage in einer Schenke oder über lose Streiche, zum Beispiel, daß nachts die Aushängeschilder der Händler vertauscht worden seien oder ein hitziger Wortwechsel mit der Polizei stattgefunden habe und dergleichen. Doch die Mehrzahl der Studenten führte sich ordentlich auf und schätzte ihren guten Ruf und ihre Sympathien in der Gesellschaft.

Diese Sympathien brachten viel Wärme und Licht ins Leben der studentischen Jugend. Der Geist des jungen Mannes schwang sich auf; er erblühte unter den Strahlen der Freiheit, die nach den schulischen oder häuslichen Zwängen auf ihn fielen. Er vollzog seinen ersten bewußten Willensakt, er besuchte die Universität von sich aus, wurde nicht wie während der Schulzeit von den Eltern dorthin geschickt. Hier gab es nicht die Unterrichtsmethoden der Schule, hier wurden keine Hausaufgaben aufgegeben, kontrollierte niemand, wie er seine Stunden, Tage, Abende und Nächte nutzte.

In der Folge werden die Handlungen des jungen Mannes dann immer freier und bewußter; ohne ein Gymnasialzeugnis dafür zu erhalten, besteht man die ›Reifeprüfung‹. Die freie Auswahl der Fachrichtung, die ein bewußtes Einschätzen der eigenen Neigung zu diesem oder jenem Zweig nötig macht, und die daraus resultierende Bestimmung seiner künftigen Lebensaufgabe – all das bemächtigt sich nicht nur seines Verstandes, sondern seiner ganzen jungen Seele. Die Universität erschließt dem jungen Menschen nicht nur den Weg zur Wissenschaft, sondern zum Leben selbst. Nach der schulischen Ausbildung betritt er den Boden der Wissenschaft. Sein geistiger Horizont weitet sich, die Perspektiven und Parallelen der Wissenschaft sowie die unendlichen Gefilde des Wissens eröffnen sich ihm, und damit auch die wirkliche, rechtmäßige Freiheit: die Freiheit der Wissenschaft. Pläne und Instruktionen verlieren ihre Macht vor der Freiheit der Wissenschaft. In den Unterrichtsräumen eingeengt wie ein Fluß im engen Bett, ergießt sie sich nun vom Universitätskatheder herab wie ein mächtiger, brausender Strom. Zwischen Professor und Hörern findet ein lebendiger Austausch statt, bei dem die Entdeckungen, Wahrheiten und Hypothesen der Wissenschaft der lechzenden Aufmerksamkeit der Studenten anheimgegeben werden. Diese Art Freiheit können und konnten (da ich von der Vergangenheit spreche) die anderen höheren Lehranstalten, die zivilen, militärischen und geistlichen, nicht vermitteln. Ich behaupte nicht, daß dieser Freiheit keine Grenzen gesetzt gewesen wären: Die Furcht, sie könnte eine andere, d.h. eine politische Färbung annehmen, veranlaßte die Obrigkeit, die Vorlesungen der Professoren zu kontrollieren, wenngleich das Aufflackern solcher, der Wissenschaft nicht gemäßen, Freiheit wohl eher außerhalb der Universität zu beobachten war; das Freidenkertum schöpfte aus Quellen, die mit der Universität nichts zu tun hatten. An den Universitäten war die Jugend, mehr als in anderen Lehranstalten, durch die Ernsthaftigkeit des Studiums vor vielen gefährlichen Ablenkungen geschützt, die von außen, von weit her, hereingetragen wurden ... Nichtsdestotrotz wurde gegen die Vorlesungen manchmal ein Veto eingelegt, wie z.B. gegen die von Dawydow.

Er hatte insgesamt zwei oder drei Vorlesungen zur Geschichte der Philosophie gehalten; diese Vorlesungen hatte, wie man erzählte, (ich war damals noch nicht an der Universität) auch ein aus Petersburg angereister Flügeladjutant gehört, auf dessen Denunziation hin die Vorlesungen dann untersagt wurden. Es hieß, schädliches Freidenkertum wäre in ihnen zum Ausdruck gekommen ... ich weiß nicht, wodurch. Ich habe die Vorlesungen nicht besucht. Wo soll sich denn Freidenkertum sonst zeigen, wenn nicht in der Philosophie? Wie dem auch sei, die Vorlesungen wurden abgesetzt. Dies scheint dem, was ich oben über die Freiheit der Wissenschaft sagte, zu widersprechen. Doch dem ist nicht so. Die Wissenschaft kann nur total beseitigt und ihr Lehrstuhl abgeschafft werden, wie das ja auch mit Dawydows Vorlesungen geschah. Hätte man sie indes nicht verboten – eine Beschränkung des Wortes, des Geistes und Gehaltes seiner Vorlesung wäre wohl unmöglich gewesen. Der Professor wäre in der Lage gewesen, sich verständlich zu machen, die Hörer in der Lage, das Ungesagte zu erraten, so wie Leser zwischen den Zeilen zu lesen vermögen.

Viel später, unter dem Imperator Nikolai Pawlowitsch, wurde die Philosophieausbildung an den Universitäten bekanntlich Geistlichen übertragen.

Ich kehre zu meinen Erinnerungen zurück.

Mein Bruder, ich und noch einige ehemalige Schulkameraden bereiteten uns gemeinsam auf die Aufnahmeprüfungen vor und reichten beim Rektor der Universität gleichzeitig unser Immatrikulationsgesuch ein.

Das war im August des Jahres 1831. 1830 war das Cholerajahr gewesen, und es waren keine Vorlesungen gehalten worden. Den Studenten, die schon an der Universität studierten, wurde dieses Jahr nicht angerechnet.

Mein Bruder bewarb sich an der juristischen, ich mich an der philologischen Fakultät, oder wie es damals hieß: er an der ›ethisch-politischen‹, ich an der ›sprachlichen‹.

Mein Bruder, ich und unsere Kameraden bereiteten uns extern auf die Prüfungen vor und waren gut vorbereitet, wir hatten uns selbstverständlich beizeiten genauestens nach den Prüfungsanforderungen erkundigt, bis hin zu Methode und Büchern, weshalb sich das oben erwähnte Zittern und Zagen bei uns durch ein gewisses Überzeugtsein vom Erfolg in Grenzen hielt.

Mitten in diese Hoffnungen hinein traf mich wie ein Donnerschlag die Nachricht, daß nach einer neuen Verordnung des Kultusministeriums von den in die philologische Fakultät Eintretenden Griechischkenntnisse verlangt wurden. Griechisch war zwar an der Universität für Philologen schon immer gelehrt worden, doch bisher nicht Bedingung für die Immatrikulation gewesen.

Ich beherrschte ganz gut Französisch und Deutsch, teils auch Englisch und Latein. Ohne Latein war es überhaupt unmöglich, in irgendeine Fakultät einzutreten. Ich übersetzte à livre ouvert den Cornelius Nepos, nach dem alle lernten, so wie im Französischen alle nach dem ›Télémaque‹ von Fénelon Unterricht hatten. Ich war ganz gelassen gewesen, und jetzt sollte ich plötzlich Griechisch können!

Zum Glück kam die Verordnung einige Monate vor den Prüfungen heraus, so daß ich mir mit jugendlichem Elan die griechische Sprache zwar nicht völlig, wofür man ja fast ein ganzes Leben braucht, aber doch wenigstens etwas aneignen konnte und das, was ich in den vier oder fünf Monaten mit dem Eifer und der Kraft der Jugend bewältigte, dann auch zur Prüfung einbringen konnte. Wer wie ich in die philologische Fakultät eintreten wollte, der stürzte sich nun auf die mikroskopisch bunte Sprachwelt, nahm sich Lehrer, stellte alles andere zurück, fiel über Grammatik und Syntax her und erschien mit diesem dürftigen, mit Mühe und Not erworbenen Wissensfundus zur Prüfung.

Wie ein kalter Regen war die griechische Sprache in meine blühenden Hoffnungen gefahren. Doch glücklicherweise lief alles gut ab.

Am festgesetzten Tag erschienen wir abends zur Prüfung, die, wenn ich mich recht erinnere, im Senatssaal stattfand. In einem schlecht beleuchteten Nebenraum drückten wir uns, ein dichtgedrängtes Häuflein, an die Wände und warteten auf unseren Aufruf wie Angeklagte auf ihr Urteil. Natürlich hatten wir alle Herzklopfen, ich noch mehr als die anderen wegen dieses Griechisch.

Wir wurden immer zu mehreren gleichzeitig aufgerufen, denn die Prüfung sollte rasch beendet sein. Im Saal tagte unter dem Vorsitz des Rektors ein Aeropag von Professoren, die die Examina abnahmen. Sieben oder acht waren es. Nach einer Liste aufgerufen, traten die Prüflinge nacheinander vor jeden Examinator.

Der Mathematikprofessor stellte einige Fragen oder erteilte eine Aufgabe, z. B. aus der Algebra oder Geometrie, die man sofort lösen mußte. Der Lateinprofessor drehte schweigend ein Buch um, wies auf die Zeilen, die man übersetzen sollte, und hielt bei irgendeinem Satz inne, zu dem er Erläuterungen verlangte. Der Franzose hatte ein anderes System: Er plauderte einfach auf Französisch, und wer ihm frei in dieser Sprache antwortete, dem gab er in seiner Liste eine Zensur und entließ den Prüfling mit einer liebenswürdigen Verbeugung. Der Deutsche ließ zwei, drei Zeilen lesen und übersetzen, und wenn der Kandidat das mühelos konnte, verfuhr er mit ihm genauso wie der Franzose.

Ich hatte mich kaum umgesehen, da war ich auch schon examiniert. Ehe ich an die Reihe kam, waren viele schon fertig und gingen frohgemut hinaus, darunter auch mein Bruder. Auch ich löste ziemlich leicht irgendeine Rechenaufgabe und erhielt dafür vom Dozenten Kozaurow ein zustimmendes Nicken. Der Franzose stellte mir zwei, drei Fragen und entließ mich mit dem Lob: »Vous avez bien profité de votre temps.« Der Geschichtsprofessor stellte die üblichen Fragen zu großen Ereignissen. Ich hatte meine Prüfung in etwa einer halben Stunde hinter mich gebracht.

Jetzt hätte ich gehen können, da war schon die halboffene Tür; ich machte den letzten Schritt und befand mich plötzlich – vor dem Griechischprofessor.

Das war ein Greis von wohl über siebzig Jahren, mit spärlichen, grauen Haarbüscheln auf dem Kopf, die wie welke Wermutzweige anmuteten, hager, mit mißgestalteten Gesichtszügen, einem Höcker auf der Nase und einer Brille. In dem Uniformrock der Zivilbeamten steckte er wie in einem Sack. Sein Gesichtsausdruck war so nichtssagend, daß man unmöglich erraten konnte, war er klug oder nicht, gutmütig oder verärgert. Das war der bekannte Hellenist S.M. Iwaschkowski, von dem ich im folgenden noch sprechen werde.

Er blickte mich an, fragte nach meinem Namen und sah in seine Liste. »Haben Sie Griechisch gelernt?« fragte er. »Ja…a«, antwortete ich und senkte die Augen, denn ich merkte selbst, daß mein Ja gleichzeitig ein Nein war. Dort, unterm Tisch, konnte ich sehen, daß der Professor hohe Stiefel trug, in deren Schäfte er seine Hosen gesteckt hatte. »Nun gut, bitte lesen Sie«, sagte er und wies auf den Anfang eines Abschnitts in einem griechischen Buch; wenn ich mich recht erinnere, war es ›Der Rückzug der zehntausend Griechen‹ von Xenophon. Jetzt begann zwischen ihm und mir gewissermaßen ein Kampf: Ich las, er aber verbesserte mich auf Schritt und Tritt, denn ich hatte kein Wort so betont, wie es sich gehörte. Sein Ohr konnte so etwas nicht ertragen – »Nicht so, nicht so«, unterbrach er mich. Mir aber war nicht nach Betonungen zumute: Ich fischte währenddessen mit den Augen aus dem Text die Wörter, die ich kannte, heraus wie Freunde aus einer Menschenmenge.

Nach zwei, drei Minuten sah ich, daß der Professor merklich Konzessionen machte: Er wollte die Bedeutung der Wörter von mir wissen, und wenn er merkte, daß ich steckenblieb, so sprach er selbst zu Ende, erhielt er aber eine richtige Antwort oder auch nur die Andeutung derselben – so freute er sich. Er stellte mir leichte Fragen, hauptsächlich zur Grammatik, wie ich's schon vom Gymnasium her kannte. Mit einem billigenden Blick entließ er mich dann. Später hörte ich, daß die Fakultätsleitung die Immatrikulation wegen des Griechischen nicht hatte erschweren wollen und anheimstellte, in diesem Fach, weil man es so spät ins Prüfungsprogramm aufgenommen hatte, nachsichtig zu prüfen. Gott sei Dank: Die Obrigkeit war klug gewesen – und ich danke ihr. Damals war S. S. Uwarow Minister.

Latein nicht zu können galt selbst in der Gesellschaft schon als Ketzerei. Es kam vor, daß die Anwärter auf eine höhere Bildung vorgaben, Latein zu können, und mit auswendig gelernten lateinischen Zitaten prahlten, oft ohne die Grammatik zu beherrschen. Griechisch aber wurde in der Gesellschaft von niemandem erwähnt, so als ob diese Sprache gar nicht existiere. Man wußte, daß sie an den geistlichen Lehranstalten unterrichtet wurde und daß es einen Lehrstuhl für Griechisch an der Universität gab – das war alles.

Doch wenn man an der Universität studierte, mußte man dieses klassische Tor unbedingt passieren. Die Verbindung zwischen Alter und Neuer Welt wurde von dieser gebrechlichen Brücke gebildet, allerdings betraf dies nur die Linguistik. Helle Köpfe drangen auch ohne Professoren und sogar ohne die Klassiker im Original gelesen zu haben tief in die Alte Welt ein, in ihre Geschichte, ihren Geist und ihre Sitten. Sie lasen die gängigen Übersetzungen ins Französische, Deutsche, Englische und zum Teil Russische und schufen sich so ein mehr oder minder zutreffendes Bild dieser einst lebendigen Welt – möglicherweise sogar ein lebendigeres und wahrscheinlich ein wahrheitsgetreueres als jene, die über den Schwierigkeiten der toten Sprache brüteten.

»Ach, meine Herren, Sie können sich nicht vorstellen, was für ein Genuß es ist, die alten Klassiker im Original zu lesen!« sagte einmal der Griechisch-Dozent im ersten Studienjahr, Obolenski, zu uns, der aber bei uns auf keine allzu heftige Vorliebe für diesen ›Genuß‹ stieß.

Worin dieser Genuß allerdings bestand, erklärte er nicht. Mir schien es damals, als würde er übertreiben oder wolle uns anspornen. Doch war das ein ziemlich wirkungsloses Rezept. Denn den

Hauptgenuß beim Lesen, nämlich Abbild und Ebenbild lebendiger Sprache und lebendiger Menschen zu sein, kann das Griechische uns nicht mehr vermitteln. Lesen wir französische, deutsche oder englische Bücher, so hören und sehen wir gleichsam den Franzosen, den Deutschen oder den Engländer, wir haben den Klang und die Intonation ihrer Sprache im Ohr, mit einem Wort: es spricht ein lebendiger Mensch zu uns. Das gedruckte Wort verbindet sich für uns mit der lebendigen Rede, wir spüren den lebendigen Geist und können stets entsprechende Analogien herstellen. Bei Latein oder Griechisch ist das nicht möglich.

Ich will weder den verehrten Dozenten noch sonst jemanden verdächtigen, bei der Schilderung des ›Genusses‹ unaufrichtig zu sein; nur glaube ich, daß die Kenner alter Sprachen eine andere Art von Genuß empfinden als Leute, die Schriftsteller lebender Sprachen lesen. Ich glaube, bei den ersteren spielt zum Teil die Eitelkeit mit: ›Es ist sehr schwierig; nur wenige beherrschen die alten Sprachen, wir aber kennen uns in ihnen aus und bewegen uns nun frei in ihnen.‹

Diese besondere Art von ›Genuß‹ findet man auch auf anderen Gebieten, angefangen bei Gogols Petruschka – bis hin zu vielen von uns.

Ich leugne den relativen Nutzen, den das Erlernen alter Sprachen hat, durchaus nicht; zu solcher Ketzerei will ich mich nicht versteigen. Mögen die, die es wollen, sie ruhig von Grund auf lernen, mag ihnen die Überwindung philologischer Schwierigkeiten ruhig ›Genuß‹ bereiten, mögen sie sich gar etwas darauf einbilden – besser noch als z. B. darauf, daß man auf den Montblanc hinaufkraxelt. Ich bin nur, wie der größte Teil der Gesellschaft, gegen das zwangsweise Erlernen dieser Sprachen zum Nachteil anderer Dinge, manchmal sogar der Kenntnis der eigenen Muttersprache.

Es sieht aber so aus, als würde diese Frage, sofern sie noch nicht entschieden ist, doch bald in einem von der Mehrheit gewünschten Sinne entschieden werden – und gegen den bezwingenden Ansturm des Klassizismus soll man nicht angehen. Eher sollte man vielleicht, bei einer gewissen Fähigkeit und im Kampf für etwas, im Extremfall – also z. B. im Streit mit den entschiedenen Gegnern des Klassizismus – auf einigen Dingen beharren.

Diese extremen Gegner wollen alle Brücken hinter sich niederreißen und jegliche Verbindung mit der Vergangenheit abbrechen.

Häufig wird eine gewisse Erbostheit gegenüber allem Alten und Vergangenen laut. ›Wir haben uns vom Altertum verabschiedet und brauchen es nicht mehr. Die neue Zeit hat neue Saaten und Früchte gebracht. Das heutige Wissen hat sich vom alten unermeßlich weit entfernt und steht in keinerlei Beziehung mehr zur Vergangenheit! Es hieße seine Zeit verschwenden und seinen Verstand mit Hohlheiten belasten, während man das Neue und Nutzbringende mißachtet!‹ usw.

Äußerungen dieser Art hört man häufig in der Gesellschaft oder liest sie in der Presse.

Indes bringt sich das Vergangene auf Schritt und Tritt in Erinnerung – schon durch die Terminologie in allen Wissenszweigen und bei allen Entdeckungen, besonders aber wimmelt es zum Beispiel in den romanischen Sprachgruppen, neben ihrer mehr oder minder entfernten Verwandtschaft in den Wortwurzeln, von lateinischen und griechischen Begriffen.

Es mutet seltsam an, wenn ein intelligenter Mensch, der den Anspruch erhebt, eine höhere und umfassende Bildung zu besitzen, und für den die Sprachwelt der neuen ausländischen Literatur zugänglich ist, sich blind ebendieser Sprachwelt bedient, ohne um ihre Herkunft und Wurzeln zu wissen.

Das ist keine Tatarenspur, wie sie zum Beispiel die Mongolen in unserer Sprache hinterlassen haben: Von diesen und ähnlichen kriegerischen Überfällen blieben nur einige Sprachlaute zurück und sonst nichts. Die alten Sprachen hingegen haben gleichzeitig auch die Spur ihrer Zivilisation hinterlassen. Deshalb sind ja die gemäßigten Kämpfer für die Sache der Klassik (darunter auch ich) keineswegs dafür, die lateinische und griechische Sprache generell auch für die Linguistik abzuschaffen.

Ich fahre in meinen Erinnerungen fort.

Endlich waren alle Schwierigkeiten überwunden: Wir traten, in Uniformröcke mit himbeerroten Kragen gekleidet, in die Universität ein und begannen, die Vorlesungen zu besuchen. Außerhalb der Universität war es jedem, der es wollte, freigestellt, Zivil zu tragen.

Das erste Semester war so was Ähnliches wie eine Wiederholung der letzten Gymnasialklasse. Die jungen Professoren und Dozenten ließen uns die alten und neuen Sprachen üben. Es waren bemerkenswert kluge, gebildete, wunderbare Menschen, zum Beispiel der

Franzose Courténiere, der deutsche Lektor Hering, der Lateinprofessor Kubarew und der Griechischprofessor Obolenski. Sie waren uns eine große Hilfe bei der Vorbereitung auf das Hören von Vorlesungen in den höheren Studienjahren und ließen uns außerdem durch ihre Güte und Freundlichkeit die ersten Schritte an der Universität leichter werden. Über ihnen thronte, wie ein Patriarch mit schlohweißen Haaren, der ehrwürdige Professor für russische Literatur, P. W. Pobedonoszew, ein Mann des vorigen Jahrhunderts.

Wir waren an die vierzig junge Männer im ersten Studienjahr, unter uns auch Lermontow, der später ein berühmter Dichter wurde, damals ein brünetter, aufgedunsener Jüngling, dessen Gesichtszüge auf östliche Herkunft zu deuten schienen und dessen Augen schwarz und ausdrucksvoll waren. Er kam mir apathisch vor, sprach wenig und saß stets in träger Pose da, halb liegend und auf den Ellenbogen gestützt. Er war nicht lange an der Universität. Nach dem ersten Studienjahr verließ er sie und ging nach Petersburg. Ich bin mit ihm nicht näher bekannt geworden.

Es gab noch eine bemerkenswerte Persönlichkeit – Bodjanski, der sich später als Professor für slawische Dialekte einen Namen machte.

Unser Studienjahr bzw. unser Seminar war ein sorgloser und ausgelassener Haufen von jungen Männern, die eigentlich nur zusammenkamen, um sich zu sehen und – statt der Wissenschaft – sich gegenseitig zu studieren, denn alles, was im Unterricht behandelt wurde, kannten wir bereits mehr oder weniger.

Die Zwischenprüfung bestanden wir spielend, und im zweiten Jahr nahmen wir dann munter das folgende Studienjahr in Angriff. Aus unserem kleinen Hörsaal zogen wir um in einen großen, dessen Fenster auf einen geräumigen Hof und eine Straße hinausgingen. Dort trafen wir mit fünfzig anderen Studenten zusammen, die zwar ein ganzes Jahr weiter waren als wir, wegen der Cholera aber nicht ins dritte Studienjahr übernommen worden waren. Insgesamt waren wir etwa achtzig junge Leute.

Vor uns hatten Herzen und Belinski an der Universität studiert, doch als wir das zweite Studienjahr begannen, waren sie schon nicht mehr da. Wir trafen aber unter anderem auf Stankewitsch, Konstantin Aksakow, Sergej Strojew (der später Artikel unter dem Pseudonym Skromnenko verfaßte), außerdem kam aus dem ersten Studienjahr Bodjanski mit.

Belinskis Bekanntschaft machte ich erst 1846 in Petersburg, und Herzen sah ich nur einmal flüchtig, als er auf der Durchreise ins Ausland für kurze Zeit in Petersburg weilte.

Dieses Jahr (von August 1832 bis August 1833) war unser bestes und glücklichstes Jahr. Wir jungen Leute wurden zu einer kleinen Gelehrtenrepublik, über die sich ein ewig klarer Himmel breitete, ohne Wolken, ohne Gewitter, ohne innere Erschütterungen und ohne jedwede Geschichten, ausgenommen die allgemeine und die russische, die vom Katheder herab gelehrt wurden. Falls es irgendwelche Geschichten gegeben hatte, in die die Studenten vor uns verwickelt gewesen waren, so wußten wir damals nichts davon. Wir beschritten den seriösen Weg der Wissenschaft, zu der wir nicht nur ein ernsthaftes und aufrichtiges, sondern in gewisser Weise sogar pedantisches Verhältnis hatten. Außer ihr existierte innerhalb der Universitätsmauern nichts anderes für uns. Zu Hause lebte jeder nach seiner Fasson, machte, was er wollte, zerstreute sich auf seine Art – ganz wie es kam; doch in die Universität gingen wir nur der Studien wegen, alle anderen Sorgen und Angelegenheiten blieben aus ihr verbannt.

Es war tatsächlich eine Republik: Außer der Autorität der Wissenschaft und der ihrer Lehrer existierte für uns keine andere Autorität. Eine Obrigkeit schien es nicht zu geben; sie war natürlich da, nur hatten wir von ihr einen bloß abstrakten, spekulativen Begriff – wir kannten sie sozusagen nur gerüchteweise. Es gab einen Rektor, einen Kurator, vielleicht sogar einen Inspektor (sicher gab es den), aber wir bekamen ihn nie zu Gesicht. Wenn ich mich nicht irre, war er für die auf Staatskosten Studierenden zuständig, die Wohnung und Essen in der Universität erhielten, denn damals gab es noch keine Stipendien, und viele arme Studenten konnten auf diese Weise ein Studium aufnehmen. Die übrigen Unbemittelten, die über ganz Moskau verstreut wohnten, sorgten für ihren Lebensunterhalt, so gut sie es verstanden und vermochten, sie erhielten keinerlei Unterstützung von der Universität. Auf Staatskosten Studierende gab es, wenn ich mich nicht irre, ungefähr hundert.

Auch den Rektor und den Kurator sahen wir nur zweimal. Der Rektor hieß Dwigubski und war Professor für Physik an der mathematischen Fakultät. Er kam einmal während einer Vorlesung in unseren Hörsaal und schien selbst über sein Kommen verwundert zu sein. Er war ein behäbiger Mann, untersetzt, mit breiten Schultern, auf denen ein vierschrötiger, wahrhaft bärenartiger Kopf saß – seine Augen blickten irgendwie scheel und recht unwillig auf die Menge der Studenten, so als wollten sie sagen: ›Na, was gibt's hier schon zu sehen? Was ist daran schon verwunderlich?‹ Er nickte dem Professor zu, erwiderte unsere allgemeine Verbeugung ebenfalls mit einem Nicken und – verschwand. Anscheinend hatte er nur hereingeschaut, um, wie man so sagt, sein Gewissen zu beruhigen: damit man nicht sagen konnte, er sei nicht ein einziges Mal in unserem Hörsaal gewesen ...

Nach ihm war der Professor für ostasiatische Sprachen, Boldyrew, Rektor. Auch er hielt es so, das heißt, er schaute einmal während einer Vorlesung zu uns herein. Sein Besuch ist mir besonders deutlich in Erinnerung geblieben: Auf meinem Pult lag das kleinformatige Buch ›Bellum Jugurthinum‹ von Sallustius, die anderen Studenten hatten nichts vor sich zu liegen. Von dem Lektor Küster wurde jedoch eine Vorlesung über deutsche Literatur gehalten. Plötzlich trat der Rektor zu mir, ergriff das Buch und sah es sich an. »Weshalb haben Sie während der Vorlesung über deutsche Literatur ein lateinisches Buch vor sich?« fragte er. »Es liegt noch von der Vorlesung vorhin hier, die wir gerade zur römischen Literatur hatten«, war meine Antwort. »Und wo ist dann das deutsche Buch?« »Ich habe keins.«

Wir alle hatten keins. Küster hatte irgendeinen kurzen, äußerst naiven Abriß über die deutsche Literatur herausgegeben, den er aus zahlreichen deutschen Vorlesungszyklen zusammengestellt hatte und der zum Verkauf an die Studenten gedacht war, doch weil die meisten von uns über den Inhalt informiert waren, kauften wir sein Buch nicht.

Der Rektor erkundigte sich nicht, ob die anderen dieses Buch besaßen, sondern riet mir, es zu erwerben. Ich kaufte es nicht, weil Studenten für gewöhnlich kein Geld haben, vor allem nicht für Bücher. Sich Bücher irgendwie zu beschaffen ist eine andere Sache; das taten wir auch, doch kaufen – nein. Diesen Luxus konnten sich nur sehr wenige leisten, die dann wiederum ihre Kommilitonen mit Büchern versorgten.

Außerdem kaufte ich das Buch auch deshalb nicht, weil mir alles darin bekannt war und weil ich zudem wußte, daß der Rektor nie mehr in unsere Vorlesung kommen würde.

Kurator war damals der reiche und stadtbekannte Würdenträger Fürst S. M. Golizyn. Nur das wußten wir von ihm, kannten wohl auch sein großes, herrschaftliches Haus an der Pretschistenka und sein wunderschönes Sommerhaus Kusminki, das sieben Werst von Moskau entfernt lag; wir machten oft Spaziergänge dorthin. Weiter kannten wir auch alle in der Gesellschaft gängigen Anekdoten über seine Wohltätigkeit und die pompösen Feste, die er gab, wenn die Zarenfamilie Moskau besuchte – doch das war es auch schon.

Und auf einmal steckte jemand eines Tages seinen Kopf aus dem Vorraum in unseren Hörsaal und sagte: »Der Kurator ist gekommen.« Gleich darauf trat er herein, strahlend vor Zufriedenheit und Güte, Ordenssterne auf der Brust seines Uniformrocks. Er war ein kleiner, vierschrötiger Mann mit winzigem Kopf und kurzgeschnittenen Haaren. An der Seite seines Bäuchleins schaukelte ein großes Wladimirkreuz an einem unter der Weste verborgenen Band. Er begrüßte uns fröhlich, setzte sich neben den Professor und musterte uns kurz und freundlich wie gute Paten ihre Patenkinder oder Onkel ihre Lieblingsneffen. Nachdem er eine Viertelstunde so gesessen hatte, erhob er sich behende, verbeugte sich lächelnd vor uns – und wir uns vor ihm – und ging in die anderen Hörsäle. Wir haben ihn nie mehr gesehen.

Einen Besuch stattete uns auch der Kurator Graf A. N. Panin ab, der wohl nach Golizyn diesen Posten übernommen hatte. Er blickte uns ebenso an wie der Rektor Dwigubski, teils mißmutig, teils ärgerlich, murmelte in sich hinein, daß viele Studenten lange Haare hätten, und ging wieder.

Damals galten lange Haare bei der Obrigkeit als ein Zeichen von Freigeisterei, und an den Lehranstalten, besonders den militärischen, wurden, wie wir hörten, den Zöglingen die Haare gewaltsam gestutzt.

Das war alles, was wir von unseren Kuratoren zu sehen bekamen. Unwillkürlich fragten wir uns danach, was das denn eigentlich für Leute seien, was sie täten, worum sie sich an der Universität kümmerten und warum gerade sie?

Uns reichten eigentlich unsere Professoren, deren ältester (an unserer Fakultät war es M. T. Katschenowski) zum Dekan ernannt wurde. Aber auch von den Pflichten eines Dekans hatten wir nur eine unklare Vorstellung. Nur bei den Prüfungen war er so etwas wie ein Vorsitzender.

Die personelle Zusammensetzung unserer Professorenschaft war bis auf geringe, kaum spürbare Ausnahmen gut. Für den wichtigsten hielten wir, sowohl seinem Alter als auch seiner Würde nach, den erwähnten Dekan M. T. Katschenowski. Er besaß einen scharfen, analytischen Verstand und war kritisch in wissenschaftlichen Dingen, ja anscheinend in fast allem. Dabei war er ein äußerst gerechter und ehrlicher Mann. Er hielt Vorlesungen über russische Geschichte und Statistik; kannte sich aber auf allen anderen Gebieten ebenfalls sehr gut aus. Er beherrschte alte und neue Sprachen, wußte in fremdsprachiger Literatur Bescheid, besonders umfassende Kenntnisse aber besaß er in Geschichte und den angrenzenden Gebieten, so in Archäologie und vielem anderen. Sein Lieblingsgebiet in der Geschichte war die Ethnographie. Besondere Sympathie hegte er für die polnischen Historiker und Chronisten; er selbst war gebürtiger Kleinrusse und zeigte unverhohlen sein Wohlwollen für seine Landsleute. Was hat er uns nicht mit den Details der Herkunft und Verwandtschaft einzelner Völker und Stämme geplagt! Bis heute glaube ich manchmal noch seine Erzählungen über die Verzweigungen der Völker zu hören, besonders über die der finnischen Stämme, dann über die Petschenegen, die Polowzer, die Torken, die Berendejen, die Schwarzen Klobuken und über die Nord- und Südslawen, die keineswegs einem, sondern zwei verschiedenen Stämmen angehörten und von entgegengesetzten Richtungen her, von Norden und Süden, zusammenkamen usw.

Wenn er sich dieser letzteren, seiner Lieblingsfrage über die unterschiedliche Herkunft der Nord- und Südrussen oder überhaupt einer in der Geschichtswissenschaft umstrittenen Frage zuwandte, dann färbten sich seine Wangen, die für gewöhnlich blaß waren, purpurrot, und seine Augen hinter der Brille blitzten, in seiner Stimme aber war das Eifern des früheren Redakteurs vom ›Boten Europas‹ zu hören, denn er sah in Gedanken seine gelehrten Gegner vor sich, auf die er die Pfeile seiner unerbittlichen Analyse abschoß. Er konnte Mythen in der Geschichte nicht ausstehen und begann deshalb seine Vorlesungen über russische Geschichte erst mit Wladimir, nachdem er uns vorher mitgeteilt hatte, daß er die Heldengesänge, die wir in der Schule behandelt hatten, nicht wiederholen würde, wie etwa die über die originelle Rache, die Olga für Igors Tod nahm, über die Schlange, von der Oleg gebissen wurde, oder über das Ledergeld – insbesondere über das Ledergeld nicht. Bis heute erinnere ich mich wörtlich des Satzes von ihm: »Wie konnte Karamsin, ein Mann von außergewöhnlichem Verstande, annehmen, daß Lederstücke im Umlauf gewesen wären, die doch keinerlei Sicherheit geboten hätten!« Von Lederbälgen, die an sich doch schon einen Wert darstellen, wollte er nicht einmal etwas hören.

Er bestritt auch die Echtheit des ›Igorliedes‹ und hielt es für eine spätere Fälschung, vermutlich aus dem 14. Jahrhundert, worüber er eines Tages in heftigen Streit mit Puschkin geriet, den der Minister Uwarow in unsere Vorlesung mitgebracht hatte.

Hier erlaube ich mir eine kleine Abschweifung wegen dieses mir und allen damaligen Studenten denkwürdigen Besuches des großen Dichters, der zu der Zeit schon auf dem Höhepunkt seines Ruhmes angelangt war.

Als er mit Uwarow hereinkam, ging für mich im Hörsaal geradezu die Sonne auf: Ich war damals berauscht vom Zauber seiner Dichtung; ich labte mich an ihr wie an Muttermilch; seine Verse ließen mich vor Begeisterung erbeben. Wie ein wohltuender Regen erquickten mich die Strophen seines ›Eugen Onegin‹, seines ›Poltawa‹ und anderer. Seinem Genius waren wir jungen Leute, die wir uns damals für Poesie begeisterten, sämtlich verpflichtet, denn er beeinflußte unsere ästhetische Bildung ganz direkt.

Zuvor hatte ich ihn einmal in der Kirche gesehen, bei der Morgenmesse – und kein Auge von ihm gewandt. Seine Gesichtszüge hatten sich meinem Gedächtnis tief eingeprägt. Und plötzlich stand dieses Genie, Ruhm und Stolz Rußlands, fünf Schritte von mir entfernt! Ich traute meinen Augen nicht. Die Vorlesung hielt Dawydow, Professor für Geschichte der russischen Literatur. »Da haben Sie die Kunsttheorie«, sagte Uwarow zu uns Studenten gewandt und zeigte auf Dawydow, »und da haben Sie die Kunst selbst«, fügte er hinzu und wies auf Puschkin. Er brachte diesen offenbar schon vorher zurechtgelegten Satz effektvoll an. Wir verschlangen Puschkin förmlich mit den Augen. Dawydow war dabei, seine Vorlesung zu beenden, er redete über das ›Igorlied‹. Auch Katschenowski war da und wartete darauf, daß nach Dawydow die Reihe an ihn und seine Vorlesung käme. Unverhofft entspann sich zwischen ihnen wegen des

›Igorliedes‹ ein Gespräch, das allmählich in einen heftigen Streit überging. »Kommen Sie näher, meine Herren, das wird Sie interessieren«, lud uns Uwarow ein, und wie eine Wand umringten wir Puschkin, Uwarow und die beiden Professoren. Ich bin außerstande, in Worte zu kleiden, wie sehr wir es genossen, unseren Abgott zu sehen und zu hören.

Ich erinnere mich nicht mehr an die Einzelheiten ihres Streitgespräches; ich weiß nur noch, daß Puschkin die Authentizität des altrussischen Epos hitzig verteidigte, Katschenowski aber mit seinem erbarmungslosen, analytischen Messer zustach. Seine Wangen flammten in hellem Purpurrot, und seine Augen schossen Blitze durch die Brille. Vielleicht wurde seine Gereiztheit noch durch den bekannten Antagonismus zwischen seiner und Puschkins Literaturauffassung verstärkt. Puschkin sprach leidenschaftlich, doch leider leise, zurückhaltend, so daß er durch die Menge hindurch schwer zu verstehen war. Im übrigen interessierte nicht Igor mich, sondern Puschkin.

Auf den ersten Blick sah er nichtssagend aus. Er war mittelgroß, mager, und die Züge seines leicht bräunlichen Gesichts wirkten ein wenig farblos. Nur wenn man aufmerksam seine Augen anschaute, bemerkte man eine versonnene Tiefe und einen gewissen Adel, so daß man seine Augen danach nicht wieder vergaß. In seiner Haltung und in den Gesten, mit denen er seine Worte begleitete, lag die Zurückhaltung eines wohlerzogenen Mannes von Welt. Am besten gibt ihn meiner Ansicht nach der Stich von Utkin nach dem Kiprenskischen Porträt wieder. In allen anderen Kopien sind seine Augen allzu aufgerissen dargestellt, quellen fast hervor, und die Nase erscheint zu kräftig – das ist nicht richtig. Er hatte ein zierliches Gesicht und einen schönen, zu den Zügen passenden Kopf mit schütterem, lockigem Haar.

Ich will mich aber wieder Katschenowski zuwenden. Er lehnte jede emotionale Regung bei der Beschäftigung mit der Geschichte ab und zerschnitt sie mit kalter Kritik wie eine Leiche mit dem Skalpell. Erhabene patriotische Gefühle hatten für ihn in der Wissenschaft nichts verloren. Alle derartigen strittigen Probleme nahm er mit einiger Gereiztheit in Gesicht und Stimme auseinander. Gewöhnlich aber las er langsam und bedächtig – und sicher auch langweilig, sofern man sich nicht in das, was er vortrug, vertiefte. Es wirkte, als wenn ein alter Onkel widerwillig den Kindern zum hundertsten Mal ein Märchen erzählt, um sie einzuschläfern. Einige schliefen oder schlummerten auch ein bei seiner einförmigen, monotonen Redeweise.

Doch alle, die dem eine durchgehende Linie bildenden Faden seiner historischen Erzählungen folgten, lauschten mit großem Interesse dieser feinsinnigen Analyse, in der der Professor selbst niemals seine Synthese vortrug. Letztere entstand am Ende einer oder mehrerer Vorlesungen von ganz allein beim Hörer. Er bringt irgendwelche Blätter mit, Pergamentstücke, ein Buch, irgendeine Chronik. Er beginnt mit den Einzelheiten, Nebensächlichkeiten und entwirft zugleich mit erfahrener, fester Hand das Grundmuster der Ereignisse, bestätigt oder widerlegt die angenommenen Hypothesen und beleuchtet eine Epoche von allen Seiten. Einmal brachte er zum Beispiel ein Buch mit Abbildungen der Abraxas mit, die von den Nowgoroder Statthaltern als Siegel benutzt wurden, und erläuterte uns auf diese Weise ihre Regierungsform.

Die gesamte Geschichte las er so, als ob er durch seine kritische Brille in einen Abgrund hinabschaue. Wir lauschten und schrieben mit; was wir mitschrieben, war der Extrakt seiner Vorlesungen, ohne das hätten wir zur Prüfung nicht gewußt, was wir machen sollten, denn Katschenowski ließ seine Vorlesungen nicht drucken. Ja, damals veröffentlichte fast niemand seine Vorlesungen, zumindest an der philologischen Fakultät nicht.

An lithographierte Vorlesungsskripte war damals noch gar nicht zu denken. Das ist moderner Luxus, der natürlich auch sein Gutes hat, denn er hilft viel Zeit sparen und befreit den Hörer von der Mühsal des Mitschreibens, obwohl ... das Mitschreiben zu jener Zeit zugleich der Wiederholung des Stoffes diente.

Wir mußten also mitschreiben, was der Professor vortrug, und dieser mühsame Prozeß hatte auch sein Gutes für uns. Stenographie gab es noch nicht, jedes Wort aufzunehmen und niederzuschreiben war unmöglich, folglich mußte man den Grundgedanken jeder Satzperiode aufnehmen und kurz auf dem Papier notieren. Es ist leicht begreiflich, daß solcherart geistige Gymnastik unsere Auffassungsgabe schulen und unseren Verstand sowie unsere Feder schärfen mußte! Nein, Gott sei Dank, daß wir damals noch keine lithographierten Vorlesungsmanuskripte besaßen! In dieser Hinsicht hatten wir es eigentlich beinahe besser.

An der juristischen Fakultät hingegen gaben fast alle Professoren ein Vorlesungsverzeichnis heraus, ja manche lasen direkt nach bekannten Quellen. Das ist auch der Grund dafür, daß Juristen, die dort ihr Studium absolviert haben, manchmal die Feder schlecht beherrschen.

Unterdessen hat in neuer Zeit jemand (es war wohl Pissarew) den Professoren den bitteren Vorwurf gemacht, sie hätten ihn allzu lange und bis zum Überdruß mit Übersetzungsübungen von fremdsprachigen und alten Autoren geplagt! Aber haben die jungen Schriftsteller – darunter auch Pissarew – ebendiesen Übungen nicht auch ihren gewandten, lebendigen, geschliffenen Stil zu verdanken, ihre Freiheit im Umgang mit der Sprache?

Versuchsweise sollten die heutigen Studenten doch einmal für kurze Zeit die lithographierten Vorlesungen beiseite legen – und sich ihr wissenschaftliches Gericht selbst zubereiten: Sie würden bald feststellen, daß sich die Vorlesungen unmerklich in ihr Gedächtnis einprägen und sie im Schriftlichen größere Fertigkeit gewinnen! Ich glaube, sie würden nach diesem Versuch die Hilfe der Lithographie gänzlich zurückweisen.

Natürlich muß man dann auch die Vorlesungen regelmäßig besuchen, was, wie ich höre, heutzutage keineswegs der Fall ist und wozu sich die Universitätslehrer gleichsam nachsichtig oder gleichgültig verhalten. Zu meiner Zeit hätte man das nicht für möglich gehalten. Natürlich gab es auch bei uns solche, die fehlten, nachlässig oder faul waren, doch ihre Zahl war so unbedeutend, daß man ihr Fehlen nicht bemerkte, die Hörsäle waren voll. Wie hätte auch ein Student die Vorlesungen nicht besuchen sollen? Was macht er denn, hätten wir gefragt, wozu ist er Student? Es heißt, er kann sich ja zu Hause beschäftigen, Bücher in den Bibliotheken lesen, nach ihnen Exzerpte anfertigen usw. Wozu dann aber die Universität, der Lehrstuhl oder der Professor? So hätten wir gefragt. Wird man persönlich von einem erfahrenen Wissenschaftler angeleitet, so vermitteln sich dabei neben der Kenntnis wissenschaftlicher Grundsätze, der Fakten und Ereignisse zugleich auch Überzeugungskraft, Ansichten und kritische Einschätzungen, oft mit Feuer und Begeisterung vorgetragen. Die Liebe des Professors zu seinem Fach bildet das lebendige Band zwischen dem Hörer und der Wissenschaft, ist durch persönliche Rede und persönlichen Kontakt ihre ›lebendige Seele‹. Kein Bücherstudium vermag das zu ersetzen.

All das hatten wir begriffen; wir mochten die Vorlesungen und die Professoren und füllten munter und einträchtig die Hörsäle. Natürlich gab es auch einige Ausnahmen: die Sündenböcke unserer Herde, solche, die dem Studium und der Wissenschaft nicht zugetan waren, solche, die nur auf ein Diplom aus waren, oder solche, die die Last des Universitätsstudiums nur wegen ihrer Eltern auf sich genommen hatten; schließlich waren auch einfach Faule und Leichtsinnige dabei. Sie brauchten Zwangsmaßnahmen – die gab es denn auch. So hielten sich einige Professoren an den alten Brauch, die Studenten namentlich aufzurufen und die Fehlenden durch die lateinische Abkürzung abs. zu kennzeichnen, was ›absens‹ bedeutete. Und bei wem im Laufe des Jahres die Zahl dieser ›abs.‹ eine festgelegte Ziffer überstieg, der wurde zum nächsten Studienjahr nicht zugelassen.

Man wird meinen, dies sei eine junger Leute, die doch das Reifezeugnis in der Tasche haben, unwürdige Schul- und Aufsichtsmethode. Jawohl, diese Methode war in unserer ›Gelehrtenrepublik‹, wo es keine Obrigkeit gab, wenn man so sagen will, ›unrepublikanisch‹. Aber ... sie hatte auch ihr Gutes, ebenso wie die halbjährlichen Konsultationen, über die wir Studenten manchmal murrten. Wie hätten wir auch nicht murren sollen: Gerade auf dem Höhepunkt der Wintersaison in dem munteren und gastfreundlichen Moskau gehen plötzlich die Studenten, der lebendige Puls der Bälle und Ausfahrten, mit düsteren Gesichtern umher oder ziehen sich in ihre Schlupfwinkel zurück und stecken die Nase in Bücher und Aufzeichnungen!

Diese Konsultationen stachelten aber die Faulen und Sorglosen an und erleichterten den Gedächtnisschwachen das Bestehen der Prüfung. Und die Furcht vor den ›abs.‹ scheuchte – wie die Furcht vor Schulden – die Zerstreuten und die Langschläfer freiwillig-unfreiwillig in die Hörsäle, wo sie natürlich ihre Morgenstunden weitaus nützlicher verbrachten als in den Parks, Konditoreien oder Restaurants. Übrigens kamen die ›abs.‹ zu unserer Zeit außer Gebrauch: Wenn ich mich recht erinnere, bedienten sich ihrer nur noch der Lektor für französische Literatur Decampe und Professor Sandunow von der juristischen Fakultät.

Unsere Hochachtung und Sympathie besaß neben Katschenowski auch der Professor für Theorie der schönen Künste und Archäologie, N. I. Nadeshdin. Er war ein Mann von umfassender, allbekannter Gelehrsamkeit auf den Gebieten der Philosophie und Philologie. Seine berühmte Dissertation über Klassizismus und Romantik hatte großen Erfolg und machte seinen Namen in Fachkreisen sofort bekannt. Danach erhielt er einen Lehrstuhl und rief die Zeitschriften ›Teleskop‹ und ›Molwa‹ ins Leben.

Er war im Umgang der sympathischste und liebenswürdigste Mensch, und als Professor verehrten wir ihn wegen seiner begeisterten, emotionalen Art des Vortrags, die uns in die geheimnisvolle Ferne der Alten Welt einführte und uns den Geist, die Sitten, die Geschichte und die Kunst Griechenlands und Roms nahebrachte. Welche Gebiete streifte er nicht in seinen improvisierten Vorlesungen! Er las frei und ohne irgendwelche Notizen. Sein Gedächtnis war ganz außergewöhnlich. Er allein ersetzte zehn Professoren. Wenn er die Theorie der schönen Künste und der Archäologie darlegte, so erläuterte er gleichzeitig die gesamte Geschichte Ägyptens, Griechenlands und Roms. Wenn er über die Architekturdenkmäler sprach, über Malerei, Plastik und endlich über die Sprachschöpfungen, so kam er auch auf die Geschichte der Philosophie zu sprechen! Indem er den Schatz seines Wissens heftig, fast leidenschaftlich vor uns ausbreitete, lehrte er uns zugleich die meisterhafte Beherrschung der Sprache. Allein beim Mitschreiben seiner Vorlesungen konnte man den vollkommenen und schönen harmonischen Aufbau der russischen Sprache erlernen.

Auch Schewyrjow, damals ein junger, frischer Mann, machte uns durch seine nuancierten und klugen kritischen Analysen fremde Literaturen vertraut, angefangen bei den ältesten – der indischen, hebräischen, arabischen und griechischen – bis zur neuesten westlichen Literatur.

Auch er faszinierte durch brillante Rhetorik, doch er sprach nicht so innig und stürmisch wie Nadeshdin, sein Vortrag war mehr verhalten, gemessen, gewählt, stets vorbereitet, immer sorgfältig durchdacht und ausgearbeitet. Er las nach Manuskript. Wie dankbar waren wir ihm für diese – wie die Galerie eines reichbestückten Museums – schier endlose Sammlung von Werken der alten und neuen Literatur, die er uns nach sorgfältiger Vorbereitung präsentierte, um sie zugleich detailliert und tiefgründig zu analysieren. Wie sollten wir auch nicht dankbar sein für die Vielzahl der Schlüssel, die diese beiden Lehrer uns zum Verständnis der hebräischen, griechischen, römischen und der neuesten westlichen Schöpfungen des Geistes und der Phantasie in die Hand gaben, noch dazu – unbeeinflußt von ihren eigenen Auffassungen – anhand der besten alten und modernen Untersuchungen. Ohne jene weisen Erklärungen hätten wir später für uns allein lange den Schlüssel zum Verständnis der biblischen Propheten, der indischen Dichtung, der Gesänge Homers und Dantes, der Werke Shakespeares und der neuesten französischen, deutschen und englischen Literatur suchen müssen, mit einem Wort: für all das, was wir auf ihre Anregung hin damals und in der Zukunft lasen. In tiefer Dankbarkeit gedenke ich ihrer!

Bei dieser Gelegenheit möchte ich noch einige Ansichten über das Lesen klassischer Literatur äußern, sowohl über das von bedeutenden Schöpfungen des Geistes und der Phantasie im allgemeinen als auch von wissenschaftlicher Literatur. Die Vorlesungen der Professoren, seien sie noch so inhaltsreich, umfassend und von Liebe zum Gegenstand erfüllt, müssen doch noch mehr sein als nur Programme, d. h. systematisch aufgebaute Wegweiser, die die erlangten Kenntnisse in eine Ordnung bringen. Wer nur die Vorlesungen aufnimmt, nicht aber dem eignen lebendigen Lesehunger nachgibt, bei dem ist sozusagen die gesamte Universitätsbildung nur auf Sand gebaut. Hört und sieht man solche Leute, deren es nicht wenige gibt, so ist bei ihnen nicht die Spur einer soliden Universitätsbildung zu finden, und unwillkürlich gerät man in Zweifel, ob sie überhaupt eine Universität absolviert haben. Sie taten es allerdings, legten ihr Examen ab und erhielten ein Diplom.

Doch nur wem das Lesen zum zweiten Ich wurde, dem kann die Universität tatsächlich von Nutzen sein. Meine Kameraden und ich lasen alles, was uns unter die Finger kam; zweifellos machten andere Kreise es ebenso. Doch konnten wir uns Bücher, wie ich schon sagte, nur mit großer Mühe verschaffen. Öffentliche Bibliotheken und Journale auf Schritt und Tritt wie jetzt – das gab es damals nicht; und besonders rar waren Übersetzungen bedeutender Werke. Man mußte alles daransetzen, um mit denjenigen bekannt zu werden, die zu Hause einen Fundus von Büchern hatten, oder mußte auf gemeinsame Rechnung die eine oder andere Ausgabe kaufen. In dieser Hinsicht sind unsere heutigen Kameraden weitaus besser dran als wir.

Geringere Sympathie oder – um die Wahrheit zu sagen – gar keine

Sympathie hegten wir für den Professor für russische Literaturgeschichte, I. I. Dawydow, obgleich er auf seinem Fachgebiet eine Berühmtheit war.

Diese Berühmtheit war aber irgendwie manipuliert und galt nur mit Einschränkungen. In der Gesellschaft nahm man ihn als das, was er scheinen wollte, wir Jünglinge aber bemerkten mit feinem Gespür etwas Künstliches und Aufgesetztes an ihm. Hochgewachsen, etwas gebeugt, mit recht ansehnlichem Gesicht, klugen grauen Augen und gemessenen, sparsamen Gesten, gab er sich traditionsgemäß würdevoll; voll Schicklichkeit plätscherte seine Rede dahin. Doch gingen Kälte und etwas künstlich Majestätisches von ihm aus, was sich, wenn irgendein wichtiger Vertreter der Obrigkeit erschien, rasch in eine Pose der Demut und Gefügigkeit verwandelte.

Er galt als Universalgelehrter: Einst hatte er Vorlesungen über höhere Algebra gehalten, dann den Lehrstuhl für Philosophie innegehabt, der allerdings gleich nach den ersten Vorlesungen, wie oben erwähnt, wieder geschlossen worden war.

Bei uns hatte er, wie ich schon sagte, den Lehrstuhl für russische Literaturgeschichte inne; er war der Nachfolger von Professor Mersljakow, einem klugen, begabten Manne alter Schule. Ich habe ihn nicht mehr kennengelernt, denn er verließ den Lehrstuhl ein oder zwei Jahre vor meiner Immatrikulation. Die älteren Studenten erinnerten sich voll Sympathie seiner klugen, lebendigen Analysen der Werke unserer damaligen Klassiker: Dershawins, Lomonossows, Fonwisins, Knjashins, Oserows und der anderen. Offenbar war er bis zu den neueren Autoren wie Shukowski, Batjuschkow und Puschkin nicht mehr gekommen. Nach Meinung der Studenten, die ihn noch gehört hatten, wäre Mersljakow ganz sicher in der Lage gewesen, diese damals noch neuen Schriftsteller zu verstehen und richtig zu bewerten. Daß er abtrat, geschah weniger seines Alters als vielmehr einer Schwäche wegen, die bei uns selbst in einer solchen Position nicht selten ist; man denke nur an Lomonossow. Mersljakow trank, und es kam vor, daß er wochenlang nicht zu den Vorlesungen erschien. Er schrieb übrigens selber zahlreiche Verse und übersetzte alte Klassiker. Unter anderem ist er der Autor des allgemein bekannten Liedes ›Durch das Tal, das ebene …‹, das damals überall gesungen wurde; vielleicht singt man es auch jetzt noch in abgelegenen Winkeln der Provinz.

Dawydows Vorlesungen wurden manchmal von externen Hörern besucht, von Gasthörern, die in Moskau einflußreiche Persönlichkeiten waren. Doch weder diese Gäste noch die Studenten nahmen außer mehr oder minder schönen Phrasen, die die inhaltliche und gedankliche Armseligkeit nicht zu verdecken mochten, etwas Gewichtiges oder Bemerkenswertes aus den Vorlesungen mit. Soweit ich mich erinnere, las Dawydow das eine Jahr Literatur- und Sprachtheorie, das andere Literaturgeschichte.

Besonders ausführlich verbreitete er sich über die Rhetorik: Quintilian, Blair, Batteux führte er beständig im Munde. Doch ihm selbst war die Ars oratoria nicht gegeben; Feuer, das Feu sacre, besaß er keineswegs, und insgeheim gähnten wir vor Langeweile. Zur Belletristik lieferte er eine traditionelle, allgemein gängige Analyse; verweilte er einmal bei anerkannten Meisterwerken, so kam doch niemals ein warmes Wort eigenen Empfindens aus seinem Munde, selbst dann nicht, wenn er einige Stellen beispielsweise von Puschkin, der damals auf dem Gipfel seines Schaffens und seines Ruhmes stand, zitierte. Katschenowski schätzten und achteten wir, Nadeshdin und Schewyrjow liebten wir, Iwan Iwanowitsch Dawydow hingegen hielten wir für einen zwar gelehrten, doch zugleich gewandten, praktisch veranlagten Mann, für den Sympathie zu empfinden – ich wiederhole es – uns unmöglich war.

Für einen gewandten und praktisch veranlagten Mann hielten wir ihn deshalb, weil er in der Moskauer Gesellschaft gut angesehen war, außer seiner Professorentätigkeit noch andere Ämter innehatte (ich glaube, er war Direktor des Cholerawaisen-Instituts) und die uneingeschränkte Gunst des Ministers genoß. Für die Zukunft zahlte sich das aus: Er übernahm einen Posten in Petersburg, nämlich das Direktorenamt am Pädagogischen Institut, erhielt Orden, einen Rang und endlich den Titel eines Senators.

Doch auch Iwan Iwanowitsch Dawydow nützte uns insofern, als er uns ebenso wie Nadeshdin und Schewyrjow mit der Geschichte der Philosophie vertraut machte und außerdem mit uns in russischer Rhetorik praktische Übungen machte. Er beauftragte der Reihe nach je zwei Studenten, ein Protokoll jeder von ihm gehaltenen Vorlesung anzufertigen, das er dann bewertete. Diese Protokolle dienten uns auch als Prüfungsvorbereitungen. Beim Vortragen der Konspekte mußten wir uns viele kluge und vernünftige kritische Bemerkungen und nützliche Ratschläge anhören. Leider fand diese Übung nur einmal pro Woche statt, wöchentlich hielt er aber drei Vorlesungen. Solch praktischer Unterricht wäre uns jedoch weitaus mehr von Nutzen gewesen als all sein hochtrabendes Geschwätz über Lomonossow und Dershawin, über Quintilian, Batteux und Blair.

Bei M. P. Pogodin hörten wir Vorlesungen über allgemeine Geschichte und Statistik; dies aber erst zum Studienende, im dritten Studienjahr. Eigentlich gehörte er zur juristischen Fakultät, wo er russische Geschichte las. Dem Universitätsrat war sozusagen plötzlich eingefallen, daß wir Philologen ohne Lehrstuhl für allgemeine Geschichte geblieben waren, und er erteilte Pogodin den entsprechenden Lehrauftrag. Der las nach Herennius, langweilig, farblos, monoton und nuschelnd, doch reagierte er geradezu pedantisch, wenn er feststellte, daß jemand es wagte, unaufmerksam zu sein. Kaum flüsterte einer der Hörer mit seinem Nachbarn, erkundigte sich beispielsweise nach der Uhrzeit, so schnappte Pogodin es Gott weiß wie auf und fragte den Betreffenden: »Herr Sowieso! Gestatten Sie die Frage: Welches Wort habe ich eben gerade gesagt?« – »Sie sprachen davon«, stotterte der Betroffene, »wie Wallenstein mit dem Heer marschierte ...« – »Nein, wiederholen Sie nur das letzte Wort!« Der Angeredete schwieg natürlich, weil er dieses Wort nicht gehört hatte, und Pogodin setzte seine Vorlesung fort. Dieserart Verweise während seiner langweiligen Vorlesungen waren eine kleine Zerstreuung für uns alle: Wir gönnten uns einen Blick in das Gesicht des verwirrten Kameraden.

Michail Petrowitsch Pogodin hatte ebenso wie Dawydow etwas Künstliches an sich, sowohl in seinem Charakter als auch in seinem Verhältnis zur Wissenschaft. Wir spürten, daß er innerlich weniger aufgewühlt war, als es in seinen gelehrsamen historischen und patriotischen Ausführungen den Anschein hatte, spürten, daß er pathetisch wurde, weil er bestimmte Prinzipien verdeutlichen wollte, nicht etwa, weil er plötzlich von aufrichtiger Begeisterung übermannt worden wäre. Mir kam es manchmal so vor, als ob er im stillen die ablehnende Haltung Katschenowskis und dessen Anhängern zu einem bestimmten historischen Ereignis teilte, es aber dennoch positiv bewertete, wenn es dem patriotischen Empfinden und dem nationalen Selbstgefühl schmeichelte oder es sich dabei gar um ein nationales Heiligtum handelte. Ich erinnere mich, daß er eine seiner

Vorlesungen sogar in diesem Sinne betitelte: ›Fehdehandschuh für Strojew und Katschenowski‹. Ich weiß nicht, ob sie den Handschuh aufhoben. Kurz gesagt, wir spürten, daß er ein Mann war, der nur sich selbst im Sinn hatte. Uns gegenüber war er übergenau, in gewisser Weise freundlich und pedantisch in seinen Forderungen.

Alle diese fünf Professoren – die einen mehr, die anderen weniger – übten, wie ich schon sagte, insgesamt den bedeutendsten Einfluß auf unsere Bildung und Entwicklung aus. Deshalb ist es mir unmöglich, über unsere anderen Lehrer auch nur ein Zehntel soviel zu sagen.

Diese anderen waren: S. M. Iwaschkowski, Professor für griechische, und I. M. Snegirjow, Professor für römische Sprache und Literatur, beides bekannte Gelehrte und Kenner des Altertums überhaupt; dann die Lektoren für französische und deutsche Literatur, Décamps und Küster.

S. M. Iwaschkowski, von dem ich bereits weiter oben gesprochen habe, war der allergutmütigste Greis, ein begeisterter Verehrer der griechischen Klassiker; wir waren felsenfest davon überzeugt, daß er und ein gewisser Oberpriester von der Uspenski-Kathedrale die führenden Hellenisten der Welt seien. Iwaschkowski hatte im Laufe Dutzender Jahre ein griechisches Wörterbuch ausgebrütet; ob auch der Priester je etwas ausgebrütet hat, weiß ich nicht. Iwaschkowski, während des Unterrichts stets in sein Buch vertieft, hielt die Sprachübungen gleichsam an unserer Statt ab: Er las eine Stelle, darauf wir Studenten, doch immer unterbrach er uns – meist wegen der falschen Betonung –, weil wir nicht so lasen, verstanden und übersetzten wie er; wütend brachte er die betreffende Stelle selbst zu Ende – und vermochte deshalb die, die das Griechische beherrschten, niemals von denen zu unterscheiden, die keine Ahnung hatten. Wir machten uns diese seine Eigenart zunutze, indem wir abwarteten, bis er eine solch ›kluge Stelle‹ selbst beendet hatte – und dann wiederholten wir sie einfach. Nun war er sehr zufrieden und bedachte alle mit guten Zensuren, die eigentlich ja ihm selbst galten …

Er hatte die merkwürdige Angewohnheit, seine Sätze mit dem Wörtchen ›'s wird‹ zu spicken, und zwar ganz überflüssigerweise. Das hörte sich etwa so an: »Sagen Sie mir – 's wird –, wie Sie diesen Vers – 's wird – im dritten Gesang der Ilias – 's wird – verstehen«, usw. Anfangs belustigte uns das, dann gewöhnten wir uns daran.

Wir brachten aber aus Gaudium unsere Kommilitonen von den anderen Fakultäten mit in seine Vorlesungen. Die wollten erst ihren Ohren nicht trauen, dann starben sie fast vor Lachen. Außerdem nutzten wir seine Gutmütigkeit aus, um den Unterricht zu verkürzen. Iwaschkowski pflegte sich gern unter Auf- und Abgehen im Hörsaal mit ihm näher bekannten Studenten zu unterhalten. Wir kommandierten zu diesem Zweck meist einen ab, der Iwaschkowskis Seminar besucht hatte und sich im Griechischen auskannte. Die zwei gingen dann ins Gespräch vertieft auf und ab, wir aber unterhielten uns leise miteinander – oft eine halbe Stunde lang, so daß dann für die Vorlesung auch nur noch eine halbe Stunde blieb.

Mit den Altertümern Griechenlands machten wir in seinen Vorlesungen keine Bekanntschaft, außer daß er uns die detailliertesten und langweiligsten Beschreibungen von Gerätschaften, Waffen und dergleichen lieferte, die er irgendeinem aus dem Deutschen übersetzten und ganz überholten Buch entnahm – wir lernten all das für die Prüfung auswendig, um es dann wieder zu vergessen. Dieser ehrwürdige griechische Bücherwurm konnte uns weder eine allgemeine Idee von Griechenland noch eine Vorstellung von seinen Sitten und Bräuchen, weder eine eigene Meinung noch Schlußfolgerungen vermitteln; er gab uns nur den Buchstaben, der Geist jedoch fehlte. Mit dem machten uns statt dessen Nadeshdin und Schewyrjow vertraut.

I. M. Snegirjow, Professor für römische Sprache und Literatur, war in mancher Hinsicht eine bemerkenswerte Persönlichkeit. Devot und feinsinnig, doch zugleich zynisch und unkonventionell – uns gegenüber aber großzügig –, analysierte er die römischen Schriftsteller, jedoch lediglich von der rein linguistischen Seite her, den Geist und die Historie der Alten brachte er uns, genau wie Iwaschkowski, kaum näher. Offensichtlich interessierten sie ihn wenig; er hinwieder interessierte uns kaum.

Mir kam es manchmal so vor, als ob er nur vorgäbe, ein Kenner des römischen Altertums zu sein. Wir – die Studenten und er – waren einander gleichgültig, kamen aber gut miteinander aus. Hin und wieder würzte er seine Vorlesungen mit Witzen und Anekdoten: Das Possenreißen war offenbar sein vorherrschender Charakterzug. Er hatte auch in der Gesellschaft den Ruf eines Buffos und machte sich allein dadurch, ganz abgesehen von verschiedenen anderen üblen Streichen, viele Feinde. Er beherrschte es insgeheim meisterlich, jeden, der ihm in die Quere kam, lächerlich zu machen. Man sagte, daß er mit dem Metropoliten Filaret seinen ›Faden spann‹. Mit dem Metropoliten – wie überhaupt mit der höheren Geistlichkeit – stand er auf recht gutem Fuße; hauptsächlich deshalb, weil er sich in der russischen Frühgeschichte, vor allem der kirchlichen, die ihm wohl mehr zusagte als die römische, gut auskannte.

Es erheiterte uns sehr, als er eines Tages in eine mißliche Lage geriet und sich, während wir Examen hatten, vor unseren Augen aus der Schlinge zu ziehen suchte. Ein gewisser S., ein Student, hatte eine Broschüre über einen Zaren ›Dunnemals‹ geschrieben; ich habe sie damals gelesen, doch kann ich mich nicht mehr des genauen Titels entsinnen, ich weiß nur noch, daß darin einige Universitätsprofessoren, darunter auch der affektierte und wichtigtuerische I. I. Dawydow, karikiert wurden, indem man ihr Aussehen und ihre Art, Vorlesungen zu halten, beschrieb. Snegirjow, der an der Universität das Amt des Zensors ausübte, ließ die Broschüre durch, obgleich er genau wußte, worum es ging; er ergötzte sich schon im voraus an dem, was passieren würde. Die Broschüre schlug tatsächlich ein und löste viel Gelächter aus; sie machte bei allen die Runde. Die Professoren waren entrüstet, vor allem der so ›superbe‹ Iwan Iwanowitsch Dawydow: Wie konnte eine freche Feder es wagen, ihn zu treffen! Nicht der übermütige Autor mußte es ausbaden, sondern der Zensor. Man sprach nicht mehr mit ihm, rückte von ihm ab; Iwan Iwanowitsch würdigte ihn keines Blickes mehr. Snegirjow aber kroch vor ihm förmlich auf dem Bauche und bemühte sich geradezu schwanzwedelnd, seinen Streich vergessen zu machen, schmeichelte und krümmte sich – doch vergebens! Wir beobachteten das alles und ergötzten uns an der Professorenkomödie.

Décamps hätte man auch ›superb‹ nennen können. Er war ein ziemlich heruntergekommener, abgewrackter Franzose alten Schlages, der Kopf und Nase hoch trug, in Blick und Ton den Anschein von Bedeutsamkeit zu erwecken suchte, wohlgefeilte, schwülstige Phrasen von sich gab und sich gerade wie ein Stock hielt. Böse Zungen behaupteten, er trüge ein Korsett. Seine scheinbare Erhabenheit ließ ihn, als säße ein Geweih darauf, den Kopf hoch tragen und den Körper starr halten; die Worte aus seinem Munde klangen orakelhaft, und er blickte auf alle von oben herab.

Als Geschichte der französischen Literatur lieferte er uns eine

Aufstellung der Schriftsteller seit dem neunten Jahrhundert, zählte ihre Werke auf und gab uns eine aus wenigen Zeilen bestehende, in den französischen Lehrbüchern eingebürgerte Wertung. In schwülstigen und wohlgesetzten Worten verkündete er uns feierlich die Dogmen der französischen Literaturwissenschaft, wobei er weder eine eigene Meinung noch eine persönliche Auffassung kundtat; es war wohl auch weder das eine noch das andere bei ihm vorhanden. Jedes lebhafte Wort, jede lebhafte Geste hätten ihn sicher um seine buddhahafte Pose gebracht und seine statuengleiche Erhabenheit verletzt.

Man sagte ihm einigen Erfolg in den Salons der großen Welt nach – sicher einfach aus dem Grunde, weil er Franzose war, die Erhabenheit einer Skulptur zur Schau trug und seiner Redeweise ein deklamierender Ton anhaftete. Natürlich war es uns Studenten durchaus von Nutzen, drei Stunden in der Woche einem solchen Schönredner zu lauschen, es brachte uns im Französischen gehörig weiter; durchaus nützlich – im Sinne einer Übung – war es für uns auch, sein in gutem, klarem Stil geschriebenes Heftchen mit dem Register von Namen und Werken auswendig zu lernen.

Zu diesem Auswendiglernen fällt mir eine komische Episode ein. Wer Französisch konnte, dem war es ein leichtes, den Inhalt des Heftchens auswendig zu lernen und ihn dann mit eigenen Worten wiederzugeben. Etwas anderes war es für die Studenten, die aus dem Seminar an die Universität gekommen waren: diese mußten den Text Wort für Wort einpauken. Und da geschah es, daß beim Examen, in Gegenwart der gesamten Fakultätsleitung, des Dekans und anderer Professoren, ein solcher Student eine Frage zog, sie durchlas und beantwortete und dabei bei einem bestimmten Wort statt des Artikels ›la‹ den Artikel ›le‹ verwendete ... Kaum hatte er dies Wort ausgesprochen, als sich sowohl von seiten der Professoren als auch der Studenten ein homerisches Gelächter erhob. Am Ende mußte sogar der aufgeblasene Décamps breit lächeln ... Es war aber auch zum Lachen; leider ist es unmöglich, das Wort, dem der Student den Artikel ›le‹ beigesellte, zu zitieren.

Höchst nützlich war es auch für uns, Aufsätze zu von Décamps gestellten Themen zu verfassen; er schlug der Reihe nach einigen Studenten zwei bis drei Themen vor und analysierte dann wie Dawydow das Geschriebene in der Vorlesung.

Wenn er uns die Themen nannte, gab er uns immer pedantisch – wie wohl unsere alten Redner sich an die Chrië gehalten hatten – auch die Gliederung vor, nach der man sich zu richten hatte. Wenn er uns beispielsweise aufforderte, aus der Ilias über den Abschied Hektors von Andromache zu schreiben oder aus der römischen Geschichte über die Gracchen, so diktierte er uns die These, die Erörterung, die Entwicklung und den Schluß – so daß der Aufsatz selbst dann viel kürzer ausfiel als die Gliederung. Nun, Gott mit ihm, dem Franzosen, und mit dem Deutschen auch! – Dieser strengte sich immer sehr an, mit seiner zittrigen Greisenstimme die Gespräche der Studenten zu übertönen, die keinerlei Rücksicht auf seine Gegenwart nahmen, es war völlig vergeblich – und über diesen Bemühungen vergingen die ganzen zwei Jahre seiner Lehrtätigkeit.

Überhaupt muß ich sagen, daß die ausländischen Lektoren der neueren Sprachen an der Universität eigentlich überflüssig waren. Vor allem an der philologischen Fakultät wurden junge Russen mit umfassenden sprachlichen Vorkenntnissen immatrikuliert, so daß sie notfalls das fremdsprachige Schrifttum auch selbst bewältigen konnten. Die betreffenden Sprachen an der Universität zu erlernen, hatten wir gar keine Zeit, es wäre auch peinlich gewesen: Es ist nicht Studentensache, syntaktische Schwierigkeiten zu überwinden, wenn man die Schriftsteller bereits im Original lesen können muß. Das ist Sache der Schule. Und Kommentatoren ausländischer Literatur können für russische Jünglinge nur wieder Russen sein, die die ausländische mit der eigenen Literatur zu vergleichen vermögen. Jetzt wird es wohl, Gott sei Dank, überall auch so gehandhabt! Mit ebendiesem Ziel war bei uns der Lehrstuhl für fremdsprachige Literatur eingerichtet worden, den Schewyrjow so erfolgreich innehatte.

Ich erwähne noch den Professor für Theologie, den Geistlichen Ternowski. Er war keineswegs so etwas wie ein ›gutes Väterchen‹, sondern ein richtiger, strenger Professor.

Seine Vorlesungen zu hören war – ich weiß nicht, warum – Pflicht für die Studenten der juristischen Fakultät in allen drei Studienjahren. Die übrigen Fakultäten mußten nur im ersten Jahr seine Vorlesungen besuchen. Ein Jahr las er dogmatische Theologie, das andere Jahr Moraltheologie. Ich mußte das letztere hören. Er sprach viel und schnell: In einer Stunde las er sechs Manuskriptseiten und gab uns am Ende eine Gliederung des Vorgelesenen. In der nächsten Vorlesung rief er dann jemanden auf, der das beim letztenmal Gelesene zu rekapitulieren hatte. Davor fürchteten wir uns und versteckten uns hinter den Rücken unserer Kameraden, um nicht aufgerufen zu werden.

Seinen Zensuren wurde besonderes Gewicht beigemessen. Wer bei ihm eine Fünf erhielt, wurde nicht zum nächsten Studienjahr zugelassen. Seine detaillierten, trockenen und gelehrten Vorlesungen hatten recht wenig mit dem wirklichen Leben zu tun. Wir lernten sie zum Examen auswendig und vergaßen sie dann wieder.

Dies also waren unsere Lehrer an der Universität.

Mit ihnen traten wir in das letzte Studienjahr 1833/1834 ein. Damals dauerte das Studium für alle Fakultäten, außer für die medizinische, drei Jahre. Die Mediziner mußten vier Jahre studieren.

Das eigentliche Goldene Zeitalter unserer Studentenrepublik war wohl das Studienjahr 1832/1833. Im Abschlußjahr 1833/1834 lag über der Universität ein gewisser Schatten. Es tauchte nämlich, zunächst außerhalb der Hörsäle, eine neue Person auf. Es war ein geradegewachsener, stattlicher, ziemlich großer Mann mit hoch erhobenem Kopf, der die Ziviluniform der Beamten trug und dessen Hals ein Ordenskreuz schmückte. Wer ihn sah, war in Versuchung, die Frage zu stellen, die Pljuschkin an Tschitschikow richtete: ›Hat er nicht im Heer gedient?‹ Denn er hielt sich so stolz und aufrecht, als stünde er in Reih und Glied. Vielleicht hatte er auch tatsächlich gedient. Wir erfuhren, daß er D.P. Golochwastow hieß und zum Stellvertreter des Kurators ernannt worden war. Er schritt die weitläufigen Höfe der Universität ab, als besichtige er Kasernen. Ihm folgte – wie ein Beipferd – in einiger Entfernung ein uniformierter Beamter, der als Aufseher bezeichnet wurde – aber Aufseher worüber? Wir wußten es nicht und waren auch nicht begierig, es zu erfahren, denn wir nahmen an, daß dieser Mann für Dinge zuständig war, die nichts mit dem Lehrbetrieb zu tun hatten, vielleicht für Wirtschaftsfragen oder dergleichen.

Doch bald nach diesen Rundgängen begann Golochwastow auch in die Hörsäle zu sehen, setzte sich, vorläufig noch schweigend, neben den Professor, lauschte den Vorlesungen und blickte uns eindringlich und gebieterisch an. Wir schauten befremdet zurück.

Dann begann er sich in die Vorlesungen einzumischen und den Studenten Fragen zu stellen, wobei er uns recht anmaßend und, ohne daß wir ihm dazu Grund gegeben hätten, streng musterte.

»Wie soll man das verstehen?« fragten wir einander verwundert. An unsere republikanische Freiheit gewöhnt und ohne jemanden zu kennen außer unsere im Turnus wechselnden Professoren, spürten wir nun plötzlich eine Einschränkung, einen Zwang – jeder sah sich jetzt vor: ›Da kommt der Fremde, der Unbefugte, und wird wieder Anweisungen erteilen, wird schalten und walten!‹

Mit einem Wort, wir fühlten, daß bei uns mir nichts, dir nichts – und wie es schien, ohne jede Veranlassung – die Obrigkeit aufgetaucht war, und zwar die unmittelbare Obrigkeit, die weder dem Rektor und dem Dekan, die den Lehrkörper leiteten, und erst recht nicht dem Fürsten S. M. Golizyn, dem freundlichen Würdenträger, ähnelte.

Wir begannen zu verzagen, wurden mißtrauisch und gaben Obacht, daß nicht Golochwastow mit seinem hochmütigen und grundlos eindringlich-strengen Blick in unserer Nähe sei ... Er hingegen maßte sich jetzt an, Verweise zu erteilen und Aussprachen zu führen, und bestellte, während wir Vorlesungen hörten, einige Studenten zu sich, die in fremdsprachiger Literatur, besonders der englischen und französischen, bewandert waren, unterhielt sich mit ihnen und gab ihnen Bücher aus seiner Bibliothek zu lesen, so als ob er selbst ein Literaturkenner wäre. Mit einem Wort, er bevormundete uns höchst eifrig und spielte diese Rolle des Vormunds immer häufiger.

Zum Abschlußexamen erschien er schon ganz als oberster Hausherr und Gebieter über unser Schicksal. Er übernahm in der Prüfungskommission die Rolle des Vorsitzenden; der Dekan erlosch förmlich in seiner Gegenwart. Er redete dazwischen, stellte von sich aus Fragen, lobte oder tadelte unsere Antworten und zwang sogar einen Studenten auf ziemlich grobe Weise, den Hörsaal – und damit auch die Universität – zu verlassen, weil dieser auf einen Tadel von ihm ungeschickt oder unhöflich reagiert hatte.

Wir wußten nicht, was zu seiner Ernennung geführt hatte. Vielleicht war unter den Studenten, die die Universität bereits verlassen hatten, etwas vorgefallen, wodurch sich die Obrigkeit gezwungen sah, ›die Universitäten fester an die Kandare‹ zu nehmen.

In jene Zeit fiel auch die Geschichte mit Herzen, die dann seine Verbannung aus Moskau zur Folge hatte. Vielleicht war es aber auch etwas anderes, ich wußte es damals nicht und weiß es auch heute nicht. Sollte ich es irgendwann gewußt haben, so ist es mir doch inzwischen vollkommen entfallen. Über diese Dinge mögen meine damaligen Kommilitonen besser Auskunft geben können, was sie sicher auch bereits getan haben.

Endlich hatten wir die Universität absolviert. Nach den Abschlußprüfungen flogen wir im Juni 1834 wie die Vögel in alle vier Himmelsrichtungen davon. Mein Bruder und ich fuhren nach Hause an die Wolga. Dort blieb ich etwa ein Jahr lang und ging dann 1835 nach Petersburg, wo ich mich für immer niederließ.

Das offizielle Universitätsstudium war zu Ende, der Einfluß der Universität aber wirkte nach. Nachdem ich meine Kommilitonen, die Philologen, aus den Augen verloren hatte, vergaß ich doch die Professoren und ihre Hinweise nicht.

Meine Beschäftigung mit der fremdsprachigen Literatur regelte ich in Petersburg nach jener Methode und jenen Hinweisen, die uns unsere hochverehrten, geliebten Professoren an der Universität ans Herz gelegt hatten.

Dasselbe, doch sicher besser und konsequenter als ich, taten die, die mit mir zusammen studiert hatten: K. Aksakow, Stankewitsch, Bodjanski, Sergej Strojew. Ich nenne sie nicht Kommilitonen, weil ich sie nicht näher gekannt habe. Ich wußte damals nur, daß sie, die eine geschlossene Gruppe bildeten und in dem ausgedehnten Hörsaal ihre eigene Ecke hatten, sich miteinander trafen, lasen und Gedanken austauschten – und wohl schon damals in der Presse veröffentlichten.

Es mag den jetzigen Studenten merkwürdig erscheinen, daß wir, die wir täglich in einem Hörsaal saßen, miteinander nicht bekannt waren. Die Erklärung ist aber einfach. Damals bildeten die Studenten nicht so wie jetzt Körperschaften und waren völlig auf sich gestellt. Ihre Beziehungen untereinander waren in keiner bestimmten Weise geregelt. Die Universität war einfach eine staatliche Einrichtung, die ihre Türen jedem öffnete, der Wissen suchte. Wir versammelten uns dort, wie man sich sonst zu öffentlichen Vorträgen oder in der Kirche usw. trifft.

Die Studenten mußten keine Studiengebühren entrichten; und die Regierung half, wie bereits gesagt, den armen Studenten nur dadurch, daß sie ihnen freie Wohnung und Kost gewährte. Stipendien gab es nicht. Die Studenten kamen als einander fernstehende Personen zu den Vorlesungen und verließen sie so auch wieder. Keiner kümmerte sich darum, was der andere zu Hause tat, wovon er lebte und womit er sich im einzelnen beschäftigte.

Deshalb gab es bei uns keine Zusammenkünfte, keine Sammlungen zugunsten unbemittelter Studenten und folglich auch keine Studentenkasse. Wir teilten uns in Gruppen einander nahestehender Kommilitonen: Manchmal waren es Kameraden von der Schule her, manchmal zufällige Bekannte, manchmal einfach Nachbarn auf der Universitätsbank.

Ich habe hier die Gruppe von Stankewitsch, Strojew und der anderen erwähnt; außerdem gab es noch die Gruppe der auf Staatskosten Studierenden, der Seminaristen und viele andere kleine Kreise. Die Gruppen hatten nichts miteinander zu tun, sie waren durch nichts verbunden. Jede Gruppe hatte ihr eigenes Zentrum; ihre Mitglieder trafen sich untereinander, machten gemeinsame Vorlesungsmitschriften, lasen gemeinsam Bücher, bereiteten sich gemeinsam auf die Prüfungen vor und verbrachten natürlich die Freizeit oft miteinander.

Die Studenten waren über das ganze, weitläufige Moskau verstreut und kamen – der eine zu Fuß, der andere in der Equipage – nur zu den Vorlesungen zusammen. Nichts lenkte die, die lernen wollten, vom Studium ab, denn außer den Vorlesungen gab es keine Pflichtveranstaltungen. Es wurden keine Bälle, Konzerte oder Theaterstücke zugunsten unbemittelter Studenten veranstaltet; es gab keine Zusammenkünfte; die Studenten traten nicht als Veranstalter und Organisatoren der obenerwähnten Vergnügungen in Erscheinung, nahmen sich auch nicht der Frage an, wie man die am meisten notleidenden Kommilitonen unterstützen könnte, und verwalteten keine Kassen.

Alles war patriarchalisch und einfach: Man ging in die Universität wie zur Quelle um Wasser; jeder versorgte sich, so gut er konnte, mit Wissen – und wenn die Zeit herum war, dann trennte man sich wieder. Ich werde mich hüten zu entscheiden, ob das besser oder schlechter war als heute. Ich glaube, es hatte sowohl seine gute als auch seine schlechte Seite. Die gute war die, daß, wie gesagt, der Student durch nichts von seinem eigentlichen Studium abgelenkt wurde, was besonders in den Moskauer Winkeln und stillen Ecken, fern von jedem Lärm und jeder Hast, angenehm war. Die Kehrseite der Medaille aber war die Gleichgültigkeit gegenüber den Kommilitonen, von denen viele sichtlich mit dem Elend zu kämpfen hatten. Jetzt ist wohl der Jugend nicht nur finanzielle Unterstützung beim Studium selbst gewährt worden, sondern auch dann, wenn es dem Absolventen nicht gelingt, während einer bestimmten Frist eine Beschäftigung zu finden.

II
In der Heimat

Vorrede. Nachdem ich den Artikel ›Aus den Erinnerungen an die Universitätsjahre‹ bei einer Zeitschrift untergebracht hatte, kramte ich in meinem Gedächtnis und in privaten Papieren, um etwas zum Druck Geeignetes zu finden. Ich nahm diese Papiere nach Ust-Narwa in die Sommerfrische mit, denn da hatte ich genug Muße nachzusehen, ob sich unter ihnen nicht noch Erinnerungen oder Notizen über Beobachtungen und Erlebnisse nach meinem Abgang von der Universität fänden.

Jetzt sehe ich also mit der Feder in der Hand meine Papiere durch, und finde ich etwas, so übertrage ich es auf ein Blatt. ›Wozu?‹ fragte ich mich damals – und frage ich mich auch jetzt noch. Wollte ich auf Chlestakowsche Weise prahlen, würde ich wohl sagen: ›Ich sing an wüsten Ufern meinen Schwanengesang.‹ Doch ich habe niemals etwas gesungen und tue es bis heute nicht; Spottlustige würden mich zu guter Letzt noch vom Schwan zur Gans degradieren oder sich erkundigen, ob ich nicht meine literarische Bedeutung erhöhen und etwas Neues und Gewichtiges beisteuern wolle? – Und das auf meine alten Tage: Wie sollte ich!

Weswegen ich nun also die Feder übers Papier führe, hat einen überaus einfachen und prosaischen Grund. Es bleiben mir nämlich neben meinen Spaziergängen, den Bädern in Meerwasser, dem Mittagessen, dem Frühstück und dem tatenlosen Herumsitzen auf der schattigen Veranda noch allmorgendlich drei Stunden, mit denen ich halt nichts anderes anzufangen weiß.

Hier in Ust-Narwa lebt man still, zurückgezogen und ungestört. Die Landhäuser sind teils von kleinen, teils von großen Gärten umgeben, so daß ihre Bewohner nicht wissen, was die Nachbarn treiben. Bei Bedarf kann man sich hier zum Konzert treffen, das immer sein Publikum findet, oder zum täglichen Baden am Wasser oder auch bei den Abendspaziergängen am Meeresstrand.

Ich gehe weder zu den Konzerten noch bade ich im offenen Meer – ich begegne meinen wenigen Bekannten folglich nur abends am Strand, sofern einem der Sturm nicht gerade den Hut vom Kopfe reißt oder Sand ins Gesicht bläst. So kommt es, daß die Bewohner dieses Ortes einander nicht stören, denn sie begegnen sich nicht auf

Schritt und Tritt, wie das in Riga oder an anderen belebten Stränden der Fall ist.

Während dieser drei angedeuteten Mußestunden nun ziehe ich die Vorhänge zu, um meine kranken Augen vor der Sonne zu schützen, und vergrabe mich mit der Feder in der Hand in meine Papiere. Tag um Tag, nach und nach hat sich so ein ordentlicher Stapel beschriebener Blätter bei mir angesammelt.

Nun überlege ich, was ich mit ihnen anfangen soll. Sie wegzuwerfen, ohne sie jemandem gezeigt zu haben, dazu sind sie zu schade. Ich frage mich, was meine Aufzeichnungen eigentlich darstellen, und weiß es selbst nicht. Es sind nicht die üblichen Memoiren, in denen – bei strengster Faktentreue – historische Personen und Ereignisse beschrieben werden, da in meinem eigenen Leben und in meiner näheren Umgebung weder historische Personen noch geschichtliche Ereignisse je eine Rolle gespielt haben. Das Vorliegende ist aber auch nicht allein aus meiner Phantasie geboren, weil es eigentlich immer der Wahrheit entspricht, ja gar die Wahrheit ist. Der Hintergrund meiner Notizen, die Personen und Ereignisse entsprechen größtenteils der Wirklichkeit, ja manche sind sogar direkt abkonterfeit. Es gibt eine sehr treffende Bemerkung über die Archäologie: Nach einem erhalten gebliebenen Tor und den Bruchstücken einer Säule vermag sie das Gebäude insgesamt zu rekonstruieren, indem sie sich an den Stil dieses Tores und dieser Säule hält. So ist auch meine Phantasie bemüht, aus dem hervorstechenden Charakterzug einer Persönlichkeit oder dem Typischen eines Ereignisses das übrige zu erraten und das Gesamtbild zu rekonstruieren. Also wäre es vergebliche Liebesmüh, in meinen Figuren oder den Umständen bestimmte Personen oder Ereignisse wiedererkennen zu wollen, wozu der Leser im allgemeinen ja neigt, damit allerdings nur selten die Wahrheit trifft. Weitaus häufiger erliegt er einem Irrtum.

Wenn ich nun diese meine unbedeutenden Provinzskizzen aus alten Zeiten durchgehe, kann ich wohl sagen, daß alles darin Beschriebene nicht sosehr tatsächlich *geschah* als vielmehr so hätte geschehen *können*. Mit anderen Worten: Ich wünschte, man möge in diesen Aufzeichnungen nicht sosehr die nackte Wahrheit suchen, sondern vielmehr eine Art höherer *Glaubwürdigkeit*. Sollte man diese finden, so bin ich's zufrieden. Von der Presse ist mir bereits vorgeworfen worden, daß ich die Angewohnheit hätte, meine Figuren zu verallgemeinern – man hat das mit einer gewissen Ironie festgestellt, ich habe es eher als Kompliment aufgefaßt. Denn die Verallgemeinerung führt zum Typischen, außerdem ist das bei mir nicht nur Manier, sondern es entspricht meinem Wesen …

Wenn ich meine Freunde wiedersehe, werde ich ihnen diese Blätter zeigen, mögen sie dann ohne jeden Vorbehalt und ohne jegliche Voreingenommenheit entscheiden, was mit ihnen geschehen soll.

Bis dahin aber – ›nur ein Ereignis noch, es ist das letzte‹ … Bald werde ich diese Gestade verlassen müssen: Die Abende sind schon recht düster und kühl geworden.

I

Das Studium lag nun also hinter uns; jetzt galt es, wie das Sprichwort sagt, ›die süßen Früchte der bittern Wurzel Lernen‹ zu ernten. Als freiem Weltbürger standen mir alle Wege offen, der erste führte mich in meine Heimat – nach Hause, zu den Meinigen.

Diesen Weg nun wollte ich einschlagen, doch erwies sich das als nicht so einfach. Von Moskau bis in meine Heimat sind es etwas über siebenhundert Werst. Wollte ich mit Postpferden in einer Postkutsche reisen, so würde mich das anderthalbhundert Papierrubel (vor einem halben Jahrhundert rechnete man nicht anders) und fünf Tage Fahrzeit kosten.

Ich schaute in meine Taschen und mußte feststellen, daß ich diese Summe nicht aufbringen konnte. Von dem Geld, das ich von zu Hause bekommen hatte, war viel für einen neuen Rock vom ›besten Schneider‹, für Wäsche und noch einige andere Sachen draufgegangen, denn ich wollte ja wie ein hauptstädtischer Stutzer in der Provinz erscheinen.

›Ohne Eile‹, das heißt mit einer aus Moskau an die Wolga zurückkehrenden ›leeren‹ Kutsche zu fahren hätte bedeutet, eine elftägige Folter auszuhalten. Früher, als ich als Junge mit meinem Bruder in die Ferien fuhr, hatte ich das getan.

Der Reisende von heute wird es kaum glauben, daß man für siebenhundert Werst elf Tage brauchen kann. Doch das amerikanische Sprichwort ›Time is money‹ war noch nicht bis zu uns gedrungen. Eine Eisenbahn oder andere schnelle Verbindungen, etwa von der Art der Malleposte, gab es nicht – und ich grübelte nun, was ich tun sollte.

Da hörte ich, daß es eine Postverbindung nach Kasan gäbe, von wo es bis in meine Heimat ja nur noch ein Katzensprung war. Zeitungsinformationen oder andere gedruckte Mitteilungen gab es nicht; ich hatte zufällig von dieser Verbindung erfahren und eilte nun zu der angegebenen Adresse, zum Post-Kontor, das in einer weit entfernten Straße lag. Es sah dort keineswegs nach einem Kontor aus. Auf einem großen, leeren Hof standen einige mit grobem Lindenbastgewebe bespannte Kutschen und eine große Britschka, die anstelle der Stahlfedern als Stoßdämpfer zwei lange Holme zwischen Vorder- und Hinterachse hatte.

»Wo ist denn die Postkutsche?« fragte ich einen Mann, der dabei war, die Räder einer Kutsche zu schmieren.

»Was für eine Postkutsche? Wohin?« fragte er zurück.

»Nach Kasan.«

»Das ist die da!« sagte er und wies auf die große Britschka.

»Was ist denn das für eine Postkutsche! Da haben ja kaum drei Leute Platz!« wandte ich ein.

»Man fährt ja auch zu dritt, der vierte sitzt neben dem Kutscher. Fragen Sie den Angestellten, der da aus dem Fenster guckt!« fügte er hinzu und wies auf ein kleines, hüttenähnliches Holzhaus.

Ich trat ein.

»Ich möchte mit der Postkutsche nach Kasan fahren«, sagte ich zu dem Angestellten.

»Ja, das geht«, antwortete er träge und nahm ein Heft vom Regal.

»Und wann fährt die Postkutsche?«

»Das weiß ich nicht, den Tag kann ich Ihnen nicht sagen.«

»Ja, hören Sie – die Postkutschen fahren doch überall an bestimmten Tagen!«

»Nein, wir fahren erst los, wenn sich vier Passagiere eingefunden haben. Eine Dame hat sich schon eingetragen, wenn Sie sich noch dazuschreiben, müssen wir nur noch auf zwei Fahrgäste warten, mindestens auf einen.«

Ich ließ den Kopf hängen.

»Fragen Sie wieder nach, vielleicht geht's schon bald los!« tröstete er mich. »Es ist Sommer, um diese Jahreszeit reisen viele Leute aus Moskau ab.«

Weil mir meine Zeit nicht besonders teuer war, schrieb ich mich also ein. Zu meinem Glück vergingen kaum drei Tage, da fand sich auch schon der dritte Mitreisende. Einen vierten Reisegenossen gab es nicht, wir zwängten uns also zu dritt in der Britschka und fuhren los. Das Gepäck war zum Teil auf den Holmen zwischen Vorder- und Hinterachse, zum Teil auf dem Verdeck der Britschka verstaut worden.

Auch diese viertägige Reise verlief nicht ohne Pein, denn wir hatten glühendheißes Juliwetter. Die Pferde trabten träge dahin und schlugen mit ihren Schwänzen nach den Bremsen. Von Anfang an waren wir in dichten Staub gehüllt, den unser eigenes Gefährt sowie die entgegenkommenden und uns überholenden Britschkas und Leiterwagen aufwirbelten.

Für drei Leute wurde es mit dem Platz im Wagen knapp. Ich drückte mich bescheiden in meine Ecke und stützte mich auf den Ellenbogen. Den anderen Arm und teils auch mein Bein ließ ich raushängen, um meiner Reisegefährtin mehr Platz zu verschaffen. Sie war bemüht, sich reichlich Raum zu erkämpfen und bat uns unaufhörlich, nicht an ihre zwischen unseren Beinen stehende Hutschachtel zu stoßen. Am Kopfende war hinter den Kissen noch eine Schachtel verstaut – wahrscheinlich mit Proviant.

Der dritte Fahrgast, ein Kaufmann, der aus Moskau zurückreiste, gab aber nicht nach. Er drehte sich kein bißchen zur Seite, sondern saß in voller Breite aufrecht da und nahm allein fast die Hälfte der Britschka ein.

Infolge dieser Enge begannen wir einander bereits am ersten Tage zu hassen. Wir blickten in verschiedene Richtungen und sprachen kein Wort miteinander.

»Rücken Sie beiseite, Sie haben sich auf mein Bein ›gesötzt‹!« lispelte die Dame.

»Wohin soll ich denn rücken? Ich würde ja meine Beine gern auf die Straße hinauswerfen, doch ich fürchte, es wird sie jemand aufsammeln, und ich kriege sie dann nicht wieder!« witzelte der Kaufmann.

»Och!« stöhnte die Dame vor Hitze und Enge.

Ich lächelte in mich hinein.

Die Dame war in ihrer Eigenschaft als Aufseherin – wovon weiß ich nicht – unterwegs zu irgendwelchen Fabriken im Ural und ächzte fortwährend wegen des ihr noch bevorstehenden weiten Weges. Sie fürchtete sich vor Räubern und vor Gewittern – oder, wie sie es aussprach, ›Gewüttern‹. Zu ihrem Unglück erhob sich am dritten Tag plötzlich vor uns auf der Straße eine Staubsäule, die sich auf dem Wege drehte und kreiselte; sie kam direkt auf uns zu. Die ersten Regentropfen fielen.

»Gott sei Donk, ohnö Gewütter!« sprach die Dame und bekreuzigte sich. Doch im selben Augenblick leuchtete ein Blitz auf, dem ein fürchterlicher Donnerschlag folgte.

»Och!« stöhnte unsere Begleiterin und bekreuzigte sich zum zweiten Mal.

Der Kaufmann blickte sie an, um zu sehen, was sie wohl tun würde; ich aber wandte mich ab und lachte in die Landschaft hinaus. Damit fand die Sache jedoch schon ihr Ende. Der Wirbelsturm war vorüber, und die Sonne begann uns wieder zu rösten.

Der Schweiß lief in Strömen über unsere Gesichter, Staub setzte sich darauf fest und überzog uns mit Mustern. In den ersten vierundzwanzig Stunden sahen wir bereits wie Indianer aus, am zweiten Tage wurden wir gänzlich schwarz, und am dritten und vierten Tag trat auf unseren Wangen ein grünliches Rosarot hervor.

Als wir in Kasan ankamen, erkannten wir unsere eigenen Stimmen nicht wieder. Wir trennten uns nicht ungern voneinander, während wir einander krächzend alles Gute wünschten.

So also reiste man vor einem halben Jahrhundert auf unseren Straßen! Erst zwölf Jahre später verkehrten zwischen Petersburg und Moskau die ersten Mallepostes, die die Passagiere mit einer bis dato unerhörten Geschwindigkeit beförderten, nämlich in nur zweieinhalb Tagen. 1849 reiste ich von Petersburg aus bereits auf diese prächtige Weise. Und später, als ich 1855 über Sibirien von meiner Weltumsegelung zurückkehrte, fuhr ich von Moskau aus mit der Nikolai-Eisenbahn: Welch ein Fortschritt!

Ich blieb einen Tag lang in Kasan, besichtigte die Festungsmauern und den Sumbek-Turm, trat in den Universitätshof mit dem Derschawin-Denkmal, besuchte anschließend einige Moscheen, ging durch die huckligen Straßen der Stadt, lief übers Arskoje-Feld und reiste am anderen Tag in leichten Kleidern mit Postpferden und einem von Station zu Station wechselnden Leiterwägelchen in meine Heimat. Ich hatte jetzt nur noch eine Fahrt von vierundzwanzig Stunden vor mir, traf aber auf Hindernisse. Die Kette meiner Prüfungen riß nicht ab. Immer noch verfolgte mich die Hitze, diese

Geißel der Reisenden nicht nur im offenen Wagen, sondern auch – diese Erfahrung machte ich später – in der Eisenbahn und auf dem Schiff. Wie oft in meinem Leben bin ich buchstäblich geröstet worden, nie aber so aufdringlich und bösartig wie auf dieser Strecke von hundertachtzig Werst! Der Sonne gefiel es, mich zu braten, und sie tat es; ich bekam das nach dem Bad, das ich in Kasan genommen hatte, besonders stark zu spüren.

Gegen Mittag vermochte ich es nicht mehr zu ertragen: Wenn ich mich doch irgendwo vor der Hitze hätte verstecken können! Endlich fuhren wir in ein Städtchen ein, wenn ich nicht irre, war es Buinsk, wo wir die Pferde wechseln sollten. Der Kutscher fuhr mich zur Posthütte, wo es weder ein Gehöft noch einen Schuppen gab. Von allen Seiten brannte die Sonne hernieder.

»Stell mich mit dem Wagen irgendwohin in den Schatten!« bat ich den Kutscher. »Hier komme ich ja um!«

Er fuhr mich unter das Schutzdach einer Herberge, die gegenüber der Poststation lag. Fast hätte ich meinen Wohltäter umarmt, so sehr freute ich mich – trotz des Mistgeruchs ringsum – über das Dach.

Ich saß noch im Wagen, ganz benommen von der Hitze und nicht so sehr von Hunger als vielmehr von Durst gequält. Noch keine zehn Minuten waren vergangen, da kam ganz außer Atem ein kleiner Mann mit Militär- oder Polizeimütze und in einem Gehrock auf den Hof gestürzt. »Koslow! Koslow! Wo bist du, du Schurke?« schrie er wütend über den ganzen Hof. Ein Mann in rotem Hemd und mit einem großen Schlüssel am Gürtel kam eilends aus dem Haus und lief die überdachte Holztreppe herab.

»Hier, Euer Hochwohlgeboren, hier!« erwiderte er eilfertig auf den Ruf. »Bei dir ist ein Reisender angekommen«, fuhr der Offizier bezornig fort, »und du schenkst dem keine Aufmerksamkeit und benachrichtigst nicht die Polizei! He? Du weißt doch, wie streng der Befehl ist?« – »Aber sie reisen ja mit Postpferden, sie haben sich nur eben unter mein Schutzdach gestellt ...«

»Du lügst, du lügst, Schurke! Der Kutscher hat gesagt, daß der Reisende hier zu Mittag essen will! Deine vordringlichste Aufgabe, Schurke, besteht darin, von dem Reisenden den Paß zu fordern und ihn bei der Polizei vorzulegen.«

Er drohte ihm mit dem Finger. Ich stieg aus dem Wagen, zog meinen Entlassungsschein von der Universität aus der Tasche und reichte ihn dem erzürnten Herrn.

»Hier ist mein Schein!« sagte ich zu ihm. »Ich bin gerade erst angekommen und fahre in einer Stunde weiter.«

Der Alte setzte eine Brille auf und blickte durchdringend erst auf mich, dann auf den Schein.

»Wohin wollen Sie denn fahren?«

Ich sagte es ihm.

»Bitte, hier haben Sie Ihren Paß zurück, er ist in Ordnung.«

»Machen Sie ihm keinen Vorwurf«, trat ich für den Wirt ein, »er hatte mich und die Kutsche noch gar nicht gesehen.«

»Nein, nein, er ist ein Schurke! Er hat auf beides zu achten: Weiß man denn, wer alles zu ihm kommt! Die Polizei muß über alles Bescheid wissen!«

Damit hätte die Sache beendet sein können. Doch der Gendarm – denn es war der Gendarm selbst, wie ich dann vom Wirt erfuhr – verlieh unserem Gespräch einen derart ungewöhnlichen Abschluß, daß der Leser mir kaum glauben, sondern denken wird, ich hätte diese Karikatur erfunden.

»Vielleicht haben Sie Ihren Eltern die Kehle durchgeschnitten und sind entflohen!« stieß er hervor.

Ich erstarrte ob dieser Anmaßung und wußte nicht, was ich dazu sagen sollte. Im Weiterfahren erklärte ich mir das Rätsel damit, daß der Gendarm in seinem Dienst wohl einen ähnlichen Fall erlebt haben müsse, da sich etwas Derartiges ja nicht einmal zum Spaß ausdenken läßt.

Gegen Abend erwartete mich unterwegs eine weitere Überraschung. An Stelle der Hitze kam Schwüle auf, der Himmel bedeckte sich mit schwarzen Wolken, die die Felder, Wälder und unsere Straße in Finsternis hüllten. Um acht Uhr begann ein Gewitter bzw. ›Gewütter‹, wie die Dame gesagt hätte, ein derart heftiges, geradezu klassisches Gewitter, wie ich es später nur noch in tropischen Breiten erlebt habe.

Die Finsternis wich der unerträglichen, unablässigen Helle pausenloser Blitze, die von ebenfalls pausenlosem Donnergrollen begleitet wurden. Wie inmitten von Wänden fuhren wir durch dichten Wald. Der Regenguß hatte den schmalen Wegstreifen innerhalb von zwei Stunden in eine Art Teigmulde, gefüllt mit weicher Schwarzerde, verwandelt. Die Pferde versanken bis über die Fesseln darin und konnten kaum die Beine heben. Sie fielen vom Trab in Schritt, der zusehends langsamer wurde. Wegen der Blitze begannen die Pferde zu zittern und blieben oft wie benommen stehen.

Der Kutscher hatte zwei Stück Lindenbastgewebe mitgenommen, in eines wickelte er sich wie eine Dame in einen Schal, das andere gab er mir. Ich bedeckte damit nicht mich, sondern meine Koffer, damit der Regen nicht meine Moskauer Neuanschaffungen durchweichte. Ich opferte ihm dafür meinen ›wasserdichten‹, trotzdem ganz durchweichten Uniformmantel aus Kamelott und meinen abgetragenen Universitätsrock mit dem himbeerroten Kragen, den ich nun ja nicht mehr brauchte.

Wir trotteten noch eine oder anderthalb Stunden den Weg entlang und warteten auf das Ende des Gewitters. Doch die Pferde blieben immer öfter und öfter stehen, und das Gewitter ließ nicht nur nicht nach, sondern wurde, wie's schien, immer heftiger.

»Herr! Wir müssen uns irgendwo unterstellen«, schlug der Kutscher vor. »Die Gäule können jeden Augenblick ganz stehenbleiben, dann kannst du nichts mehr machen – guck doch, wie sie sich fürchten!«

»Wohin sollen wir denn aber?«

»Na, gleich hier, dicht am Weg ist so eine Tatarenhütte, da fahren wir hin. Warten wir's dort ab! Wie spät haben wir's jetzt?«

»Mitternacht!« sagte ich. »Nun, fahr zu! Aber wie willst du denn durchkommen? Hier neben dem Weg läuft doch die ganze Zeit ein breiter Graben her.«

»Es gibt eine kleine Brücke, aus Stroh ist sie; wär's dunkel, dann würden wir sicher in den Graben fallen – sie ist mit Reisig ausgelegt, und von oben ist Stroh draufgeworfen. Ein Glück wenigstens, daß es die Brücke überhaupt gibt! Aber jetzt, der Blitz da – huch, wie der ›brennt‹! –, der leuchtet ja richtig, da werden wir schon irgendwie rüberkommen.«

So machten wir es dann auch und gelangten hinüber. Der Kutscher stieß mit der Deichsel fast die Fenster der einsamen Hütte ein. Lange rührte sich nichts, obgleich wir beim Leuchten der Blitze Leute an den Fenstern sahen. »Macht auf, öffnet!« schrien wir wie Wanja im ›Leben für den Zaren‹.

Nach einigem Hin und Her, wer wir seien und was wir denn wollten, ließ man uns in die Hütte ein und holte auch meinen Koffer, das Kissen und die Reisetasche, während Pferde und Wagen unter dem Vordach in Sicherheit gebracht wurden. In der Hütte hielten sich, wie wir feststellten, fünf erwachsene Tataren auf.

»Weshalb habt ihr denn erst jetzt aufgemacht?« fragte ich.

»Wir hatten Angst!« antworteten sie.

»Wovor?«

»Wir wissen doch nicht, Väterchen, wer da anklopft. Gestern abend, da sind Diebe gekommen und haben geklopft, lange haben sie geklopft: Wir haben nicht aufgemacht, sondern uns versteckt.«

»Ihr seid hier fünf Mann – und habt euch gefürchtet! Woher wußtet ihr denn, daß das Diebe waren?«

»Wir kennen sie, Väterchen: Es sind ja Bekannte von uns!«

Als das Feuer angezündet wurde, wollte ich mich auf eine Bank legen, doch da sah ich, daß das ganz unmöglich war. Die Bänke, der Tisch und teilweise die Wände waren förmlich in Bewegung: Es wimmelte dort nur so von Wanzen. Nicht einmal setzen konnte man sich auf die Bank – sie lebte geradezu.

Es wäre auch vergebens gewesen, etwa schlafen zu wollen. Die ganze Hütte bebte beim Donnergrollen. Draußen rauschte der Regen wie ein Wasserfall. Deshalb waren auch die Tataren alle auf den Beinen und schliefen nicht. Ich sah, daß sie einen großen Samowar hatten, befahl, ihn anzuheizen, holte meinen Proviant heraus und begann Tee zu trinken. So verging die Zeit bis zum Morgengrauen. Gegen fünf Uhr früh machten wir uns wieder auf den Weg – das Gewitter war immer noch nicht ganz abgeklungen. Vorn fuhr in weißem Zickzack ein Blitz, der nun im Sonnenschein all seine Leuchtkraft eingebüßt hatte, hernieder, und schwaches Donnergrollen drang zu uns. Ein zweites derartig anhaltendes und heftiges Gewitter, ich wiederhole es, erlebte ich erst wieder in Japan, als wir mit unserer Fregatte auf der Reede von Nagasaki lagen.

Ich weiß nicht, wie es meiner Reisegefährtin, der Dame, in einem solchen ›Gewütter‹ ergangen wäre …

Nach dem Gewitter hätte sich die Luft eigentlich abkühlen müssen, doch war sie seltsamerweise geradezu geladen – und die restlichen hundert Werst überstand ich fast besinnungslos, gleichsam im Schlaf. Als ich zu Hause anlangte, sah ich aus wie eine geröstete Nuß; mein normales Aussehen erlangte ich erst nach zwei Tagen wieder.

2

Wie wohliger Dampf im Bad umgab mich zu Hause die Fürsorge der Meinen. Viele Leser wissen ja, wie gut es tut, nach langer Trennung wieder heimzukehren, und werden verstehen, daß ich mich in der ersten Zeit ganz der süßen Wonne des Umhegt- und Beachtetseins hingab. Unsere Lieben haben alles schon bereitet und vorherbedacht, noch ehe ein Wunsch über unsere Lippen kommt. Außer der Familie lesen die alten Diener, allen voran die Kinderfrau, einem jeden Wunsch von den Augen ab, erinnern sich unserer Gewohnheiten und Neigungen, wissen, wo unser Schreibtisch gestanden, auf welchem Sessel man immer gesessen und wie man das Bett gerichtet haben wollte. Der Koch kennt noch unsere Lieblingsspeisen – und alle können sich kaum satt sehen an einem.

In unserem Haus herrschte, wie man so sagt, ein rechter Überfluß, wie übrigens bei fast allen Provinzfamilien, die kein Dorf in der Nähe hatten. Ein großer Hof, ja eigentlich zwei Höfe, war mit vielen Gebäuden bestanden: mit Gesindewohnungen, Ställen, Schuppen, Speichern, Pferdeställen, Geflügelverschlägen und einem Badehaus. Eigene Pferde und Kühe, ja selbst Ziegen und Schafe, Hühner und Enten bevölkerten die beiden Höfe. Die Speicher, Keller und Eiskeller bargen in Hülle und Fülle Vorräte an Mehl, verschiedenste Hirsearten und allen nur möglichen Lebensmitteln zu unserer und des zahlreichen Gesindes Beköstigung. Mit einem Wort – das war ein ganzes Gut, ein Dorf beinahe.

Außer meiner Familie, das heißt meiner Mutter, meinen Schwestern und meinem Bruder, der wegen einer Krankheit noch ein Jahr in Moskau an der Universität geblieben war, lebte in unserem Haus ein pensionierter Seemann. Ich will ihn hier Jakubow nennen. In den Ruhestand getreten, war er in sein Dorf gefahren, beziehungsweise in seine Dörfer, denn er besaß deren zwei, mit insgesamt dreihundert Leibeigenen. Sein Besitz lag hundertfünfzig Werst von der Stadt entfernt. Doch der einsame Junggeselle langweilte sich dort bald, von der Landwirtschaft verstand er nichts und mochte er auch nichts wissen, und so zog er in die Gouvernementshauptstadt um.

Diese von der Landeshauptstadt weit entfernt gelegenen Gouvernementshauptstädte waren, bis die Eisenbahn aufkam, Zentren regen gesellschaftlichen Lebens. Weil die Entfernung nach Moskau allzu groß war, pflegten die Gutsbesitzer mit ihren Familien den

Winter in ihrer Gouvernementshauptstadt zu verbringen. Unser Gouvernement war besonders berühmt für seine ausgesuchte Gesellschaft aus vornehmen und reichen Adligen.

Zufällig war Jakubow an unserem recht großen Steinhaus, das auf drei Straßen blickte, der schöne, helle und behagliche hölzerne Seitenflügel ins Auge gefallen. Diesen Flügel mietete er. Damals ahnte er nicht, daß er hier an ein halbes Jahrhundert zubringen und endlich sein Leben beschließen würde.

Jakubow hatte bei uns vier Kindern Pate gestanden. Nach dem Tode meines Vaters fühlte er sich mehr und mehr zu unserer Familie hingezogen und kümmerte sich auch um unsere Erziehung. Das füllte ihn aus und gab seinem Leben einen Inhalt. Der gute Seemann nahm uns ganz unter seine Fittiche, und wir schlossen ihn aufrichtig in unsere Kinderherzen, ja vergaßen über ihm unseren richtigen Vater. Er war der beste Ratgeber unserer Mutter und lenkte unsere Erziehung.

Jakubow war ein Mann des aufgeklärten Zeitalters. Seine Bildung beschränkte sich nicht auf die im Marinekorps erlangten technischen Kenntnisse, sondern wurde durch ständiges Lesen vervollständigt. Er geizte nicht mit Geld, wenn er sich aus der Hauptstadt Journale, Bücher und Broschüren aus allen Wissensgebieten kommen ließ. Kaum fand er in der Zeitung ein Buch angekündigt, dessen Titel ihm interessant zu sein schien, so sandte er augenblicklich seine Bestellung in die Hauptstadt. Romane, überhaupt Belletristik, las er nicht, und all die damaligen Größen der Literatur kannte er nur vom Hörensagen. Er bestellte Bücher historischen und politischen Inhalts und Zeitungen.

Nach dem Tode meines Vaters zog der inzwischen bejahrte Jakubow aus seinem Seitenflügel in unser steinernes Hauptgebäude, dessen eine Hälfte er von da an bewohnte.

Er wurde ganz in die Familie integriert, machte sich gleichsam zum faux père de famille. Und mit seiner Liebe für uns, seinen klugen Ratschlägen sowie der Sorge um unsere Erziehung und Ausbildung übertraf er sogar unseren eigenen Vater.

So etwas ist gar nicht so selten. Ein Joch, das man freiwillig auf sich nimmt, ist ja kein Joch mehr: Man trägt es leichter und lieber, zumal wenn Sympathie sein schützender Begleiter ist. Stets fällt es uns leichter, das zu geben, was nicht von uns gefordert wird, wozu wir nicht verpflichtet sind. Das ist das ganze Geheimnis.

Unsere Mutter war ihm dankbar, daß er die schwere Bürde unserer Erziehung auf sich genommen hatte, und nahm ihm darum jede Sorge um den Alltag und die Wirtschaft ab. Unter ihrer Leitung verschmolzen sein Gesinde, seine Köche und Kutscher mit den unseren – und wir führten einen gemeinsamen Haushalt. Sämtliche materiellen Pflichten oblagen unserer Mutter, einer vorzüglichen, erfahrenen und strengen Hausfrau. Die intellektuellen Verpflichtungen hatte Jakubow übernommen.

Ich halte mich darum bei diesem alten Manne auf, weil er nicht nur als Vertreter seiner Zeit im allgemeinen, sondern auch als Mensch im besonderen unsere Aufmerksamkeit verdient.

Unsere Mutter empfand für uns nicht diese sentimentale, instinktive Liebe, die sich in innigen Liebkosungen, prinzipienloser Nachsicht und Nachgiebigkeit den kindlichen Launen gegenüber äußert und die die Kinder verzieht. Sie liebte uns mit Vernunft, beaufsichtigte jeden unserer Schritte und teilte ihre Sympathie streng, gerecht und gleichmäßig unter uns vieren auf. Sie war sehr anspruchsvoll und ließ uns keinen Streich ohne Strafe oder Ermahnung durchgehen, besonders wenn in unseren Streichen der Keim eines künftigen schändlichen Charakterzuges sichtbar wurde. Dann war sie unerbittlich.

Dafür wurden wir aber von Pjotr Andrejewitsch Jakubow verwöhnt, der bei uns Vaterstelle vertrat. Das Gute daran war, daß er damit das strenge System der mütterlichen Kontrolle milderte. Das Verwöhnen der Kinder – wenn es nicht bis zu dummer Schwachheit geht, nicht im Übermaß erfolgt – ist ja bei der Kindererziehung ebenfalls notwendig. Es weckt Dankbarkeit und andere gute, zarte Empfindungen in den Kinderherzen, die doch ebenso wie der Verstand ausgebildet werden müssen.

Es kam vor, daß ich irgend etwas anstellte: Ich kletterte auf ein Dach oder auf einen Baum, lief hinter den Straßenjungen her in den Nachbargarten oder stieg mit meinem Bruder auf den Glockenturm. Erfuhr meine Mutter davon, so schickte sie einen Diener los, der mich Wildfang zu ihr bringen sollte. Da rettete ich mich dann rasch in den schutzbietenden Seitenflügel zum ›Paten‹. Er wußte immer schon, worum es ging, und wenn nun der Diener oder das Stubenmädchen erschien und rief: »Sie sollen zur Mama kommen!« – so kommandierte der Seemann lakonisch: »Marsch, ab!« Der Zorn meiner Mutter hatte sich inzwischen gelegt und die Sache beschränkte sich auf eine Predigt. Erspart blieben mir dann das An-den-Ohren-Gezogenwerden oder das Hinknien, welche Methoden zu meiner Zeit die gebräuchlichsten Mittel waren, unartige Kinder zu bestrafen und sie auf den rechten Weg zu führen.

Jakubow hatte einen ausgezeichneten Koch und außerdem einen speziellen Konditor. Manchmal lud er uns zum Mittagessen ein, und dann war des Fütterns und Verwöhnens kein Ende. Er hatte auch ein besonderes Schränkchen voller Naschwerk – extra für uns. Bei seinen täglichen Ausfahrten in die Stadt ging er mit mir zudem noch in verschiedene Läden und kaufte ebenfalls Näschereien, Spielzeug und andere Kleinigkeiten, wobei es keine Rolle spielte, daß alles zu Hause reichlich vorhanden war und wir regelmäßig damit versorgt wurden. Unsere Mutter nahm uns diese Geschenke meist weg, wenn wir es nicht geschafft hatten, sie zu konsumieren, und führte einen steten Kampf gegen den uns verwöhnenden Paten.

Wenn er uns nicht selbst etwas kaufte, dann gab er uns etwas Kleingeld, mit dem wir machen konnten, was wir wollten. Auch das pflegte die Mutter uns wieder wegzunehmen, hatte sie aber nichts gemerkt, dann kauften wir uns allerlei dafür: Puffbohnen, Schoten, eingelegte Birnen und lauter derartige, uns streng verbotene Straßenleckereien, die wir dann heimlich verschlangen. Die Süßigkeiten, die man uns täglich zuteilte, stellten uns nicht zufrieden: Süßer als jede Konfitüre erschien uns der Überfluß, noch dazu der verbotene.

Es war kurios, daß Jakubow, als ich nach dem Abschluß meines Studiums zu Hause eintraf, kaum Zeit hatte, mich zu begrüßen, sondern den Tarantas (eine Art Kremser mit Trittbrett) anzuspannen befahl – wie er es immer getan hatte, wenn ich als Junge in den Ferien nach Hause kam – und wie früher mit mir in Konditoreien und Süßwarenläden fahren wollte. Wir mußten beide lachen, als ich unterwegs fragte, wo es denn den besten Tabak zu kaufen gäbe.

Von uns vieren war ich es, der den Seemann meist begleitete und sein Hauptgesprächspartner war. Mein um drei Jahre älterer Bruder war ein gewandter, höchst übermütiger Gymnasiast gewesen und hatte sich von dem häuslichen Regime emanzipiert.

3

Pjotr Andrejewitsch, oder einfach der ›Pate‹, wie Jakubow von uns allen genannt wurde, hatte in Petersburg das Marinekadettenkorps besucht und war noch unter Katharina II. zur Flotte gekommen, und zwar zur Marineartillerie. »Wir erhielten den Befehl, uns Potjomkin vorzustellen«, erzählte er mir, »und erschienen alle, lauter bartlose, achtzehn- und neunzehnjährige Knaben, in neuen Offiziersuniformen in seinem Palast. Im Empfangszimmer warteten viele wichtige Personen, die nacheinander zu ihm gerufen wurden. Endlich kam die Reihe auch an uns. Wir wurden in sein Arbeitszimmer geführt und in Reih und Glied an der Tür aufgestellt. Potjomkin lag auf einem Sofa, einige Leute hatten sich auf den Sesseln niedergelassen, andere standen neben ihm. Er blickte uns durchdringend an und wandte sich an die Anwesenden: ›Sehen Sie sich die an!‹ näselte er und wies mit dem Kopf in unsere Richtung, ›mit solchen Grünschnäbeln soll ich nun Dienst tun!‹ Er lächelte, die anderen lächelten ebenfalls, dann winkte er uns, daß wir gehen sollten.«

Jakubow hatte am Feldzug gegen die Franzosen teilgenommen. Suworow erntete Lorbeeren auf dem Festland und überschritt die Alpen, während unsere Flotte Italien vom Meer aus blockierte. Ich weiß nicht mehr, wie lange Jakubow in der Flotte gedient hatte und wann er seinen Abschied nahm. Ich weiß nur, daß er im Range eines Kapitänleutnants auf sein Gut an der Wolga zurückkehrte und daß er das Wladimirkreuz besaß. Nachdem er sich in der Gouvernementshauptstadt niedergelassen hatte, trat er noch für einige Zeit als Rat in den Zivildienst, bei der Gouvernementsverwaltung wohl. Ich lernte ihn mit sieben Jahren kennen und lieben, also in den zwanziger Jahren dieses Jahrhunderts. Da lebte er bereits im Ruhestand.

Als Jakubow bei uns in der Provinz auftauchte, war er noch kein alter Mann. Er schloß sich den damaligen Adelskreisen an und erwarb sich durchaus die allgemeine Sympathie und Achtung. Was Rechtschaffenheit, Ehrgefühl, edle Gesinnung und jene seelische Offenheit, derer sich die Seeleute rühmen, anbetraf, so war er das reinste Naturtalent, zudem besaß er ein gutes und mitfühlendes Herz. All das läßt sich treffend mit dem englischen Wort ›Gentleman‹ ausdrücken, das dem russischen Wortschatz aber damals noch fremd war. Im Umgang war er ungewöhnlich freundlich und zu den Damen über alle Maßen höflich und liebenswürdig.

Er wurde überall mit offenen Armen empfangen, verwöhnt und nie im Stich gelassen. Er selbst gab häufig Soupers oder Diners, bei denen oft auch Damen anwesend waren. Ich war damals noch klein, doch ich erinnere mich, daß es dann laut und fröhlich bei ihm zuging, daß kräftige Stimmen aus dem Seitenflügel über den Hof schallten und daß die Korken bis zur Decke flogen. Lief ich dann in den Seitenflügel – und das tat ich immer, wenn Gäste da waren –, so liebkosten mich alle um die Wette, fütterten mich mit Eis und Piroggen und gaben mir Champagner zu trinken, kurz: ich wurde nach Strich und Faden verwöhnt.

Dieses standesgemäße, großzügige, gastfreundliche Leben und Treiben ging so an die zehn Jahre. Jakubow erlebte sogar einen Roman: Er verliebte sich in eine junge, schöne Gräfin. Das erzählte er mir erst später, als ich herangewachsen war, sagte aber nicht, ob sie seine Neigung geteilt hatte. Er berichtete nur von einem Nebenbuhler, dem jungen, reichen Gutsbesitzer Rostin. Jakubow hatte sich eingeschüchtert gefühlt und sich zurückgezogen.

»Warum haben Sie sich denn nicht um ihre Hand bemüht?« fragte ich, unzufrieden mit einem so prosaischen Ausgang.

»Deshalb, mein Freund, weil er ihr Schicksal besser in die Hand nehmen konnte als ich. Ich hatte da meine dreihundert Seelen, er aber besaß zweitausend. Und so kam es denn eben. Ich habe es selbst so gewollt. Sie sind zusammen glücklich geworden, Gott sei Dank!« Er seufzte tief.

Es war tatsächlich so. Ich kannte die Gräfin und war manchmal bei Rostin in seinem nicht weit von der Stadt gelegenen Dorf zu Besuch. Die Rostins führten ein offenes und gastfreundliches Haus. Zu der Zeit, da Jakubow mir die Geschichte erzählte, war die Gräfin schon eine bejahrte Frau und Mutter erwachsener Kinder, doch fanden sich an ihr immer noch Spuren ihrer einstigen Schönheit. Jakubow sprach mit und von ihr nicht anders als mit zärtlicher Ehrerbietung – und war ein aufrichtiger Freund ihres Mannes und der ganzen Familie.

Wie es ihm dann bis in sein hohes Alter erging, weiß ich nicht zu berichten. 1822 wurde ich zum Lernen nach Moskau geschickt. Im Sommer war ich jeweils für kurze Zeit zu Hause, später, während meiner Universitätszeit, reiste ich über die Ferien heim und fand stets denselben zärtlichen, maßlos guten Freund und Vater vor. Er wurde immer älter, mein Bruder und ich aber kamen nun schon als Jünglinge heim. Liebkosungen, Verwöhntwerden, Geschenke – bis zum Lächerlichen ergoß sich das alles über uns. Lebte er noch, ich glaube, er würde mich auch jetzt noch in eine Konditorei führen, um mir Konfekt zu kaufen.

Doch in dem Maße, wie er alt und ich erwachsen wurden, wuchs von meiner Seite die Empfänglichkeit für seine fundierten naturwissenschaftlichen Kenntnisse in der reinen und der angewandten Mathematik. Besonders eindrucksvoll und wertvoll waren für mich seine Ausführungen über mathematische und physikalische Geographie, Astronomie und Kosmogonie überhaupt, später dann über Navigation. Er machte mich mit der Sternkarte vertraut, erläuterte mir anschaulich die Bewegung der Planeten und der Erde, all das, was meine Mentoren in der Schule nicht tun konnten oder wollten. Ich sah deutlich, daß sie – verglichen mit ihm und dem naturwissenschaftlichen Unterricht, den ich bei ihm genoß – geradezu Kinder waren. Er besaß auch einige nautische Instrumente: ein Teleskop, einen Sextanten, ein Chronometer. Unter seinen Büchern befanden sich die Reisebeschreibungen aller Weltumsegler von Cook bis in die jüngste Zeit hinein.

Gierig lauschte ich seinen Erzählungen und vertiefte mich in die Reisebeschreibungen. »Ach, wenn du doch wenigstens vier Seekampagnen mitmachen könntest« (als Seekampagne gilt jedes auf dem Meer zugebrachte halbe Jahr), »was würde mich das freuen!« sagte er oft zum Abschluß unserer Gespräche. Als Antwort darauf verfiel ich ins Grübeln: Mich zog es schon damals aufs Meer oder wenigstens aufs Wasser. Wenn er geahnt hätte, daß ich später fünf Kampagnen mitmachen sollte – noch dazu um die ganze Welt!

Ließe man sich vom Mystizismus beeinflussen, so könnte man im Hinblick auf meine zukünftige Weltreise meinen, daß es nicht allein der Zufall war, der mir einen solchen Mentor bescherte. Im übrigen lockten mich auch oft die unermeßlichen Hochwasser der Wolga in die Ferne. Schon als Kind betrachtete ich stundenlang träumerisch diese flirrende Weite des Wassers, auf dem, wie Schwäne, eine Unzahl weißer Segel dahintrieb.

Nach meiner Ankunft in Petersburg nahm meine Leidenschaft für das Wasser noch zu. Ob es nun die Erzählungen des ›Paten‹ im Verein mit den gelesenen Reisebeschreibungen gewesen waren oder die weiten Wasserflächen der Wolga, weiß ich nicht zu sagen; in mir blieb jedenfalls eine stille Leidenschaft für das Meer. Wenn ich auf der Wassili-Insel spazierenging, betrachtete ich erregt die fremdländischen Schiffe und sog den Geruch von Teer und Hanfseilen ein. Kaum war ich in Petersburg angekommen, hatte ich nichts Eiligeres zu tun, als sofort Kronstadt zu besuchen und dort das Meer und alles, was damit zusammenhing, zu betrachten.

Jakubow entstammte einer alten Adelsfamilie – doch war er Aristokrat, Adliger schon dem Geiste nach. Die alten Adelsgeschlechter hielt er hoch, den anderen Ständen gegenüber war sein Verhalten eher herablassend.

»Guten Tag, Alter!« antwortete er schlicht auf die ehrerbietige Verbeugung eines Kaufmanns. Oder er begrüßte den Geistlichen mit »Guten Tag, Vater!« Begegnete er aber auf der Straße Leuten seines Standes, so begrüßte er die guten Bekannten familiär und freundschaftlich und wechselte einige Worte oder einen Scherz mit ihnen, vor weniger gut Bekannten lüftete er höflich seine Uniformmütze, und vor den Damen nahm er seine Kopfbedeckung ganz ab.

Später, als ich in den Semesterferien nach Hause kam, fiel mir auf, daß er nur noch selten Besuch erhielt und selbst nirgendwohin mehr fuhr. Nur seine täglichen Spazierfahrten in der Equipage – ›der frischen Luft wegen‹ – unternahm er noch, und zwar unbedingt zusammen mit mir.

Ich bemerkte, daß er auch bei seinen Ausfahrten selbst Begegnungen mit guten Bekannten auszuweichen begann. Vor den übrigen verbarg er sich, so gut er konnte. Als ich ihn fragte, warum er das täte, gab er zur Antwort: »Ich habe mich eben auf meine alten Tage der Leute entwöhnt; außerdem gibt es hier eine Menge Galgenstricke!« Doch verhielt er sich bei einer Begegnung auf der Straße oder wenn es jemandem gelang, im Haus bis zu ihm vorzudringen, liebenswürdig und herzlich.

Manchmal ereigneten sich aus diesem Grunde komische Szenen. Es kam zum Beispiel ein Besucher und erkundigte sich, ob Jakubow zu Hause sei. Der Diener eilte den Korridor entlang, um ihn anzumelden. »Wladimir Wassiljewitsch«, sagte er, oder: »Graf Sergej Petrowitsch.« Statt einer Antwort zeigte Jakubow dem Diener energisch und schweigend beide Fäuste. Der Diener versteckte sich dann im Korridor und wartete unentschlossen ab, denn er wußte nicht, was er nun tun sollte. Im Vorzimmer wartete der Besucher auf eine Antwort, im Arbeitszimmer aber warteten die Fäuste des Herrn, die dieser übrigens niemals in Aktion treten ließ. Unterdessen wurde dem Besucher die Sache zu dumm, er legte seinen Uniformmantel oder seinen Pelz ab (Paletots kannte man damals noch nicht), betrat den Saal, dann den Salon und öffnete schließlich die Tür zum Arbeitszimmer. »Ah! Graf Sergej Petrowitsch, seien Sie willkommen!« begrüßte der Seemann ihn herzlich. »Setzen Sie sich doch, ja, hierher! He, Bursche!« rief er den Diener. »Sag Bescheid, wir wollen eine Vorspeise haben und etwas zum Frühstück!«

In der Provinz wurde den Gästen, wenigstens zu jener Zeit, unbedingt etwas angeboten, morgens eine Vorspeise und Wein, nachmittags etwas Süßes.

Dem Diener machte Jakubow hinterher weder Vorhaltungen noch Vorwürfe. Sein Zorn flammte immer nur jäh auf und erlosch dann ebenso rasch wieder.

Fuhr er mit mir durch die Stadt und erblickte er in der Ferne einen Bekannten, der uns in einer Equipage oder zu Fuß entgegenkam, so warnte er mich manchmal flüsternd: »Guck nicht hin, dreh dich weg!« Und mit jugendlicher Gewandtheit schwang er sich über den Sitz hinweg auf die andere Seite des Kremsers.

Unter seinen Bekannten waren zwei, an die ich mich besonders gut erinnere, Altersgefährten von ihm, die fast durchweg in ihren Dörfern lebten. Der eine hieß Fjodor Petrowitsch Kosyrew, der andere Andrej Gerassimowitsch Gasturin. Sie kamen nur alle drei Jahre zu den Adelswahlen in die Gouvernementshauptstadt gefahren, doch nicht etwa deshalb, um sich wählen zu lassen, sondern im Gegenteil, um ja nicht gewählt zu werden.

»Wenn wir sie mal wieder zu Gesicht bekommen wollen«, erzählte mir der Adelsmarschall Brawin, »so müssen wir ihnen nur schreiben, daß wir sie nominieren wollen: Gleich verlassen sie ihren Krähwinkel und kommen angefahren, um zu bitten, sie doch ja nicht zu wählen.«

Ich kannte und liebte diese beiden Altersgefährten meines ›Paten‹. Sie waren genauso gutmütig und zärtlich wie er, verwöhnten uns ebensosehr wie er. Um den ersteren, Kosyrew, zu besuchen, machte ich, wenn ich als Student in die Ferien fuhr, einen Umweg von fünfzig Werst und verbrachte zwei oder drei Tage bei ihm. Er besaß ein wunderschönes Anwesen: ein Herrenhaus, das in einem riesengroßen Garten im Stil der Zeit Ludwigs XIV. lag, mit gestutzten Bäumen in den Alleen, Wasserspielen, Pavillons, Nymphen und anderen Einfällen, natürlich en miniature und recht verwildert und vernachlässigt. Mehr als alles andere aber reizte mich seine umfangreiche Bibliothek, die aus lauter französischen Büchern bestand. Kosyrew war ein Anhänger Voltaires und der Enzyklopädisten überhaupt, ja er selbst blickte wie ein kleiner Voltaire, scharf und sarkastisch, wie es damals viele Anhänger dieses Philosophen taten. Der Geist des Skeptizismus und der Verneinung funkelte in seinem spöttischen Blick und in seinem Lächeln und blitzte in seinen Reden auf. Wenn er sich mit mir und meinem Bruder unterhielt, so drehten sich unsere Gespräche fast stets um die französischen Schriftsteller. Doch er ging mit uns Jünglingen so taktvoll und vorsichtig um, daß er uns nur französische Poesie zu lesen gab, sie auch selbst mit uns las, wobei er Racine, Corneille und die ›Henriade‹ von Voltaire deklamierte. Den Sinn und die Bedeutung der Lehre der Enzyklopädisten verschwieg er uns. »Mit Fabeln füttert man keine Nachtigallen!« pflegte er unsere Gespräche zu beenden; dann ließ er immer ein delikates, wohlschmeckendes Mittagessen auftragen. Er hatte einen ausgezeichneten Koch, offenbar einen Franzosen.

Kosyrew kam nicht aus seinem Schlafrock heraus, und sehr selten fuhr er über die Grenzen seines Besitztums hinaus. In einigen Werst Entfernung besaß er noch ein zweites Dorf, doch auch dem stattete er nicht jedes Jahr einen Besuch ab. Ich kann mich noch gut an sein etwas narbiges Gesicht erinnern, an seine dunkelgrauen, klugen Augen, sein spöttisch-warmherziges Lächeln und an seinen gestreiften, hellseidenen Schlafrock. So saß er in seinem eleganten Arbeitszimmer, und so spazierte er auch über die glattgewalzten Alleen seines Gartens und um den Teich, auf dem Schwäne schwammen; durch die Blumenbeete und auch durch seine Zimmer staksten Kraniche und Pfauen.

Außer von diesem Garten und von seiner Bibliothek wollte er von nichts wissen, weder von den Feldern und Wäldern noch von den Grenzen seines Besitztums, selbst seine Einkünfte und Ausgaben interessierten ihn nicht. Wenn er in sein anderes Dorf fuhr – erzählten mir seine Leute –, so erkundigte er sich: »Wem gehören die Pferde?« – mit denen er fuhr.

Genausowenig Interesse an diesen Dingen wie er bezeigten auch mein ›Pate‹ und ihr dritter guter Freund und Altersgefährte, A.G. Gasturin. Dieser war ein einfacher, ungebildeter, doch herzensguter und gegen jedermann freundlicher Dorfbewohner, der stets eine große Meerschaumpfeife im Munde hielt. Er war von der Sonne und vom Tabak ganz schwarz geworden, gewissermaßen geröstet.

Wenn ich mich bei Jakubow nach seiner Wirtschaft erkundigte, nach der Aussaat, nach dem Dreschertrag und der Getreidemenge, ja selbst nach dem Umfang des ihm gehörenden Bodens und nach seinen Einkünften, so pflegte er gähnend zu sagen: »Das weiß ich nicht, mein Freund. Was mein einäugiger Starost an Geld bringt, das ist halt da. Was er aber an Hühnern, Enten, Puten, verschiedenem Getreide und anderen Feldfrüchten schickt – danach mußt du deine Mutter fragen; ich habe angeordnet, daß er ihr die Abrechnungen vorlegt, sie versteht mehr davon als ich!«

Wenn nun die beiden Alten zu den Wahlen in die Stadt kamen, so wohnten sie gewöhnlich bei Jakubow, und wir Kinder wurden dann dreifach verwöhnt.

Morgens pflegten sie alle drei ihren Tee oder Kaffee im Bett zu nehmen. Mittags frühstückten sie. Nach dem Frühstück krochen sie wieder ins Bett. So trafen sie dann auch die Besucher an. Nur selten, an den Tagen der Wahl, zwängten sie sich in vorsintflutliche Fracks oder in Uniformen aus Katharinas Zeiten und in Pantalons, die in hohe Stiefel mit Quasten gesteckt wurden, und setzten Perücken auf, um in die Adelsversammlung zu den Wahlen zu fahren. Wie komisch waren sie alle drei! Sie lachten laut, wenn sie einander ansahen, und wir Kinder lachten auch.

Ich glaube, daß in mir, einem sehr scharf beobachtenden und sensiblen Jungen, angesichts all dieser Gestalten, dieses sorglosen Lebens und Treibens, des Müßiggangs und Faulenzens bereits damals eine unklare Vorstellung vom ›Oblomowtum‹ zu keimen begann.

4

Als ich nach Abschluß meines Studiums zu Hause eintraf, fand ich ebendieses ›Oblomowtum‹ wieder vor, das ich in meiner Kindheit beobachtet hatte. Selbst das Äußere meiner Heimatstadt bot ein Bild des Schlafes und der Stagnation. Ich sah dieselben Häuser und Häuschen, zum größten Teil aus Holz und grau geworden mit der Zeit, sah diese Häuschen mit ihren Zwischengeschossen, Blumenbeeten, manchmal auch Säulen, sah die sie umgebenden Gräben, den Wermut und die Brennesseln, die alles überwucherten, sah die endlosen Zäune, dieselben hölzernen Bürgersteige mit ihren fehlenden Brettern, bemerkte dieselbe Stille und Leere auf den mit dichtem Staub wie mit einem Muster überzogenen Straßen. Die ganze Straße lauschte, wenn in einer Werst Entfernung ein Leiterwagen vorüberfuhr oder ein Passant mit seinen Stiefeln über die Brettersteige polterte.

Man selbst fürchtete einzuschlafen, wenn man diese Stille spürte, wenn man diese verschlafenen Fenster mit den heruntergelassenen Stores und Jalousien sah, in die schläfrigen Gesichter der Leute blickte, die in ihren Häusern saßen oder einem auf der Straße begegneten. ›Wir haben nichts zu tun!‹ dachte wohl jede dieser Personen und gähnte, während sie uns träge musterte. ›Wir haben's nicht eilig, wir leben so vor uns hin – und lassen den lieben Gott einen guten Mann sein!‹

Und wahrscheinlich ist es tatsächlich an dem. Wenn ein Beamter, der in irgendeiner Kammer als Rat angestellt ist, gegen zwei Uhr träge aus dem Amt nach Hause fährt, so spielt es keine Rolle, daß es von der Kammer bis zu seinem Hause nicht mal zwei Schritte sind. Ein Schreiber geht vorüber, oder ein Garnisonssoldat schlendert langsam über die Brettersteige. Die Kaufleute, die sich in der kühlen Tiefe ihrer Läden verkrochen haben, dösen vor sich hin oder spielen Dame. Kleine Jungen lassen sich mitten auf der Straße zum Knöchelspiel nieder. Und am Zaun rupft eine Ziege Gras.

»Gibt es denn nichts und niemanden Neues hier?« fragte ich den Paten, während wir in der Stadt herumfuhren und ich mich gelangweilt umsah. »Das kenne ich ja alles, das habe ich früher schon gesehen; sogar die Ziege da kommt mir bekannt vor!«

»Doch, es gibt etwas Neues! Gleich werden wir zu der neuen Kathedrale kommen, sie ist schon geweiht worden. Da wirst du Augen machen!« brüstete er sich. Wir verließen unsere Droschke und gingen um die Kathedrale herum, die tatsächlich sehr schön war: geräumig, harmonisch in ihren Maßen und mit meisterlichem Schmuckwerk am Giebel und an den Säulenkapitellen.

»Das da ist auch neu, das kennst du noch nicht; als du noch hier gewohnt hast, existierte es noch nicht!« sagte Jakubow und wies auf ein neues Gebäude an der Großen Straße.

Ich las auf einer schwarzen Tafel die Aufschrift ›Schank-Kontor‹.

»Das hat der Pachtinhaber gebaut«, fügte er hinzu.

Wir begegneten einem uralten Geistlichen, der uns, seine Augen mit der Hand gegen die Sonne schützend, musterte, Jakubow erkannte und sich tief verbeugte.

»Grüß dich, Väterchen, wünsche Gesundheit! Kommst du von der Taufe, oder hast du jemanden beerdigt?« scherzte mein Pate.

»Was?« antwortete der Alte und blieb stehen. »Ich höre schwer.« Wir fuhren weiter.

»Als ich hierherkam, war der Alte schon ein Pope in den besten Jahren: jetzt wird er so an die achtzig sein!« setzte mein Pate hinzu.

»Das alles, was Sie mir gezeigt haben, ist alt und gebrechlich, außer der Kathedrale und dem Schankkontor«, sagte ich. »Wo ist denn das Neue, Unverbrauchte, Frische?«

»Das Frische? Es gibt frischen Sterlet, Kaviar, Stör und frisches Wild ... All das gibt's hier in Hülle und Fülle, deine Mutter wird dich schon damit versorgen«, scherzte er.

»Aber neue Menschen, neue Sitten, einen neuen Geist?« forschte ich weiter.

»Menschen? ... Jetzt ist doch Sommer, da ist niemand in der Stadt, alle sind auf dem Lande. Wart's nur ab, zum Herbst kommen sie wieder, da wirst du auch Menschen sehen, wirst alle kennenlernen. Jetzt aber mußt du erst einmal dem Gouverneur deine Aufwartung machen.« Ich zuckte zusammen.

»Weshalb denn? Wenn ich hergekommen wäre, um hier meinen Dienst anzutreten, dann wäre es etwas anderes. Doch ich habe vor, zum Herbst nach Petersburg zu gehen.«

»Du mußt ihm aber trotzdem deine Aufwartung machen«, beharrte Jakubow, »sonst wird er dich irgendwo sehen, wird sich nach dir erkundigen – und du bist nicht bei ihm gewesen: Das geht auf keinen Fall. Und zum Bischof mußt du auch, und zum Vorsitzenden der Kammer, und dann noch zu dem und dem ...«

Er zählte etwa zehn Häuser auf, die ich besuchen müßte – weder er noch ich wußten, weshalb. »Anstandshalber«, sagte er, »muß ein junger Mann überall seine Aufwartung machen.« Er erklärte aber nicht, wozu. Dieses Prinzip aus dem vorigen Jahrhundert – sich überall, auch da, wo es nicht nötig ist, aufzudrängen – konnte ich nicht annehmen: Die Sitten hatten sich bereits geändert. Doch wollte ich nicht mit Jakubow streiten und nahm mir deshalb vor, mich beim Gouverneur anzumelden. Ich hätte einfach meine Visitenkarte dagelassen, wenn ich eine gehabt hätte, doch da ich eben erst in die Gesellschaft eintrat, besaß ich noch keine. Die übrigen Personen wollte ich gegebenenfalls kurz aufsuchen.

Das tat ich auch. Zum Herbst jedoch mußte ich mich dem Gouvernementsbrauch unterwerfen und Visiten machen, nötige und unnötige, das heißt bei Bekannten und Unbekannten. Das wird in der Provinz, wie ich später feststellen konnte, strenger gehandhabt als in den Hauptstädten, und bei jemandem an einem bestimmten Tage nicht gewesen zu sein heißt, sich diesen zum Feinde zu machen. Auf solche Weise also vertrieb man sich unter anderem die provinzielle Langeweile!

Wie ich schon weiter oben erwähnte, hatte Jakubow als Grund für seine Menschenscheu neben seinem Alter auch genannt, daß er sich der Menschen ›entwöhnt‹ habe; das befriedigte mich aber nicht ganz. Ich fühlte mich damals bewußt in seine Gedankengänge und sein Leben ein und beobachtete ihn genau, und da entdeckte ich etwas in seinem Charakter, was mir früher verborgen geblieben war; etwas anderes als seine Altersmüdigkeit: bald war es Furcht, bald Vorsicht. Er langweilte sich kein bißchen und fühlte sich nicht im geringsten bedrückt, wenn ihn zum Beispiel der obenerwähnte Rostin besuchte oder ein Nachbar vom Lande, der sein guter Freund war, wenn der fröhliche Plauderer und Humorist Brawin kam oder Tschurin oder endlich die Brüder von Rostins Frau, seiner ehemaligen ›Angebeteten‹, die S-is, und der Fürst P. Er begünstigte auch den Gouverneur und seine Frau, eine, wie er sich ausdrückte, ›wunderschöne Dame‹, obgleich diese Dame eine welke, hagere und keineswegs schöne Frau mit tiefliegenden, erloschenen Augen war.

Aber obgleich er alle diese Leute mochte, suchte er doch keinen Kontakt mit ihnen, sondern hütete sich direkt vor ihrer Gesellschaft, wich seinen Bekannten aus; Fremde empfing er überhaupt nicht.

Der Hauptgrund war sicherlich seine Altersmüdigkeit, die ›Entwöhnung‹ von den Menschen, wie er es nannte, doch zum Teil hatte er einfach Angst. Er war, wie viele andere damals, durch die Aufregung, die der 14. Dezember in der russischen Öffentlichkeit hervorgerufen hatte, erschreckt worden. Auswirkungen dieser Aufregung zeigten sich nicht nur in den Provinzen, sondern auch in den Hauptstädten, denn ich entsinne mich, daß wir Studenten bei der Immatrikulation mit unserer Unterschrift bestätigen mußten, ›keinem Geheimbund anzugehören‹. Diese weise Maßnahme hatte nur eins zur Folge: daß nämlich, wer zuvor nicht mal im Traum an einen Geheimbund gedacht hatte, nun wußte, daß es so etwas gab – mehr auch nicht. Wer aber einem solchen Bund angehörte – falls es solche Leute überhaupt gab –, für den stellte diese Maßnahme, glaube ich, kein Hindernis dar.

Zu den Geheimbünden wurden auch die Freimaurerlogen gerechnet. Jakubow gehörte, wie damals fast alle Adligen oder besser gesagt die gesamte russische Intelligenz, ebenfalls einer Freimaurerloge an. In Petersburg waren alle besseren, bekannten und hochgestellten Persönlichkeiten Logenmitglieder; sogar Zar Alexander I., wie es hieß.

Unsere Gouvernementshauptstadt hatte ihre eigene Freimaurerloge, der Brawin vorstand. Die Mitglieder dieser Loge machten den Freimaurerrummel mit, versammelten sich in einem geheimen, mit schwarzem Tuch ausgeschlagenen Raum, kleideten sich in besondere Trachten mit dem Freimaurerabzeichen, trugen lange, weiße Handschuhe, kleine silberne Spaten, das Arbeitsgerät der ›Maurer‹, und andere Attribute des Freimaurertums.

Nicht alle Mitglieder jedoch waren in die geheimen Absichten der Freimaurerei eingeweiht. Das allgemeine, allen bekannte Ziel war die Verteidigung der Schwachen, Armen und Unterdrückten, der Schutz der Notleidenden sowie andere Arten der Wohltätigkeit. Viele Mitglieder waren mit den niederen Pflichten in der Hierarchie des Ordens betraut, zum Beispiel etwas in der Art wie Glöckner und dergleichen, und erklommen die Stufenleiter erst nach verschiedenen Prüfungen, je nach ihren Fähigkeiten und ihrer Bedeutung.

All das erfuhr ich erst später, zum Teil von Jakubow selbst, mehr aber von anderen, ehemaligen Mitgliedern, die nicht so bescheiden und furchtsam waren. Der ›Pate‹ enthüllte mir nur sehr wenig, und dies auch mehr zufällig. Eines Abends im Winter schickte der Gouverneur in der zehnten Stunde nach mir und ließ mich zum Tanz bitten: Bei seiner Tochter hatten sich unerwartet junge Mädchen und junge Männer versammelt. Es stellte sich heraus, daß ich keine sauberen, weißen Handschuhe besaß, die Läden aber bereits geschlossen waren. Ich schickte mich gerade an, ein Paar Handschuhe, die ich übergezogen hatte, mit Mehl einzupudern, da erschien der ›Pate‹. Als er erfuhr, worum es ging, nahm er mich mit zu sich, holte aus einem Geheimfach in seiner Kommode ein Paar lange, weiße Handschuhe heraus und gab sie mir.

»Aber das sind ja Frauenhandschuhe, die reichen mir bis zum Ellenbogen«, sagte ich, »das wird nicht gehen!«

»Sie gehen schon, laß dir nur das Überflüssige abschneiden«, bemerkte er.

»Woher haben Sie sie denn?«

»Das sind Freimaurerhandschuhe, die liegen schon lange hier. Schweig aber und sag niemandem ein Wort davon!« flüsterte er, obgleich kein Mensch in der Nähe war.

Die Aufregung wegen der Freimaurer führte nach dem 14. Dezember bei allen, die dieser Bruderschaft angehörten, zu Haussuchungen. Es wurden Papiere beschlagnahmt und nach Petersburg geschickt, und der Logenmeister Brawin wurde sogar selbst dorthin gebracht, nachdem man zuvor seine gesamte Korrespondenz konfisziert hatte. Es war ihm aber gelungen, wie es hieß, den wichtigsten Teil seiner Papiere einige Stunden vor der Haussuchung in den Teich in seinem Garten zu werfen. Der Polizeichef, sein Freund, hatte ihn rechtzeitig benachrichtigt und Brawin somit vor möglichen schwerwiegenden Folgen bewahrt. Brawin hatte mit Freimaurern im Ausland korrespondiert und war sicher nicht nur über die allgemein bekannten, wohltätigen Zwecke, sondern auch über die politischen Ziele informiert, die offenbar zum geheimen Tätigkeitsfeld ausländischer und russischer Freimaurerlogen gehörten.

Der 14. Dezember öffnete der Regierung die Augen über diese politischen Ziele und führte zur bekannten systematischen Verfolgung des Freimaurertums sowie aller ›Geheimbünde‹ überhaupt, die man zwar vermutete, die aber damals, außer der Dekabristenverschwörung, offenbar gar nicht existierten.

Alle jene, die vorgeladen und verhört worden waren, bekamen so große Angst, daß sie hinterher sogar Furcht hatten, davon zu sprechen – nicht einmal im Flüsterton untereinander.

»Was habt ihr denn gemacht, wenn ihr euch in eurem geheimen Logensaal versammelt habt? Was tatet ihr da?« forschte ich den Paten aus.

»Ja, es gab da Dinge ... wir lasen Briefe, Protokolle ... so einiges ...« antwortete er widerwillig.

»Was denn noch?« drängte ich.

»Du bist aber neugierig! Wir ... tranken außerdem Champagner – jawohl! Literweise beinah, so daß viele gegen Morgen nach Hause gebracht werden mußten.«

Mehr erfuhr ich von ihm nicht. Auf meine Frage nach Brawin und dessen Aufenthalt in Petersburg äußerte er nur lakonisch, daß Brawin dort etwa ein halbes Jahr lang festgehalten und dann entlassen worden sei. »Er kam ganz blau, fast schwarz zurück: Man hatte ihn dort wohl heimlich Körperzüchtigungen unterzogen«, flüsterte er und legte zum Zeichen des Schweigens einen Finger an die Lippen.

Die erschrockenen Freimaurer, die anderen, die gar keine waren, wie auch die damaligen Liberalen, alle verstummten und beugten sich den harten Maßnahmen der Regierung. Sie verwandelten sich rasch in Ultrakonservative, ja sogar in Chauvinisten – manche aufrichtig, andere nur zum Schein. Bei jedem Vorfall, selbst wenn es gar nicht nötig war, beteuerten sie ihre Ergebenheit gegenüber ›Thron und Vaterland‹. Brawin zum Beispiel brüstete sich vor mir damit, daß er die Brillanten eines Ringes, mit dem man ihn einige Jahre nach dem 14. Dezember ausgezeichnet hatte, unter seine Töchter aufgeteilt habe, damit jeder von ihnen die Erinnerung an diese ›Gnade‹ bleibe. Alle ließen sich Uniformen schneidern; und wer sich unlängst noch zum Atheismus bekannt hatte, erschien nun an den Feiertagen zum Gottesdienst in der Kathedrale und anschließend zur Ehrenbezeigung beim Gouverneur. Vor jeder höhergestellten Person, mochte sie noch so kurz in der Stadt weilen, zog man den Hut und stattete ihr eine Visite ab. Nur einige Greise wie etwa Kosyrew schenkten dem keine Aufmerksamkeit und kamen nicht aus ihren Höhlen gekrochen. Kosyrew kicherte nur sarkastisch über die harten Maßnahmen der Behörden wie auch über die allgemeine Aufregung. Der Donner drang eben nicht bis in seine dörfliche Stille.

Mein ›Pate‹, der ja in der Stadt lebte, war nach außen hin unter dem Druck der ausgestandenen Ängste eines Sinnes mit den anderen. Manchmal aber stellte ich fest, daß er, am Fenster stehend und in die Ferne blickend, hitzig etwas vor sich hin murmelte und dazu gestikulierte – das geschah nach manchen Gesprächen oder wenn er in den Zeitungen wieder von einigen strengen Maßnahmen gelesen hatte und war offensichtlich der Ausdruck seines Protestes. Einmal warf er die Zeitung beiseite, und zu mir drangen folgende zwischen den Zähnen gemurmelte Worte: »Ein einfacher Verweis genügt also nicht – sie müssen ihn an einem entlegenen Ort zwangsansiedeln!« Als er sich vom Fenster umdrehte, hatte er wieder sein normales, ruhiges Aussehen. Einmal, als wir durch die Stadt fuhren, kam uns ein mir unbekannter Herr in einer Kalesche entgegen. Jakubow grüßte ihn mit einer ehrerbietigen Verbeugung.

»Wer war denn das?« fragte ich.

»Geheimrat Sidorow oder Petrow« (ich entsinne mich dessen jetzt nicht), »der gerade hier angekommen ist.«

»Sind Sie mit ihm bekannt?«

»Nein.«

Ihn zu fragen, warum er sich dann verbeugt habe, wäre taktlos gewesen; ich verstand ja, daß es um der früheren Furcht willen geschah: ›Damit sie einen nicht für einen Freidenker halten und es – den Gendarmen melden ...‹

Mir, einem jungen Mann, war damals ›des Lebens Wort‹ wenn auch nicht immer, so doch häufig neu, darunter auch die tatsächliche Rolle der Gendarmen, die sich seit Nikolais Ära geändert hatte. Diese Rolle erläuterte mir Jakubow ebenfalls im Flüsterton, doch den ganzen bodenlosen Abgrund dieser Gendarmerie machte mir erst der Gouverneur deutlich, dem ich auf Drängen meines ›Paten‹ schließlich doch meine Aufwartung gemacht hatte.

Bis dahin hatte ich Gendarmen nur in Moskau gesehen, wo sie, auf gutgewachsenen Gäulen sitzend, ihre hohen Helme mit den Roßschweifen an den Theaterauffahrten, bei Prozessionen und Volksfesten zur Schau stellten. Von den Stabsoffizieren, die in jedes Gouvernement beordert worden waren, hatte ich keine Ahnung, auch nicht von der Rolle, die sie dort spielten. Durch den Gouverneur hörte ich zum erstenmal von der Bedeutung des Polizeichefs, des Grafen Benckendorff, und vom Stabschef, damals noch der Oberst Dubbelt – sowie von allem, was sie betraf, mehr aber noch von dem, womit sie sich befaßten. Damals begann ich den Gouvernementsoberst Sigow verwundert zu beobachten. Ich hatte angenommen, daß er alles genauestens betrachten und belauschen, ja sich sogar Notizen machen würde, so daß jeder ihm aus dem Wege gehen und sich vor ihm hüten müßte. Zu meinem Erstaunen aber sah ich ihn in einigen Häusern an den Empfangsabenden, von einer Menschenmenge umringt, beim Kartenspiel die Bank halten, was gewöhnlich in einem gesonderten Hinterzimmer und inmitten von Tabakwolken geschah.

»Wie ist das möglich?« fragte ich, ein unwissender Jüngling, zweifelnd den Gouverneur. »Sie sagten doch, daß es seine Pflicht ist, Unregelmäßigkeiten und alles Schädliche, Verbotene zu melden – denn er ist doch der Zensor der Sitten. Folglich müßte er die Hasardspiele melden, er aber spielt selbst und verbirgt sich hier?«

»Deswegen ist er ja hier und hält sich immer inmitten der Menge, um alles zu sehen und zu hören; wie sollte er anders etwas erfahren, und was sollte er sonst melden?«

5

Ich gab weiter oben zu verstehen, daß Jakubow seinem Wesen nach ein Herr war, ein geborener Aristokrat. Im übrigen aber war er ein Kind seines Jahrhunderts und also ein Befürworter der Leibeigenschaft. Das scheint seinem ›Gentlemantum‹ zu widersprechen. Berücksichtigt man aber die historischen Zusammenhänge, verhält es sich keineswegs so. Nur sind in unserer Gegenwart, die übrigens schon in den vierziger Jahren ihren Anfang nahm, die Verbindungslinien zum Früheren – wie verfaulte, unbrauchbar gewordene Flechtzäune – umgerissen und zerstört. Man nimmt sich irgendeine Persönlichkeit aus der Vergangenheit her; löst sie aus ihrer Zeit heraus, wie man ein altes Porträt aus der Leinwand heraustrennt, es der Beleuchtung, der Stimmung, des Beiwerks seiner Umgebung beraubt, und stellt sie unerbittlich vor ein heutiges Gericht und verurteilt sie, wobei man völlig außer acht läßt, daß sie die Wahlsprüche und Farben ihres Jahrhunderts verkörpert, daß sie von seinem Geist, seinen Sitten, seiner Erziehung und anderen als den heutigen Bedingungen geprägt ist. Es ist völlig unsinnig, darüber zu diskutieren, warum ein Mensch des vorigen Jahrhunderts keinen Frack trug, sondern ein Kamisol mit Spitzenmanschetten, und warum er wohl nicht mit der Eisenbahn fuhr.

Diese oberflächlichen Richter bedenken nicht, daß in fünfzig oder hundert Jahren, wenn die folgenden Generationen sie durch eine ähnliche Brille betrachten werden, sie genausowenig angenehm erscheinen werden! Denn die Späteren sind den Früheren immer weit voraus und scheinen wissender als diese zu sein, dank der Zunahme an Wissen, Erfahrungen und Entdeckungen, die die Zeit mit sich bringt. Doch ob sie tatsächlich vernünftiger sind, das ist eine andere Frage. Ein vernünftiger Mensch, der dies bedenkt und die eigene Beurteilung in nicht allzu ferner Zukunft voraussieht, wird nicht leichtfertig über seine Vorgänger, die naiv, unbewandert und unerfahren erscheinen, lachen.

Zu ihrer Rechtfertigung berufen sich jene Richter wohl auf Belinski, der, wie man sagt, sich der obigen Sünde ebenfalls schuldig gemacht hat. Barsch, streng, sogar gallig urteilte er über die Vergangenheit und ihre öffentlichen Vertreter, die sich doch häufig durch ihre Verdienste das Ansehen und die Achtung ihrer Zeitgenossen errungen hatten.

Ja, das passierte sogar Belinski, dem aufrichtigen, gerechten, in seinem Engagement aber oftmals über die Stränge schlagenden Belinski. Doch hat derselbe Belinski in einem seiner Artikel, ich weiß nicht mehr, aus welchem Anlaß, die Bemerkung gemacht, daß heutzutage jeder Mathematikstudent mehr wisse als Euklid oder Pythagoras – und, wenn mich mein Gedächtnis nicht täuscht, damit die Frage verbunden, ob der moderne Student denn damit nun auch die geistige Größe dieser gelehrten Männer besitze.

Doch er selbst, Belinski, betrachtete mitunter das Vergangene wahrlich nicht sehr wohlgesinnt.

Unter anderem fiel er mit Elan auch über Puschkin her, weil dieser – nachdem er bedauert hatte, daß nicht ›der Fürsten Posharski, sondern der Sizki altes Geschlecht erlosch‹ – sich tadelnd über den Esel, ›der mit demokratischem Huf den heraldischen Löwen trifft‹, geäußert hatte und darüber, daß man jetzt ›arglos kriecht in den tiers état‹.

Hier machte Belinski Puschkin, den er doch hoch schätzte, heftige Vorwürfe, weil dieses Genie die ›mutigen Triebkräfte der neuen Bürgerlichkeit‹ nicht richtig einzuschätzen wußte, nicht vom Zeitgeist durchdrungen war und die Keime dieser Bürgerlichkeit nicht begriffen und propagiert hatte. Es tat ihm wohl leid um Puschkin.

Doch jenseits gereizter Emotion konnte er auch unvoreingenommen sein. Kukolnik zum Beispiel, den Autor aufgeblasener und gestelzter Dramen – des ›Tasso‹, des ›Giulio Mosti‹ und des heuchlerischen Romans ›Eveline de Vallierol‹ –, konnte er nicht ausstehen; doch mit welcher Wärme reagierte er auf die Erzählungen ebendieses Kukolnik aus der Epoche Peters I., in denen der Autor noch einfach und aufrichtig war!

Aber Belinski war auch außerhalb der Literatur, im täglichen Leben, in der Lage, Erscheinungen, die in ihm den Geist des Widerspruchs und der Gereiztheit hätten wecken müssen, durchaus gelassen und vernünftig zu betrachten.

In Petersburg, bereits im Amt, fuhr ich einmal am Neujahrstag, zwischen den Visiten bei meinen Vorgesetzten, zu ihm zu Besuch – in Uniformfrack und mit einem weißen Halstuch.

»Was ist das? Niedertracht?« neckte ich ihn, denn ich wußte, wie sehr er gegen jede bloße Förmlichkeit war.

»Es ist eine nicht von uns ausgelöste Niedertracht«, bemerkte er gutmütig. »Sich eine neue Gemeinheit auszudenken und sie einzuführen – das ist niederträchtig; die alten aber zu wiederholen, dazu ist man fast immer gezwungen.«

Daß Belinski die Vergangenheit und ihre Toten mit Steinen bewarf, schuf ihm Nachahmer, wenn nicht gar eine ganze Schule. Es ist leicht, sich aus längstvergangenen Zeiten jemanden herauszuangeln und ihn kräftig zu beschimpfen. Das weise lateinische Sprichwort ›De mortius nil nisi bene‹ ist schon lange ad acta gelegt worden.

Des leidenschaftlichen – und vom historischen Gesichtspunkt aus unberechtigten – Tadelns der Menschen früherer Zeiten hat sich Belinski allerdings nur deshalb schuldig gemacht, weil sein aufrichtiger Hang zum Guten ihn dazu drängte, er Gutes sogar von der Vergangenheit forderte; es ist wie bei einigen Eifersüchtigen, die sich grämen, wenn im Vorleben der geliebten Frau nicht alles hell und rein ist. Woher aber nehmen die anderen, die Unberufenen, die stets ›richten und belehren wollen‹, das Recht, mit ihren Kinderstöckchen zornig nach den Männern von gestern zu schlagen? Halten sie sich für besser als jene? Offenbar ja, denn tadeln kann man nur, was man bei sich selbst nicht findet, andernfalls würde man wohl über den ›Splitter im Auge des Bruders‹ kein Wort verlieren angesichts des ›Balkens im eigenen‹.

Ich kehre zu Jakubow zurück. Die Grundlage seines Daseins war die Leibeigenschaft, was er auch ausnutzte – allerdings nicht so wie viele andere Gutsbesitzer, denn er mißbrauchte seine Rechte nie. Ich erwähnte schon, daß er an Geld und Naturalien soviel erhielt wie der ›Starosta brachte‹. Zu seinem Gesinde gehörten außer dem Kutscher, dem Koch und zwei, drei Lakaien mit ihren Familien noch Tischler, Schneider und Schuster, die er auf Zins in die Stadt entlassen hatte, ohne sich je danach zu erkundigen, wo und wie sie lebten und was sie verdienten. Er erhielt keinen Pfennig von ihnen. Nur wenn er Stiefel brauchte, dann befahl er seinem Schuster, sie zu nähen, und bezahlte, was sie kosteten. Wollte er seine Möbel reparieren lassen oder neue bestellen, verfuhr er ebenso.

Die leibeigene Dienerschaft des Hauses – andere, gedungene, gab es damals nicht – erhielt keinen Lohn, doch an jedem Feiertag pflegte Jakubow mich zu rufen und mir mehrere Häufchen von Silberrubeln zu geben. »Das«, sprach er, »gib dem Waska, das dem Mitka und das dem Grischka; und jede Schwester soll Ohrringe bekommen«, fügte er zum Schluß hinzu. Persönlich gab er ihnen niemals etwas, sondern ließ das durch uns erledigen.

»Mitka! Waska! Grischka!« sagen die modernen Leute. »Ist das nicht schändlich?« Ja, jetzt ist es schändlich, sogar unmöglich: Es gibt keine Leibeigenen mehr, und niemand würde zulassen, daß man ihn wie einen Hund beim Spitznamen ruft. Doch damals kam es einem nicht schändlich vor: Alle älteren Leute waren daran gewöhnt, und ich habe niemals gehört, daß die damaligen, bejahrten Gutsbesitzer, die oft kluge, gebildete Leute waren, ihre Diener auch in der Hauptstadt anders gerufen hätten als ›Bursche‹ oder ›Petruschka‹, ›Jegorka‹, ›Maschka‹, ›Daschka‹ usw. Eine andere Anredeform gab es nicht, es sei denn, jemand trug einen Namen, von dem sich beim besten Willen keine Verkleinerungsform bilden ließ, wie zum Beispiel Ferapont, Sossipatr, Trefil oder den weiblichen Namen Makrida.

Wir, das heißt die damalige junge Generation, gingen natürlich nicht mehr so mit der Dienerschaft um. Übrigens möchte ich daran erinnern, daß auch Gribojedow diesen Brauch bezeugt: Bei ihm ruft Famussow seine Diener nicht anders als ›Filka‹ und ›Petruschka‹. Folglich wäre es nicht gerecht, Jakubow diesen zu seiner Zeit allgemein üblichen Brauch zur Last zu legen. Mancher der ›Jungen‹ wird ihn sicher auch deshalb tadeln, weil er seine Diener nicht mit Sie ansprach. Dabei wandte sich Jakubow, als er einmal hörte, wie ich zu einem Diener sagte: »Pjotr, bring mir bitte dies und das ...« vom

Fenster zu mir um und sagte lebhaft: »Wie klingt dein ›bitte‹ doch gut!« Man wird sagen, daß ich mich nicht auf Famussow berufen könne: Er wäre eben deshalb Famussow, weil in ihm die veraltete Verderbnis seines Jahrhunderts verkörpert ist, wie auch in Skalosub, Moltschalin und den anderen. Aber es gab ja auch Tschazki, der diese Finsternis wie ein Lichtstrahl durchdrang.

Ja, es gab Tschazki-Gribojedow: Waren sie, diese Boten einer neuen Weltsicht, eines neuen Lebens, aber etwa zahlreich? Heißt das, daß sich jeder neue, jeder heutige Beurteiler der Vergangenheit rückblickend an Tschazkis Stelle setzt? Das ist anmaßend! Gleicht ein solcher Richter nicht dem oben angeführten Mathematikstudenten, der, weil er heute mehr weiß als Pythagoras und Ptolemäus, sich einfach mit ihnen gleichsetzen will?

Wie recht hatte Gogol, als er auf den Vorwurf, er hätte in seinem ›Revisor‹ keinen einzigen guten Menschen dargestellt, erwiderte, daß sich dann alle mit diesem guten Menschen identifiziert hätten und niemand sich in Chlestakow, im Stadthauptmann und den übrigen Figuren hätte wiedererkennen mögen. Gribojedow konnte in seiner Komödie nicht ohne einen ›guten Menschen‹ auskommen, und nun identifizieren sich alle, die die Vergangenheit verurteilen, mit der Rolle Gribojedow-Tschazki.

Aber Famussows, Skalosubs, Moltschalins und Chlestakows gibt es auch heute noch und wird es wohl immer geben, nicht nur in der russischen, sondern in der ganzen menschlichen Gesellschaft, allerdings in neuer Form; dadurch eben sind diese beiden Komödien so groß und unsterblich geworden, daß sie Formen schufen, in denen die Typen ganzer Generationen zusammenflossen.

Deshalb würde es nicht schaden, würde jedermann tiefer über die Frage nachdenken, zu welchem Personenkreis er in der Vergangenheit gehört hätte: zu Famussow, zu Chlestakow, zum Stadthauptmann und den anderen, die scharenweise auftraten und in der Mehrheit waren, oder zu den seltenen, glänzenden Ausnahmen wie Tschazki?

Ich muß aber – in den Augen der ›gestrengen Richter‹ – Jakubow sogar noch schlechter machen: Er war nämlich ein aufbrausender Hitzkopf. Doch war er kein galliger, bösartiger Greis, und sein jähes Aufbrausen legte sich so schnell wieder wie beim Schießpulver der Rauch. Wenn sich sein Diener etwas hatte zuschulden kommen lassen, ihn nicht zufriedenstellte, ihn – meist mit irgendwelchen Nichtigkeiten – ärgerte, so stampfte er mit den Füßen auf, hob beide Fäuste, preßte sie sogar manchmal gegeneinander und schrie drohend: »Der Teufel soll deine Seele holen! Ich reiß dir den Kopf ab!« Gerade so drückte er sich im Zorn aus. In solchen Augenblicken mußte er jedem, der ihn nicht gut kannte, schrecklich vorkommen. Doch blitzschnell war sein Zorn auch verraucht, und nie riß er seinem Diener ›den Kopf ab‹, ja es geschah nicht ein einziges Mal, daß er ihm auch nur einen Nasenstüber versetzt oder gar einen Burschen am Ohr oder an den Haaren gezogen hätte. Schon seine Hände sträubten sich gegen die Bewegung eines Schlages.

Und seinen Drohungen haftete meist etwas Lächerliches an. Er sitzt zum Beispiel bei Tisch, und – wie das so zu gehen pflegt – die Suppe ist versalzen oder der Braten etwas angebrannt. »Bursche!« schreit er drohend los, »bring mir meinen Stock!«

Er besaß einen dicken Stock mit rundem Griff, den er für seine Spaziergänge brauchte. Der ›Bursche‹, der fünfzig oder sechzig Jahre alt sein mochte und mit drei, vier anderen ebensolcher ›Burschen‹ hinter unseren Stühlen stand, uns die Teller reichte und im Sommer mit Zweigen die Fliegen über unseren Köpfen verjagte – dieser Bursche brachte ihm seinen Stock.

»Geh, laß Akimka« (unseren Koch) »daran riechen!« befahl Jakubow. »Und sag ihm, daß er von dieser Speise kosten wird, wenn er die Suppe noch einmal versalzt.«

Der ›Bursche‹ hörte sich ernsthaft den Befehl an und ging mit dem Stock zu Akimka in die Küche. Es ist mir aber nicht bekannt, ob er ihn daran riechen ließ ...

Jakubows Aufbrausen war natürlich eine Sache seines persönlichen Temperaments, doch sein distanziertes, kühles Verhältnis zu den Leibeigenen war nicht allein auf die Leibeigenschaftsordnung zurückzuführen. Er hatte im Heer gedient, noch dazu in der Marine, wo, zumal in früheren Zeiten, Subordination und Disziplin entsprechend dem Marinereglement Peters I. mit aller Strenge, oft sogar mit Grausamkeit gehandhabt wurden. Der Kommandant eines Kriegsschiffes besaß während einer Fahrt auf dem Meer große Rechte, im äußersten Fall sogar das Recht, die Todesstrafe an einem Untergebenen vollziehen zu lassen. Von daher rührten diese Spuren von Subordination und Ehrerbietung vor der Obrigkeit, überhaupt vor Ranghöheren, und Jakubow behielt sie zeitlebens bei.

Ebendeshalb bestand er auch darauf, daß ich dem Gouverneur meine Aufwartung machen sollte sowie dem Bischof und der ganzen Gouvernementsobrigkeit, also sämtlichen Leuten mit Rang und Namen im Gouvernement.

Da war nichts zu machen, ich mußte dem Wunsch des alten Herrn Folge leisten.

6

In einer zweispännigen Droschke fuhr ich beim Haus des Gouverneurs vor. Verzagt, ohne daß ich mir selbst hätte erklären können warum – sicher unter dem Einfluß von Jakubows Anstandsbegriffen –, betrat ich die Pförtnerloge. Es gab damals in der Provinz aber gar keine Pförtner, da man vor niemandem etwas hüten mußte, auch Klingeln gab es nicht, und die Eingangstüren wurden niemals abgeschlossen. In den Gesindestuben drängten sich müßige Lakaien. Ich wurde von einem Gendarmen empfangen, der mich dem ›Kammerdiener‹ melden ging. Man ließ mich bitten.

Durch einen geräumigen, elegant eingerichteten Saal, der mit vielen Spiegeln, Seidenvorhängen, Lüstern und Kandelabern ausgestattet war, wurde ich in das Arbeitszimmer geführt. Ich hatte einen aufgedunsenen Greis zu sehen erwartet, ähnlich den Gouverneuren, die ich in meiner Kindheit zu Gesicht bekommen hatte, und stand nun plötzlich vor einem schönen, schlanken Herrn von etwas über vierzig, in elegantem Morgenmantel und mit kokett gebundenem buntem Halstuch. Er empfing mich ganz wie ein Gouverneur, blickte mich flüchtig an und nickte mir beiläufig zu, gab mir aber nicht die Hand. Damals gaben sich ranghöhere Leute nicht so familiär gegenüber rangniederen wie jetzt.

»Ich bin gleich fertig, nehmen Sie solange Platz«, sagte er mit freundlicher, angenehmer Stimme und wies auf einen Stuhl.

Ich setzte mich. Der Sekretär, mager und mit bräunlichem Haar, las ihm Papiere vor und reichte sie ihm zur Unterschrift. Ich betrachtete inzwischen aufmerksam sowohl den Gouverneur als auch die Ausstattung seines Zimmers.

Der Gouverneur hatte schöne, regelmäßige Gesichtszüge, lebhafte braune Augen, schwarze Brauen und einen wunderbar geformten Mund mit schmalen Lippen. Sein Blick war flüchtig und wachsam zugleich, sein Lächeln fröhlich und ein wenig spöttisch. Seine schlanken, schöngeformten Hände hatten lange, durchscheinende Nägel. Zu Hause, im Morgenanzug und mit schneeweißen Manschetten sah er aus wie einer der Stutzer, die ich später in Petersburg in den ersten Reihen des Michailowski-Theaters sitzen sah. In seinem schwarzen Haar zeigte sich vorzeitiges Grau, wie das oft bei Brünetten der Fall ist.

Auf den Etageren und auf dem Tisch standen Statuetten, Damenporträts und verschiedene, elegante Nippes. An den Wänden hingen etliche Bilder, an einer Wand stand ein Bücherschrank.

Der Gouverneur war nun fertig, und der Sekretär begann sich zu verabschieden.

»Sie kennen sich nicht?« fragte er uns.

»Nein«, antworteten wir beide.

»Iwan Iwanowitsch Dobyschew, Kanzleivorsteher.«

Wir verbeugten uns leicht voreinander.

»Und ... Ihr Name und Vatersname, gestatten Sie?«

Ich nannte meinen Namen; er wiederholte ihn dem Sekretär.

»Sie kommen direkt von der Universität?« wandte er sich an mich.

»Ja.«

»Und was beabsichtigen Sie jetzt zu tun?«

»Einstweilen erhole ich mich, im Winter aber werde ich nach Petersburg fahren und den Dienst antreten.«

»Den Militär- oder Staatsdienst?« und dergleichen Fragen mehr.

Dann begann ich mich zu verabschieden.

»Grüßen Sie Pjotr Andrejewitsch« (Jakubow), sagte er zum Abschied, wobei er mir wieder nicht die Hand gab, »und sagen Sie ihm, daß wir, meine Frau und ich, schon ungehalten sind, daß er uns nie besucht. Ich sehe ihn fast jeden Tag, wenn er auf seiner Spazierfahrt hier vorüberkommt.«

»Gut, ich sage es ihm. Er macht keinerlei Besuche, er hat Angst!« sagte ich.

»Wovor?«

»Der 14. Dezember hat hier alle verschreckt; ihn offenbar mehr als alle anderen.«

Der Gouverneur brach in lautes Gelächter aus, wobei er seine vorzüglichen weißen Zähne zeigte.

»Gehen Sie zu meiner Frau, erzählen Sie ihr das.« Und er führte mich durch den Saal in ein zweites, ein drittes und schließlich in ein viertes Zimmer.

»Marja Andrejewna, wo bist du? Hör dir an, warum Jakubow uns nicht besucht!« Er führte mich hinein.

Seine Frau, die obenerwähnte hagere Dame mit welken Wangen und den tiefliegenden blauen Augen, saß in einem weißen Frisierumhang und mit unfrisiertem Kopf in einem kleinen Salon.

»Hör mal, Lew Michailowitsch, das geht doch wirklich zu weit: Du bringst einfach jemanden, noch dazu einen jungen Mann, zu mir herein, und ich bin mit meiner Toilette noch gar nicht fertig!« tadelte sie ihn.

»Ich stelle ihn dir vor: Das ist Herr Soundso.«

»Monsieur est très présentable«, bemerkte sie laut und ungeniert, wobei sie mich von Kopf bis Fuß neugierig musterte.

Ich erschauerte vor dieser direkten Einschätzung. ›Sie geht mit mir um wie eine römische Matrone mit ihrem Sklaven, macht gar keine Umstände!‹ dachte ich, der ich mich der römischen Geschichte so kurz nach dem Studium noch gut entsann.

»Weißt du, weshalb Pjotr Andrejewitsch uns nicht besucht? Er hat Angst vor einer Verschwörung, vor Geheimbünden: und das bei uns! Übrigens, wissen Sie«, fügte er hinzu und wandte sich an mich, »ich habe unter den Dekabristen viele Freunde, sogar Verwandte. Ja, von uns Jüngeren waren damals viele im geheimen wirksam, ich allerdings geriet ins entgegengesetzte Lager und war am 14. Dezember auf dem Platz mit dabei: Man bewarf mich aus den Reihen der Aufständischen mit Steinen, man stieß mich um ... Das wurde bemerkt ...«

»Und Gott sei Dank!« fügte seine Frau hinzu. »Dafür bist du jetzt Gouverneur. Gott weiß, was aus dir geworden wäre, wenn du dich mit ihnen zusammengetan hättest!«

Jakubow wollte seinen Ohren nicht trauen, als ich ihm von diesem Gespräch erzählte. »Er ist verrückt geworden: Er sieht dich das erstemal und läßt sich so gehen! Wenn das ein Gendarm hört, so wird er es melden!« entrüstete er sich.

»Sagen Sie Pjotr Andrejewitsch, daß wir ihn sehr gern haben«, bemerkte die Gouverneurin beim Abschied, »er soll uns jeden Tag besuchen; er soll zum Mittagessen kommen! Und Sie werden, wenn unsere Soireen beginnen, unser Gast sein. Sie tanzen doch, und sicher gut?«

»Sehr gern! In Moskau habe ich auf den Soireen immer die Masurka angeführt«, brüstete ich mich.

»Wunderbar. Sonja! Wo bist du, Sonja? Komm einmal her!« rief sie durch die offene Tür ins Nachbarzimmer.

Es kam ein junges, wunderschönes Mädchen von fünfzehn oder sechzehn Jahren herein, mit demselben wachen und lebhaften Blick wie der Vater, mit graziös geformten Lippen, einem schönen Näschen und einem Hauch von Rot auf den Wangen.

Als Erwiderung auf meine Verbeugung knickste sie schüchtern.

»Da haben wir noch einen Tänzer: Er wird anstelle dieses plumpen Mischa Loparew bei unseren Soireen dein Kavalier sein ...«

Ihr Blick glitt kurz in meine Richtung. Sie knickste wieder und verschwand. Danach fuhr ich nach Hause und ließ mich lange nicht mehr beim Gouverneur sehen (bis er den Gendarmen nach mir schickte), sosehr mich Jakubow auch nötigte.

»Zusammen mit Ihnen, bitte sehr«, redete ich mich heraus, denn ich wußte, daß er nicht hinfahren würde.

Bis zum Winteranfang machte ich die Bekanntschaft der gesamten Gouvernementsobrigkeit, des Präsidenten und der Räte der Kammer, der Mitglieder verschiedener Verwaltungen und vieler Gutsbesitzer, die den Winter in der Stadt verbringen wollten.

Fast alle diese Leute, die großen wie die kleinen, waren nicht allein durch das damals unbedeutende Gehalt an ihre Ämter gebunden: Ein Kammerpräsident erhielt dreitausend Rubel, die Räte so ihre zweieinhalbtausend, die Geringeren – Amtsvorsteher, verschiedene Sekretäre und dergleichen – je nachdem, eineinhalb- oder eintausend; die ganz Geringen bekamen siebenhundert bis dreihundert Rubel, manche sogar noch weniger.

Damit konnte nun wirklich keiner auskommen, zumal wenn er Familie hatte, und noch dazu in der Provinz, wo sich sogar die Kleinbürger Pferde hielten. Jeder aß zu Hause, Klubs gab es nicht. Nahm man eine Einladung zum Essen an, so mußte man auch seinerseits einladen – überall Ausgaben. Wovon lebten also alle diese ›Amtspersonen‹? Von ihren ›Einkünften‹.

Von Jakubow hörte ich viel über die Vermögensverhältnisse der Hochgestellten im Gouvernement. Über die riesigen Vermögen des

Adels, die Herkunft und die Höhe ihrer Einkünfte wußte er, der seine eigenen nicht kannte, ausgezeichnet Bescheid. »Die Brüder Iglew«, sagte er, »haben bis zu fünfhunderttausend Rubel an Einkünften – der ältere lebt luxuriös und verschwenderisch, während von dem jüngeren, N. M., noch nie jemand auch nur eine Tasse Tee bekommen hat. Er hockt ständig auf seinem Dorf, trinkt morgens Milch und ißt mittags gekochtes Rindfleisch mit Sauerkohl. Er hat ein uraltes Herrenhaus, nur die Orangerien sind noch zu was nütze! Er hat Pfirsiche, eigene Ananas ...«

»Aber die ißt er doch sicher – und nicht immer nur Kohl!« widersprach ich.

»Woher denn! Er schickt alles in die Stadt auf den Markt. Allein an seinen Äpfeln verdient er fünftausend im Jahr. Wenn aber ein Kind oder ein altes Weib in seinem Garten einen Apfel anrührt – dann verprügelt er sie!«

Von einem anderen erzählte er: »Der hat hunderttausend im Jahr, ausgeben tut er zwei – für seine Jagdhunde.«

Wenn Jakubow mit mir durch die Stadt fuhr, teilte er mir viele Einzelheiten über die Beamten und Geschäftsleute mit. Er wies bald auf dieses, bald auf jenes Haus: »Das ist das Haus des Rates oder Präsidenten Soundso«, und erzählte: »Er kam hier an, für die Universität lieh er sich Geld von mir, und jetzt hat er ein schönes Dorf mit dreihundert Seelen, das Haus hat er gebaut, seine Frau läßt sich Kleider aus Moskau kommen, er treibt viel Aufwand ...«

»Woher kommt denn das alles? Hat er sich etwa eine reiche Braut genommen?« fragte ich.

»Nein, er nahm eine arme Adlige, eine Waise. Du fragst, woher? Er hat zehn Jahre als Sekretär im Konsistorium zugebracht, dort hat er einiges erworben, dann nahm ihn der Gouverneur Tmakin als Sekretär zu sich, er war tüchtig, zog bald nach Petersburg, bestach, wo es nötig war, und kehrte als Präsident zurück. Ein Gauner, ein Galgenstrick!« schloß er.

Von sämtlichen Rentiers und Amtspersonen entwickelte er mir einen ähnlichen Verlauf ihrer Karriere. Er sprach mit Abscheu über diese Dinge, denn der ehrliche Seemann, der nicht einmal die Erträge seines Gutes kannte, verachtete diese Art von Erwerb in höchstem Maße. Deshalb hatte er auch seinen Zivildienst im Gouvernement aufgekündigt. »Für unsereins, einen Adligen, ist die Zusammenarbeit mit denen da zu schmutzig«, meinte er.

Im übrigen gab sich die ganze Stadt, das heißt die Gouvernementsöffentlichkeit, mit diesem System der amtlichen Nebeneinkünfte nicht nur zufrieden, sondern begünstigte es sogar. Wer zu dumm war, auf diese Weise zu etwas zu kommen, oder eine weniger einträgliche Stelle hatte, dem ging es eben nicht so gut.

Der Regierung war natürlich bekannt, daß das staatliche Gehalt für den Lebensunterhalt nicht reichte, deshalb steckte sie ihre Nase auch nicht in diesen Abgrund der unrechtmäßigen Einnahmen – offensichtlich duldete sie sie; beziehungsweise wie das Französische zutreffend sagt: tolérait.

Diese Einnahmen nannte man auch nicht Bestechungsgelder, mit welchem Begriff man gewöhnlich Erpressung und Bedrückung, den nackten Ausverkauf der Justiz im Kreisgericht, in der Kammer und bei den vermögensrechtlichen Prozessen brandmarkte. Solche bestechlichen Richter waren in aller Augen und Munde und genossen keinerlei Achtung. Wenn man überhaupt Umgang mit ihnen pflegte, dann nur des persönlichen Vorteils wegen.

»Gauner, Galgenstrick!« sagte Jakubow bei der Begegnung mit einem derartigen Richter und schwang sich rasch auf die andere Seite des Kremsers, um die Verbeugung nicht erwidern zu müssen.

Man wird fragen, was für Einnahmen die Amtspersonen denn sonst haben konnten? Ich war selber im Zweifel, doch nachdem ich mit dem Amtspersonal näher bekannt geworden war, tat sich mir nach und nach ein Blick in diesen Abgrund auf. Zum Beispiel erfuhr ich, daß jeder Geistliche oder für die Kirchenverwaltung Tätige, der dem Konsistorium jährlich zwei Bücher vorlegen mußte, ein Matrikelbuch und noch eines – welches, weiß ich nicht mehr –, diesem eine feststehende Summe, entsprechend der Größe der Kirchengemeinde, für den Sekretär beilegte: der eine hundert, der andere zweihundert Rubel oder noch mehr. Bei der großen Zahl der Gemeinden ist es erklärlich, daß sich aus derartigen Spenden eine ansehnliche Summe ergab. Und wenn man dem noch die Ehescheidungsangelegenheiten hinzufügte – da kann so ein Sekretär ja nicht umhin, Häuser und Dörfer zu erwerben!

Genauso war es im Gouvernementsdienst: Die Stadthauptleute und Kreispolizeichefs legten ihren jährlichen Abrechnungen, Berichten und dergleichen ebenfalls ›Einlagen‹ in einer bestimmten Höhe bei, die manchmal sehr hoch waren, nämlich dann, wenn in diesen Abrechnungen und Berichten, das heißt folglich in den Städten und Kreisen, nicht alles zum besten stand.

Sie legten das Geld nicht in der Absicht bei, irgendwelche dunklen Dinge zu verschleiern, sondern einfach aus Gewohnheit. Wie sollten sie auch nicht: Ein Amtsvorsteher oder eine Person mit besonderem Auftrag konnte ihnen, wenn etwas vorfiel, schaden, erhielt er aber ein kleines Geschenk – so würde er es sich überlegen, und sollte eine Unregelmäßigkeit vorkommen, so würde er sie decken und sich in Schweigen hüllen.

Ich bitte zu bemerken, daß ich von einer längst vergangenen Zeit spreche: Jetzt werden von den Geistlichen sicher bloß die Bücher ins Konsistorium gesandt und von den Stadthauptmännern und Kreispolizeichefs nur die reinen Rechenschaftsberichte eingeschickt, ohne ›Einlage‹ für die Sekretäre.

Ich entsinne mich der amüsanten Erzählung eines Gouvernementsbeamten zur besonderen Verwendung, Janow, der ein gebildeter Mann und fröhlicher Gesprächspartner war und dessen Anekdoten- und Erzählungsschatz schier unerschöpflich schien. Uglizkis Vorgänger hatte ihn für Kanzleiarbeiten verwendet, denn Janow schrieb rasch, gewandt und gut, doch mußte er dieses Postens wieder enthoben werden, weil er in amtliche Schreiben Witz und Humor einfließen ließ. Der Gouverneur sagte ihm eines Tages, daß in amtlichen Schreiben an wichtige Personen die Namen in ihrer Gänze geschrieben werden müßten, also nicht Jegor Petrowitsch, sondern Georgi, nicht Jefim, sondern Jewfimi Iwanowitsch, nicht Sergej, sondern Sergi usw., unwichtige Leute aber könne man in der einfachen Namensform anreden. Janow nahm das zur Kenntnis und schrieb nun an irgendeinen Minister in Petersburg ›Fedorej Pawlowitsch‹ oder ›Michali Iwanowitsch‹, umgekehrt adressierte er an einfache Leute statt ›Afanassi Stepanowitsch‹ – ›Afanas Stepanowitsch‹ usw. Einige dieser Schreiben gelangten bis Petersburg und erregten dort Aufsehen. Dann vermerkte er in einem amtlichen Schreiben, in dem von einem verstorbenen Beamten die Rede war, daß der ›Selige von unseligem Charakter‹ gewesen sei. Wegen dieser Scherze wurde er seines Postens enthoben.

Aber zu seiner Erzählung zurück. Er gab sie in der Gouvernementskanzlei in Gegenwart von anderen, darunter auch Kanzleivorstehern, zum besten. Der Gouverneur hatte die Absicht, einer Verordnung entsprechend das Gouvernement zu inspizieren, und hatte Janow zu den Orten, die er selbst in Augenschein nehmen wollte, vorausgeschickt. Das geschah deshalb, damit in den Kreisgebieten alles in Ordnung gebracht und das Nichtintakte instand gesetzt werden konnte; auf einen Nenner gebracht: damit die Obrigkeit dort, wo sie schlief, aufwachte und sich ihres Amtes besann. Plötzlich einzutreffen, Unregelmäßigkeiten zu bestrafen und die notwendigen Korrekturen abzuwarten – schien noch schlimmer zu sein. Nach der Abreise des Gouverneurs würde man ja sowieso wieder in den alten Schlendrian verfallen. Die Gouvernementsobrigkeit wußte das aus Erfahrung sehr genau.

»Ich fuhr also los«, erzählte Janow, »kam in K. an und stieg beim Stadthauptmann ab. Mein Quartier war schon vorbereitet. Er bewirtete mich mit einem ausgezeichneten Frühstück und begann mir dann dicke Akten, irgendwelche Bücher und Papiere vorzulegen. ›Machen Sie sich die Mühe, Eingang und Ausgang der Gelder zu überprüfen‹, sagte er. Ich vertiefte mich stirnrunzelnd darein, las aber keine Zeile bis zu Ende, sondern tat nur so, als ob ich die Bilanz überprüfte. ›In Ordnung‹, sagte ich, ›leben Sie wohl.‹ – ›Da ist noch die Polizei und die Feuerwehr, wollen Sie die nicht ansehen?‹ Ich war aber schon in meinen Tarantas gekrochen. ›Ach, hol dich der Teufel, du Quälgeist!‹ dachte ich und sagte: ›Ausgezeichnet! Wie das funkelt! Und die Feuerwehrleute, was für Prachtkerle!‹ Dabei sah ich vor mir vier erbärmliche, kleine Soldaten in ihren abgetragenen Uniformen. ›Die Uniformen sind sicher eben erst fertig geworden‹, spöttelte ich. Dann begann ich meine Handschuhe anzuziehen, ein Finger wollte aber nicht hineingehen – was war das? Ich drehte den Handschuh um und mir regneten so an die zwanzig Goldstücke aufs Knie. Flink sammelte ich sie ein und steckte sie in die Tasche. ›Leben Sie wohl‹, sagte ich und zog den Hut, ›bei Ihnen ist alles in bester Ordnung, Sie sind ein beispielhafter Beamter, das werde ich auch dem Gouverneur berichten. – Fahr zu!‹

Dann kam ich in S. an. Dieselbe Geschichte: Nachtlager beim Stadthauptmann, ein ausgezeichnetes Abendessen mit Champagner – woher nehmen sie den nur in so einem Krähwinkel? Am nächsten Tag Besichtigung auf die gleiche Weise und Abfahrt. Ich verabschiede mich und ziehe meinen Handschuh an: Wieder geht ein Finger nicht hinein, wieder ist der Handschuh schwer. Mir gefiel das. Danach begann ich schon selbst darauf zu achten, ob der Handschuh schwer war und ob alle Finger hineingingen ...«

»Sie denken vielleicht, er scherzt?« sagte ein Sekretär lachend zu mir. »Keineswegs: Haargenau so war es!«

»Wieso sollte ich scherzen?« bemerkte fast beleidigt der Erzähler.

»Nachdem ich von der Revision zurück war, erzählte ich das Ganze zum Mittagessen beim Gouverneur und erheiterte alle damit.«

»Hat auch der Gouverneur zugehört?«

»Wieso denn nicht – er hat sich ja am meisten darüber amüsiert!« schloß Janow.

»Wofür hat man Ihnen denn etwas gegeben?«

»Wofür? Na dafür, daß ich mir nichts genauer angesehen habe.«

»Und Sie verspüren nichts von dem, was man bezeichnet als ...?« begann ich und hielt inne, weil mir das Wort nicht einfiel.

»Skrupel, wollen Sie sicher sagen?« fuhr Janow fort. »Natürlich hatte ich welche! Ich dachte sogar daran, das Geld zurückzugeben, doch ... ich überlegte es mir anders. Denn es war ja keine Bestechung – pfui, wie kann man nur! Ich bin weder in der Lage, jemanden in die Enge zu treiben, noch ihn zu verklagen, und hätte ich eine Unregelmäßigkeit gefunden, so hätte ich es demjenigen selbst gesagt und ihm geraten, sie zu korrigieren. Hier aber steckten sie mir einfach überzählige Gelder zu, noch dazu unrechtmäßig erworbene. Wie sollte ich die nicht nehmen und in die Tasche stecken, um so mehr, als sonst meine Handschuhe geplatzt wären, sie hätten das ja nicht ausgehalten ...«

Und der Erzähler und sämtliche Zuhörer lachten.

Ich erinnere mich auch an folgendes: In diesem Winter erzählte eine Dame, eine unbemittelte Gutsbesitzerin, in meiner Gegenwart ihrer Freundin und einem alten Verwandten, daß sie im Zweifel wäre, wem sie ihre Tochter, ein hübsches Mädchen, mit dem ich manchmal auf den Soireen getanzt hatte, geben solle.

»Zwei haben sich in meine Katja verguckt«, sagte sie, »Jagorski und Malchin; eh man sich's versieht, machen sie ihr einen Antrag, und dabei weiß ich noch gar nicht, wem ich sie geben soll. Jagorski, ja das wäre ein ausgezeichneter Bräutigam! Meiner Katja gefällt er auch, er ist ganz stattlich, tanzt wunderbar, spricht französisch, überschlägt sich fast dabei ...«

»Wenn er dem Fräulein gefällt, dann würde ich sie ihm geben«, fiel ich ein.

»So sind die jungen Leute: Sie haben immer nur Romane im Kopf! Ich habe aber noch zwei andere Töchter im Hause; viel kann ich ihnen nicht mitgeben, wovon sollen die jungen Leute also leben? Malchin hingegen, der hat anderthalbhundert Seelen und Einkünfte aus seinem Amt, wie es heißt, bekommt er fünftausend ...«

»Erlauben Sie! Er hat ja eine Glatze, ist dick und nimmt noch dazu Bestechungsgelder!« unterbrach ich sie voller Abscheu.

»Aber nein, er ist frisch und rüstig, steht, wie es heißt, ›in der Blüte seiner Jahre‹. Ein Bäuchlein hat er allerdings, aber auf den Bällen tanzt er noch«, trat der Greis für ihn ein. »Und was heißt hier Bestechungsgelder! Das sind keine Bestechungsgelder, gnädiger Herr, sondern er hat Einnahmen in seiner Stellung als Rat beim Gouvernementssteueramt!« fügte er streng hinzu.

»Na, das ist doch dasselbe!« sagte ich.

»Wie denn – dasselbe!« ereiferte er sich. »Das ist nicht dasselbe! Wenn Sie erst einmal im Amt sind, werden auch Sie Einnahmen haben; ohne Einnahmen geht es nicht ...«

»Das werde ich nicht!« schnitt ich ihm ärgerlich das Wort ab.

»Jung und grün!« sagte Katjas Mutter.

Indem er also die unrechtmäßigen Einnahmen passiv zuließ, teilte der Fiskus mit den Amtspersonen seine Einkünfte und ergänzte auf diese Weise die unzulänglichen, zum Leben zu spärlichen Gehälter.

7

Der Gouverneur, Lew Michailowitsch Uglizki, war von altem Adel und hatte seine Bildung im Pagenkorps oder zu Hause erworben, wahrscheinlich aber an keiner Lehranstalt. Er sprach geläufig französisch und beherrschte die russische Sprache meisterhaft und ohne papiernes Pathos. Frei, klug und brillant strömte sie von seinen Lippen, Humor blitzte auf, unerwartete, geschickte Wendungen, scharfsinnige Vergleiche und Antithesen wurden gebraucht. Auch ich, wie viele andere, vergaß über seinen Erzählungen die Zeit: Er war ein virtuoser Erzähler. Nicht das systematisch erworbene, sondern das auf die Schnelle aufgeschnappte Wissen über alle und alles verstand er meisterhaft zu nutzen. Dieses Wissen hatte er nicht durch Bücher und nicht in der Schule erworben, sondern durch das Leben selbst, seine Tätigkeit und die zahllose Menge seiner Bekannten aus allen Gesellschaftsschichten. Wie im Nähkästchen einer Schneiderin war in seinem Gedächtnis ein wahres Flickwerk aus allen nur möglichen Kenntnissen vorhanden, und rasch und geschickt wählte er dann das im jeweiligen Augenblick notwendige Bruchstück aus. Was in sein Gedächtnis geriet, blieb dort für immer haften und war sein treuer Diener. Seinen Blick und Geschmack hatte er in der Literatur und anderen Künsten, besonders der Malerei, geschult, so daß er nicht nur ein Liebhaber, sondern auch ein Kenner guter Bilder war. Seine Selbstsicherheit im Gespräch war einfach erstaunlich: Wie ein glänzender Fechter in eine feindliche Formation einbricht, stieg er kühn in die Konversation ein und wich geschickt aus, wenn er auf ein unüberwindliches Hindernis stieß.

Besonders meisterhaft, so wie ein vorzüglicher Fechter seinen Degen, beherrschte er den Sophismus, und mit ihm zu streiten, ihn in die Grenzen strenger Logik zu verweisen, war schwierig, denn er ergab sich nicht.

Einige seiner Erzählungen warteten förmlich darauf, aufgeschrieben zu werden. Wenn ich vorausgesehen hätte, daß ich einmal in der Presse veröffentlichen würde, hätte ich mir einige seiner Erzählungen in meinem Notizbuch notiert. An manche erinnere ich mich bis heute. Besonders interessant waren seine Charakteristiken von einigen bekannten, berühmten Persönlichkeiten, zu denen er in privater oder dienstlicher Beziehung gestanden hatte. Er war lange Adjutant verschiedener Vorgesetzter gewesen und hatte ihre Absonderlichkeiten lebhaft im Gedächtnis behalten. Seine zahllosen Erinnerungen hatten sich seit über dreißig Jahren, also seit dem Anfang unseres Jahrhunderts, angesammelt. Wie Onegin entsann er sich sämtlicher Anekdoten ›seit den Tagen des Remus bis auf unsere Zeit …‹ Er hatte von Natur aus eine künstlerische Begabung – und wie ein Maler entwarf er auch die Porträts verschiedener Helden, zum Beispiel die von bekannten Politikern oder Höflingen beziehungsweise von Helden des Vaterländischen Krieges – an dem er als junger Mann teilgenommen hatte und Paris einzunehmen aufgebrochen war – oder einfach von Leuten, die in der Gesellschaft eine Rolle spielten. Doch gab es hierbei einen Haken: Diese entworfenen Bilder – sowohl von den Personen als auch von den Ereignissen – waren manchmal derart bestechend virtuos, bis ins kleinste Detail hinein ausgeklügelt gezeichnet, daß sowohl die Personen als auch die Ereignisse mitunter ganz und gar erfunden zu sein schienen. Als ich einige Erzählungen mehrmals gehört hatte, bemerkte ich ab und an Veränderungen und Zusätze. Deshalb mußte man ihrem Wahrheitsgehalt, was die Fakten betraf, mit größter Vorsicht begegnen. Seinen filigran gewirkten Erzählungen lauschte jedermann mit Genuß, ich allerdings auch mit einigem Zweifel. Ich drang in das Spiel seiner Phantasie ein, spürte, wo er die Wahrheit sagte und wo er ausschmückte, und ergötzte mich weniger am Inhalt als vielmehr an der künstlerischen Form seiner Erzählungen. Anscheinend ahnte er das auch und legte es selbst nicht sosehr darauf an, im Zuhörer Vertrauen in die Echtheit des Geschilderten zu erwecken, als vielmehr den berühmten ›Effekt‹ hervorzurufen – was ihm auch stets gelang.

Übrigens war er trotzdem ungebildet, zumindest nur halb gebildet. Weder im Russischen noch im Französischen konnte er auch nur zwei oder drei Zeilen grammatikalisch richtig schreiben, denn es mangelte ihm an Orthographie und Syntax. Für seine Korrespondenz, ja selbst um einfache, intime Briefe zu schreiben, brauchte er also einen oder mehrere Sekretäre. Wie so etwas möglich war, weiß ich bis heute nicht. Ich habe ihm, vor allem später in Petersburg, lange als freiwilliger Sekretär gedient.

Sein Haus war geschmackvoll eingerichtet und von bestechender Eleganz. Besonders die Gemäldesammlung in seinem Arbeitszimmer war bemerkenswert. Außerdem ließ er zur Ergänzung des staatlichen Inventars noch viele unnötige Dinge aus Moskau und Petersburg kommen – die aber immer von Geschmack zeugten –, schaffte sich eine elegante Equipage und schöne Pferde an und stellte einen vorzüglichen Koch ein. Sein Kammerdiener war so etwas wie ein französischer Lafleur, Picard oder Lebelle: glatt, schön, wohlgenährt und fast so elegant gekleidet wie sein Herr, trug er erkünstelte Wichtigkeit zur Schau, verhielt sich ehrerbietig gegen die Exzellenz und unverschämt Bittstellern gegenüber – also ein Gauner und bestechlicher Mensch. Mit einem Wort: Es war alles großartig und herrschaftlich und nicht nach provinziellem, sondern nach Petersburger Maßstab zugeschnitten.

»Offenbar besaß er viel Geld?« wird man also fragen. Uglizki hatte aber nichts als sein Gehalt und ... Schulden! Sein Gehalt betrug sechstausend Papierrubel, außerdem bewohnte er ein dem Staat gehörendes Haus mit freier Heizung und Beleuchtung – das war alles. Später wurden allerdings die Bezüge verdoppelt, doch weiß ich nicht, ob das noch unter Uglizki oder erst nach seinem Weggang geschah. Wie sollte er von diesem Gehalt leben, noch dazu auf so großem Fuße, derartig elegant?

Man könnte meinen, daß er ebenfalls ›Einkünfte aus seinem Amt‹ hatte. Nein, niemals. Er war unbestechlich und hielt sich tadellos und wie ein Gentleman. Alles, was aus den Läden ins Gouverneurshaus kam, wurde umgehend bezahlt. Das war während seiner gesamten Amtszeit so, und bei seiner Abreise hinterließ er weder bei einem Kaufmann noch in einem der Geschäfte auch nur einen Groschen Schulden.

So wie er sich mit einem eleganten Anzug von einem Petersburger Schneider brüstete, brüstete er sich auch mit dem Schnitt und dem Weiß seiner Wäsche und mit seinen reinen, durchscheinenden Nägeln. Weder in seinem Äußeren noch mit kleinen Schulden war er nachlässig. »Das ist ›mauvais genre‹«, sagte er, »denn dann muß ich mit diesen Krämern in eine Garküche gehen und Tee trinken oder in Petersburg mit einer Schirmmütze über den Newski-Prospekt promenieren und mich im Theater mit grünen Wildlederhandschuhen in die erste Reihe zwängen ... Pfui! On risque se déclasser!« Große dienstliche ›Einnahmen‹ verabscheute er nicht minder, so zum Beispiel die von den Pachtinhabern jährlich beigebrachten finanziellen Beihilfen, mit denen diese dem Gouverneur und der höhergestellten Obrigkeit sicherheitshalber gleich einige Tausend zukommen ließen. Uglizki erzählte mir später von den Versuchen eines Pachtinhabers, ihm derartiges Geld zuzustecken.

»Wie haben Sie darauf reagiert?« fragte ich.

»›Allez vous promener!‹ erwiderte ich ihm auf seine Andeutungen hin. ›Das wird aber überall gemacht, das ist so üblich!‹ beharrte der Pachtinhaber, dann zog er mit langer Nase ab.«

Das war natürlich die Wahrheit. Wenn Uglizki auf diese Einnahmen aus gewesen wäre, so hätte er das Ganze mir gegenüber nicht erwähnt. Doch was er dann hinzufügte, brachte mich in Verwirrung. »Wer solche Geschenke annimmt«, sagte er, »der ist dann verpflichtet, bei der Pacht verschiedenes durchgehen zu lassen. Im vergangenen Frühling kam derselbe Mann mit der Bitte zu mir, ich solle doch das Korn zum Verschiffen auf der Wolga freigeben.« (Was für Korn das war und warum es nicht freigegeben werden konnte, weiß ich jetzt nicht mehr.)

»Was taten Sie?« fragte ich. »Sie erlaubten es doch nicht?«

»Natürlich nicht. Er begann mich mit Bitten zu bestürmen: Wir wären doch Freunde, wir wären uns doch so sympathisch; c'est un bon enfant après tout. Ich wollte ihn nicht mit einer so unfreundlichen Absage abspeisen und sagte: ›Also gut, ich fahre nächste Woche in den Kreis S. – einigen Sie sich dann mit dem Vizegouverneur, er wird in meiner Abwesenheit das Gouvernement verwalten.‹«

»Wie reagierte er darauf?«

»Er sagte nichts, sondern kratzte sich nur am Ohr. Ich fuhr dann fort. Im Kreis S. mußte ich über die Wolga setzen, und dort sah ich Schuten schwimmen. Ich erkundigte mich, wem sie gehörten und was sie beförderten, und man sagte mir, daß der Pachtinhaber sie mit Korn flußabwärts schicke ...«

Der Gouverneur beendete seine Erzählung mit einem Lachen. Ich weiß nicht, ob er überhaupt bemerkte, welche enorme und unsaubere Spitzfindigkeit er da in seinem Dienst duldete. Mein Barometer für seine Moral begann zu schwanken. Außerdem spielte er bei den Soireen Karten, zwar keine Hasardspiele, aber er war ein begeisterter Spieler und setzte sich auch mit dem Pachtinhaber an einen Tisch. Der scharfzüngige Janow erzählte, daß der Pachtinhaber, »wenn er mit Lew Michailowitsch spielt«, kein Glück habe, wie er mit komischem Seufzer hinzufügte.

»Weshalb hört er denn nicht auf zu spielen, wenn er verliert?« fragte ich.

Janow lachte und schlug mir aufs Knie.

8

Und trotzdem steckte Uglizki bis über beide Ohren in Schulden. Es waren keine kleinen Summen, sondern ziemlich hohe, zudem noch ständige Verpflichtungen. Die Gesamtsumme dieser ständigen Verpflichtungen gab er mit siebenunddreißigtausend an. Die Höhe der kleineren Schulden wechselte immer mal, bald waren es mehr, bald weniger: Weniger wurden sie, wenn ein Gläubiger gerade in einem günstigen Augenblick kam und wußte, daß Uglizki eine größere Summe erhalten hatte, denn er bezahlte dann, wenn nicht alles, so doch einen Teil. Blieb eine Schuld allzu lange unbeglichen, so wurde sie nach einer bestimmten Frist den ständigen zugerechnet. Allerdings setzte Uglizki seine Hoffnung auf eine reiche, kinderlose Erbtante in Petersburg – doch war diese Erbschaft genauso zweifelhaft wie die Ankunft eines ›reichen Onkels aus Amerika‹.

Also lebte er ›bloß vom Borgen‹, wie – nach Puschkins Worten – Onegins Vater es tat. Offenbar existierte damals die ganze ältere Generation auf diese Weise: Nur ein ›Fauler‹ machte keine Schulden, hieß es auch im Sprichwort. Warf man jemandem seine Schulden vor, so hatte der stets die stereotype Antwort parat: »Wer hat denn keine?«

Uglizki hatte das Schuldenmachen zum System ausgebaut, das er ebenso virtuos handhabte wie seine Erzählungen mit Humor und Scharfsinn. Dieses System war offenbar der Erziehung und den Sitten seiner Zeit geschuldet. Schulden wurden gemacht und nicht zurückgezahlt, ohne daß man das vom moralischen Standpunkt aus verurteilt hätte. Es war genau wie mit dem Kirchgang und der Erfüllung der religiösen Zeremonien, was mit dem Wesen der Gläubigen ja nicht immer deckungsgleich ist. Einem nahestehenden Menschen etwas aus der Tasche oder vom Tisch zu stehlen und sich heimlich anzueignen, hätte keiner von diesen Gentlemen jemals fertiggebracht; eher hätte er sich erschossen. Doch sich mit dem Versprechen, es ›bei nächster Gelegenheit‹ und ›sobald die Möglichkeit dazu besteht‹ zurückzugeben, Geld zu borgen und es dann zu vergessen – das spielte keine Rolle, das war erlaubt! Daß diese Herren sorglos und ohne sich um den morgigen Tag zu kümmern leben und des Nachts tief und fest schlafen konnten – ist für einen Menschen mit gesundem Verstand und gutem Erinnerungsvermögen unbegreiflich! Sie taten es aber, lebten behaglich, komfortabel und elegant – und hielten sich dabei ernstlich für Gentlemen. Uglizki beispielsweise erzählte mir später, bereits in Petersburg (ich eile voraus), wie er einmal im Ausland ›entre de mauvais draps‹ gekommen sei und sich wieder herausgewunden hätte. Nach seinem Abschied hatte er sich in Paris niedergelassen, natürlich mit einer Freundin. Seine Penelope, Marja Andrejewna, war mit dem ›Antoniusbrot‹ in einer kleinen Wohnung in Petersburg zurückgeblieben; seine Tochter war, um ihre Erziehung abzuschließen, in einem erstklassigen Pensionat untergebracht worden, natürlich auf Kosten anderer – nämlich die einer Tante oder einer anderen Wohltäterin, ich weiß es nicht mehr. Uglizki mietete in Paris eine Wohnung und schaffte sich Möbel an, die erlesensten, versteht sich – alles auf Kosten seiner ganz in ihn vernarrten Geliebten. Das Paar lebte nun munter drauflos, genoß alles Glück, das Paris bieten konnte – und hatte nach einem Jahr alles verpraßt. Er verkaufte das gesamte Inventar für einen Spottpreis, fuhr an den Rhein und dann nach Frankfurt. Eines Tages – »figurez-vous«, sagte er, »besaß ich nur noch fünfundzwanzig Taler.« Ich erschrak beim Zuhören, obgleich es ja nicht mich betraf. »Was haben Sie denn da gemacht?« fragte ich.

»Während ich in Frankfurt die Boulevards entlanglief, dachte ich immerfort darüber nach, wie ich mich aus der Schlinge ziehen könnte … Es gibt in Frankfurt einen Pavillon in einem der Öffentlichkeit zugänglichen Garten, in dem sich eine Plastik von ›Ariadne auf dem Tiger‹ befindet. Weil ich nichts zu tun hatte, ging ich dorthin. Während ich diese Ariadne betrachtete, fiel mir ein, daß der Garten ja einem reichen Bankier gehörte. An den konnte ich mich wenden. Ich ging also zu ihm, er war zu Hause und empfing. Ich ließ mich als ein ›Gentilhomme russe‹ melden. Der Bankier empfing mich mit ausgesuchter Höflichkeit, fragte, womit er diese Ehre verdient habe usw. Leicht, lässig und mit Humor stellte ich ihm meine kritische Lage vor Augen. ›Figurez-vous‹, sagte ich, ›ich habe noch fünfundzwanzig Taler in der Tasche, nach Hause aber sind es für mich mehr als dreihundert Meilen … und ich muß unbedingt …‹ – ›Wieviel brauchen Sie, um bis nach Hause zu kommen?‹ fragte er, nachdem er mich angehört hatte. ›Zweitausend Franken glaube ich, werden reichen …‹ Stellen Sie sich vor, er trat an den Tisch, riß einen Scheck auf diese Summe ab und befahl einem Diener, mich zur Kasse zu begleiten.«

»Aber Sie mußten es ihm doch bald zurückzahlen: Hatten Sie denn Geld in Aussicht?«

»Keinen Groschen.«

»Was gedachten Sie denn zu tun?«

»Ich dachte überhaupt nicht.«

Voller Angst um sein weiteres Schicksal sah ich ihn an, er aber antwortete mir mit einem fröhlichen Blick.

»Il y a une providence pour les malheureux«, fuhr er fort. »Figurez-vous: Der russische Hof reiste damals gerade den Rhein entlang, ich eilte nach Ems – und fand unter den Höflingen Freunde und Bekannte aus dem Dienst. Denen stellte ich meine Lage lebhaft vor Augen, schilderte sie in grellen Farben, ja brach sogar in Tränen aus. Man machte höheren Orts Mitteilung über mich ... dort erinnerte man sich daran, daß ich einst auf den Hofbällen getanzt hatte – und gab mir zweitausendfünfhundert Franken. Ich sandte sofort dem Bankier das Geld zurück und reiste eilends nach Rußland.«

Hier will ich noch zwei Geschichten von Uglizki und seinem Freund, dem Oberst a. D. Slanzow, einflechten – jeweils von dem einen über den anderen erzählt. Slanzow war ein Regimentskamerad von Uglizki und, wie es so schön heißt, mit ihm ein Herz und eine Seele. Sie hatten die gleiche Erziehung genossen, glichen sich in den Sitten, dem vornehmen Ton, den Manieren, dem Stutzertum, waren gleich redegewandt im Französischen wie im Russischen und hatten im Schriftlichen die gleichen Schwierigkeiten. Anscheinend legte diese ganze Generation damals nicht allzuviel Wert auf die Beherrschung der Schriftsprache. Sich schriftlich zu äußern hieß bei einigen damaligen Militärs auch verächtlich: ›sich in Tinte baden‹.

Slanzow besaß an der Wolga ein stattliches Gut, auf dem er die Sommermonate verbrachte; in der Stadt aber war er Uglizkis Gast. Wenn sie zusammenkamen, war es für die Gäste ein wahres Fest, ihnen zuzuhören. Einmal saßen wir nach dem Mittagessen zu dritt – das heißt sie beide und ich – in Uglizkis Arbeitszimmer am Kamin. Sie schwelgten in freimütigen Erinnerungen und warfen sich gegenseitig unangenehme Vorkommnisse an den Kopf, so als ob sich ausgelassene Kinder nach dem Essen mit Brotkügelchen bewerfen.

Uglizki erzählte mir unter anderem über Slanzow: »Hören Sie, was er einmal mit mir angestellt hat! Es war in Deutschland, wir marschierten mit unserer Armee auf die französische Grenze zu. Unser Regiment lag in ...« (Ich habe jetzt vergessen, welchen Ort er nannte.) »Ich war Regimentsadjutant, und der Kommandeur schickte mich mit Papieren und Aufträgen vierzig Werst weit zum Divisionsgeneral. Ich nahm mir drei Mann aus unserem Regiment und ritt los. Wir beide« (und er wies auf Slanzow) »besaßen nicht einmal mehr ein Dreikopekenstück, nous étions à sec, und hofften auf zu Hause. Von dort aber kamen nur tränenreiche Briefe: ›Nach dem Abzug der Franzosen ist alles verheert, wir haben uns noch nicht davon erholt, haben keine Einkünfte, Ihr müßt Euch noch gedulden und Euch mit dem Sold begnügen‹ – und derartiges Zeug! Wir hatten unser Quartier bei einer alten Deutschen und aßen beim Kommandanten oder bei den Offizieren, die Geld hatten, zu Mittag. In unserem Regiment wurde unterdessen sehr viel gespielt. Es gab da einen Kapitän Schlepkow, der uns beim Bankhalten das Geld in einem Maße aus der Tasche zog, daß sich manchmal alles Geld des Regiments in seinen Händen konzentrierte – hinterher wurde dann bei ihm geborgt.

Müde, böse und hungrig kehrte ich nach drei Tagen zurück. ›Wo ist Andrej Iwanytsch?‹ fragte ich die Ordonnanz. ›Er ist zu Schlepkow gegangen‹, lautete die Antwort, ›alle Herren sind dort.‹ Ich fing an mich auszuziehen, da sah ich, daß hinter dem Spiegel ein Brief steckte; er war von meiner Mutter. Ich freute mich so, daß mir fast die Tränen kamen, und begann ihn zu lesen. Verschiedene häusliche Einzelheiten und die Grüße sämtlicher Tanten, Onkel und Kusinen übersprang ich, bis ich endlich an den springenden Punkt kam: ›Ich schicke Dir, mein lieber Ljowuschka, hundert Goldrubel.‹ Vor Freude sprang ich beinah bis an die Decke. Im weiteren überflog ich die Zeilen: ›Von den Franzosen verheert ... Geh sorgsam mit dem Geld um ... ich werde Dir lange nichts mehr schicken können ... dies habe ich geborgt ...‹ usw. Ich steckte den Brief ein und begann das Geld auf dem Tisch und im Tischkasten zu suchen – es war nicht da. ›Wer hat den Brief gebracht?‹ fragte ich unseren Burschen. ›Andrej Iwanytsch hat ihn hinter den Spiegel gesteckt‹, antwortete er. ›Sicher hat er das Geld bei sich ins Schubfach getan‹, dachte ich, ›er ist doch klug!‹ Dann aß ich selig zu Abend und legte mich schlafen. In meinen Ohren klingelten immerzu die Goldstücke, und ich träumte davon, wie ich morgen losgehen und Schlepkow im Spiel besiegen würde. Frühmorgens schrie ich noch vom Bett aus: ›Andrej! Andrjuscha!‹ Er schnarchte. Nach einer halben Stunde rief ich ihn wieder. ›Mmm...‹ murmelte er. Dann hörte ich, wie er sich bewegte und aufstand. ›Wo hast du das Geld hingetan?‹ fragte ich. ›Ins Schubfach, ja?‹ Er ächzte. ›Sag doch!‹ – ›Warte ... ich kriege den Stiefel nicht an.‹ Wieder ächzte er. ›Gib mir rasch das Geld!‹ sagte ich. ›Was für Geld?‹ – ›Was für Geld!? Du hast doch wohl mit dem Brief auch das Geld von der Kanzlei mitgebracht?‹ – ›Ach, das! Ja, das habe ich mitgebracht ... äh, den anderen Stiefel kriege ich auch nicht an!‹ – ›Wo ist denn das Geld? Quäl mich doch nicht, sag mir's und gib's her. Hast du's vielleicht bei dir im Tischkasten?‹ – ›Nein, es ist ... bei Schlepkow‹, antwortete er. Ich bekam einen furchtbaren Schreck. ›Er hat's mir aus der Tasche gezogen, Bruder Ljowuschka, er hat mir alles aus der Tasche gezogen. Ach, diese verfluchten Stiefel!‹ – ›Hast du etwa alles durchgebracht, du gewissenloser Mensch?‹ fragte ich. Als Antwort nickte er mir nur traurig zu ...«

»Warum hast du meinen Seufzer unterschlagen?« unterbrach ihn Slanzow. »Ich habe so tief geseufzt, daß die Ordonnanz gelaufen kam, weil der Bursche annahm, ich hätte ihn gerufen! ›Hättest du mir nicht wenigstens fünf Goldstücke lassen können?‹ hast du mir bitter vorgehalten, wie mir jetzt einfällt ...«

»Und das ist alles wahr?« fragte ich.

»Ja, das ist ... wahr«, bekannte Slanzow. »Que voulez vous! Nous étions en guerre, et à la guerre comme à la guerre!«

»Aber warte mal: Du hast mich vor dem jungen Mann hier bloßgestellt – er wird denken, ich bin ein unverschämter, du aber ein großmütiger Freund! Ich kann auch so eine Geschichte erzählen – wie du es mir nämlich heimgezahlt hast. Figurez-vous«, wandte sich Slanzow an mich und fuhr auf französisch fort, um bald schon wieder ins Russische zu fallen, »wir kehrten nach Petersburg zurück, ich nahm meinen Abschied, er aber« (und er wies auf Uglizki) »blieb beim Regiment. Wir wohnten zusammen. Ich hatte eine Wohnung gemietet, sie prunkvoll eingerichtet und Möbel, Lampen, Vasen, Spiegel, Bilder sowie verschiedene teure bibelots – cela m'a coute les yeux de la tête – gekauft, mit einem Wort: mein ganzes Geld vergeudet – einstweilen natürlich auf Borg. Ich hatte mich auch völlig neu eingekleidet. Um wieder zu Geld zu kommen, mußte ich unbedingt in mein Dorf reisen, denn durch den Krieg und die Feldzüge hatte ich meine Angelegenheiten aus dem Auge verloren, wußte nicht mehr, was ich besaß und was sich auf meinem Gut tat. Ich reiste also eines Tages dorthin, um mir alles anzusehen und Ordnung zu schaffen. Ich kam an – und fand ein Chaos vor: An Geld befanden sich fünf Rubel im Kontor, und der Starost war durchgebrannt. Ich versuchte, die Wirtschaft selbst zu führen – es wurde bloß noch schlimmer. Dafür empfingen mich der Geistliche mit Kreuz und Weihwasser und der Gutsverwalter mit Brot und Salz. Ich überlegte und dachte nach, besuchte die Nachbarn, lud alle ein und bewirtete sie: die Kreisbeamtenschaft, die Schöffen, die Kreispolizeichefs und alle übrigen. Endlich fand ich einen Nachbarn, einen schlauen und geizigen Stubenhocker, ehrlich und akkurat, der sein ganzes Leben zwischen Weizen und Hafer zugebracht hatte, der allein säte, mähte und mahlte und sein Getreide selbst zur Anlegestelle an die Wolga brachte. Für eine Beteiligung von fünf Prozent an den Einkünften übernahm er alle meine Angelegenheiten. Und natürlich verwaltete er alles viel besser als ich. Das Ganze hatte mich statt eines Monats insgesamt vier gekostet, und erst im Herbst kehrte ich nach Petersburg zurück. Ich kam abends an; er« (und er wies auf Uglizki) »war noch nicht zu Hause. Es war noch nicht spät, und ich wollte am Abend noch zu Bekannten fahren. Ich rasierte mich und wollte mir meine Kleidung herauslegen lassen.

›Was befehlen Sie herauszulegen?‹ fragte der Kammerdiener.

›Gib mir den blauen Frack.‹

›Der blaue Frack ist nicht da …‹

›Was! Wo ist er denn? Ich hatte ihn doch nicht mit.‹

Ich sah, wie mein Petruschka in Verwirrung geriet und schwieg.

›Er hat ihn vertrunken‹, dachte ich.

›Wo hast du ihn hingetan?‹ fragte ich zornig.

›Lew Michailowitsch‹, antwortete er, ›hat ihn genommen …‹

›Er trägt doch Uniform, was will er denn mit einem Frack?‹

›Ja … Er hat ihn versetzt.‹

Ich schwieg – was sollte ich auch sagen?

›Gib mir einen anderen, es war da noch ein grüner.‹

›Ja, der … ist auch …‹

›Na, dann gib mir einen Gehrock, gib mir irgendwas.‹

›Er hat nichts übriggelassen‹, sagte er.

Ich öffnete den Schrank: leer! Ich sah mich um: alles kahl! Ich ergriff eine Kerze, ging ins Speisezimmer, in den Saal: kein Bild mehr, keine Vase, kein Silber …

›Und all das hat er versetzt!?‹ Vor Schreck schrie ich geradezu.

›Jawohl, das hat er.‹

Nur ein Porträt meiner verstorbenen Frau hing verwaist unter einem Trauerflor an der Wand! Ich hob verzweifelt die Schultern. So ist er! Jetzt urteilen Sie selbst, ob ich wohl das Recht hatte, seine Goldstücke zu verspielen!« schloß Slanzow. »Und ich frage, ob ich nicht das Recht hatte, deine Sachen zu versetzen?« entgegnete Uglizki. »Figurez-vous«, wandte er sich nun seinerseits an mich, »er« (und er wies auf Slanzow) »hatte mir versprochen, von seinem Dorf aus meine von ihm verspielten hundert Goldstücke zu schikken, wenn nicht alles, so doch wenigstens die Hälfte. Und in den vier Monaten hatte er mir nicht einen Groschen geschickt, geschweige denn eine einzige Zeile geschrieben! Was sollte ich denn tun!? Es reichte ja noch nicht einmal zum Mittagessen – wie, stimmt das etwa nicht?« wandte er sich an Slanzow. »Indem ich dein Hab und Gut versetzte, habe ich mir nur meine Goldstücke wiederverschafft – jawohl! Und ich habe dir wenigstens noch das Porträt deiner Frau gelassen, während ich von dir nicht ein einziges Goldstück zu Gesicht bekam, noch dazu im Ausland! Stellen Sie sich vor – nicht ein einziges!«

»Nun, Ljowuschka, das hätte noch gefehlt, daß du auch das Porträt versetzt hättest! Gib es zu – dann wärst du, wie man sagt, eine Franche canaille!« rief Slanzow aus.

»Was meinen Sie, junger Mann, wenn Sie uns so hören?« fragte Uglizki. »Sind wir Ungeheuer?«

»Nein, ich meine gar nichts, aber später wird man wohl singen: ›Aber hört nun, Kinder, wie man lebte in alter Zeit!‹« bemerkte ich lachend. »Doch verzeihen Sie: Mir scheint, daß Sie beide in Ihren Erzählungen zu stark aufgetragen haben. Und dann versetzt mich auch nicht sosehr die Frechheit der Streiche, die Sie sich gegenseitig spielten, in Erstaunen, als vielmehr die Sanftmut, mit der Sie es jeweils aufnahmen. ›Hättest du mir nicht wenigstens fünf Goldstücke lassen können!‹ warfen Sie ihm im kritischen Augenblick zart den Verlust des Geldes vor – und weiter nichts! Und Sie ›heben nur die Schultern‹ angesichts der kahlen Zimmer. ›Das ist wahre Freundschaft‹, möchte man da unwillkürlich ausrufen.«

»O nein, wir haßten uns drei Tage lang, schmollten und sprachen nicht miteinander, doch wir versöhnten uns sofort wieder, als einer von uns – ich weiß nicht mehr, warst du's oder war ich es –« (Slanzow wandte sich an Uglizki) »Geld bekam, natürlich auf Borg, und wir die Lücke stopfen konnten. Mit ihm aber trennten wir nicht *mein* und *dein* wie vorsintflutliche Menschen – das gab es bei uns nicht«, schloß Slanzow.

Mich, einen modernen, aufgeschlossenen jungen Mann, erstaunte und beschäftigte alles an diesen Leuten – sowohl ihre geschickte, systematisch betriebene Existenz auf Kosten anderer, als auch dieses Sichtreibenlassen im Leben, ohne Ziel, ohne Überzeugungen, ohne eine bestimmte Ordnung, ohne ernsthafte Bestrebungen und Neigungen, ohne Rückschau in die Vergangenheit und ohne Blick in die Zukunft. Gab es wirklich einmal irgend etwas zu tun, so zog sich die Angelegenheit träge und verschlafen dahin.

Wieviel an Kräften und Begabungen wurde für nichts und wieder nichts vergeudet, verkam in dieser alten Generation! Man nehme nur ebenjene zwei Vertreter ihrer Zeit, Uglizki und Slanzow; und wie viele andere gab es, die gleich ihnen klug, lebhaft und begabt waren. Das war aus jedem Wort, aus jedem Schritt zu ersehen. Beide hatten eine strenge militärische Schule durchlaufen, hatten gekämpft und getan, was ihnen befohlen wurde, doch keiner hatte der Sache einen Teil von sich selbst oder etwas Eigenes gegeben. Vom Krieg, von den Feldzügen und Kämpfen blieb in ihren pointierten, pikanten Erzählungen nur der Eindruck von persönlicher Tapferkeit, von Glanz und Prunk sowie verschiedenen lustigen Abenteuern im Ausland. Die ernste und strenge Seite jener großen Epoche aber drang nicht in ihr Bewußtsein, sie nahmen sie nicht wahr, lebten gleichsam außerhalb ihrer Zeit. In ihrem Privatleben herrschte genau dieselbe Sorglosigkeit und Inhaltslosigkeit des Daseins. Slanzow war nicht in der Lage, sein Gut in Ordnung zu bringen, und übertrug die Verantwortung einem anderen. Und Uglizki war, was seine Pflichten anbetraf, sehr sensibel, aufmerksam, scharfsichtig und wäre auch verläßlich gewesen, wenn … Ja, dieses ›Wenn‹! Ich hatte eine Großmutter, die zu sagen pflegte: ›Ja, wenn das ‚Wenn' und das ‚Aber' nicht wär, lebten wir längst nicht in Armut mehr!‹ Uglizki wäre auch verläßlich gewesen, wenn … er es gewollt hätte.

Und er war begabt. Hin und wieder bekam er aus der Gouvernementsverwaltung eine Unmenge Protokolle zur Unterschrift zugeschickt. Er selbst hörte, wenn sie verlesen wurden, nur zerstreut zu, schweifte fortwährend ab und erzählte den Mitgliedern der Verwaltung Neuigkeiten, Anekdoten und Witze. Wenn aber dann in seinem Arbeitszimmer sein Privatsekretär, der als eine Art von Spürhund bei ihm lebte und mit verschiedenen apportierten Gegenständen herumlief, manchmal auch als postillon d'amour diente – wenn der ihm dann ausführlich vorzulesen begann, so riß Uglizki ihm ungeduldig das Papier aus der Hand und unterschrieb es ... »Ich habe ja noch gar nicht verlesen, worum es in dem Protokoll geht!« bemerkte dann wohl der Beamte. »Soll ich dir sagen, worum es geht?« entgegnete der Gouverneur und – sagte es ihm. Aus einer Formulierung zu Beginn des Protokolls wußte er bereits, worum es im weiteren ging, obgleich er der Verlesung in der Gouvernementsverwaltung nur mit halbem Ohr gefolgt war.

Die zahlreichen Bittsteller empfing er rührig und gewandt, klärte die Angelegenheiten und entließ sie etwa nach einer halben Stunde. Er inspizierte das Gefängnis und das Hospital – all dies nebenbei, im Vorüberfahren und vor dem Frühstück, zwischen Frühstück und Mittagessen aber machte und empfing er Besuche. Mit einem Wort: Von außen gesehen herrschte bei ihm und um ihn herum ein reges Leben und Treiben – und trotzdem gab es in der ganzen Administrationsmaschine nichts Neues, Lebendiges, Interessantes. Seine Begabungen lagen brach; rührig, munter, scharfsichtig und sehr beweglich war er selbst zwar, der Gang der Dinge indes blieb der gleiche, den er vorgefunden hatte.

Wie gut konnte er aber dafür repräsentieren – er war, wie er es ausdrückte, höchst ›présentable‹. Wie vorzüglich entsprach er seinem Amt auf den Empfängen in seinem Hause, in den Salons des Gouvernementsadels und bei seinem Erscheinen an Feiertagen oder in der Kathedrale zum Gottesdienst! Jeder in der Menge, auch wer ihn nicht kannte, sah sofort, daß er der Gouverneur war. Spazierte er zu Fuß durch die Stadt, so zogen Unbekannte vor ihm den Hut, da sie in ihm eine ›Persönlichkeit‹ erkannten. Er stellte das Repräsentieren über alles andere und beurteilte andere Menschen nach ihren Umgangsformen, ihrer Pose und ihren Manieren. Dabei verwechselte er Repräsentation mit Tugend und verhielt sich infolgedessen fremden Fehlern gegenüber nachsichtig – seinen eigenen gegenüber sowieso, denn er fühlte sich présentable au plus haute degré. ›Très présentable!‹ war das höchste Lob, das er für jemand Neues hatte.

Ich sagte, daß er nichts Neues, Bewegendes in seiner Amtszeit einführte – und muß um Verzeihung bitten. Er gedachte doch etwas Neues einzuführen; und zwar wollte er ausgerechnet die ›nicht etatmäßigen‹ Einkünfte oder Abgaben einstellen, über die er ja bestens Bescheid wissen mußte. Excusez du peu! Er hatte sich schon öfter in Gesellschaft darüber geäußert und bei den alteingesessenen Gouvernementsangestellten leichtes Befremden damit erregt. Sie begannen sich umzutun und untereinander zu flüstern.

Allmählich nahmen seine Absichten auch in seinem Amtsbereich Gestalt an, wobei es vorläufig noch damit sein Bewenden hatte, daß er zwei, drei geschwätzige Untergebene, denen man teilweise geringe Nebeneinkünfte nachweisen konnte, zu sich rief und ihnen mit dem Gericht drohte. Alles geriet in Bewegung.

Zur Ausführung seines Vorhabens ließ er es sich einfallen – mich heranzuziehen! Als bloßer Bekannter war ich vor Beginn der Herbstsaison fast nie bei ihm gewesen, sondern nur sehr selten und auf Drängen von Jakubow am Gouverneurshaus vorgefahren, und das in den Stunden, in denen er nicht zu Hause war.

Alles, was ich von ihm berichte, darunter auch die oben angeführte Erzählung über sein Gespräch mit Slanzow, ereignete sich dann im Winter, als ich in seinem Haus mit ihm und seiner ganzen häuslichen Lebensweise gut bekannt wurde.

9

Ich schickte mich an, nach Petersburg abzureisen, und hatte mir bereits ein Empfehlungsschreiben vom Leiter des Kreiskontors beschafft – ich weiß nicht mehr, an welches einflußreiche Mitglied des Kreisdepartements es gerichtet war.

Während ich meine Reisevorbereitungen traf und Abschiedsbesuche machte, ließ mich der Gouverneur plötzlich zu sich bitten. Ich fuhr also hin. Er empfing mich liebenswürdig – aber wieder, ohne mir die Hand zu geben –, führte mich in sein Arbeitszimmer und ließ mich neben sich auf dem Sofa Platz nehmen.

Er begann damit, daß er mir in einer meisterhaften Schilderung mit jünglingshafter Geschwätzigkeit die Chronik der ›Amts‹-Einkünfte sämtlicher Beamten in der Stadt enthüllte, darunter auch derjenigen, die fast täglich zu ihm kamen und ihn bei sich empfingen. Er verschonte auch seinen Sekretär nicht, ohne den er doch – wie ein Kind ohne seine Amme – keinen Schritt tun konnte. Den ganzen Tag, oft auch nachts, wich dieser Sekretär nicht von seiner Seite, und es hätte nicht viel gefehlt, daß er in der Ziviluniform auch geschlafen hätte. »Seine Exzellenz läßt bitten!« – das klang ihm ständig in den Ohren.

Auch von den Beamten ›zur besonderen Verwendung‹ bis hin zu den untersten Kanzleirängen bezog er der Reihe nach alle in seinen charakteristischen Abriß ein. ›Was habe denn ich damit zu schaffen!‹ dachte ich beim Zuhören. Ich wußte fast alles, was Uglizki mir da erzählte, ja die ganze Stadt wußte es. Man brauchte nur seine Ohren offenzuhalten. Alle fanden, daß es so in Ordnung war – und konnten nicht verstehen, warum der Gouverneur plötzlich ›so erzürnt‹ war, von wo das ausging, wer damit angefangen hatte; heute würde man sagen: auf wessen ›Initiative‹ hin das geschah.

Es geschah aber auf Initiative ebenjenes Sekretärs hin, den mir der Gouverneur gerade so lebendig schilderte, ungeachtet dessen, daß sie wie siamesische Zwillinge aneinander hingen. »Das also ist mein Personal!« schloß der Gouverneur pathetisch seine Schilderung. Ich schwieg. »Sie werden mir doch darin zustimmen, daß dies alles zu wissen und länger hinzunehmen von meiner Seite aus nicht ehrenhaft wäre. Ich will dem ein Ende bereiten.«

»Das bedeutet aber: dem ganzen System ein Ende machen!« bemerkte ich zaghaft, dachte aber bei mir, daß er das Ganze doch nun bereits seit vier Jahren ›ertrüge‹ …

»C'est juste, vous avez parfaitement mille fois raison!« bekräftigte der Gouverneur.

»Wie soll man das aber machen?« fuhr ich fort. »Wenn Sie diese Leute entfernen …«

»Vous y êtes! Fort mit ihnen allen!« fügte der Gouverneur hinzu.

»… dann muß man andere einstellen – und die werden vielleicht genauso handeln?«

»Würden *Sie* das etwa tun?« fragte er mich plötzlich und gab dann selbst die Antwort: »Natürlich nicht.«

»Ich?!« sagte ich erstaunt und erhob mich sogar von meinem Platz.

»Jawohl, Sie!« fiel mir Uglizki ins Wort und zog mich wieder aufs Sofa. »Ich bin nämlich auf Sie gekommen. Sie haben gerade erst Ihr Studium beendet, Sie bereiten sich darauf vor, den Dienst anzutreten – was wäre besser, als ihn in Ihrer Heimatstadt zu beginnen und bei den Ihren zu leben?« usw.

Sehr geschickt ließ er vor mir ein verlockendes Bild vom Dienst bei ihm entstehen.

»Durch Ihre Erziehung und adlige Herkunft, Ihre Umgangsformen, Ihre Manieren und Ihre Sprachkenntnisse verfügen Sie über alle Rechte und Vorzüge ...« Und so ging es fort und fort: Ich sei ›so ein frischer, so ein moderner Mann‹, ich hätte ›neue Ansichten‹ usw.

Woraus er auf meine ›Herkunft‹ und meine ›Ansichten‹ schloß – Gott weiß es! Sicher aus dem, daß ich ihm ›présentable‹ vorkam. Er brachte all diese Komplimente gewandt ins Spiel, um meine Zustimmung zu erlangen.

»Wenn es sich auch so verhielte, wie Euer Exzellenz sagen, so lassen Sie mich doch an das Wort der Franzosen erinnern: ›Eine Schwalbe macht noch keinen Sommer!‹ ...«

»Sie und ich – das sind schon zwei«, unterbrach er mich lebhaft, »wir werden noch mehr finden und die finsteren Gesellen übertrumpfen. Sind Sie bereit? Ja?«

»Gestatten Sie die Frage, welches Amt Sie mir freundlicherweise übertragen wollen?« fragte ich.

»Bah! Habe ich das etwa noch nicht gesagt? Die Stelle eines Sekretärs. Sie werden die Kanzlei leiten ...«

Ich, ein Jüngling, hätte vor Erstaunen fast mit den Achseln gezuckt angesichts des Leichtsinns dieses Mannes, der doch immerhin schon in gesetzterem Alter war.

»Gestatten Sie mir, daran zu erinnern«, begann ich nach einer Pause, »daß ich sozusagen gerade erst von der Schulbank komme und mich noch in keinerlei Ämtern betätigt habe. Ich bin völlig unerfahren. Wie kann ich einer Gruppe von Beamten vorstehen, die in ihrem Dienst Erfahrung haben? ... Ich könnte wohl im Gouvernement die Stelle eines Gymnasiallehrers annehmen, eines Kreisschulinspektors oder etwas in der Art, doch mit dem Dienst in der Gouvernementsadministration bin ich nicht im geringsten vertraut ...«

Nun brachte Uglizki eine Reihe von Argumenten vor, die zumeist auf Spitzfindigkeiten und windigen Angeboten beruhten. »Reichen Sie ein Gesuch ein«, schloß er.

»Ich habe ja auch noch kein Zeugnis«, schützte ich vor. »Von Moskau ist es nach Petersburg geschickt worden, der Minister hat es aber noch nicht bestätigt. Ich kann den Dienst nicht antreten ...«

Uglizki sprang auf, und auch ich erhob mich.

»Das werden wir so machen«, unterbrach er mich ungestüm, »Sie werden mit dem morgigen Tag Ihr Amt antreten, und wenn Sie Ihr Zeugnis bekommen, bestätigen wir Sie rückwirkend zu diesem Datum.«

›Das geht ja wie geschmiert! Entscheidet er etwa alle Angelegenheiten so behende?‹ mußte ich denken.

»Gestatten Sie, daß ich das überdenke«, wehrte ich ab, »und mich mit den Meinen berate ... Ich habe bereits Briefe von Andrej Michailowitsch nach Petersburg ... Ich weiß noch nicht ...«

Ich wollte um jeden Preis von diesem unerwarteten Angebot loskommen, es zog mich nach Petersburg.

Meine Heimatstadt bot meinem Geist keinerlei Freiraum und Nährboden und war für einen jungen, tatkräftigen Mann nicht im mindesten interessant. Kurz, ich langweilte mich hier – und da sollte ich nun plötzlich bleiben und ein Amt antreten!

»Faites ça, je vous prie!« drang er sanft und mit sonorer Stimme in mich wie in ein verwöhntes Kind. »Sie werden sich bis zum Eintreffen Ihres Zeugnisses schon eingewöhnt haben und sich im Amt wie zu Hause fühlen. Denn das ist doch alles Kleinkram!« schloß er verächtlich und wies auf den Berg von Papieren auf seinem Tisch. Ich merkte, daß sich die Idee, mich in seinen Dienst zu locken, nun einmal in seinem Kopf eingenistet hatte.

›Wer hat ihm nur diesen Floh ins Ohr gesetzt?‹ dachte ich.

»Und Dobyschew, der bisherige Sekretär, scheidet wohl aus dem Dienst aus?« fragte ich, denn der war mir inzwischen wieder eingefallen.

»Woher denn! Nein, er möchte gern Beamter zur besonderen Verwendung bei mir werden – er ist erschöpft von der Arbeit und oft krank ... Ich sage es Ihnen offen, er hat mich auf Sie aufmerksam gemacht, damit Sie ihn ersetzen.«

»Er also!« rief ich erstaunt aus.

»Ja, er! Aber warum wundern Sie sich?«

»Aus welchem Grunde tut er das?«

Ich versank in Nachdenken.

»C'est un gredin, si vous voulez, mais il est versé dans les affaires. Er wird Ihnen auch anfangs helfen, wird Sie anleiten – und ... ich auch! Sie sprechen nun mit den Ihren und morgen – werden Euer Wohlgeboren zum Dienst in die Kanzlei gebeten! Ja? Jetzt auf Wiedersehen! Grüßen Sie Pjotr Andrejewitsch.«

Ich schickte mich an zu gehen. In der Tür tauchte die Frau des Gouverneurs auf. Ich verbeugte mich.

»Weshalb besuchen Sie uns denn nicht?« fragte sie mit gebieterischer Strenge. »Ich hatte Sie doch eingeladen, Sie aber haben nie bei uns hereingeschaut.«

»Ich wollte meine Besuche zusammen mit Pjotr Andrejewitsch beginnen«, rechtfertigte ich mich, »ich sagte es ihm, ich bat ihn, mich einzuführen ...«

»Was denn, hat er etwa immer noch Angst?«

Beide, Mann und Frau, brachen in Lachen aus.

»Gratuliere mir«, sagte er, »j'ait fait une belle acquisition. I. A. wird morgen den Dienst bei mir antreten und wird, bongrémalgré, unser täglicher Gast sein.«

»So ist es also ausgemacht? Sie sind einverstanden?« fragte sie mich lebhaft.

»Gestatten Sie ... ich habe noch nicht zugesagt, ich muß es mir noch überlegen ...«, wehrte ich ab, während ich zur Tür zurückwich und mich verbeugte.

Nicht umsonst hatte ich mich von dem Vorschlag des Gouverneurs anfangs distanziert. Später drang nämlich das Gerücht zu mir, daß der Ratschlag seines Sekretärs, mich an seine Stelle zu setzen, nicht darauf beruhte, daß ich ein ›neuer, frischer, selbstloser‹ Mensch war, sondern – selbst wenn dem so war – wohl eher darauf, daß ich ein unerfahrener, junger Mann war, unter dessen Namen er seine Gouvernementsangelegenheiten auf dieselbe Weise weiterzuführen hoffte wie bisher, das heißt, er wollte in denselben Gewässern auf Fischfang gehen wie bisher, nur unter fremder Flagge. Die ›Dornen‹, so trug man mir insgeheim zu, sollten für mich, die ›Rosen‹ indes für ihn sein. Ich hielt das für Gouvernementsklatsch und achtete nicht weiter darauf. Wenn tatsächlich etwas auf meine Kosten gehen sollte, so gingen seine geheimen Pläne jedenfalls nicht auf. Das Schicksal wollte es anders.

10

Alea iacta est! Ich trat also anderntags, wenn nicht de jure, so doch de facto, meinen Dienst in der Gouvernementskanzlei an. Meiner Familie war es lieb, mich zu Hause zu behalten: Meine Mutter träumte davon, mich irgendwann zu verheiraten und die Enkelkinder zu warten; meine Schwestern gewannen einen hauseigenen Kavalier für ihre Soireen; und die Dienstboten freuten sich, ohne zu wissen, warum. Besonders meiner Kinderfrau war es ein Trost, daß ich ihr nicht für immer aus den Blicken entschwand, und sie betrachtete mich sanft und liebevoll.

»Morgen mußt du beim Gouverneur schon als bei deinem Vorgesetzten erscheinen – binde also ein weißes Halstuch um«, sagte Jakubow zu mir.

Ich band kein weißes Halstuch um, setzte dafür aber eine wichtige Miene auf und ging geradewegs in die Kanzlei. Mein Vorgänger, Dobyschew, war bereits da. Er stellte mir der Reihe nach alle Beamten vor.

»Das ist der Bürovorsteher Trusezki«, sagte er und wies auf einen Herrn mit starkem schwarzem Backenbart, der einen blauen, abgetragenen Gehrock anhatte. (»Ein Pole, der aus den westlichen Gouvernements hierhergeschickt worden ist«, flüsterte er dabei.)

»Das ist Milianowitsch, der Sohn von Marfa Jakowlewna, wissen Sie?«

»Wie sollte ich das nicht wissen! Wir kennen uns ja.« Ich verbeugte mich, doch die Hand gab ich ihm, den Gouverneur nachahmend, nicht: Das durfte ich nicht, war er doch mein Untergebener!

Und so ging es weiter, Dobyschew stellte mir alle vor. Die Beamten machten ehrerbietig ihre Kratzfüße und blickten mich neugierig an. Ich sie ebenfalls. Ich wußte nicht, was ich zu ihnen sagen sollte.

»Und das ist der Wächter Tschubuk«, schloß Dobyschew lachend und wies auf einen Soldaten, der stocksteif an der Tür stand und ganz ausgeblichene Tressen hatte.

»Ge-ss-sundheit wünsch ich, Euer Hochgeboren!« rief der aus.

»Und unsere Akten sind hier!« fuhr Dobyschew fort und öffnete einen alten Schrank, dessen Tür gerade noch so in den Angeln hing. »Die auf den Schreibtischen werden jetzt durchgesehen. Das da sind die Papiere, die zur Unterschrift für Seine Exzellenz vorbereitet sind. Und das sind die Neueingänge. Iwan Semjonowitsch, zeigen Sie uns das Eingangsregister. Da haben Sie auch den Schlüssel zum Schreibtisch!« Dobyschew übergab mir den Schlüssel. »Im Schreibtisch liegen zwei Geheimpapiere mit einem Vermerk des Gouverneurs. Sie sollen schnellstens erledigt werden«, fügte er hinzu.

»Ja, wie sollen die Papiere denn erledigt werden?« fragte ich naiv. Plötzlich hatte mich all mein Hochmut verlassen.

»Sie müssen entsprechend der Verfügung des Gouverneurs die Ausführung aufschreiben.«

Hier wurde Dobyschew zum Gouverneur gerufen. Ich setzte mich an den Schreibtisch. ›Die Ausführung aufschreiben!‹ dachte ich und war bemüht, den Sinn dieser für mich neuen Phrase zu erfassen.

Tschubuk kam herein.

»Ein Soldat ist zu Euer Hochgeboren gekommen, und eine Frau wartet auch schon lange«, meldete er mir.

Ich ging ins Vorzimmer hinaus.

»Was willst du?« fragte ich den Soldaten.

»Ich hab den Jegor verloren, Euer Hochgeboren«, sagte er.

»Was für einen Jegor?«

»Das Kreiz, mein ich, hab ich verloren.«

Ich begriff kein Wort.

»Such nur gut«, sagte ich.

»Geh zur Polizei, hörst du!... Gib vorher alles zu Protokoll! Was kommst du direkt hierher gerannt!« ertönte eine Beamtenstimme aus dem Nebenzimmer.

Der Soldat schaute mich an, ich schaute ihn an.

»Hörst du, geh zur Polizei!« sagte Tschubuk.

Er zögerte und zögerte, dann schlug er die Hacken zusammen, machte rechtsum kehrt und verschwand.

Die Frau beklagte sich darüber, daß für ihren Sohn die ›Rückstellung‹ vom ›Rekrut‹ nicht zustande käme. »Rückgestellt ham sie'n ja, weil er untauglich ist mit sein krummen Rücken, aber sie geben das Papier nich aus die Verwaltung und lassen ihn nich raus.« Und sie wäre schon ganz »pleite von den Stadtleben ...«

»Bitte zu Seiner Exzellenz!« erklang es hinter mir.

Ich bat – oder, Verzeihung, ›beauftragte‹ – einen der Beamten, die Bittsteller anzuhören und ging nach oben. Damit war mein Einstand im Amt beendet.

»C'est charmant! Das ist nett, daß Sie gekommen sind!« empfing mich der Gouverneur, ohne mir die Hand zu geben. »Setzen Sie sich! Wollen Sie nicht frühstücken?«

Vor ihm stand ein Tablett mit Vorspeisen: Kaviar, Hering und eine dampfende Boulette. Ich lehnte ab, denn ich hatte bereits gefrühstückt, außerdem schien mir sein Vorschlag in einem Ton gemacht zu sein, der eine Ablehnung gewissermaßen voraussetzte.

Ich erschien nun jeden Tag in der Kanzlei – und wurde eines der Räder in der Administrationsmaschine des Gouvernements, und was für ein wichtiges! Zwei Wochen später erzählten sie mir zu Hause lachend, daß unser Koch einen starrsinnigen Fleisch- und Wildhändler mit meinem Namen sogar eingeschüchtert hatte.

Doch die eigentliche, wenngleich geheime Hauptperson im Amt blieb trotzdem Dobyschew. Und ich kaufte mir noch mehr Handschuhe und weiße Halstücher und ließ mir noch einen Anzug aus Moskau kommen. Dies blieb denn auch die wichtigste Handlung während meiner Amtszeit.

Meine Morgenstunden – man müßte wohl sagen: meine Dienststunden, wenn es etwas zu tun gegeben hätte – erwiesen sich als ziemlich angenehm. Der träge Müßiggang des Sommers hatte nun ein Ende: Erst hatte ich nicht gewußt, was ich mit meiner Zeit anfangen sollte, und nun wußte ich nicht, wohin sie mir entschwand. Im Sommer hatte ich ab und zu auf den seichten Uferbänken der Wolga Stare und Bachstelzen geschossen, war in allen Schluchten des steil abfallenden Ufers herumgeklettert und hatte gebadet oder mich mit der ganzen Familie auf eine grüne Insel begeben, um dort zwischen Heu und Riedgras Tee zu trinken, manchmal auch Mittag zu essen und zu angeln.

Daneben aber war mir immer noch eine Unmenge Zeit geblieben. Meist verwandte ich sie aufs Lesen. Ich machte mich mit allen bekannt, die eine Bibliothek besaßen, denn eine öffentliche Bibliothek gab es nicht; und ich las alles, was Jakubow abonniert hatte – und trotzdem blieb mir noch Muße, Tisch- und Teegespräche mit den Meinigen zu führen, mit dem Paten Spaziergänge – ›um Luft zu schnappen‹ – zu unternehmen und – manchmal am hellichten Tage – ein gesegnetes Schlummerstündchen zu halten. Im Winter fand dieser ganze Müßiggang ein Ende, meine Zeit reichte einfach nicht mehr. Morgens fuhr ich in die Kanzlei, las die von oben, das heißt vom Gouverneur heruntergeschickte Post, dann ›erledigte‹ ich Papiere ›zur Unterschrift für Seine Exzellenz‹. Mit letzteren erschien ich dann gegen zwölf in seinem Arbeitszimmer.

Wie fröhlich ging es dort oben zu! Kam ich die Treppe herauf, so hörte ich schon ein brillantes Herz-Rondo oder eine Mozart-Sonate, welche die hübsche, graziöse Sofja Lwowna spielte. Freundlich und leicht errötend, erwiderte sie meine Verbeugung mit einem fröhlichen Lächeln, in dem ein leichter Schimmer von Ironie lag, bereit, bisweilen zuzustechen wie eine verborgen liegende Stecknadel. Sie war ein Kind und auch wieder nicht – sie war eine Mädchenschönheit! Sie konnte ganz reizend erröten. Die Röte flammte auf, erlosch in derselben Sekunde wieder und zeigte sich von neuem, während ihre Augen glänzten und sich hinter die Wimpern flüchteten.

Meist erriet ich, was sie vorhatte, und sagte es ihr. Sie seufzte darauf ganz reizend und nickte mit dem Kopf, wenn ich es erraten hatte. Manchmal teilte ich ihr irgendeine Beobachtung mit, die ich gemacht hatte, und brachte sie dadurch zum Lachen. Dann zeigten sich zwei Reihen weißer wunderschöner Zähnchen.

Auf meinem Weg ins Arbeitszimmer des Gouverneurs war sie für mich, was die Sirenen für Odysseus waren. Wir warfen uns zuvor zwei, drei Worte zu, manchmal blieb ich auch stehen, lauschte ihren Sonaten oder schaute einfach nur, wie sie schüchtern errötete und wie ihre fröhlichen Achataugen blitzten.

Ringsum aber gab es einen Wald tropischer Pflanzen, einen Papagei, der bald pfiff und bald wie angestochen kreischte und der auf seiner Kupferstange hin und her hüpfte. Kanarienvögel zwitscherten. Ich wollte nicht gehen, doch ich mußte. Der Gouverneur klingelte schon. Eilig wurde ihm sein Frühstückstablett gebracht. Der Sekretär, das heißt mein ehemaliger Vorgänger, beendete seinen Bericht.

Er hatte irgendwelche besonderen Papiere, die ich nicht zu Gesicht bekam. Manchmal traf ich ihn und Uglizki bei einem Gespräch über Bauten, Beschaffungen und Verträge an. Begreifen konnte ich davon überhaupt nichts, der Gouverneur nur sehr wenig – einzig Dobyschew erfaßte alles.

»Was haben Sie da – Schriftstücke?« fragte mich Uglizki, nachdem er mich begrüßt hatte. »Etwas Wichtiges?« Und ohne meine Antwort abzuwarten, bedeutete er mir für gewöhnlich, sie auf seinen Schreibtisch zu legen. »Ich werde das dann mit Jegorjew« (dem Hausbeamten) »erledigen; ich unterschreibe und schicke sie in die Kanzlei. Aber nun wollen wir frühstücken. Mögen Sie nicht?« fügte er mit gleichgültiger, träger Stimme hinzu. Er lud stets sowohl Dobyschew als auch mich ein, und stets lehnten wir ab. Uglizki setzte sich zu seinem Frühstück nieder und aß alles bis zum letzten Bissen auf. Man brachte ihm immer ein Frühstück für eine Person. Mit seiner Familie frühstückte er sehr selten; sein Dienst erlaubte es ihm offenbar nicht. Einmal aber nötigte er mich trotzdem zuzugreifen, Dobyschew jedoch ließ sich auf keine Weise dazu überreden und blieb also, bis zum Halse zugeknöpft, stehen.

»Was hast du mir da gebracht?« fragte Uglizki den Kammerdiener, als der das Tablett auf den Tisch stellte. »Ich hatte Nieren befohlen, aber das ist ris de veau! Wie heißt ris de veau auf russisch?« fragte er mich.

Ich wußte es nicht.

»Wie heißt ris de veau auf russisch?« fragte er Dobyschew.

»Ich weiß es nicht, Euer Exzellenz – ich kann ja nicht französisch«, antwortete der.

»Geh und frag den Koch, wie dieses Gericht heißt und warum er mir keine Nieren mit sauce madeire gemacht hat. Ich hatte es doch heute früh angeordnet. Wollen Sie nicht?« fügte er hinzu und schob mir und Dobyschew das Tablett hin.

Der lehnte aus Ehrerbietung ab, ich aber kostete aus Ehrerbietung.

»Wie ist es, schmeckt es?«

»Sehr gut«, sagte ich, »bei mir zu Hause gibt es dieses Gericht oft, nur weiß ich nicht, wie es heißt.«

»Ich werde auch kosten«, sagte Uglizki, probierte und aß dann das übrige mit Appetit auf. »Nicht übel, aber warum gibt es keine Nieren?«

Der Kammerdiener kam zurück und sagte, daß das ›süßes Fleisch‹ heiße und aus Kalbsbrust zubereitet werde.

»Und weshalb hat er keine Nieren gekocht?«

»Er dachte, daß Sie die Nieren zum Mittagessen haben wollen.«

»He? Wie kommt Ihnen das vor?« wandte er sich an uns. »Nieren zum Mittag! Wer ißt denn Nieren zum Mittag? Mögen Sie Nieren?« wandte er sich an mich.

»Ja-a ... also ...«

»Dann kommen Sie heute zum Mittagessen.«

Ich verbeugte mich.

»Und jetzt gehen Sie zu meiner Frau oder reden Sie ein bißchen mit Sonetschka. Suchen Sie ihr doch bitte etwas Russisches zum Lesen aus, sie mag das. Und ich rede noch ein Wörtchen mit Iwan Iwanowitsch und komme dann nach.«

Sie blieben zu zweit wie so oft und berieten etwas miteinander; ich wurde in diese Beratungen nicht eingeweiht und drängte mich auch keineswegs danach.

II

Ich ging in die Zimmer der Damen hinüber. Dort ging es fröhlich zu. Im Salon saß Marja Andrejewna, empfing Besuche und tat sich wichtig unter den Damen des Gouvernements. Sie lebte in dem Bewußtsein, die First Lady des Gouvernements zu sein. Das war wohl auch ihr einziger Trost. Alles übrige nämlich war ihr mit den Jahren untreu geworden, angefangen bei ihrem Mann. Hatte sie aber keinen Besuch und fuhr sie auch selbst nicht aus, dann saß Sonetschka bei ihr und schmuste wie ein Kätzchen mit der Mutter.

Hier waren auch immer und ewig zwei Fräulein anzutreffen, Schwestern von unbestimmbarem Alter – sie konnten nicht jünger als fünfundzwanzig und nicht älter als dreißig sein. Ihre Gesichtszüge waren nichtssagend und unweiblich, kurz – zwei vertrocknete Blumen. Die eine hatte ein rundes Gesicht, auf dem ständig ein breites Lächeln lag, einen naiven, starren Blick und Augen von der Farbe sumpfigen Wassers. Die andere war blond, und ihre grauen, tiefliegenden Augen spähten mit listigem Blick unter der niedrigen Stirn hervor. Nie nannte sie jemand bei ihrem Familiennamen. Die Gouverneurin und ihre Tochter, ja sogar Uglizki riefen sie stets Lina und Tschutscha, wie die Schwestern selbst einander nannten. Sie waren arme, adlige Waisen, die kümmerlich in einer engen Wohnung im Zwischengeschoß eines kleinen Holzhauses lebten und sich mit einer geringen Pension für ihren Vater sowie mit einigen weiblichen Arbeiten durchschlugen: Sie bestickten Kopfkissen, strickten Schals, verfertigten Blumen aus Wachs und ähnliche unnötige Dinge, die ihnen um ihrer Lage willen dann Bekannte abkauften, um sie zu verschenken.

Sie waren von altem Adel: Ihre Großmutter stammte aus einem im übrigen längst erloschenen Fürstengeschlecht. Sie liebten es, manchmal an diesen – wohl ihren einzigen – Vorzug zu erinnern. In einigen Häusern wurden sie empfangen, in anderen sah man wegen ihrer Armut auf sie herab. So war es bis zur Ankunft der Uglizkis gewesen. Dann nahm die Gouverneurin sie unter ihre Fittiche, anfangs ebenfalls wegen ihrer Lage, weil sie Waisen waren und in der Erinnerung an das Fürstengeschlecht, dann aber gingen sie allmählich in den Personalbestand des Hauses Ihrer Exzellenz über, wobei sie es verstanden, sich nützlich zu machen; besonders Lina, die ältere. Sie waren gut erzogen, das heißt, sie konnten in dümmlicher Übertragung aus dem Russischen französische Phrasen drechseln, anständig im Salon dasitzen und sich bei Tisch benehmen. Anfangs kamen sie nur zum Mittagessen und gingen abends wieder nach Hause. Später, als die Gouverneurin sie mit standesgemäßer Garderobe versorgt hatte, zogen sie ganz zu ihr und erfüllten alle ihre Aufträge.

Übrigens wurden letztere eigentlich nur der Älteren, Lina, übertragen. Lina war die Kurzform ihres eigentlichen Namens Kapitolina. Der Name der Jüngeren, Tschutscha, leitete sich von ihrem Familiennamen Tschutschin her, denn zu ihrem richtigen Namen, Apollinaria, ließ sich keine Verkleinerungsform bilden.

Tschutscha erwies sich als zu allem gänzlich ungeeignet, außer zu einem: im Salon zu sitzen und irgendein endloses Band zu besticken, einen Klingelzug oder eine Portierenborte – »pour avoir une contenance«, sagten die Uglizkis. Ihr oblag es, den jeweiligen Besuch zu empfangen und solange zu unterhalten, bis die Gouverneurin ihre Toilette beendet hatte oder der Gouverneur aus seinem Arbeitszimmer kam. Die Uglizkaja hatte auch versucht, ihr andere Dinge aufzutragen, doch dabei war nichts herausgekommen.

Was ist wohl leichter, als – Tee einzugießen? Waren keine Gäste da und wurde der Tee also nicht durch Lakaien vom Buffet aus herumgereicht, dann trank man ihn an einem Tischchen im kleinen Salon beim Kamin – und beauftragte Tschutscha, ihn einzuschenken. Es war, als ob ein Kobold seinen Spaß mit ihr treibe. Die Tassen glitten ihr aus der Hand, die Teelöffel flogen zu Boden, ein Klirren und Lärmen hob an. Dann wieder goß sie den Tee in die Zuckerdose; dem einen legte sie gar keinen, dem anderen viel zuviel Zucker hin. Man entband sie von dieser Obliegenheit. Anderes ging ebenfalls nicht besser. Sonetschka wurde eines Tages krank. Man steckte sie ins Bett und setzte Tschutscha neben die Kranke, wenn die Uglizkaja oder die Kinderfrau nicht im Zimmer waren, damit sie ihr zu bestimmten Zeiten diese oder jene Arznei gäbe und überhaupt nach der Kranken sähe. Bei dieser Gelegenheit hätte Tschutscha beinahe ein Unglück angerichtet. Anstelle von Mandeltropfen tat sie irgendeinen Spiritus zum Halseinreiben in ein Gläschen. Zu ihrem Glück war der Kranken der Geruch so zuwider, daß sie die Tropfen nicht nahm. Die Mutter geriet außer sich, und Tschutscha selbst bekam Angst. Sie preßte ihre Handflächen gegen die Schläfen, wie sie es immer in kritischen Momenten tat, und schrie ach und weh.

Zur Strafe wurde sie für zwei Wochen aus dem Zimmer, ja aus dem Hause überhaupt verbannt und mußte ›mit Antoniusbrot‹ bei sich zu Hause bleiben. Dann bekam man wieder Sehnsucht nach ihr. Auch waren die Gäste daran gewöhnt, sie mit ihrer Stickerei in einer Salonecke sitzen zu sehen, und erkundigten sich, wo sie sei. Man schickte also nach ihr. Sie erschien, als sei nichts gewesen, nahm wieder ihren Platz im Salon und bei Tisch ein und unterhielt die Besucher bis zum Erscheinen des Gouverneurs oder der Gouverneurin. Wie gut und wie schicklich unterhielt sie die Gäste mit ihrem unverändert breiten Lächeln, den weit aufgerissenen Augen und dem ewig sanften Blick! Sie hatte stets und ständig für jedermann ein und dieselbe Miene.

»Guten Tag!« begrüßte sie klar und deutlich den eintretenden Besuch, stets lächelnd und mit freudestrahlenden Augen. »Bitte nehmen Sie Platz, hier bitte, etwas weiter vom Fenster weg, denn dort zieht es. Gestern saß Iwan Iwanowitsch dort und klagte dann den ganzen Abend über Zahnschmerzen.«

Der Besuch nimmt also Platz. Sie wendet kein Auge von ihm; sie achtet darauf, daß es ihm an nichts fehlt, vor allem aber, daß er sich nicht langweile und fortgehe.

»Empfängt Marja Andrejewna heute? Störe ich auch nicht?« fragt der Besuch.

»Nein, nein, gedulden Sie sich ein wenig – sie wird gleich kommen! Sie ist jetzt im Speisezimmer, wegen der Hausangelegenheiten, der Koch ist gekommen. Sie ordnet an, was es heute zu Mittag geben soll … und schimpft ihn aus …« fügt sie flüsternd und beständig lächelnd hinzu, »sie wird gleich fertig sein.«

»Schimpft ihn aus? Weshalb?«

»Gestern hat er so viel Petersilie in die Suppe getan, daß man sie nicht essen konnte …«

Der Besuch lacht.

»Es stimmt. Glauben Sie es nicht? Fragen Sie doch Sonetschka, wenn sie kommt: Es war, als ob lauter Fliegen im Teller schwammen!«

Der Besuch lacht wieder. Sie lacht auch, sie freut sich, daß sie ihn so gut zu unterhalten vermag.

»Sind Sie mit dem grauen Pferd gekommen? Wie groß es ist!« fährt sie, zum Fenster hinaussehend, fort. »Ach, es scheint, Natalja Nikolajewna ist vorgefahren; da ist ja ihre Kutsche, sehen Sie sie?«

»Ja, ich sehe sie«, sagt der Besuch.

»Ich muß sie im Saal empfangen.« Und mit strahlendem Gesicht läuft sie hinaus, um die Besucherin wie ihre eigene Mutter zu empfangen. Jene nickt ihr kurz zu und unterhält sich dann mit dem Besuch, Tschutscha aber begibt sich in ihre Ecke und nimmt die Stickerei zur Hand.

»Was macht Marja Andrejewna, ist sie beschäftigt?« fragt die Besucherin.

»Sie schimpft den Koch aus, sie wird gleich kommen«, sagt der Besuch.

»Woher wissen Sie das?«

»Sie dort hat's mir gesagt!« Er zeigt auf Tschutscha. Beide lachen, und Tschutscha auch.

Marja Andrejewna kommt herein. »Guten Tag, guten Tag!« usw.

»Wir stören Sie, Sie sind mit dem Haushalt beschäftigt«, sagt die Besucherin.

»Wer hat Ihnen das gesagt?«

»Tschutscha sagt, Sie hätten den Koch ausgeschimpft ... Ach, diese Köche!«

Marja Andrejewna blickt sie fragend an.

»Er hatte zuviel Petersilie in die Suppe getan!« scherzt der Besucher.

Das Gesicht der Uglizkaja wird grimmig. »Gehen Sie zu Sonetschka ins Zimmer!« befiehlt sie Tschutscha scharf.

Diese wirft ihre Stickerei beiseite und geht rasch hinaus, wobei sie ihre Handflächen an die Schläfen preßt: »Ach, ach, was habe ich nur angerichtet!« Und erzählt es Sonetschka. Die erzählt es dann am Abend mir – und wir kichern fröhlich in unserer Ecke. Arme Tschutscha!

Man drillte sie ein bißchen und bemühte sich, ihr einige Themen zur Unterhaltung der Gäste beizubringen, denn sie ging sonst bis zum Äußersten in ihrer Indiskretion.

Einmal traf irgendeine bedeutende Dame des Gouvernements sie in großer Aufregung an, was ganz ungewöhnlich für sie war. Nachdem die Dame sich erkundigt hatte, ob Marja Andrejewna zu Hause sei und ob sie empfänge, nach Tschutschas üblichem, unverändert breitem Lächeln, ihren Fragen nach der Gesundheit und ob der ›Krampf‹ bei ihrer Kleinen schon vorüber wäre, erkundigte sich die Besucherin, was Ihre Exzellenzen denn machen, woraufhin Tschutscha plötzlich ihre Handflächen an die Schläfen preßte und ach und weh schrie.

»Ach, ach, ich weiß es nicht ... Was bei uns los ist – ach, was bei uns los ist ...«

»Ja, was denn?« fragte die neugierige Besucherin mit angehaltenem Atem.

»Ach, ach, ich kann nicht ... Fragen Sie nicht!«

»Sprechen Sie doch, meine Liebe, ich werde es niemandem sagen, niemandem ... niemandem ...«

Und Tschutscha, weil sie die Dame unterhalten wollte und Angst hatte, diese könne sich ärgern und fortgehen, begann ihr eine heftige Auseinandersetzung zwischen Uglizki und seiner Frau zu schildern. »Lew Michailowitsch waren so böse, haben so geschrien ... schrecklich, schrecklich! ...« flüsterte sie. »Und Marja Andrejewna bekam einen hysterischen Anfall ... Lew Michailowitsch haben geschrien, er würde sich wohl am besten erschießen ... Sonetschka hat sich in ihrem Zimmer eingeschlossen und geweint ... ach!«

»Ja, weshalb denn, weshalb? Sagen Sie es doch!« drängte die Besucherin.

»Noch gestern ...« begann Tschutscha gerade, dann biß sie sich auf die Zunge. In der Tür stand Marja Andrejewna höchstpersönlich. Sie hatte hinter der Portiere etwas von dem Gespräch gehört und sich beeilt, die Fortsetzung zu unterbrechen. »Gehen Sie nach Hause und lassen Sie sich hier nicht wieder blicken!« zischte sie wie eine Schlange.

Tschutscha preßte verzweifelt ihre Handflächen an die Schläfen und stürzte Hals über Kopf nach Hause. »Ach, ach!« wiederholte sie unterwegs fortwährend, »was habe ich getan!«

Man ließ sie nicht eher als nach einem vollen Monat aus der Verbannung zurückkehren und erteilte ihr eine Rüge und genaue Instruktionen darüber, wie und womit sie die Gäste unterhalten sollte.

Wenn niemand bei der Uglizkaja war, so mußte Tschutscha bei ihr im Zimmer sitzen. Gähnte die Gouverneurin, so gähnte sie ebenfalls und schob sich ein Fußbänkchen unter die Füße.

»Tschutscha, lesen Sie mir etwas aus dem Buch vor, das im Schlafzimmer liegt.« Tschutscha las, doch verwechselte sie die Worte und betonte falsch. »Einmal«, so erzählte mir Sofja Lwowna, »bat maman sie, über die Wallfahrt irgendeines Mönches an heilige Stätten vorzulesen. Der Bischof hatte uns das Buch geschickt. Und da liest sie nun in einem Kapitel: ›Dieser giftige Schuft …‹ Ich hörte von meinem Zimmer aus Mamans Stimme: ›Ach, was für ekelhaftes Zeug! Was für Ausdrücke! Sie hätten das auslassen müssen, Tschutscha! Sonetschka, hör mal, was für ekelhaftes Zeug!‹ Ich sah in das Buch, dort stand aber: ›Dieses giftige Kriechtier …‹ – es ging nämlich um einen Skorpion.«

Tschutscha führte verschiedene unkomplizierte Aufträge aus: dem Dienstmädchen etwas zu sagen, dies oder das aus dem anderen Zimmer zu holen, in Uglizkis Arbeitszimmer zu gehen, um ihm etwas auszurichten oder einfach um nachzusehen, wer dort bei ihm war. Wenn man sie aber in ein Geschäft schickte und ihr zwei, drei Aufträge gab – dies zu kaufen, von jenem Stoff einen Arschin abschneiden zu lassen, bei der Schneiderin vorbeizufahren und dergleichen –, so brachte sie die Hälfte davon durcheinander und die andere Hälfte vergaß sie.

Im übrigen ging man mit ihr, außer den zeitweiligen Verbannungen nach Hause ›bei Antoniusbrot‹, human und freundlich um, machte nur freundliche Scherze über sie, beleidigte sie aber nicht. Die Dienerschaft legte ihr gegenüber natürlich keinen besonderen Diensteifer an den Tag, doch blieb sie höflich. Uglizki hätte auch, wenn nicht aus anderen Gründen, so zumindest um des guten Tones willen keine wilden Sitten in seinem Hause geduldet.

Doch foppte er sie ständig und brachte auf ihre Kosten andere zum Lachen, allerdings waren das so harmlose Späße, daß Tschutscha selbst als erste mit ihrem breiten Lächeln auf sie reagierte. Nur einmal geriet sie gleichsam in Verlegenheit, als nämlich Uglizki mich in ihrer Gegenwart fragte: »Hat Tschutscha Ihnen nichts von der Hostie erzählt?«

»Nein, von welcher Hostie denn?«

»Erzählen Sie es ihm, Tschutscha ...«

»Ach, ach, Lew Michailowitsch!« rief Tschutscha, preßte ihre Handflächen an die Schläfen und lief, um sich zu verbergen, rasch in die Salonecke, zum Kamin, hinter den Wandschirm. Marja Andrejewna schaute ihr mit spöttischem Lächeln nach. Und Sofja Lwowna errötete vor Vergnügen. Währenddessen wurde Uglizki in sein Arbeitszimmer gerufen. Ein Gast war gekommen. Die Gouverneurin ging sich umkleiden und nahm Tschutscha mit sich. Ich blieb mit Sonetschka allein.

»Was war das nun mit der Hostie?« fragte ich. »Erzählen Sie, Sofja Lwowna.«

Die Sache verhielt sich folgendermaßen: Die Gouverneurin pflegte vom Gottesdienst in der Kathedrale eine Hostie mitzubringen, die sie Lina oder Tschutscha, die sie gewöhnlich begleiteten, jeweils übergab. Diese Hostien wurden nach Hause mitgenommen und anderntags auf nüchternen Magen andächtig verzehrt. Manchmal gab man sie unterwegs auch einer armen Frau, einem Greis oder einem Kind, auf wen die Gouverneurin eben wies, jemandem also, der ihr leid tat und bedürftig erschien. Einmal, es regnete und die Uglizkaja saß mit ihrer Tochter schon in der Kutsche auf dem Kirchenvorplatz, gab sie Tschutscha die Hostie – Lina war nicht mitgekommen – und trug ihr, die zu Fuß nach Hause ging, auf, die Hostie unterwegs einem Bettler oder einer Bettlerin zu reichen, doch sollte sie sich vorher erkundigen, ob der Betreffende auch noch nichts gegessen habe, denn die Hostie war geweiht.

Tschutscha kam nach Hause und rühmte sich nach dem Frühstück mit leuchtenden Augen: »Ich habe sie dem Allerärmsten gegeben! Er sagte, er hätte seit dem gestrigen Tage nichts mehr gegessen; und gerade hätte er sich für eine Kopeke eine Zwiebel gekauft, die wolle er verspeisen ... Es guckte auch wirklich eine Zwiebel aus seinem Hemd heraus ... Da gab ich ihm die Hostie ... ›Paß aber auf‹, sagte ich ihm, ›daß du sie vorher ißt, denn das ist eine geweihte Hostie!‹ Wie er mir da gedankt hat! ›Danke‹, hat er gesagt, ›danke ...‹ Und hat sich bis zur Erde verbeugt, sogar sein rundes Käppchen hat er abgenommen ...«

»Was für ein rundes Käppchen?«

»Es war doch ein Tatare«, erklärte Tschutscha.

»Einem Tataren haben Sie die geweihte Hostie gegeben!« Die Gouverneurin schlug die Hände zusammen, der Gouverneur zog sich unter lautem Lachen vom Tisch zurück, am lustigsten aber war es für Sofja Lwowna. Auch jetzt, wo sie es mir erzählte, lachte sie Tränen.

»Mama läutete aus Leibeskräften, rief sämtliche Dienerschaft herbei und schickte sie los, den Tataren in den umliegenden Straßen zu suchen …«

»Und was machte Tschutscha? Wieder so, nicht wahr: die Handflächen an den Schläfen, und ›ach, ach‹!« Ich stellte sie mir in der für sie typischen Pose vor.

Sofja Lwowna berichtete weiter, daß der Tatar gefunden und gebracht würde. Er hatte erst die obere, das heißt die geweihte Hälfte gegessen und dazu die Zwiebel verspeist. Die fromme Gouverneurin geriet ganz außer sich, wollte zum Bischof fahren und fragen, was sie tun solle – ob man den Tataren nun nicht taufen müsse und dergleichen. Doch der Gouverneur schickte den Mann weg und erheiterte eine ganze Woche lang die Besucher mit dieser Geschichte. Tschutscha gegenüber war er noch netter und lustiger. Marja Andrejewna aber betrachtete das Vorkommnis von der ernsten Seite und verurteilte Tschutscha zu einer dreiwöchigen Verbannung nach Hause.

Zu mir war Tschutscha liebenswürdig und bemühte sich, auch mich zu unterhalten, wenn niemand sonst im Salon war, ungeachtet dessen, daß ich gleichsam zum Hause gehörte.

»Sind Sie zufrieden, daß Sie hiergeblieben und nicht nach Petersburg gefahren sind? Gefällt es Ihnen hier?« fragte sie mich sehr freundlich.

»Ja, ich bin zufrieden, es gefällt mir sehr gut hier.«

»Wann gefällt es Ihnen denn hier bei uns?«

»Nun, jetzt, mit Ihnen.«

Ihre Augen leuchteten auf.

»Tatsächlich! Und Sie sagen das im Ernst? Nicht im Spaß?«

»Nein.«

»Weshalb lachen Sie denn dann? Oh, Sie sind ein Spötter, ich weiß schon.«

»Woher wissen Sie das?«

»Ja, das weiß ich: Wer aus der Hauptstadt hierher kommt – der ist immer ein Spötter! Denken Sie nur an den neuen Staatsanwalt – der ist auch so einer: Immer lacht er! Mit Sonetschka lachen und scherzen Sie auch immer über mich, ich weiß schon, ich weiß das ... Wir aber, wir haben Sie so gern!« fügte sie nach einer kleinen Pause hinzu.

»Wer ist das – wir?«

»Nun, alle: Marja Andrejewna, Lew Michailowitsch – und Sonetschka auch ... alle freuen sich, wenn Sie kommen. Immer reden sie von Ihnen ...«

»Was reden sie denn?«

»Lew Michailowitsch hat noch gestern Wladimir Petrowitsch erzählt ... er kam vor kurzem vom Lande ... Sie kennen ihn?«

»Nein, ich kenne ihn nicht. Was ist das für ein Wladimir Petrowitsch?«

»Er baut Brücken und Straßen, ist Ingenieuroberst. Sein Familienname ist Altajew. Sie haben ihn doch gesehen ... so ein Bäuchiger ...«

Ich mußte lachen. »Wie?«

Sie geriet in Verwirrung. »So ein Dicker!« verbesserte sie sich.

»Was also hat nun Lew Michailowitsch über mich gesagt?«

»Er sagte über Sie: ›Il est présentable, très présentable.‹ Dreimal hat er es gesagt. Und Marja Andrejewna meint immer: ›Nur noch ein bißchen wild, stiehlt sich immer davon, wenn Gäste da sind. Man muß ihn an die Kandare nehmen; jetzt beginnen die Soireen – Sonetschka kann man noch nicht ausführen, also wird er auf den Soireen mein Kavalier sein ... sofern sich kein anderer findet‹ ...«

Ich mußte lachen.

»Es stimmt! Glauben Sie es nicht?«

»Ich werde Marja Andrejewna fragen, ob es stimmt, daß sie mir die Rolle eines Lückenbüßers zugedacht hat?« scherzte ich.

»Was tun Sie denn – ich habe doch nicht gesagt ›eines Lückenbüßers‹! Ach, wie ist das möglich!«

»Es läuft darauf hinaus: Fehlt ein Kavalier, so nimmt man mich! Marja Andrejewna wird mir erklären, wie sie es gemeint hat ...«

Sie preßte ihre Handflächen an die Schläfen: »Ach, ach, was habe ich angerichtet, warum habe ich es Ihnen erzählt? Ach, mein Lieber, sagen Sie Marja Andrejewna nichts – um Gottes willen! Sie wird mich wieder nach Hause schicken ...«

Ich beruhigte sie, doch ich erzählte das Ganze Sofja Lwowna, und wir lachten darüber.

12

Die andere Schwester, Lina, hatte einen total anderen Charakter. Sie war rege und lebendig wie Quecksilber, fuhr in einem fort in der Stadt herum und war stets in Hast und mit irgend etwas beschäftigt. Im Salon der Uglizkis erschien sie nur selten, sie aß bei ihnen nur, wenn keine Gäste da waren. Dafür steckte sie aber vom frühen Morgen an in Marja Andrejewnas Schlafzimmer und Boudoir. Hockten die beiden zusammen, so durften weder Tschutscha noch das Stubenmädchen hereinkommen, und selbst Sonja betrat das Zimmer nur zur Begrüßung und ging dann wieder hinaus. Ohne Lina konnte die Gouverneurin ebensowenig auskommen wie ihr Mann ohne Dobyschew.

Unverbindlich, beinahe unterwürfig freundlich, sich überall einmischend, sich jedermann aufdrängend und bei jedem etwas erbittend, wußte sie über alles, was sich in den Häusern und Familien tat, Bescheid, angefangen bei den Großgrundbesitzern und Präsidenten bis hin zu den Kaufleuten und Kleinbürgern. Ihre Mitteilungen waren höchst vielfältiger Natur. Sie wußte zum Beispiel, wer welche große Summe Geldes erhalten hatte und wofür das Geld ausgegeben worden war. Sie wußte, aus welchem Grunde es zu einem Streit zwischen Mann und Frau gekommen war und weswegen eine Gouvernante ihre Stelle gewechselt hatte. Eine geplante Brautwerbung kam ihr als erster zu Ohren. Eher als die Polizei erfuhr sie von einem Diebstahl, wußte, wer sich bei diesem oder jenem zu Besuch einfand, was man so redete, was es bei wem zu essen gab – mit einem Wort: sie war ein wandelndes Nachrichtenblatt. All das teilte sie detailliert und unter dem Siegel der Verschwiegenheit Marja Andrejewna mit. Die Gouverneurin hielt auf diese Weise die Fäden der gesamten Gouvernementspolitik in der Hand, benutzte manchmal dieses Wissen selbst, teilte sogar ihrem Mann etwas davon für seine dienstlichen Belange mit, und manchmal verblüffte sie jemanden durch die ungenierte Anspielung auf ein geheimgehaltenes Familienvorkommnis, ohne jemals ihre Quelle preiszugeben.

Lina war im Umgang demütig und konnte ein heuchlerisch-verlegenes, sogar schüchternes Aussehen annehmen. Gefällig war sie bis zur Liebedienerei. Marja Andrejewna hatte einen Wunsch noch nicht einmal geäußert, da hatte sie ihn schon erraten und eilte, ihn zu erfüllen, bevor der Diener oder das Stubenmädchen sich auch nur rühren konnten. »Gestatten Sie, ich werde gleich ... Lassen Sie mich das machen, bringen, besorgen ...« tönte ständig ihre hohe, schrille Stimme. Der Gouverneur suchte etwas mit den Augen – da brachte sie ihm schon das Tuch, das er im Arbeitszimmer vergessen hatte. Die Gouverneurin gab zu verstehen, daß sie im Fenster eines Ladens etwas Bestimmtes gesehen hätte, doch habe sie vergessen, wo – nach einer halben Stunde bereits konnte Lina ihr es sagen.

Vorzüglich und bis ins kleinste erfüllte sie die Aufträge der Uglizkaja, wie kompliziert diese auch sein mochten, in bezug auf die weibliche Garderobe. Marja Andrejewna schickte sie in alle Läden, und Lina, die Geschmack, die Launen und die Kapricen der Gouverneurin kannte, übertraf deren Erwartungen noch. Ihr war es zu danken, daß es im ganzen Gouvernement keiner einzigen Salonlöwin, auch der allerreichsten nicht, gelang, vor der Gouverneurin etwas Neues aus Moskau kommen zu lassen. Lina verstand es, die gebrauchten Kleider der Gouverneurin, die aber für die Damen im Gouvernement und in den Kreisgebieten noch modisch und elegant waren, unter der Hand zu verkaufen. Sie wußte, in welchen Häusern es alte Spitzen gab, deren Liebhaberin Marja Andrejewna war, und verstand es, sie zu erschwinglichen Preisen zu erhandeln. Ohne Lina probierte Marja Andrejewna kein Kleid und keinen Hut, nicht einmal Stiefel an. Sie entschied, welche Farbe paßte und welche nicht, was ihr besser stand und was Sonetschka.

Und das alles tat sie gern und flink, so als ob ihr Glück allein darin bestände, andere zufriedenzustellen. Es bestand aber unter anderem darin, daß, als in der Stadt bemerkt wurde, welche Gunst sie bei der Gouverneurin genoß, man aufhörte, sie geringschätzig zu behandeln. Zudem konnte sie ihre Garderobe vervollständigen und sich für viele Jahre, beinahe bis ins Alter, einen Vorrat an Wäsche, ja selbst zwei Fuchspelze anschaffen. Für die Kleider der Gouverneurin, die ihr gefielen, fand sie eben keine Käuferinnen, und diese Kleider bekam sie dann geschenkt.

Lina verachtete im stillen ihre Schwester, doch verbarg sie das, damit sich das nicht auf die anderen im Gouverneurshaus übertrug, sie ihr gegenüber nicht zurückhaltender wurden und die Schwester nicht etwa ihr allein zuschoben. Sie verachtete Tschutscha wegen ihrer absoluten Unbrauchbarkeit, wegen ihrer totalen Nutzlosigkeit und weil sie ihr wie ein Stein am Halse hing. Wenn sie Wutanfälle bekam, schimpfte sie sie eine ›Versagerin‹. Ohne sie, ohne diese Versagerin – so verplapperte sie sich unter dem Siegel der Verschwiegenheit –, wäre sie, Lina, schon längst verheiratet. »Aber wer uns zusammen sieht und ihr zuhört, dieser Tschutscha – der rennt sofort davon; der glaubt, daß ich auch so dumm, so hilflos bin und der Familie zur Last fallen würde. Ich aber habe goldene Hände!«

Sie selbst hatte auch jetzt, wie man mir sagte, die Hoffnung auf eine Heirat noch nicht verloren, obgleich alle anderen längst nicht mehr daran glaubten. Sie liebte niemanden: weder die Gouverneurin noch ihre Tochter oder sonst jemanden in unserer Stadt; sie besaß weder ein Vögelchen noch ein Hündchen, auch keine Blumen im Fenster – niemanden und nichts. Vor dem Gouverneur hatte sie ein wenig Angst, immer, wenn er mit ihr sprach und ihr aufmerksam in die Augen blickte, vermutete sie, er suche etwas an ihr, woran er Anstoß nehmen und worüber er seine Bemerkungen und Spötteleien machen konnte – also entzog sie sich einem Gespräch mit ihm und quittierte seine Späße nur mit einem kreischenden Lachen.

Sie war häßlich; tiefliegende Augen unter einer wulstigen Stirn und ein vorspringendes Kinn verliehen ihr das Aussehen einer jugendlich anmutenden Greisin. Behende und geschmeidig wie eine Eidechse, war sie immer in Eile und Hast, hatte ständig irgend etwas vor und niemals Zeit. Wenn man sie unterwegs anhielt, dann antwortete sie einem flüchtig und blickte einem nie direkt in die Augen, im Gegensatz zu ihrer Schwester, die jedermann mit starren Augen direkt ansah. Es blieb unverständlich, worauf sich ihre Hoffnung, einen Mann zu finden, gründete. Vielleicht darauf, daß sie ›goldene Hände‹ hatte.

13

Die Wintersaison war auf ihrem Höhepunkt, die Stadt füllte sich mit den Ankömmlingen aus den Kreisgebieten. In den Klubs, beim Gouverneur und beim Adel begannen die Bälle und in fast allen Häusern von angesehenen Familien die Soireen. Ich fühlte mich – wohl gleich allen jungen Männern damals – wie ein Fisch im Wasser und eilte von Ball zu Ball, von Soiree zu Soiree. Wie ich mich aber auch drehte und wendete, ich mußte doch hin und wieder die Rolle spielen, für die mich die Gouverneurin ausersehen hatte. Was ich als

Sekretär bei ihrem Mann war – ein Lückenbüßer –, als das galt ich, obwohl ich es nicht war, auch als Kavalier bei ihr. Mit ihr tanzen mußte ich allerdings nur sehr selten, denn alle wetteiferten förmlich darum, sie zum Tanz zu engagieren. Mir wurde diese Ehre nur manchmal bei den Soireen in ihrem Hause zuteil, wenn sie, nachdem sie ihren Gästen die Arena überlassen hatte, selbst ohne Kavalier geblieben war.

Ich spürte, daß mich die Gouvernementsatmosphäre langsam aufsog. Ganz von selbst zog es mich bald in dieses, bald in jenes Haus, wo es noch lebhafter, noch fröhlicher zuging und wo man mich noch mehr verwöhnte. Doch bei all diesen Leuten herrschte Leere und Müßiggang, nirgendwo das kleinste Fünkchen intellektuellen Interesses, keinen einzigen Kreis gab es, der sich gesellschaftlichen, wissenschaftlichen oder ästhetischen Fragen zugewandt hätte.

Die örtlichen Interessen beschränkten sich auf die Wahlen, diese amüsanten Karikaturen auf das Wahlprinzip, bei denen es überhaupt nicht um die Wahlen selbst ging, sondern um Mittagessen, um Tanzen und Kartenspiel.

Der Universitätsatmosphäre beraubt, las ich auf eigene Faust ausnahmslos alles, was mir unter die Finger kam, hatte aber nicht einmal jemanden, mit dem ich meine Eindrücke und Ansichten über das Gelesene hätte teilen können. In der Stadt gab es weder eine Bibliothek noch ein Theater. Man mußte mit dem Strom des provinziellen Lebens schwimmen. Karten spielte ich nicht und verspürte auch keine Neigung dazu; deswegen wurde ich von vielen ›soliden‹ Leuten fast verachtet. Doch dafür amüsierte ich mich, wie fast alle jungen Leute, indem ich auf den Bällen bei der Quadrille den jungen Mädchen des Gouvernements – oder den ›Fräuleins‹, wie man sie damals nannte – den Hof machte und mich in schüchternen Komplimenten erging. All das geschah unter der gestrengen Aufsicht der Mütter oder Tanten, die, wachsamer noch als die Polizei, mit mütterlicher Berechnung jedem Blick und jeder Bewegung der tanzenden Paare folgten. So tanzte ich beispielsweise mit irgendeinem ›Fräulein‹, das mir auf den ersten Blick gefallen hatte, an zwei Abenden hintereinander die Mazurka und begann in ihrem Haus Visite zu machen – da bedachte mich die Gouverneurin bereits mit spöttischen Blicken.

»Die Lisa R. gefällt Ihnen wohl?« fragte sie ungeniert und gebieterisch.

»Ja, sie ist recht hübsch.«

»Und sonst?«

»Sonst? ... Sie ist klug, nett, nicht arrogant ...«

»Fahren Sie nur fort, genieren Sie sich nicht ...« Und sie lachte. Auch Tschutscha strahlte über die ganze Breite ihres großflächigen Gesichts. Lina schlich sich immer aus dem Zimmer, wenn sich das Gespräch in ihrer Gegenwart auf etwas Bestimmtes bezog – sie lieferte nur die Nachrichten. Und Sofja Lwowna sah mich kurz und schelmisch an, lächelte mit einem leichten Anflug von Ironie und errötete sehr lieb. Ich blickte mich nach allen Seiten um. Der Gouverneur kam herein.

»Stimmt es, daß Sie sich in die R. verliebt haben?« fragte er mich plötzlich in Gegenwart aller Anwesenden.

»Ich! Erlauben Sie!«

»Nun geben Sie es schon zu!« scherzte die Gouverneurin.

Und drei Tage lang sprach die ganze Stadt davon, daß ich mich in die R. verliebt hätte. Auch zu Hause setzte man mir zu und trieb seinen Scherz mit mir. Meine Mutter aber nahm die Sache ernst und teilte mir flüsternd mit, daß ich mich davor hüten solle, dieser Schönheit den Hof zu machen, denn ihre Mutter sei boshaft »und noch dazu stolz, sie hat ihre Tochter für einen Grafen oder Fürsten ausersehen, für einen Reichen, und dir wird sie sie nicht geben.«

»Wohin bin ich geraten! Das ist ja, als wenn ich auf Freiersfüßen gehen würde!« Ich wollte schon wie Tschutscha meine Hände an die Schläfen pressen und lief rasch nach oben in meinen ›Söller‹, um mich hinter einem Buch zu verstecken.

Das wiederholte sich in diesem Winter dreimal, und ich wußte nicht, wie ich meine Freiheit wiedererlangen sollte. Dann aber war die Wintersaison zu Ende, und auch die Großen Fasten gingen vorüber. Die Stadt leerte sich wieder, und zum Osterfest blieben fast nur die Beamten, die Kaufleute und die anderen ständigen Stadtbewohner zurück. Ich erwartete betrübt, ja fast ängstlich den Sommerbeginn und gab endlich dem Gouverneur zu verstehen, daß ich wegen meines Zeugnisses nach Moskau fahren müsse, bei dieser Gelegenheit auch meinen Bruder wiedersehen und dann mit ihm zusammen zurückkehren wolle. Doch der Gouverneur hielt mich hin und sagte, daß er selbst um Urlaub ersuchen wolle, und versprach, mich dann mitzunehmen. Dobyschew beharrte darauf, daß ich schleunigst ein Gesuch einreichen und mein Zeugnis von der Universität kommen lassen sollte. Ich zögerte – Gott sei Dank. Weder das Gesuch noch mein Zeugnis sollten mehr erforderlich sein.

Ich setzte meinen Dienst fort, fuhr in die Kanzlei, ›erledigte‹ jetzt ohne Dobyschews Anleitung die laufenden schriftlichen Amtsdinge, brachte die Papiere Seiner Exzellenz zur Unterschrift und kehrte um drei Uhr zum Mittagessen nach Hause zurück.

Eines Tages, als ich wie gewöhnlich gegen zwölf mit den vorbereiteten Schriftstücken die Treppe heraufkam, erfuhr ich, daß seit elf Uhr bereits ein Gast beim Gouverneur saß, der Gutsbesitzer Rostin, ebender Freund Jakubows, von dem ich schon weiter oben sprach. Ich kannte ihn flüchtig: Vor kurzem, während der Butterwoche, hatte er auf seinem nicht weit von der Stadt gelegenen Dorf ein dreitägiges Fest gegeben, auf dem ich mir die Schuhe durchgetanzt hatte. Ich trat ohne alle Umstände mit meinen Schriftstücken geradewegs ins Arbeitszimmer.

Der Gouverneur und der Gutsbesitzer saßen in einer entfernten Ecke und sprachen aufgeregt über etwas. Uglizki sagte, als er mich erblickte, rasch und überstürzt: »Später, später! Legen Sie die Papiere hin und gehen Sie zu Marja Andrejewna oder in die Kanzlei.«

Mir fiel auf, daß er stark erregt war und völlig die Fassung verloren hatte. Rostin wirkte auch sehr ernst, offensichtlich hatte er ihm etwas im Vertrauen mitgeteilt. Er begrüßte mich kurz, während Uglizki ungeduldig darauf wartete, daß ich mich entfernte. »Schließen Sie bitte hinter sich die Tür und sagen Sie, daß ich niemanden empfange!« bat er mich. Ich übermittelte dem Diener seinen Befehl und begab mich in den Salon.

Im Saal war niemand. Im Salon saß Tschutscha.

»Guten Tag!« sagte sie und schenkte mir ein flüchtiges Lächeln, dann zupfte sie ihren Rock hinten zurecht und schwenkte ihre Taille und ihr Mieder herum, wie sie es manchmal aus Koketterie tat.

»Sie kommen gerade von Lew Michailowitsch?« fragte sie mich plötzlich ernst, ja sogar beunruhigt.

»Ja, von ihm. Weshalb?«

»Was tut sich dort?«

»Jegor Stepanowitsch sitzt bei ihm.«

»Ja, ich weiß, ich habe ihn gesehen. Und sonst?«

»Sonst – ist niemand weiter da. Wollen Sie etwas von irgendwem?«

Sie schüttelte den Kopf: »Nein, nein, ich will nichts! Marja Andrejewna hatte mich zu ihm geschickt. Ich öffnete die Tür, doch Lew Michailowitsch sah mich mit einem Blick an, mit einem Blick ... ach!« Sie preßte ihre Hände an die Schläfen. »Und winkte mit seiner Hand – sehen Sie, so« (sie winkte ab), »daß ich hinausgehen solle.«

»Und was war dann?«

»Nichts. Marja Andrejewna dachte, ich hätte wieder etwas verwechselt, und schickte Sonetschka nachsehen – er scheuchte auch sie hinaus. ›Geh hinüber‹, hat er gesagt, ›und sage, daß wir nicht gestört sein wollen.‹«

Sofja Lwowna, die meine Stimme gehört hatte, kam herein; sie war nachdenklich, traurig fast.

»Sie waren bei Papa?« fragte sie mich.

»Ja. Rostin sitzt dort; sie reden etwas Vertrauliches.«

»Maman ist sehr beunruhigt.«

»Wo ist denn Marja Andrejewna?« fragte ich.

»Sie hat nach Lina geschickt und hat sich mit ihr eingeschlossen, sie flüstern über etwas ... Ich habe Angst!« fügte sie traurig hinzu.

»Ach, ich auch!« wiederholte Tschutscha.

»Aber weshalb? Was ist denn los?« drängte ich.

Ich blieb ohne Antwort. Wir drei standen da und sahen einander fragend an.

Bald darauf hörten wir, daß der Besucher das Arbeitszimmer verließ; der Gouverneur begleitete ihn bis ins Empfangszimmer und kam dann zu uns herein.

»Wo ist Marja Andrejewna?« fragte er kurz angebunden und begab sich, ohne unsere Antwort abzuwarten, zu ihr, mich aber bat er, in die Kanzlei zu gehen und Dobyschew zu rufen.

Ich übermittelte Dobyschew die Aufforderung und wartete in der Kanzlei auf seine Rückkehr. Doch er kam bis drei Uhr nicht wieder, und ich fuhr nach Hause.

»Nun?« fragte mich der ›Pate‹ aufgeregt. »Ist es wahr?«

»Was denn?«

»Der Gouverneur ist entlassen?«

Ich erstarrte. »Ich weiß von nichts. Ich habe von nichts gehört, doch es könnte wahr sein ...« Ich erzählte ihm von Rostins Besuch und davon, wie durcheinander Uglizki und alle anderen gewesen waren.

Jakubow berichtete mir, daß Rostin ihn besucht und ihm einen Brief aus Petersburg gezeigt habe, der die Nachricht enthielt, daß der Gouverneur zum Ministerium beordert sei. Er fügte hinzu, daß jetzt sicher schon die ganze Stadt davon wisse.

14

Die Nachricht bestätigte sich. Am nächsten Tag umschwirrten mich in der Kanzlei lebhafte Gerüchte. Die Beamten saßen nicht auf ihren Plätzen, sondern standen in Gruppen zusammen und flüsterten miteinander. Dobyschew empfing mich finster und bestätigte, daß tatsächlich eine Mitteilung über die Entlassung des Gouverneurs eingetroffen sei, der entsprechende Erlaß jedoch noch nicht. »Gehen Sie hinauf«, sagte er, »Seine Exzellenz erwartet Sie.« Ich wußte nicht, wie ich mich verhalten sollte, und ging deshalb zuerst in die Frauengemächer. Tschutscha wollte, als sie mich erblickte, erst ein Lächeln aufsetzen, rief aber doch lieber »Ach!« und preßte ihre Hände an die Schläfen, dann schlug sie sie vors Gesicht und brach in Tränen aus.

»Was haben Sie?« fragte ich teilnahmsvoll. »Warum weinen Sie?«

»Ach, was für ein Unglück! Wissen Sie es etwa noch nicht? ... Lew Michailowitsch ist beur... beurlaubt... er wird abreisen ... und Sonetschka auch ...« Die Tränen ließen sie nicht weitersprechen.

Sofja Lwowna kam, ebenfalls verweint, zu uns herein. Auf meine Frage, ob es stimme, flüsterte sie betrübt: »Ja ... es scheint so ... Wir ... wir reisen ab ... Leben Sie wohl!« Und sie wandte sich ab.

»Wieso denn ›Leben Sie wohl!‹ Ich bleibe nicht hier, ich reise Ihnen hinterher!« unterbrach ich sie lebhaft. »Ich will schon lange von hier fort!«

»Ja? Merci .... Ich freue mich«, sagte sie leise. »Gehen Sie jetzt zu Papa, reden Sie mit ihm, beruhigen Sie ihn irgendwie. Er läuft im Arbeitszimmer ganz allein hin und her, er empfängt niemanden ...«

Ich betrat das Arbeitszimmer. Lew Michailowitsch ging mit großen Schritten darin auf und ab. Er freute sich über mich wie über einen Freund.

»Haben Sie es gehört?« schrie er beinahe. »Was für Prachtkerle! Haben sie doch erreicht, was sie wollten!«

»Wer?« fragte ich leise.

»Wer schon – der Gendarm natürlich! Hat sich eingeschmeichelt! Unter die Generale will er, in die Hauptstadt. Nein, dazu kommt es nicht, so wahr mir Gott helfe, dazu wird es nicht kommen!« Er bekreuzigte sich sogar. »Ich bin doch noch nicht verrückt, ich bin noch imstande zu reden, bin doch nicht auf den Mund gefallen. Ich werde denen dort die Augen öffnen über seinen ›eifrigen und wachsamen Dienst‹!«

»Was für einen Grund gibt es denn überhaupt? Weshalb denn?« wagte ich zu fragen, bereute es aber sogleich.

Ein ganzes Meer von Galle schüttete Uglizki über die Gendarmen und alle aus, die er innerhalb der Gouvernementsobrigkeit verdächtigte, gegen ihn zu intrigieren. Und man muß ihm Gerechtigkeit widerfahren lassen: Die Figuren seiner ›Feinde‹ wußte er meisterhaft zu zeichnen.

»Da hat es Sie nun immerfort nach Petersburg gezogen«, schloß er, »ich halte Sie nicht nur nicht zurück, sondern bitte Sie vielmehr dringend, diesen Sumpf zu verlassen! Je eher, desto besser! Sie vergeuden hier nur Ihre unverbrauchte, jugendliche Kraft und können keinerlei Erfahrung sammeln – weder im Dienst, noch im Leben. Sie werden an der Nase herumgeführt, angeschwärzt, man klatscht über Sie, Ihr Ruf wird verdorben, und Ihre Karriere ist hin! Man wird Sie mit irgendeiner Golenducha Polikakijewna verheiraten, und Sie vergeuden Ihr Leben in einem Krähwinkel, unter Beamtengesindel, bestechlichen Leuten und bornierten Gutsbesitzern ...«

Und er fuhr fort, mir ein Bild zu entwerfen, das jenem völlig entgegengesetzt war, welches er mir geschildert hatte, als er mich hierzubleiben gebeten hatte.

»Ich weiß das alles«, erklärte ich ihm, »und wäre auf keinen Fall lange geblieben, um so weniger jetzt, wo Sie abreisen ...«

Hier reichte er mir endlich die Hand und drückte heftig die meine.

»Was beabsichtigen Sie zu tun?« fragte er.

»Ich will Ihnen nachreisen ...«

»Und warum nicht mit uns zusammen?« fragte er fast zärtlich.

»Wenn Sie das nicht geniert – und wenn ich Ihnen irgendwie nützlich sein kann ...«

Er ließ mich nicht zu Ende sprechen und umarmte mich ungestüm. »Ich danke Ihnen, Sie werden mir nicht nur nützlich, Sie werden mir unentbehrlich sein: Ich erwarte viel von Ihrer ... Freundschaft«, setzte er zögernd hinzu. »Doch davon später. Jetzt die Hauptsache – reißen wir uns aus diesem Pfuhl heraus! Fahren wir also weg von hier! Ich werde in irgendeinem Ministerium eine Stelle für Sie finden. Übergeben Sie die Amtsgeschäfte Dobyschew: Soll er – das Gouvernement leiten!«

Er ließ ein bissiges Lachen hören und seufzte dann tief auf.

»Ich verdächtige«, fügte er hinzu, »unter uns gesagt, selbst Dobyschew des Anteils an dieser Intrige ... ja! Und den Präsidenten auch ... Jarkin ... Der Bischof hat mich in der letzten Zeit auch immer so schief angesehen ... Haben Sie nicht bemerkt, wie unfreundlich er war?«

Beinahe hätte ich losgelacht. Es fehlte nicht viel – und er hätte wohl auch Tschutscha eingereiht unter seine Feinde, deren wichtigsten er allerdings völlig übersah: sich selbst nämlich.

»Kommen Sie heute abend zu mir, dann werden wir alles besprechen. Jetzt aber bin ich noch ganz aufgeregt ...« Und er begann wieder im Zimmer auf und ab zu schreiten.

Ich wollte mich verabschieden. Währenddessen öffnete sich die Tür und Andrej Petrowitsch Prochin, einer der Beamten zur besonderen Verwendung des Gouverneurs, stürzte ins Zimmer. Er war leicht angetrunken und äußerst erregt.

»Was habe ich gehört, Euer Exzellenz! Ist das wahr?« begann er und trat dicht vor den Gouverneur, wobei er die Hände pathetisch auf der Brust faltete. »Ist das wahr?« wandte er sich auch an mich. »Wie denn – unser gutes, edles Oberhaupt verläßt uns! Nein, das ist unmöglich! Sagen Sie, daß es nicht wahr ist!«

»Sind Sie wieder gesund?« fragte ihn plötzlich, anstelle einer Antwort, Uglizki.

»Ja-a. Es geht immer vorbei, es ist vorüber ... Sowie ich nur die entsetzliche Nachricht vernahm, war's, als ob nichts gewesen wäre. Wollen Sie sich bitte selbst überzeugen.«

Er baute sich direkt vor Uglizki auf.

»Ja, ich sehe ...« sagte der Gouverneur und betrachtete ihn mit einigem Zweifel.

»Ich gehe hin, dachte ich, und bringe es in Erfahrung: Vielleicht ist es nicht wahr!« bekräftigte Prochin.

»Es ist wahr!« sagte der Gouverneur. »Sie haben das nicht erwartet? Niemand hat es erwartet, und niemand, hoffe ich, hat es gewünscht ...«

»Niemand, ich schwöre bei meiner Ehre, niemand!« wiederholte Prochin pathetisch. »Sie haben so viel für das Gouvernement getan, für uns alle, für die Kaufleute, für das Kleinbürgertum ... für das Volk! Und das will man nicht anerkennen, nicht würdigen! Gestatten Sie, Euer Exzellenz, daß ich einen detaillierten Rechenschaftsbericht als Entgegnung schreibe ... Den Entwurf habe ich schon im Kopf.«

»Ja, ja, bitte«, klammerte sich Uglizki an den Vorschlag, »ich wollte schon darum bitten, doch Sie waren ja – unpäßlich. Niemand außer Ihnen kann so etwas schreiben.«

»Jawohl, Euer Exzellenz, jawohl: niemand, niemand! Auch er« (auf mich zeigend) »kann es auf gar keinen Fall. Er schreibt gefühlvoll, aber nicht sachlich. Ich werde das Schreiben heute noch aufsetzen ...«

»Wir werden den Bericht mit nach Petersburg nehmen«, unterbrach ihn der Gouverneur. »Sie werden mit mir fahren, Sie lehnen doch nicht ab?«

»Nein, Euer Exzellenz! Wie denn ablehnen! Bis ans Ende der Welt würde ich ja mit Ihnen ...«

Er küßte ihn auf die Schulter.

»Er fährt auch mit!« wies der Gouverneur auf mich.

»Sie sind ein edler, ein edler Mensch, ein Mensch mit Herz!« rief Prochin emphatisch und stürzte sich auf mich, um mir einen Kuß zu geben.

Uff! Es war, als hätte man mich in ein Weinfaß gesetzt!

Prochin begann sich vor dem Gouverneur in Ergebenheitsgefühlen oder ›-fühlbarkeiten‹, wie er sich ausdrückte, zu ergehen, und der Gouverneur griff lebhaft den Vorschlag auf, einen Bericht nach Petersburg zu schicken, von dessen unwiderstehlicher Wirkung er rasch überzeugt war. Sie unterhielten sich eifrig. Uglizki strotzte nur so von Einfällen, die er mit konkreten Details untermauerte.

»Ich höre, ich höre! Und dann muß man noch dies hineinnehmen und das ...« stimmte Prochin zu. Sie redeten beide gleichzeitig, fielen einander ins Wort.

Ich ging hinaus. »Bis heute abend!« rief mir der Gouverneur nach.

Diesen Prochin habe ich bisher noch nicht erwähnt. Er war ein fülliger, rundlicher, mittelgroßer Mann von vierzig Jahren mit graublauen Glubschaugen, mit vom Wein aufgedunsenen Wangen; mit ewig feuchtem Kinn und feuchten Händen, so daß man sich nach jedem Händedruck von ihm die Hand abwischen mußte. Im übrigen war er ganz ansehnlich und im Umgang sehr nett.

Er arbeitete als Sekretär zur besonderen Verwendung, und zwar für das Abfassen von Schriftstücken, worin er unübertroffen war. Seine erläuternden und rechtfertigenden Memoranden waren wahre Meisterwerke. Er galt als einer der gewandtesten Schreiber im Gouvernement. Seinen Stil hatte er zuerst im Seminar geformt, später dann an der Kasaner Universität in Chriën, Perioden, Tropen, Figuren, Metaphern, Beweisen des Gegenteils, in Ähnlichkeiten und sonstigen rhetorischen Feinheiten ausgefeilt. Niemals verzichtete er auf diese Dinge und bekannte mir, daß er, selbst wenn er es gewollt, es doch nicht gekonnt hätte. »Ich bin schon so daran gewöhnt«, sagte er, »wenn ich die Feder zur Hand nehme, überlege ich mir als erstes nicht, was, sondern wie ich es schreibe. Der Kern der Idee kommt erst auf der zweiten Seite zum Vorschein, auf die erste aber setze ich die Einleitung, dann beschäftigen mich Erwägungen über die Anzahl der Prämissen« – und so weiter. Sein Stil war ausgeglichen, flüssig und angenehm. Hin und wieder, wenn man sich eine Akte vornahm, las man sich an dieser seiner Sachliteratur fest. Alles lief dort ›wie am Schnürchen‹, war weder langweilig noch holprig. Seine Sätze strömten dahin wie ein stiller Fluß; da gab es keine unverhofften Wendungen, keinen Ausrutscher und keine erstaunlichen Überraschungen. Und was für ein eleganter, geschickter Kasuist er war! Wie gut er es verstand, einen ihm von Uglizki vorgegebenen Sophismus durch Metaphern und Tropen zu versüßen.

Leider kamen die Qualitäten seiner Feder und seines angenehmen Charakters nicht oft zur Wirkung, denn er pflegte immer nur für zwei, drei Monate beim Gouverneur zu erscheinen, dann blieb er für drei Monate verschollen. Er schloß sich zu Hause ein und trank ununterbrochen. Erkundigte man sich, warum er nicht zu sehen sei, so zuckte der Gouverneur nur die Schultern und erwiderte, er sei »dans les vignes du Seigneur«, andere aber drückten es einfacher aus: »Er säuft wieder.« War Prochin wieder nüchtern, erschien er, als wäre nichts gewesen, schrieb seine Amtsberichte und war gegen jedermann liebenswürdig, freundlich und nett.

Doch in betrunkenem Zustand geriet er in Raserei. Aus den Fenstern des niedrigen Holzhauses, in dem er zusammen mit seinem Vater, einem hochbetagten, vom Dienst suspendierten Geistlichen, lebte, streckte er den Vorübergehenden die Zunge heraus, drohte ihnen mit der Faust oder spuckte vor ihnen aus. Manchmal, wenn er zu Hause nichts mehr zu trinken bekam, ging er in einem grauen Morgenrock und mit Galoschen an den nackten Füßen auf die Straße und lief in ein Wirtshaus.

Das also war Prochin, mein ehemaliger Amtskollege und zukünftiger Begleiter nach Petersburg.

Mir war er sehr wohlgesonnen, doch den Stil meiner Arbeiten erkannte er nicht an, und das mit vollem Recht, denn ich besaß gar keinen. Außerdem störte ihn, daß ich Fremdsprachen beherrschte und er nicht. Wenn mich der Gouverneur oder die Gouverneurin in seiner Gegenwart etwas auf französisch fragten und ich ihnen in dieser Sprache antworten mußte, dann war Prochin wütend auf mich. Überhaupt war er ein Mensch, der an allen, die Fremdsprachen beherrschten, ewig herumnörgelte. »Wenn ich sie könnte, diese dreimal verfluchten Sprachen«, verplapperte er sich beim Punsch unter seinesgleichen, »dann wäre keine solche Elendsfigur aus mir geworden!«

Ich ließ ihn beim Gouverneur zurück und ging nach unten, wo ich Dobyschew alle Amtsakten aushändigte und ihm den Schlüssel zum Schrank mit den Unterlagen überreichte.

»Warum beeilen Sie sich so, das hätte doch noch Zeit gehabt«, bemerkte er trocken.

Von den Kanzleibeamten verabschiedete ich mich herzlich und drückte ihnen allen zum ersten und letzten Male die Hand – denn nun waren sie nicht mehr meine Untergebenen. Der Wächter Tschubuk sagte: »Um den Abschied bitten wir«, und ich gab ihm einen Rubel, dann fuhr ich als verabschiedeter Beamter außer Dienst nach Hause und begann meine Vorkehrungen für die baldige Reise nach Petersburg zu treffen.

Die Gründe für Uglizkis Entlassung werde ich hier nicht anführen. Die Männer des Gouvernements schätzten ihn, besonders die Junggesellen, die ein lustiges Leben liebten, immer gern zu ihm gekommen waren und ihn wegen seines lebhaften, fröhlichen, liebenswürdigen Charakters, seiner Weltgewandtheit, seines guten Umgangstones und seiner Höflichkeit bei sich empfangen hatten. Die Damen gerieten seinetwegen fast um den Verstand.

In seinem Amt hatte er eigentlich nichts getan, weder Gutes noch Böses, wie seine Vorgänger auch schon. Allerdings hatte er Anwandlungen wie die oben angeführten gehabt: ein wenig die Finsternis zu vertreiben, die Bestechlichkeit abzuschaffen und die Veruntreuer von Staatseigentum durch ordentliche Leute zu ersetzen, doch er war nicht Herkules, daß er diesen Augiasstall hätte ausmisten können. Dafür brachte er nicht die geringsten Voraussetzungen mit. Seine Anwandlungen überfielen ihn urplötzlich und waren nur ein Strohfeuer.

Gründe für seine Entlassung wurden sicher nicht wenige gefunden – irgendwelche kleinen Kritteleien an seiner Amtsführung. Doch ich erfuhr hintenherum von den Gendarmen, daß es auch einen wirklichen, echten Grund gegeben hatte, der bis zur Obrigkeit gedrungen war.

Dieser Grund hatte nichts mit seinem Dienst zu tun, er brachte den Gouverneur vor kein formelles Gericht und rief in der Gesellschaft nur nachsichtiges Lächeln und spöttisches Gerede hervor. Der Grund betraf nicht seine Amtsgeschäfte, sondern ihn persönlich und hatte weder mit seinem Rang noch mit seiner Position etwas zu tun.

Er war – ein Schürzenjäger. ›Daß er um die Triebe wußte‹, wurde ihm, ähnlich wie Onegin, ›zur Quelle ... von Lust und Plage‹. Schon zu Hause hatte ich Geschichten über seine ›Liebschaften‹ gehört, dem Gerede aber damals keine Bedeutung beigemessen. In Petersburg aber war ich dann teils Augen-, teils Ohrenzeuge seiner Geschichten, die mich davon überzeugten, daß nicht nur alles zutraf, was ich an der Wolga gehört hatte, sondern auch, wie unwiderruflich und hoffnungslos er dieser Kenntnis der ›Triebe‹ verfallen war und was für ein großer Stratege und Taktiker er auf diesem Gebiet war.

Über seine Liebesgeschichten könnte man ganze Bände schreiben, etwa in der Art von Casanovas Memoiren, wären sie nicht alle so gleichförmig, höchst abgeschmackt und jedermann bis zum Überdruß zuwider gewesen. Solche Geschichten sind nur für die handelnden Personen selbst interessant, für niemanden sonst. Hätte Uglizki schriftstellerisches Talent besessen, hätte er sich zweifellos mit seinem umfangreichen Harem dargestellt und die allgemeine Geschichte der Erotik um ein weiteres mehrbändiges Werk bereichert – etwa wie der Marquis de Sade, wie Pierre Brantôme oder der oben erwähnte Casanova.

Zu seinem und der Leser Glück aber lagen ihm Lesen und Schreiben nicht. Er hätte sich wohl beim Schreiben in seiner Geckenhaftigkeit und jener ›schamlos unverblümten Genußsucht‹ gesonnt, dessen sich, nach dem Zeugnis des Dichters, das vorige Jahrhundert ›rühmte‹. Wie Casanova, sein Prototyp, hätte auch Uglizki nicht das Zeug zu einem Othello oder Romeo gehabt, nicht einmal das zu einem Don Juan, sondern wäre geradezu als ein Faublas erschienen. Zarte Gefühle, leidenschaftliche Ergüsse, die Tränen und Qualen des Abschieds, die Eifersucht, kurz, all das, wodurch die menschliche Liebe so schön ist, war ihm unbekannt. Zeigte er doch einmal derartige Regungen, so waren sie stets nur ein Mittel, das gewünschte bekannte Ziel rascher zu erreichen.

Hatte er es aber erreicht, so suchte er ein neues – und so ging es endlos weiter.

Das nun begann in der Provinz ans Tageslicht zu kommen. Die Männer suchten ihre Frauen vor ihm zu schützen, doch gelang es ihm, seine Verführungsversuche durch ein einschmeichelndes Wesen, verhüllte Komplimente und durch ein gewinnendes Äußeres und gute Manieren zu tarnen und gleichzeitig weiter voranzutreiben. Er drang in geschlossene Kreise ein, und da durchaus mit Erfolg, wie er sich selbst unterderhand rühmte. Allerdings drehte er sich damit selbst einen Strick.

Es wurde erzählt, daß sein persönlicher Sekretär des Abends heimlich eine Dame zu ihm führte, die offenbar ›aus guter Familie‹ war. Dann hieß es, die Ehefrau eines seiner Beamten nutze seine Geneigtheit aus, wodurch es ihr und ihrem Manne recht gut ginge. Endlich redete man davon – was aber sicher nur Klatsch war –, daß der Bräutigam eines schönen, jungen Mädchens sich im geheimen mit ihm duelliert hätte – wegen Uglizkis beharrlicher und unverhohlener Neigung für seine Braut.

Der letzte Umstand – ein geheimes Duell – war wohl auch das Hauptmotiv für die Denunzierung und Entlassung des Gouverneurs. ›Ein Skandal – er gibt ja ein schlechtes Beispiel!‹

Ich glaubte nicht und glaube es bis heute noch nicht, daß dies der tatsächliche Grund für seine Abberufung war. Doch an Uglizkis Amouren selbst ist für mich kein Zweifel mehr möglich: Ich habe sie später selbst in Petersburg und im Ausland miterlebt. Aus den oben angeführten Motiven werde ich keiner von ihnen meine Feder leihen; sie waren alle gleichermaßen banal und erschienen nur in den lebhaften Schilderungen dieses Faublas als witzig und lustig. Er hängte seinen Romanen den beschönigenden Mantel des guten Tones, des äußeren Anstandes, ja sogar des galanten Rittertums um.

Dies oder ein anderes Motiv also hatte zu Uglizkis Entlassung geführt, und er verließ bald, im Mai nämlich, mitsamt seiner Familie und Prochin unser Gouvernement und forderte auch mich nachdrücklich auf, mit ihm zu kommen. »Es ist lustiger, gemeinsam zu reisen!« fügte er hinzu. Ich war gern dazu bereit.

Ich verließ nun die Meinen für lange, von Jakubow aber sollte es ein Abschied für immer sein. Wir umarmten uns fest, beide ohne zu ahnen, daß wir uns nicht wiedersehen sollten. Erst vierzehn Jahre später sah ich meine Heimat wieder, ihn aber traf ich nicht mehr unter den Lebenden an.

15

Hätte es zu Beginn der dreißiger Jahre bereits eine Eisenbahnstrecke von S. nach Moskau gegeben, so würden wir einen ganzen Extrazug gebraucht haben – so viele waren wir, die wir die Stadt verließen.

Vorn fuhr eine Dormeuse mit dem Gouverneur und seiner Familie, also mit drei Personen: Mann, Frau und Tochter. Dahinter zog sich die Kette der Equipagen mit den Personen beiderlei Geschlechts, die uns begleiteten, eine halbe Werst lang hin. Der Zug schloß mit einem Tarantas, in dem Prochin und ich Platz genommen hatten, ein Lakai saß auf dem Bock. Hinter uns fuhr eine Britschka mit der Dienerschaft: dem Stubenmädchen, dem Kammerdiener, noch einem Lakai und einem Burschen.

Uglizki nahm bald in dieser, bald in jener Equipage Platz und vergalt das Geleit mit Liebenswürdigkeiten. Zu Marja Andrejewna wiederum gesellten sich der Reihe nach die angesehenen Damen des Gouvernements. Wie böse Zungen nachher flüsterten, fuhr in der ehemaligen Gouverneursequipage der Stadt neben Tschutscha und Lina auch Uglizkis favorite en titre, die Frau seines Beamten, mit.

Tschutscha war vom Weinen ganz verschwollen, Lina aber blickte alle mit verkniffenen Lippen und bösen Augen an, besonders ihre

Schwester, und hüllte sich in boshaftes Schweigen. Marja Andrejewnas Stubenmädchen erzählte später in Moskau, daß die Gouverneurin sich von Lina nicht hatte trennen wollen und sie mitzukommen aufforderte, doch die arme Tschutscha war nirgends unterzubringen gewesen. Lina hatte sich bei dem Stubenmädchen wütend darüber beklagt, daß Tschutscha ihr ganzes Leben aufzehre. Sie, Lina, könnte, wenn diese Versagerin nicht wäre, bald in Petersburg sein, wo man ganz sicher ihre ›goldenen Hände‹ schätzen und sie heiraten würde.

Außer Lina und Tschutscha war jedermann in dem Zuge höchst fröhlich, vor allem Uglizki selbst, obgleich er doch die Reise als ein in Ungnade Gefallener antrat. Aber ihn erheiterte der Gedanke, daß am Schluß des Zuges Prochin mitfuhr, der bereits ein wohlgesetztes, unwiderlegbares Rechtfertigungsschreiben verfaßt hatte, weshalb die gesamte Obrigkeit, wenn sie es gelesen hätte, ihn mit offenen Armen empfangen, ihn umsorgen, den Gendarmen der Provinz verjagen und die übrigen ›Feinde‹ unter Druck setzen, ihm aber das beste Gouvernement übertragen oder gar die Senatorenwürde verleihen würde.

Stutzerhaft in einen Uniformrock samt Ordensstern gekleidet, blickte er, in solcherart Träume versunken, fröhlich den ganzen Zug entlang, ließ er sich bald hier, bald dort bei den Damen nieder und fand sogar ein Viertelstündchen, um mit seiner favorite en titre in ihrer Kalesche allein zu sein – wo er sich zärtlich, à la Casanova, von ihr verabschiedete.

Es war so etwas wie eine Vergnügungsreise, wie sie den Beschreibungen nach die reichen Würdenträger zu Katharinas Zeiten veranstaltet hatten, wenn sie von ihren Gütern in die Hauptstadt fuhren. Hier aber handelte es sich um einen Ex-Gouverneur, der höchstens sechs- oder siebentausend Papierrubel besaß, die er für den Verkauf seiner Möbel, Pferde, Equipagen und der gesamten beweglichen Habe erhalten hatte. Allerdings begleiteten ihn rosige Zukunftshoffnungen: Er scherzte, witzelte, erheiterte die Damen und lachte selbst sehr viel.

Dobyschew war nicht unter dem Gefolge; er scharwenzelte bereits um den neuen Gouverneur herum, der, was ich noch nicht erwähnt habe, einige Tage vor unserer Abreise angekommen war und die Verwaltung des Gouvernements übernommen hatte. Alle Untergebenen waren bei ihm zurückgeblieben; und nur auf einem vom Adel gegebenen Frühstück zu Ehren des Scheidenden wurde ein

Toast auf seine Gesundheit ausgebracht, bevor man auseinanderging.

Auf einer der Stationen war ein Mittagessen vorbereitet worden, nach dem der größte Teil des Gefolges wieder umkehrte. Tschutscha heulte beim Abschied so sehr, daß alle gerührt waren. Sie lehnte ihren Kopf an Sofja Lwownas Schulter und schluchzte laut.

Lina riß sie ärgerlich fort, stieß sie in die Kalesche, flüsterte der Gouverneurin zum Abschied etwas zu, hüpfte dann selbst in die Equipage und schlug heftig die Tür zu.

Einige der Lustigsten aus unserem Gefolge, die ledigen guten Freunde Uglizkis, waren vorausgefahren und hatten in einem reichen Gutsdorf im Haus des Gutsverwalters für ein ausgiebiges Abendessen und ein Nachtlager vorgesorgt. Uglizki und seiner Familie wurden die besten Zimmer angewiesen, uns übrigen, ich glaube, wir waren vier, wurden Lager auf dem Fußboden des großen Saales bereitet. Doch Uglizki legte sich zusammen mit uns schlafen. Prochin wurde, da der Platz knapp war, für die Nacht in einer Bauernhütte untergebracht, wo es von Wanzen nur so wimmelte. Er lehnte sich wegen dieser Plage, wie er uns hinterher erzählte, die ganze Nacht bis zum Gürtel aus dem Fenster und schimpfte auf alles im Dorf. An Schlaf war für ihn nicht zu denken. »Aber die Bauern, diese Bestien«, sagte er, »hatten nichts anderes zu tun, als neben mir zu schnarchen.«

Wir andern aber, das heißt Uglizki, die Gäste und ich, schliefen dicht an dicht. Was haben meine jungen Ohren in dieser Nacht nicht für Erzählungen und Witze vernommen, von der halbbetrunkenen Gesellschaft zum besten gegeben! Uglizki und sein guter Freund Braschin taten sich dabei besonders hervor. Ein Witz war schlüpfriger und komischer als der andere, besonders einer war derart unflätig und zugleich so ulkig, daß sich in unser Lachen auch das des Kammerdieners mischte, der im Vorzimmer alles mit anhören konnte. Die Erzählenden kannten keinerlei Hemmungen. Uglizkis Witze strotzten nur so von lästerlichen Dingen. Aber als er sich schlafen legte, nahm er eine dünne, zwei Werschok große Metallikone von seiner Brust, küßte sie andächtig und bat mich, sie neben mich auf den Tisch zu legen.

Am anderen Morgen fuhren wir endlich allein weiter, in drei Equipagen. Vorn in der Dormeuse Uglizki mit Frau und Tochter, dann Prochin und ich in der Kutsche und hinten die Britschka mit der Dienerschaft. Das Wetter war prächtig und unsere Stimmung ebenfalls. Mein Begleiter Prochin, der sich von seinem periodischen ›Leiden‹ völlig erholt hatte, war witzig, fröhlich und nett. Er machte über das gestrige Geleit seine Späße, wie es übrigens auch Uglizki tat.

Dieser stieg von der Dormeuse in unsere Kutsche um und fuhr fast die ganze Zeit mit uns. Mit Bravour karikierte er den Abschied und die Reden und plauderte dabei auch, was ich nicht im geringsten erwartet hätte, ganz offen über den zärtlichen Abschied in der Kutsche von der ›Dame seines Herzens‹.

»Tut sie Ihnen leid?« fragte ich teilnahmsvoll.

»Mir!« Er lachte. »Sie ist für mich jetzt so etwas – wie der Hammel da!« sagte der grauhaarige Geck und wies auf eine Hammelherde, die im Schatten neben der Straße lagerte.

Prochin gab boshafte und zugleich geistreiche Bemerkungen von sich, wenn uns Uglizki beim Flußübergang durch eine Furt oder über eine gebrechliche Brücke von zweifelhafter Stabilität für alle Fälle voranfahren ließ. Marja Andrejewna reist mißmutig und verstimmt und sehnte sich unter Seufzen nach ihrer Rolle als First Lady im Gouvernement zurück. Sofja Lwowna war schon braun geworden und lächelte mir ausgesprochen heiter aus dem Fenster zu, wenn ihre Kutsche in den Kurven seitlich herumschwenkte. Auf den Stationen wechselten wir hin und wieder einige Worte miteinander und lachten, wenn etwas Komisches passierte. Die Uglizkis hatten mich gebeten, die Rolle des Zahlmeisters zu übernehmen und für die jeweils zurückgelegten Wegstrecken, den Wodka für den Kutscher und das, was wir in den Poststationen verzehrten, zu bezahlen, so daß ich nur wenig Zeit hatte, mit diesem netten, geistreichen und fröhlichen Mädchen zu schwatzen.

Ruhig und in bester Stimmung langten wir nach drei Tagen in Moskau an. Die Uglizkis stiegen bei einer alten Tante auf dem Arbat ab, und ich begab mich zu einem Kameraden, bei dem auch mein Bruder wohnte. Uglizki teilte mir mit, daß ich fünf oder sechs Tage nach dem Abreisetag nachfragen und mich bereithalten solle. Länger als eine Woche wollte er nicht in Moskau bleiben.

Nachdem ich mit meinen Freunden und Kameraden einige fröhliche Tage verbracht hatte, fuhr ich an dem vereinbarten Morgen zu

Uglizki, um mich nach dem Tag der Abreise zu erkundigen. »Wir sind fertig«, sagte er, »es ist alles eingepackt, und wir wollten morgen fahren, aber Andrej Petrowitsch …«

»Was ist denn mit ihm?« fragte ich.

»Wissen Sie es denn noch nicht? Dann kommen Sie!«

Er führte mich in einen kleinen, hölzernen Seitenflügel, dessen großes Fenster auf die Straße hinausging. Er enthielt nur ein einziges Zimmer ohne Vorraum, in dem ein Ofen, ein Bett und drei Korbstühle standen. Wir betraten das Zimmer direkt von der Gasse aus.

An einem kleinen Tisch saß Prochin in seinem grauen Morgenrock, hatte eine Serviette um den Hals gebunden und aß zu Mittag – das heißt, er versuchte zu essen, es gelang ihm aber nicht. Ein junger Lakai hielt ihm einen Teller mit Suppe hin, Prochin tauchte seinen Löffel hinein und führte ihn zum Munde, doch seine Hände zitterten so sehr, daß er sich die Suppe auf Serviette und Morgenrock schüttete.

»Guten Tag, Andrej Petrowitsch!« sagten wir beide.

Er wandte sich nicht um und sah uns nicht an, sondern setzte seine erfolglosen Versuche, den Löffel zum Munde zu führen, fort. »Nun«, sagte Uglizki laut und verzweifelt zu mir. »Was sollen wir bloß mit ihm machen? Ich weiß nicht, was werden soll!« Ich wußte es auch nicht und gab keine Antwort, sondern betrachtete Prochin. Seine trüben Augen schimmerten rötlich, er war unrasiert und hatte ein feuchtes, wie mit Öl eingeriebenes Gesicht. Er starrte unbeweglich auf das Fenster, auf den Zaun und den Graben, der ganz mit Brennesseln zugewachsen war.

»Wann hat er denn das geschafft?« fragte ich. »Er war doch vor unserer Abreise wieder völlig in Ordnung!«

»Die ersten drei Tage ging alles ganz gut, dann aber traf er irgendeinen Freund, begann wegzubleiben, und am dritten Tage brachte man ihn abends bewußtlos nach Hause. Wir können ihn doch so nicht mitnehmen, hierlassen geht aber auch nicht!« sagte Uglizki, in trübe Gedanken versunken. »Il m'a joué un tour! Und ich hatte gedacht, daß er mir in Petersburg mit seiner Schreibkunst unter die Arme greifen würde! Er aber – na, Sie sehen ja! Unterdessen müßten zu der Entlastungsschrift einige Ergänzungen gemacht werden … Vielleicht könnten Sie mir helfen? … Sie sagen doch nicht nein?« – »Natürlich nicht!« beruhigte ich ihn, denn ich merkte, daß sich seine

Hoffnung, sich rechtfertigen zu können, noch immer auf diesen problematischen Bericht gründete. »Jetzt muß man erst einmal entscheiden, was mit Andrej Petrowitsch geschehen soll ...«

»Folgendes werden wir machen!« rief Uglizki plötzlich lebhaft aus – bei ihm sprühten die Ideen und Vorhaben immer jäh wie Funken empor. »Ich schicke den Kammerdiener mit der Britschka zurück, da kann er mit zurückfahren!«

Er wies auf Prochin. »Vortrefflich: c'est une idée! Also, es ist beschlossen: Morgen schicke ich ihn zurück, und übermorgen reisen wir selbst ab.«

Bei diesen Worten wandte Prochin uns langsam sein Gesicht zu. Seine Augen begannen zu funkeln. Er riß sich die Serviette vom Hals und warf sie auf den Fußboden.

»Ja, ›herrlich‹!« wandte er sich, Uglizki nachäffend, an uns.

»Sie wollen mich mit Ihrem Lakaien zurückschicken wie ein Gepäckstück – so einer ist das, heißt es auf einmal! Den kann man wegwerfen wie eine Schindmähre! Soll er doch verrecken! Na schön, schmeißen Sie ihn weg, Euer Exzellenz ...«

Uglizki und ich sahen einander an.

»Wissen Sie aber auch, was dabei herauskommen wird?« fuhr Prochin fort. »Sie glauben wohl, ich werde Ihren Vorschlag annehmen, Kratzfüße machen, mich noch bedanken und mit Ihrem Knecht nach Hause zurückfahren? Aber Sie irren sich: Ich bin Staatsbeamter, bin ein Diener des Zaren« (er schlug sich mit der Faust an die Brust); »ich habe bei Ihnen gedient, weil Sie der Gouverneur waren, doch Ihr Lakai war ich nicht, Ihre Liebesbriefe habe ich nicht in der Stadt ausgetragen – jawohl!« (Uglizki kratzte sich nervös am Hinterkopf.) »Sie hätten ja Ihren Jegorjew oder, bitte schön, Ihren Dobyschew mitnehmen und die dann wie alten Plunder zurückschicken können. Die hätten Ihnen mal mit der Feder zu Diensten sein sollen! Ich, Prochin, ich werde mich indes niemals so tief erniedrigen! Nein, nie! Was gucken Sie mich beide so an?« fuhr er fort. »Ich wollte Ihnen mit meiner Feder nützlich sein, auch wenn Sie nicht mehr mein Vorgesetzter sind. Denn Sie waren immer gut und freundlich zu mir, sahen mir meine Schwäche nach ... In mir schlägt ein dankbares Herz, das nichts vergißt – und so fuhr ich mit Ihnen! Und nun – braucht man ihn nicht mehr, also weg mit ihm wie mit einem alten Lappen! Lassen wir ihn hier!«

Wir lauschten seinem wohlgesetzten, wie aus der Feder fließenden Monolog und trauten unseren Ohren nicht. War das noch derselbe Prochin, der noch vor einer Minute seinen Löffel nicht hatte zum Munde führen können?

»Lassen Sie mich hier, tun Sie's nur!« fuhr er mit trunkenem Pathos fort. »Das wird ›vortrefflich‹ werden! Wissen Sie, was geschehen wird? Ihren Lakaien, wenn er es wagen sollte, mich zur Rückkehr aufzufordern, werde ich hinauswerfen und nicht fahren, nein, ich werde nicht fahren! Lassen Sie mich nur hier – ›vortrefflich‹ wird das sein! Ich werde in eine Wirtschaft gehen, jawohl, das tue ich; ich habe ja zweihundert Rubel in der Kiste ... Die werde ich restlos, bis zur letzten Kopeke vertrinken, werde meine Kleidung bis zur letzten Hose versetzen, mein Hemd werde ich vertrinken – und mich dort, in der Gosse, niederlegen – und verenden! ›Vortrefflich‹ wird das werden, wahrhaft gottgefällig – was meinen Sie?«

Er verfiel wieder in seinen Dämmerzustand. Uglizki und ich aber sahen einander verlegen schweigend und voller Angst an. Vor uns hatte sich eine ganz gewöhnliche, doch tragische Szene abgespielt.

»Was soll man nur tun?« murmelte Uglizki bestürzt und sehr nachdenklich. »Wie sich verhalten? Man kann ihn weder mitnehmen noch hierlassen – so ist die Situation!« Er verschränkte die Arme vor der Brust.

Plötzlich erhob sich Prochin von seinem Platz, tat zwei unsichere Schritte in Richtung Uglizki und fiel polternd vor ihm auf die Knie.

»Verlassen Sie mich nicht, verlassen Sie mich nicht – ich werde verkommen wie ein Hund!« flehte er, und Tränen rollten ihm über die Wangen. »Ich weiß, daß ich umkommen werde; ich bin ja kein räudiger Säufer, ich weiß um meine Lage und ihre ganze Abscheulichkeit ... Vor Ihrem Lakaien werde ich mich nicht genieren, dem gehorche ich nicht ... Oh, verlassen Sie mich nicht, nehmen Sie mich mit!«

Wir waren beide erschüttert. Uglizki bedeckte sein Gesicht mit den Händen.

»Ich werde Sie nicht verlassen, Andrej Petrowitsch!« sagte er bewegt. »Komme, was wolle! Ich dachte nur, daß es so vielleicht besser für Sie gewesen wäre ...«

»Ich verdiene es mir, jawohl!« fuhr Prochin fort. »Mit meiner Feder verdiene ich es mir. Ich vervollständige die Entlastungsschrift und werde bei Ihnen bleiben, solange Sie mich brauchen. Sie aber, Sie wollten von ihm« (er zeigte zornig auf mich) »meinen Bericht zusammenschmieren lassen – als ob er das könnte! Woher denn! Er kann nur – parlehfranzeh ... Schreiben aber kann er nur Verslein in Alben und zum Namenstag Briefe an die Eltern. Versteht er etwa was von der Sache? – Hat er etwa einen Stil?«

Die Komödie fing von vorne an, und wir gingen hinaus. Uglizki beruhigte Prochin, nun wo er beschlossen hatte, ihn mitzunehmen, und sagte ihm, daß wir am nächsten Tage abreisen würden.

16

Nach einem heiteren, wenn auch mit Wehmut vermischten Frühstück verabschiedete ich mich von meinen Kameraden und von Moskau. Auf dem Hof, wo die Uglizkis wohnten, traf ich auf das übliche Durcheinander vor einer Reise. Koffer, Kissen, Säcke und Bündel wurden in der Dormeuse und der Kutsche verstaut; die Britschka mit dem Kammerdiener blieb ja hier. In der Dormeuse fuhr Uglizki mit Frau, Tochter und dem Stubenmädchen; auf dem Bock saß der eine Lakai. Im Tarantas nahmen Prochin, ich sowie der andere Lakai Platz, der ebenfalls auf dem Bock mitfuhr.

Prochin wurde von den Lakaien herausgeführt und in die Kutsche gesetzt, während die Kutscher die Pferde anspannten. Er wurde so mit Kissen umgeben, daß er fast die gesamte Equipage einnahm. Für mich blieb nur wenig Platz. Nachdem man die Tante zum Abschied geküßt hatte, stieg man endlich ein, und wir fuhren, über das ausgefahrene Pflaster rüttelnd, los. Wie gestern war Prochins Gesicht völlig ausdruckslos. Mit stumpfem Blick starrte er nach vorn und saß wie ein Monument zwischen seinen Kissen. Auf mein »Guten Tag!« erwiderte er kein Wort – er bemerkte meine Gegenwart offenbar gar nicht. So fuhren wir die Petersburger Chaussee entlang.

Die Uglizkis waren wegen des Zustandes, in dem sich Prochin befand, besorgt und erkundigten sich auf jeder Station bei mir, was er mache, was er sage, wie er sich verhalte und ob er wieder zu sich komme. Ich selbst betrachtete meinen Begleiter ebenfalls mit einigem Zweifel, ja sogar mit Furcht. ›Was, wenn er in seinem desolaten Zustand eine Dummheit begeht?‹ mußte ich denken. Doch er schwieg den ganzen Tag über. Die Nacht verbrachten wir in einer

Poststation, wo wir ihn der Obhut der Lakaien anvertrauten, und fuhren am nächsten Tag im Morgengrauen weiter.

Prochin behielt seine maskengleiche Miene und die Pose einer Bronzesphinx bei, während sein Blick ziellos ins Weite gerichtet war. Er holte nur ständig unter einem Kissen eine große Tabaksdose hervor und schnupfte Tabak, wobei er sich sowohl die Wangen als auch den unrasierten Bart beschmutzte. Auf meine Fragen gab er keine Antwort.

An diesem zweiten Tag zeigten sich erste Anzeichen von Leben bei ihm – und er begann, sich auffällig zu benehmen. Sein Blick fing an umherzuwandern, endlich bemerkte er auch mich.

»Ah, du bist auch da!« äußerte er – es war nicht auszumachen, ob zornig oder spöttisch. »Da fährst du also und willst meinen Stil verbessern! Hahaha! Parlehfranzeh! Gib mir den Tabak!« Ich gab ihm seine Dose. Eine unheilverkündende Lebhaftigkeit machte sich immer stärker bei ihm bemerkbar. Auf meine Frage, ob er mich kenne, wer ich denn sei, sah er mich an und antwortete bissig: »Wie sollte ich dich alten Säufer nicht kennen!«

Ich mußte lachen. Da schrieb er sein eigenes Laster also mir zu.

»Was lachst du! Gib den Tabak her!« kommandierte er fortwährend. Ich beeilte mich, ihn zufriedenzustellen, drückte mich schüchtern in meine Ecke und wich seinen herumfuchtelnden Armen aus. Gegen Abend des dritten Reisetages verlor er schließlich vollends den Verstand: Er schrie und weinte, nannte uns Räuber und beschuldigte uns, ihm Briefe seines Vaters vorzuenthalten. Als er eine Bauersfrau erblickte, die mit einem Bastkorb den Weg entlangkam, schrie er: »Halt, halt!«, woraufhin der Kutscher die Pferde zum Stehen brachte und Prochin augenblicklich aus der Equipage sprang – woher nahm er nur diese Gewandtheit! Rasch überquerte er den Weg und wollte, bevor der Lakai und ich ihm nachspringen konnten, der Frau den Korb entreißen. Die Frau wollte ihm ihren Korb keineswegs überlassen, doch er entriß ihn ihr mit Gewalt und schrie: »Hier sind die Briefe von meinem Vater – er ruft um Hilfe, man will ihn erstechen!«

Er stieß ein klägliches Geheul aus und vergoß bittere Tränen. Uglizki, die beiden Lakaien und ich wurden nur mit Mühe mit ihm fertig und verfrachteten ihn wieder in die Kutsche.

Die Damen waren entsetzt, das heißt besonders Marja Andrejewna, sie griff zum Riechfläschchen. Sofja Lwowna sah mich mit einem neugierig fragenden Blick an. Verstohlen preßte ich – wie Tschutscha – meine Handflächen an die Schläfen – sie wandte sich rasch ab, um ihr Lachen in einem Kissen zu ersticken. Uglizki versicherte, daß er sich schon lange nicht mehr in solcher ›Alteration‹ befunden habe. Er hetzte die Kutscher, trieb die Postmeister an, wenn er frische Pferde forderte, um schneller nach Petersburg zu gelangen und Prochin in ein Krankenhaus zu schaffen.

Dieser benahm sich weiterhin höchst wunderlich und verlor gänzlich den Verstand. Wir fuhren durch einen Wald; Bauern und Bauersfrauen kamen uns entgegen.

»Sklavinnen, kommt heran, singt!« kommandierte er. »Sklaven, tanzt! Dieser Wald wird abgeholzt«, sprach er weiter, »Tabak wird angebaut ... Gib mir den Tabak!«

»Wer sind Sie denn?« wagte ich zu fragen, während ich ihm die Tabaksdose reichte.

»Weißt du das nicht, verachtenswerter Sklave?« Dann dachte er nach und fragte mich plötzlich leise: »Sag mir doch mal ... aber sag mir die Wahrheit ... wer bin ich denn überhaupt?«

»Wissen Sie das etwa nicht?«

»O Gott, nein! Sag mir, welcher Eltern Sohn bin ich? Woher komme ich und wohin fahre ich? Und auch du – wer bist du? Dein Gesicht kommt mir bekannt vor ...«

Ich gab ihm auf alles ausführlich Antwort.

»Und wer fährt dort vor uns?«

»Lew Michailowitsch Uglizki«, sagte ich.

»Den Namen habe ich schon mal gehört – den kenne ich doch ...«

Bei jedem Halt lief ich zur Equipage vor und informierte Uglizki kurz über diese Komödie. Sofja Lwowna verbarg wieder ihr Lachen vor ihrer Mutter, die völlig entsetzt war, und selbst Uglizki, so besorgt er war, konnte sich des Lachens nicht enthalten und kam, einen Blick auf diese Tragikomödie zu werfen.

Wir hielten weder zum Frühstück noch zum Mittagessen an und jagten aus Leibeskräften vorwärts. Auf einer Station flüsterte Sofja Lwowna mir, während die Pferde gewechselt wurden, anmutig errötend zu, daß sie ›etwas essen‹ wolle. Ich rief sie in die Poststation und plünderte das dortige dürftige Buffet. Während sie heimlich speiste, aß auch ich etwas mit ihr zusammen, denn weil in ihrer Kutsche alles vor Angst und Sorge verging, war dort keinem nach Essen zumute. Alle schwiegen nur.

Abends kamen wir endlich in Nowgorod an und mieteten einige Zimmer in einem großen Hotel. Marja Andrejewna, ihre Tochter und ihr Mann ließen sich in dem einen Stockwerk nieder, während Prochin und ich in einem anderen Stockwerk ein großes, von einer Trennwand zweigeteiltes Zimmer mit zwei Betten bezogen.

Gleich nach der Ankunft wurde nach einem Arzt geschickt. Uglizki hatte sich irgendeinen ausgefallenen Grund für Prochins Krankheit ausgedacht – er berief sich auf die Nerven und derartiges, um Prochins Laster nicht preiszugeben. Der Arzt aber warf nur einen Blick auf den Kranken, fühlte ihm den Puls, schob ihm mit dem Finger die Augenlider hoch und meinte kurz und trocken: »Es ist keineswegs das, was Sie sagen – das kommt von der Trunksucht! Er hat das Delirium tremens; die Nerven haben damit nichts zu tun.«

Es war nichts zu machen – Uglizki mußte zugeben, daß Prochin stark trank, daß er sich bereits in Moskau dem Trunk ergeben hatte und unterwegs nun diese Erscheinungen aufgetreten wären.

»Sicher hat er zu plötzlich aufgehört zu trinken; hätten Sie ihm die Wodkarationen allmählich heruntergesetzt, wäre es nicht dazu gekommen.«

»Was sollen wir jetzt machen – ihn hierlassen?« fragte Uglizki betrübt.

»Warum denn? Fahren Sie weiter mit ihm; er wird allmählich zu sich kommen.«

Er verschrieb ein Beruhigungsmittel, und indem man vorgab, es sei Wodka, zwang man Prochin, es zu trinken.

Er tobte die ganze Nacht. Ich legte mich hinter der Trennwand auf mein Bett und schlief, vor Müdigkeit wie erschlagen, ein. Prochin sollte ebenfalls zu Bett gehen, doch konnte man ihn nicht dazu bringen; hartnäckig blieb er auf dem Bettrand sitzen oder lief im Zimmer umher und schnupfte Tabak. Einer der Lakaien wurde als Aufsicht zu ihm gesetzt, alle anderen legten sich hin.

Obwohl ich den festen Schlaf der Jugend hatte, weckte mich im Morgengrauen Prochins verzweifeltes Wehklagen. Der Diener, der ihn beaufsichtigen sollte, hatte sich auf dem Fußboden ausgestreckt und schlief wie ein Toter, und Prochin kniete, nur mit einem Hemd bekleidet, am offenen Fenster und schrie mit gequälter Stimme: »Erstechen, sie erstechen meinen Vater! Da, oh! oh! oh!« Und er begann wieder laut zu heulen.

Im Mai sind die Nächte im Norden taghell. Das war für mich, der ich noch nie weiter nach Norden als bis Moskau vorgedrungen war, teilweise neu – solche hellen Nächte hatte ich noch nicht gesehen. Die Nacht war ganz weiß; ein Sonnenstrahl begann sich zu zeigen und vergoldete die Häuserdächer. Alles schlief, auf der Straße rührte sich nichts. Nur die Tauben, Spatzen und Dohlen waren eher als alle übrigen erwacht und flogen von Dach zu Dach.

»Weiße Geister! Schwarze Geister!« schrie Prochin aus vollem Halse und wies auf die vorüberfliegenden Vögel. »Sie zerfleischen die Brust meines Vaters! Da, da, seht, sie haben eine Schere in ihn gebohrt!«

»Andrej Petrowitsch! rief ich ihm zu. »Beruhigen Sie sich!«

»Hä? Was?« wandte er sich zu mir.

»Erkennen Sie mich?« fragte ich.

»Wie sollte ich Sie nicht erkennen: Parlehfranzeh!« sagte er und schickte sich an weiterzuschreien.

Ich rüttelte den Lakaien wach, wies ihn an, nach Prochin zu sehen, und ging wieder hinter die Trennwand, um den unterbrochenen Schlaf fortzusetzen.

Um neun Uhr morgens weckte mich Uglizki und sagte mir, daß alles bereit sei und wir nach dem Frühstück abfahren würden. Prochin schlief. Ich kleidete mich an und begab mich zu den Damen, um Tee zu trinken. Ich erzählte ihnen von dem nächtlichen Vorfall. Marja Andrejewna schlug die Hände zusammen.

»Was sollen wir bloß mit ihm machen! Mein Gott, was für ein Unglück!«

Ich wechselte mit Sofja Lwowna nur einen flüchtigen Blick – auch uns war nicht nach Lachen zumute.

Prochin wurde geweckt, man gab ihm Tee, und wir fuhren ab. Er hüllte sich in rätselhaftes Schweigen. Es kam mir so vor, als ob er mein Gesicht erkennen würde. Seine Tabaksdose holte er sich bereits selbst unter dem Kissen hervor. Nach zwei Stationen fragte er, ob es nicht etwas zu essen gäbe. Und als ich ihm belegte Brote mit Kalbfleisch und Zunge brachte, dankte er mir. Zwei Stunden später flüsterte er, ohne sich mir zuzuwenden, schamhaft: »Was sagen Lew

Michailowitsch? Er ist sicher sehr unzufrieden mit mir? Wie habe ich Marja Andrejewna und Sofja Lwowna beunruhigt: Ich schäme mich, ihnen in die Augen zu sehen!« Er verbarg sein Gesicht sogar vor mir.

»Es ist nicht so schlimm!« beruhigte ich ihn, froh über die Veränderung.

»Sie waren tatsächlich alle sehr in Sorge, doch nicht um sich selbst, sondern um Ihre Gesundheit ...«

»Was bin ich für ein Vieh: Geben Sie es doch zu – ein Vieh! Sie haben sicher über mich gelacht.«

»Nein, Andrej Petrowitsch«, rief ich teilnahmsvoll aus, »ich habe tief bedauert und bedaure es noch, daß ein solcher Mensch wie Sie, mit Verstand, Bildung, Talent und Stil ...«

»Ein solches Schwein ist!« sprach er weiter.

»Hören Sie auf!«

»Habe ich Sie oft zum Lachen gebracht?«

»Nur einmal, ja.«

»Wann, wodurch?«

»Als Sie mich einen Säufer nannten!«

»Wirklich? Das hat gerade noch gefehlt – schiebe ich Ihnen mein eigenes Laster zu!«

Betrübt versank er in tiefes Nachdenken. Ich lief gleich auf der nächsten Station zur Dormeuse der Uglizkis vor.

»Was macht Andrej Petrowitsch?« fragten beide.

»Er bat mich, Sie untertänigst zu grüßen!« teilte ich ihnen freudig mit.

Sie glaubten mir nicht. Lew Michailowitsch sprang aus der Equipage und lief zu Prochin. Der war bereits ausgestiegen und schlug, als er Uglizki erblickte, die Hände vors Gesicht.

»Ein Vieh, ein Vieh, ein Schwein!« bezichtigte er sich selbst. »Ich kann Ihnen ja gar nicht mehr in die Augen blicken ...«

»Lassen Sie das, hören Sie auf, was machen Sie denn!« beruhigte Uglizki ihn. »Ich bin so froh, so froh, daß Sie wieder zu sich gekommen sind, ich habe mich sehr um Ihre Gesundheit gesorgt. Doch Gott sei Dank!« Er bekreuzigte sich sogar.

»Wie gütig Sie sind, wie nachsichtig!« sagte der verwirrte Prochin und drückte gefühlvoll Uglizkis Hände, welche dieser ihm entgegenstreckte.

»Ich werde nie mehr … wenigstens nicht, solange Sie mich brauchen … Ich werde mich dessen wert zeigen. Heute, als ich zu mir kam, habe ich mir überlegt, welche Ergänzungen man zu dem Bericht machen müßte …«

»Davon später, jetzt aber kommen Sie mit in die Poststation, wir wollen zusammen Tee trinken. Was werden meine Frau und Sonja sich freuen!«

»Ach nein!« wehrte Prochin ab. »Ich wage es nicht, ihnen unter die Augen zu treten! Um Gottes willen, lassen Sie uns bis Petersburg damit warten, wenn ich wieder ganz hergerichtet, rasiert und gewaschen sein werde … dann …«

Er seufzte tief und betrübt.

So fuhren wir still, friedlich und ordentlich, als wäre nichts gewesen, in Petersburg ein.

Anmerkungen

5 *Das Weihnachtsfest:* 1875 für die Petersburger Zeitschrift ›Golos‹ (Stimme) geschrieben.
die ›Nördliche Biene‹, der ›Sohn des Vaterlandes‹ und der ›Wohlwollende‹: bekannte russische Zeitschriften des vorigen Jahrhunderts.

7 *Herr Sobakewitsch::* Gestalt aus dem Roman ›Die toten Seelen‹ von Nikolai Wassiljewitsch Gogol (1809–1852).

8 *secret de polichinelle:* frz., öffentliches Geheimnis.

12 *Der Literaturabend:* geschrieben 1877.

15 *ein Freund von Gretsch und Bulgarin:* Nikolai Iwanowitsch Gretsch (1787–1867), Journalist und Schriftsteller, der nach dem Dekabristenaufstand von 1825 reaktionäre Positionen einnahm. Faddej Wenediktowitsch Bulgarin (1789–1859), reaktionärer Journalist und zusammen mit N. I. Gretsch Herausgeber der halboffiziellen Zeitschrift ›Sewernaja ptschela‹ (Nördliche Biene).

16 *Dos-à-dos:* frz., kleines Sitzmöbel mit gemeinsamer Lehne, auf dem man ›dos-à-dos‹, Rücken an Rücken, sitzt.
Moiré antique: frz., ein Seidenstoff.

17 *Ça doit être joli!:* frz., Das ist ja wunderbar!
Versteinerung der Gestalt Tugouchowskis: Fürst Tugouchowski ist eine Gestalt aus dem Drama ›Verstand schafft Leiden‹ von Alexander Sergejewitsch Gribojedow (1795–1829).

18 *comme il faut:* frz., wie es sich gehört.

20 *Chapeau claque:* frz., zusammenklappbarer Zylinderhut.

21 *partie fixe:* frz., feste Runde.

27 *Mon dieu!:* frz., Mein Gott!
A demain ...: frz., Bis morgen ... Nicht wahr? Darf ich Sie begleiten?
Vous croyer vous adresser ...: frz., Sie gedenken sich doch allem Anschein nach zu Lidia N. zu begeben?
Vous vous trompez ...: frz., Aber Sie irren sich; sie ist dort!
Restez auprès d'elle ...: frz., Bleiben Sie bei ihr. – General! Reichen Sie mir Ihren Arm!

28 *Jeunesse dorée:* frz., Goldene Jugend.

30 *C'est un traître ...:* frz., Er ist der allertreuloseste Verräter!

32 *ses grands dieux:* frz., bei allen Heiligen.

33 *Vous avez menti!:* frz., Sie haben gelogen!

36 *gros bonnets:* frz., Klatschbasen.

37 *très joli:* frz., wunderbar.

Eh bien?: frz., Nun, was ist?

C'est fait ...: frz., Es ist alles erledigt, Cousine!

Où donc?: frz., Und wo?

38 *Comme c'est beau! ...:* frz., Wie schön das ist! Man fühlt sich direkt in die Epoche Homers versetzt!

C'est peu dire joli – ...: frz., Hübsch ist viel zuwenig – großartig ist das!

39 *Sagoskin und Lashetschnikow:* Michail Nikolajewitsch Sagoskin (1789–1852) und Iwan Iwanowitsch Lashetschnikow (1792–1869), populäre russische Schriftsteller, die vor allem historische Romane schrieben.

41 *Mais elle est prude ...:* frz., Deine Cousine ist aber übertrieben anständig!

C'est vrai! ...: frz., Das stimmt! Deshalb versorge ich sie auch mit den Romanen von Zola. Einer davon erwartet sie im gegebenen Moment im Vorzimmer: ›La Curée‹. Sie liest sie mit größter Begeisterung ...

42 *C'est bien écrit ...:* frz., Gut geschrieben, nicht wahr?

Très bien écrit! ...: frz., Sehr gut geschrieben! Ja, sehr gut, sehr gut!

Pourquoi n'avez ...: frz., Warum haben Sie es nicht auf französisch geschrieben?

Ah! C'est une grande capacité! ...: frz., Ah! Er ist ein sehr fähiger Mann! Das ist es, was man Geist nennt!

43 *Bah! On nous ouvrira!:* frz., Bah! Man wird uns einlassen!

Comme c'est joli!: frz., Wie schön, ja wunderbar das ist!

C'est divin! ...: frz., Das ist göttlich! Das ist Homer, ein zweiter Tasso!

44 *C'est bien écrit! ...:* frz., Gut geschrieben! Sehr gut geschrieben! Ausgezeichnet!

Vous me donnerez un exemplaire ...: frz., Geben Sie mir ein Exemplar, und ich werde es neben J. J. Rousseau stellen!

Oui, mon prince ...: frz., Ja, mein Prinz, ich werde es Ihnen bringen ...

45 *Comme elle est gentille ...:* frz., Wie reizend diese kleine Lydia ist, nicht wahr, Catherine?
Oui, maman ...: frz., Ja, Mama, sie ist sehr reizend!
46 *Attendez donc:* frz., Warten Sie doch.
Supprimez cela!: frz., Streichen Sie das!
47 *Et où est Woldemar?:* frz., Aber wo ist Woldemar?
Il est parti, maman.: frz., Er ist schon weggefahren, Mama.
48 *Dites lui, qu'il ...:* frz., Sagen Sie ihm, daß er es auf französisch hätte schreiben sollen!
Messieurs et mesdames, sont servis!: frz., Meine Herrschaften, es ist serviert!
49 *Potage – nids d'hirondelle ...:* frz., Suppe aus Schwalbennestern, Elefantenfilet und Krokodiltatzen; Gemüse – spanisches Rohr in Skorpionsoße ...
51 *Nikolai Iwanowitsch und Faddej Wenediktowitsch:* Gemeint sind Gretsch und Bulgarin, vgl. Anm. zu S. 18.
52 *unterm ›alten und neuen Stil‹ geboren:* Anspielung auf das Buch ›Gedanken über den alten und neuen Stil in der russischen Sprache‹ von A. S. Schischkow, das 1803 erschien.
gelbe Aufenthaltsbescheinigungen geben: sie als Verrückte ausweisen.
54 *Herr Famussow:* Anspielung auf eine Gestalt aus A. S. Griborjedows Drama ›Verstand schafft Leiden‹.
55 *C'est trop forte!:* frz., Das geht fast zu weit!
56 *Dieu-dieu-dieu-dieu:* frz., Gott-Gott-Gott-Gott.
57 *Sykophant:* grch., gewerbsmäßiger Ankläger; Verräter, Verleumder, Erpresser (im alten Athen).
wie Renan: Ernest Renan (1823–1892), französischer Philosoph, Historiker und Philologe, auch Dramatiker und Literaturkritiker.
63 *der französischen Schriftsteller Erckmann-Chatrian:* Emile Erckmann (1822–1899) und Alexandre Chatrian (1816–1890), verfaßten ihre Romane gemeinsam. ›Histoire d'un paysan‹ – Geschichte eines Bauern.
66 *Kukolnik:* Nestor Wassiljewitsch Kukolnik (1809–1868), populärer russischer Schriftsteller.
Stepanow: Alexander Petrowitsch Stepanow (1781–1837), russischer Schriftsteller.

›Melmoth der Wanderer‹: Roman des irischen Autors Charles Robert Maturin (1782–1824).
Ah, sapristi, quel langage!: frz., Ah, zum Teufel, was für eine Sprache!

68 *Très bien!:* frz., Sehr gut!
Télémaque geschrieben, dieser neue Fénelon: ›Les avantures de Télémaque‹ (Die Abenteuer des Telemach), Roman des französischen Schriftstellers François de Salignac de la Mothe Fénelon (1651–1715).
Il parle très bien!: frz., Er spricht sehr gut!

69 *C'est très beau ...:* frz., Das, was er sagt, ist schön!
›der Dichtkunst Hauch‹ oder ›Preisgebet und Wonnesang‹: Zitate aus A. S. Puschkins Versroman ›Eugen Onegin‹ und seinem Gedicht ›Der Dichter und die Menge‹.

70 *›Hauptmannstochter‹:* Erzählung von A. S. Puschkin.
›Ein Held unserer Zeit‹: Roman von M. J. Lermontow.
›Die Geschichte eines Bauern‹: Vgl. Anm. zu S. 85.

71 *sa raison d'être:* frz., ein Recht auf Existenz.
Lamartine: Alphonse Marie Louis Prat de Lamartine (1790 bis 1869), französischer Lyriker, auch Historiograph und Memorialist, Hauptvertreter der französischen Romantik.

72 *Ce ›auch‹ est impayable! ...:* frz., Sein ›auch‹ ist hübsch! Was für ein Unhold!
Conditio sine qua non: lat., unerläßliche Bedingung.
Skalosub: Gestalt aus A. S. Gribojedows Drama ›Verstand schafft Leiden‹.
Bien dit!: frz., Treffend gesagt!

73 *Il fait bonne ...:* frz., Er versteht seinen Unmut gut zu verbergen, er ist nicht dumm!
›Ein Denkmal baut ich mir ...‹: Gedicht von A. S. Puschkin.
›Ein Engel steht, ein Glanzgebilde ...‹: Zitat aus dem Gedicht ›Der Engel‹ von A. S. Puschkin.

74 *›Laßt, die ihr eingeht ...‹:* Zitat aus der ›Göttlichen Komödie‹ von Dante Alighieri (1265–1321).

75 *Dieu! Comme il parle bien!:* frz., Mein Gott, wie schön er redet!

79 *aus der ›Schönen Helena‹ oder der ›Duchesse de Gérolstein‹:* Operetten des französischen Komponisten Jaques Offenbach (1819–1890).

80 *Contenance:* frz., gute Haltung, Fassung.

81 *Calame:* Alexandre Calame (1810–1864), Schweizer Maler und Graphiker, malte imposante Alpenlandschaften.

Claude Lorrain: eigtl. Gelée (1600–1682), französischer Maler und Radierer, Hauptvertreter der idealen Landschaftsmalerei.

83 *sine ira:* lat., ohne Zorn.

85 *›grob-flämisch übles Genrebild‹:* Zitat aus A. S. Puschkins Versroman ›Eugen Onegin‹.

Petruschka, Tschitschikows Diener: Tschitschikow ist die Hauptgestalt aus N. W. Gogols Roman ›Die toten Seelen‹.

87 *Tiens, cela c'est vrai!:* frz., Das ist tatsächlich die Wahrheit!

Jungfrau auf dem Felsen: Das Gespräch bezieht sich auf A. S. Puschkins Poem ›Der Sturm‹.

89 *Bien dit:* frz., Gut gesagt.

91 *Qu'est ce qu'il dit?:* frz., Was hat er gesagt?

Des sottises! ...: frz., Dummheiten! Hören Sie auf, ihm zu widersprechen!

Dieu, dieu, dieu! ...: frz., Gott, Gott, Gott! Was ist das für ein unerzogener Bär!

93 *Fragen Sie den Unteroffizier, den Skalosub ...:* Anspielung auf A. S. Gribojedows Drama ›Verstand schafft Leiden‹.

Comme c'est profond!: frz., Wie tiefsinnig das ist!

95 *Ah, bravo! ... Leçon bien méritée!:* frz., Ah, bravo! So ist es! ... Die Lektion hat er verdient!

96 *Bakunin:* Michail Alexandrowitsch Bakunin (1814–1876), russischer kleinbürgerlich-anarchistischer Revolutionär.

die Herde des Panurg: Verkörperung des gedankenlosen Herdengeistes in dem satirisch-phantastischen Roman ›Gargantua und Pantagruel‹ des französischen Schriftstellers François Rabelais (um 1494–1553).

97 *c'est une vocation ...:* frz., Das ist eine Bezeichnung wie jede andere auch!

100 *Minin ist ja nicht allein gegangen, sondern hat Posharski mitgenommen:* Kusma Minin (?–1616), Kaufmann aus Nishni Nowgorod, stellte in der ›Zeit der Wirren‹ zur Unterstützung des Moskauer Staates ein Heer auf, an dessen Spitze Dmitri Michailowitsch Posharski (1578–1641) stand. Gemeinsam zogen sie

1611 nach Moskau, um einen Angriff der Polen zurückzuschlagen.

Admirable!: frz., wunderbar, wundervoll.

103 *›Als ich in froher Schulzeit Tagen ...‹:* Zitat aus A.S. Puschkins Versroman ›Eugen Onegin‹.

104 *magnifique – et pas cher!:* frz., prächtig – und nicht teuer!

105 *spielen auf die ›kleinen Erdbeeren‹ an:* Anspielung auf N.W. Gogols Roman ›Die toten Seelen‹; dort als Bezeichnung für etwas Unanständiges, Schlüpfriges gebraucht.

109 *Il ne manquait que ça! ...:* frz., Das hat noch gefehlt! Ist er drollig!

111 *Et vous, là-bas ...:* frz., Und Sie dahinten, keinen Groll!

Tiens! Il parle correctement!: frz., Sieh an! Er spricht korrekt!

112 *Mais c'est une horreur! ...:* frz., Das ist ja der reinste Greuel! Ein äußerst gefährlicher Mensch!

L'ours mal léché! ...: frz., Ein unbeleckter Bär! Oh, was für ein Greuel!

113 *Diable! Diable! Nous ...:* frz., Teufel! Teufel! Wir sind ja nett angeführt worden!

116 *Dienstboten vergangener Tage:* geschrieben 1885–1887.

119 *la valetaille:* frz., das Gesinde.

126 *Gretsch:* Siehe Anmerkung zu S. 15.

Schischkow: Alexander Ardalionowitsch Schischkow (1799 bis 1832), russischer Dichter und Übersetzer.

129 *›Juri Miloslawski‹ und ›Das bucklige Pferdchen‹:* Roman von M.N. Sagoskin (1789–1852) und Märchen von Pjotr Pawlowitsch Jerschow (1815–1869).

141 *Ilja Muromez:* Held der russischen Bylinen. Er gilt als Symbol des Mutes und der Gerechtigkeit.

146 *Sashen:* altes russisches Längenmaß, entspricht 2,13 m.

148 *aus der Zeit Katharinas I.:* Katharina I. (Alexejewna), russische Zarin (1725–1727).

152 *›und das Geld und die Wäsche ...‹:* Zitat aus A.S. Puschkins Versroman ›Eugen Onegin‹.

162 *Butterwoche:* die Woche vor den Großen Fasten.

170 *die politischen Ereignisse in Europa:* Gontscharow meint die revolutionären Erhebungen von 1848.

178 *frou-frou:* frz., raschelnd.

189 *dysenteria:* lat., rote Ruhr.

196 *Manifest vom 19. Februar:* Das Manifest vom 19. Februar 1861 verkündete die Aufhebung der Leibeigenschaft.

197 *Durch Ostsibirien:* geschrieben 1890.

von Rylejews bekanntem Poem: Kondrati Fjodorowitsch Rylejew (1795–1826), russischer Lyriker und Dramatiker, wurde als einer der Führer des Dekabristenaufstandes von 1825 verhaftet und gehängt.

198 *Omnia mea mecum porto:* lat., Alles Meinige trage ich bei mir.

199 *Speranski würde sagen:* Michail Michailowitsch Speranski (1772–1839), russischer Staatsmann, 1819–1821 Generalgouverneur von Sibirien.

200 *›Die Fregatte Pallas‹:* Gontscharows Schilderung seiner zweijährigen Weltumsegelung. Das Buch erschien 1858.

Murawjow: Nikolai Nikolajewitsch Murawjow(-Amurski) (1809–1881), 1847–1861 Generalgouverneur von Sibirien, wo er entscheidende Reformen durchführte.

201 *Grattez un russe ...:* frz., Kratze an einem Russen, und es kommt ein Tatare zum Vorschein – oder ein Tschinownik (Beamter).

›doch wir schreiben keine Geschichte‹: Zitat aus der Fabel ›Der Wolf und das Lamm‹ von Iwan Andrejewitsch Krylow (1769–1844).

202 *bâtons dans les roues:* frz., Knüppel zwischen die Beine (werfen).

Imperator Nikolai Pawlowitsch: Zar Nikolai I.

gegen den Grafen Nesselrode: Karl Wassiljewitsch Nesselrode (1780–1862), russischer Staatsmann, ab 1845 Kanzler, 1816 bis 1856 Minister für Inneres.

204 *an den Gogolschen Petuch erinnerte:* Gestalt aus N. W. Gogols Roman ›Die toten Seelen‹.

212 *Excusez du peu!:* frz., Verzeihen Sie die Kleinigkeit!

213 *Botwinja:* russ., kalte Suppe aus roten Beten, Kwaß, Gurken, Zwiebeln, Kräutern und gesalzenem Fisch.

224 *Sans adieu!:* frz., Ohne Abschied!

225 *Ein Monat Mai in Petersburg:* geschrieben im Juli 1891.

233 *Eh bien, mes enfants:* frz., Nun, meine Kinder.

Sauce madère: frz., Madeira-Soße.

qu'est-ce que c'est que ça?: frz., Was ist das?

245 *Launen des Schicksals:* geschrieben 1891. Das Sujet basiert auf einer Erzählung, die Gontscharow von dem sibirischen Gouverneur Sagrjashski hörte.

251 *Mehl in Mattensäcken:* Das Gewicht eines Mattensackes betrug 50 Pud.

254 *Alexander Pawlowitsch, der Zar:* Zar Alexander I.

255 *Diebitsch:* Iwan Iwanowitsch Diebitsch-Sabalkanski (1785 bis 1831), russischer Generalfeldmarschall, Oberkommandierender im Russisch-Türkischen Krieg und bei der Niederschlagung des polnischen Aufstandes von 1830/31.

258 *Die Fischsuppe:* geschrieben 1891.

265 *Erinnerungen:* Der erste Teil ›An der Universität‹ ist offensichtlich Anfang der siebziger Jahre entstanden, der zweite Teil ›In der Heimat‹ bei einem Aufenthalt in Ust-Narwa im Sommer 1887.

Wie man uns vor fünfzig Jahren unterrichtete: Der Autor entsinnt sich nicht genau des Jahres, in dem er die vorliegenden Aufzeichnungen verfaßte. Aus einigen Details des Textes läßt sich jedoch mit einiger Sicherheit schließen, daß er diese Aufzeichnungen unmittelbar zu Beginn der siebziger Jahre zu Papier brachte. (Anmerkung Gontscharows)

266 *Was kann sich mit dem Glanz von Moskau messen?:* Zitat aus A. S. Gribojedows Drama ›Verstand schafft Leiden‹.

269 *Imperator Nikolai Pawlowitsch:* Zar Nikolai I.

à livre ouvert: frz., direkt vom Blatt.

271 *Vous avez bien ...:* frz., Sie haben die Ihnen verbliebene Zeit gut genutzt.

272 *S. S. Uwarow:* Sergej Semjonowitsch Uwarow (1786–1855), reaktionärer russischer Staatsmann, seit 1818 Präsident der Petersburger Akademie der Wissenschaften, 1833–1849 Minister für Volksbildung.

273 *Gogols Petruschka:* Gestalt aus dem Roman ›Die toten Seelen‹ von N. W. Gogol.

274 *Äußerungen dieser Art hört man häufig ...:* Man darf nicht vergessen, daß das Vorliegende vor längerer Zeit geschrieben wurde, als dieser Streit und diese Diskussionen in vollem Gange waren. (Anmerkung Gontscharows)

275 *Stankewitsch:* Nikolai Wladimirowitsch Stankewitsch (1813

bis 1840), Philosoph und Poet, rief den Stankewitsch-Zirkel ins Leben, der 1831–1839 in Moskau bestand (ab 1837 leitete Belinski ihn) und dem u.a. K.S. Aksakow, W.P. Botkin und N.M. Katkow angehörten.

283 *Pissarew:* Dmitri Iwanowitsch Pissarew (1840–1868), russischer Publizist und Literaturkritiker, materialistischer Philosoph und revolutionärer Demokrat.

284 *absens:* lat., abwesend.

288 *Ars oratoria:* lat., Kunst der Rede.

Feu sacre: frz., das heilige Feuer.

295 *die Pljuschkin an Tschitschikow richtete:* Gestalten aus dem Roman ›Die toten Seelen‹ von N.W. Gogol.

300 *auf Chlestakowsche Weise prahlen:* Chlestakow ist die Hauptfigur von N.W. Gogols Drama ›Der Revisor‹.

302 *›nur ein Ereignis noch, es ist das letzte‹:* Zitat aus A.S. Puschkins Drama ›Boris Godunow‹.

Time is money: engl., Zeit ist Geld.

308 *wie Wanja im ›Leben für den Zaren‹:* Anspielung auf die Oper von Michail Glinka (1804–1857) ›Iwan Sussanin‹.

310 *ich will ihn hier Jakubow nennen:* Unter diesem Namen schildert Gontscharow seinen Paten Nikolai Nikolajewitsch Tregubow.

311 *faux père de famille:* frz., der scheinbare Vater der Familie.

314 *Potjomkin:* Grigori Alexandrowitsch Potjomkin (1739–1791), russischer Staatsmann und Generalfeldmarschall, Günstling Katharinas II., förderte die Erschließung der Südukraine und der Krim.

Feldzug gegen die Franzosen: im Jahre 1799.

Suworow: Alexander Wassiljewitsch Suworow (1729–1800), russischer Feldherr, kämpfte erfolgreich im Russisch-Türkischen Krieg 1773/74 und 1787/92; besiegte 1799 die Franzosen in Norditalien und unternahm die berühmte Alpenüberquerung.

319 *en miniature:* frz., im Kleinformat.

322 *dem Gouverneur deine Aufwartung machen:* Unter dem Namen Uglizki schildert Gontscharow den sibirischen Gouverneur Sagrjashski.

323 *der 14. Dezember:* Gemeint ist der Dekabristenaufstand vom Dezember 1825.

329 *›der Fürsten Posharski ...‹:* dies und im weiteren Zitat aus A.S. Puschkins Versroman ›Eugen Onegin‹.

Kukolnik: Vgl. 1. Anm. zu S. 66.

330 *De mortius nil nisi bene:* lat., Über die Toten sprich nur Gutes.

›die stets richten und belehren wollen‹: Zitat aus A.S. Gribojedows Drama ›Verstand schafft Leiden‹.

331 *Mitka! Waska! Grischka!:* Diminutivformen, die als Bezeichnung Erwachsener leicht verächtlich klingen.

332 *Famussow ... Skalosub, Moltschalin ... Tschazki:* Figuren aus A.S. Gribojedows Drama ›Verstand schafft Leiden‹.

336 *Monsieur est très présentable:* frz., Dieser Herr ist sehr präsentabel.

344 *des Vaterländischen Krieges:* Verteidigungskrieg des russischen Volkes gegen die Invasion Napoleons I.

346 *mauvais genre:* frz., schlechter Ton.

On risque se déclasser: frz., Man riskiert herunterzukommen.

Allez vous promener!: frz., Machen Sie, daß Sie wegkommen!

347 *c'est un bon enfant après tout:* frz., ich wäre doch ein guter Kerl.

348 *entre de mauvais draps:* frz., in eine schwierige Lage kommen.

Antoniusbrot: abgeleitet von Antonius dem Großen (250 bis 356), dem Vater des Mönchtums, der in Ägypten die ersten christlichen Einsiedlergemeinschaften begründete. Seine Nahrung bestand aus Wasser, Salz und Brot.

349 *figurez-vous:* frz., Stellen Sie sich vor.

Gentilhomme russe: frz., ein russischer Adliger.

350 *Il y a une providence ...:* frz., Die Unglücklichen haben einen Schutzengel.

nous étions à sec: frz., Wir waren völlig blank.

352 *Que voulez vous! Nous ...:* frz., Was wollt ihr! Wir waren im Krieg, und Krieg ist Krieg!

bibelots – cela m'a coute ...: frz., Nippes, das alles war sehr teuer.

354 *Franche canaille:* frz., ein wahrer Schurke!

356 *présentable au plus ...:* frz., in höchstem Maße präsentabel.

Très presentable!: frz., Sehr präsentabel!

Excusez du peu!: frz., Verzeihen Sie die Kleinigkeit!

358 *C'est juste, vous ...:* frz., Das ist richtig, Sie haben unbestritten tausendmal recht!

Vous y êtes!: frz., Genau!

360 *Faites ça, je vous prie!:* frz., Tun Sie es, ich bitte Sie!

C'est un gredin ...: frz., Er ist ein Gauner, wenn Sie gestatten, aber er kennt sich in den Dingen aus.

361 *j'ai fait une belle acquisition:* frz., Ich habe eine gute Erwerbung gemacht.

bongrémalgré: frz., wohl oder übel.

Alea iacta est!: lat., Der Würfel ist gefallen!

362 *Ein Pole, der aus den westlichen Gouvernements hierhergeschickt worden ist:* Damals, nach dem polnischen Aufstand von 1830, wurden viele Einwohner der polnischen Gouvernements auf Grund einer Regierungsverordnung zum Dienst in Städte im Innern des Reiches geschickt. Man nahm an, daß sie sich den Russen anpassen und selbst russifiziert werden würden. Das Gegenteil war der Fall. Klug, schmeichlerisch, meist gebildet – jedenfalls gebildeter als unsere Provinzbeamten – führten diese Zugewanderten den Geist und die Sitten Polens mit sich und vermittelten uns damit zugleich einen Begriff vom politischen System Polens, ja des Westens überhaupt. Diese stille, von der Regierung selbst hervorgerufene Propaganda blieb nicht ohne Einfluß auf die Entwicklung der politischen Ideen selbst in den entlegensten Winkeln Rußlands, wo man bis dato noch nichts von diesen Dingen gehört hatte. (Anmerkung Gontscharows)

368 *pour avoir une contenance:* frz., nur des Aussehens wegen.

372 *Dieses giftige Kriechtier:* unübersetzbares russisches Wortspiel; podlez heißt Schuft, polsez Kriechtier.

381 *Butterwoche:* Siehe Anmerkung zu S. 162.

387 *dans les vignes du Seigneur:* frz., in den Reben des Herrn.

390 *nach dem Zeugnis des Dichters:* Gemeint ist A.S. Puschkin, dessen Versroman ›Eugen Onegin‹ die Zitate entnommen sind.

als ein Faublas: Titelheld des Romans ›Die Liebesabenteuer des Chevaliers Faublas‹ von Jean-Baptiste Louvet de Couvray (1760–1797).

391 *Dormeuse:* frz., Wagen mit Liegemöglichkeit.

favorite en titre: frz., Hauptfavoritin.

395 *Il m'a joué un tour!:* frz., Er hat mir einen Streich gespielt!

396 *c'est une idée!:* frz., Das ist eine gute Idee!

401 *Delirium tremens:* lat., Säuferwahnsinn.

Inhalt

Vous y êtes!: frz., Genau!

360 *Faites ça, je vous prie!:* frz., Tun Sie es, ich bitte Sie!

C'est un gredin ...: frz., Er ist ein Gauner, wenn Sie gestatten, aber er kennt sich in den Dingen aus.

361 *j'ai fait une belle acquisition:* frz., Ich habe eine gute Erwerbung gemacht.

bongrémalgré: frz., wohl oder übel.

Alea iacta est!: lat., Der Würfel ist gefallen!

362 *Ein Pole, der aus den westlichen Gouvernements hierhergeschickt worden ist:* Damals, nach dem polnischen Aufstand von 1830, wurden viele Einwohner der polnischen Gouvernements auf Grund einer Regierungsverordnung zum Dienst in Städte im Innern des Reiches geschickt. Man nahm an, daß sie sich den Russen anpassen und selbst russifiziert werden würden. Das Gegenteil war der Fall. Klug, schmeichlerisch, meist gebildet – jedenfalls gebildeter als unsere Provinzbeamten – führten diese Zugewanderten den Geist und die Sitten Polens mit sich und vermittelten uns damit zugleich einen Begriff vom politischen System Polens, ja des Westens überhaupt. Diese stille, von der Regierung selbst hervorgerufene Propaganda blieb nicht ohne Einfluß auf die Entwicklung der politischen Ideen selbst in den entlegensten Winkeln Rußlands, wo man bis dato noch nichts von diesen Dingen gehört hatte. (Anmerkung Gontscharows)

368 *pour avoir une contenance:* frz., nur des Aussehens wegen.

372 *Dieses giftige Kriechtier:* unübersetzbares russisches Wortspiel; podlez heißt Schuft, polsez Kriechtier.

381 *Butterwoche:* Siehe Anmerkung zu S. 162.

387 *dans les vignes du Seigneur:* frz., in den Reben des Herrn.

390 *nach dem Zeugnis des Dichters:* Gemeint ist A. S. Puschkin, dessen Versroman ›Eugen Onegin‹ die Zitate entnommen sind.

als ein Faublas: Titelheld des Romans ›Die Liebesabenteuer des Chevaliers Faublas‹ von Jean-Baptiste Louvet de Couvray (1760–1797).

391 *Dormeuse:* frz., Wagen mit Liegemöglichkeit.

favorite en titre: frz., Hauptfavoritin.

395 *Il m'a joué un tour!:* frz., Er hat mir einen Streich gespielt!

396 *c'est une idée!:* frz., Das ist eine gute Idee!

401 *Delirium tremens:* lat., Säuferwahnsinn.

Inhalt